编委会

高等教育教学改革研究（第五辑）

祝朝伟　主编

GAODENGJIAOYU
JIAOXUE GAIGE YANJIU（DIWUJI）

四川大学出版社

责任编辑：吴近宇
责任校对：宋　颖
封面设计：墨创文化
责任印制：王　炜

图书在版编目(CIP)数据

高等教育教学改革研究. 第五辑 / 祝韩伟主编.
—成都：四川大学出版社，2018.6
ISBN 978-7-5690-1920-9

Ⅰ.①高…　Ⅱ.①祝…　Ⅲ.①高等教育-教育改革-研究-中国　Ⅳ.①G649.21

中国版本图书馆 CIP 数据核字（2018）第 120511 号

书名　**高等教育教学改革研究（第五辑）**

主　　编　祝韩伟
出　　版　四川大学出版社
地　　址　成都市一环路南一段 24 号 (610065)
发　　行　四川大学出版社
书　　号　ISBN 978-7-5690-1920-9
印　　刷　成都市新都华兴印务有限公司
成品尺寸　148 mm×210 mm
插　　页　2
印　　张　17.75
字　　数　318 千字
版　　次　2018 年 7 月第 1 版
印　　次　2018 年 7 月第 1 次印刷
定　　价　70.00 元

◆读者邮购本书，请与本社发行科联系。
电话:(028)85408408/(028)85401670/
(028)85408023　邮政编码:610065
◆本社图书如有印装质量问题，请寄回出版社调换。
◆网址：http://www.scupress.net

目　录

古文经典的延传与反思①

陈　冬

（四川外国语大学马克思主义学院 重庆 400031）

摘要：古文经典的延传之因，除了这些经典自身符合审美规律外，更重要的是与社会主流意识形态同声相和，参与到了儒家经世话语体系中。儒家话语体系经典化，是古人在文学上的经典意识的直接文化心理动因，“立言”的社会治理参与意识，强化了古人在文学上的经典观念。古今一脉，文艺经典的理念，应当与主流价值观琴瑟和鸣。对此话题的探讨，有助于厘清错误观念，反思文艺实践，把社会主义核心价值观生动活泼、活灵活现地体现在文艺创作中，有效发挥经典文艺的社会作用。

关键词：文学经典　延传　反思　社会主义核心价值观

绝大多数文学经典的延传模式，主要由意识形态话语与审美属性两方面协同推进。其中，人们往往会把审美因素当作一个常数，而意识形态话语随政治环境转换而变化，则被当作一个变量。于是，就有这么一种观点，某些文学经典的诞生和延传，

---

① 本项目是2016年四川外国语大学本科教学改革研究项目“基于古文经典的社会主义核心价值观教育教学研究”阶段性研究成果，项目编号：JY164643；还是2015年度科研项目“审美权力与文学经典的传承”阶段性研究成果，项目编号：sisu201527。

如果审美性越强，那么意识形态方面协同力就可能越弱。实际上，情况远非如此简单。文学经典的审美属性固然重要，但审美性并非纯粹的无利害超验，而须在经世层面上与社会意识形态合谋。所以，谈论文学经典的延传，不得不关注意识形态的塑形作用。现实中，这种作用被很多文艺工作者有意无意地忽略，转而追求所谓纯艺术。本文以中国古代文学经典的延传为例，证明其成为审美性强势话语的代表，绝大部分是与社会主流意识形态同声相和的。对此话题的探讨，有助于厘清错误观念，反思文艺实践，让广大文艺工作者深刻领会习近平在文艺座谈会上所指示的，把社会主义核心价值观生动活泼、活灵活现地体现在文艺创作中，发挥优秀作品春风化雨、润物无声的社会作用。

一、经典意识的渊源：古今共通的经世价值观

任何时代的文学经典，都根植于社会历史土壤，既有审美性的自身规律，又有社会历史的外部语境。中国文学经典的延传，可以说是审美性留存于当世的现实印迹。文学经典流传至今，以自己独特的审美性，参与到当代社会主义意识形态融合体系中来，并与之交融、碰撞、激荡。无论古今，文学经典留存于世，多具有感染人、打动人、影响人的审美属性；更重要的是，其传统价值观在被不断阅读、阐释、接纳、内化后，还能被赋予当今时代的思想意义。唯有在这两方面都具备的情况下，文学作品才有展示持久不衰艺术魅力的机会，进而被认定为永恒经典甚至国家美学风标。

中国文化有追根溯源的思想传统，对中国文学经典延传的讨论，应先从古文经典说起。谈经典必谈中国文学源起，谈源起必谈“诗”“书”，如果梳理文学经典延传的历史，不能离开儒家经典泛泛而谈。正如刘勰《文心雕龙》有《宗经》篇，云：“穷高

以树表，极远以启疆，所以百家腾跃，终入环内者也。”[①] 两汉到南北朝，思想领域中日益强化的经典思想意识，尤其是儒家经典在国家意识形态领域统治地位的确立，是千年来中国文学经典思想形成的直接文化心理动因。当今社会，大众都在试图寻觅大师、阐释经典，可见，一直延续的文艺经典意识，直到今天仍有市场。

回到过去，在漫长的封建时代，儒家经典可以说是最重要的知识谱系，影响王朝的政治、经济、文化、艺术各方面。虽然当今学界对文学源起的问题，尚存不少争议，但古人推崇文字审美，是不争的事实。即使是枯燥的“五经”，也完全可以与审美性极强的辞赋并驾而行。儒家“五经”话语，有与审美性融合的需求，审美性文字也须借助“五经”话语提升品格。而且，这种历史性合谋，可说是审美性经典文字永世延传的基础。如《诗经》被尊为经，《文心雕龙·宗经》说：“经也者，恒久之至道，不刊之鸿教也。故象天地，效鬼神，参物序，制人纪，洞性灵之奥区，极文章之骨髓者也。”[②] 在刘勰眼里，“诗经”实际也是审美性的文字。因为即使按照通常的审美性特征来说，《诗经》中的字词文句，何尝不是前人留下的文字遗产中最具吸引力和感染力的部分；而且还经受了集体记忆的淘洗，有超越时空的知识容量。

汉代官方准许私儒授徒，平民知识大增，官方正统的经学事业已不能满足社会大众日益增长的知识文化需求。辞赋家、文史家适时乘隙而起，扬雄、张衡、班固等，言必自称经家，不想却以辞赋扬名。辞赋虽是“小道”，位卑，但可在政治语境中寻得合法性庇护。汉赋依托汉代人解“诗”所言讽谏程式，获得合法

---

① 刘勰. 文心雕龙注［M］. 范文澜，注. 北京：人民文学出版社，2006.

② 刘勰. 文心雕龙注［M］. 范文澜，注. 北京：人民文学出版社，2006.

地位。张衡《二京赋》就是把这种讽谏程式话语，用华丽的文字发挥到极致。因此，两汉辞赋等审美性文字，获取话语强势，推广流播，模仿的是儒家经典话语模式，并以动人心魄的审美性，构筑自己在风云变幻的文坛中的经典地位。细细研究汉赋中流传较广的经典化模式，可以从根源上了解古文经典生成的文化基因、承传方式，乃至探索当代文学经典建构、延传的规律，可以说有抛砖引玉的作用。

当然，有人指出，古代文学传统与现当代文学精神还是有很大差异，其文学经典延传而言就不一样。但是，即使经过现代性改造，中华民族传统文化的根性也没有断裂，古今文学经典的延传实也是一脉相承。从古言起，“百家腾跃，终入环内”①，古代文学思想传统，终是以《诗经》为“群言之祖”；《文心雕龙·通变》道：“矫讹翻浅，还宗经诰”②，古代文学经典在审美范式上，是祖祧诗教思想的。古代文学思想中，自然是没有现当代文坛受西方思潮影响产生的那种纯粹为艺术而艺术的观念的；但现当代作品中，纯粹为艺术而艺术的成分，总不能经受时代淘洗。相反，那些积极关注现实人生、人民生活的现当代作品，却广为流传。

古今一脉，文学经典都有共通的价值观、理想和情感以及美学精神，文学经典当然必有成为经典的尺度，此尺度可以对文学作品进行优选劣汰。“独观谓为警策，众睹终沦平钝”③，很早就有钟嵘等评论家，面对浩如烟海的作品，以当时的审美尺度，诠次优劣，颂为楷模。今日文坛，也有诸如茅盾文学奖等评比标准。所以，古今文学经典的基本尺度，当是以优美的文笔，记录

---

① 刘勰．文心雕龙注［M］．范文澜，注．北京：人民文学出版社，2006．
② 刘勰．文心雕龙注［M］．范文澜，注．北京：人民文学出版社，2006．
③ 钟嵘．诗品［M］．曹旭，评．上海：上海古籍出版社，1996．

与社会主流意识形态桴鼓相应的主题，与主流价值观琴瑟和鸣，为广大民众喜闻乐见。

二、经典延传的机制：道器离合中的授业传承

古今文学经典的延传，在与现世价值观、理想秩序和情感的对话、碰撞过程中，有着一以贯之的文化根性。此根性就是中华传统文化中一脉相通的社会治理理念、情感、价值观念，以及治世报国的人生理想等方面。儒家经典的官私授受机制，为其观念普及、文本传承等提供了制度保障。儒家经典在不断变化的政治语境中，授受机制、话语体系也随之而变。汉代儒家文本变为官方规定的社会治理教科书后，才成为举世公推的风向标，并在各个方面影响文学经典的延传。

用于社会治理的儒家经典，有官私授受机制，并在授受机制中延传。经典文本从创立到延传，是随知识增长、文明进步，在道器离合间完成的。经典文字知识是社会治理的“器”，官学、私学是承载、传播知识的机构，探寻、记录社会治理的“道”。经典文字知识作为社会治理的“器”，其创立也伴随着审美性文字知识的出现，而后才有了文学性经典。社会发展，道器离合，决定官私学授受机制应时而变；机制之变，又决定经典的创立和延传。①

商周时，文治草创，制度简单，官师治教合一，拥有文字知识的“师”之“教”，与拥有政治权力的“官”之“治”，是统一在一起的。即是说，或由社会经验丰富的氏族长老，在官师合一的社会治理体制下，只需用简单的文字知识，记录社会治理的道理，以便传于后人。道器合一，文字知识之“器”，没有必要也

① 参见章学诚．文史通义［M］．叶锳，校注．北京：中华书局，1985.

不可能追求赏心悦目的审美性；简单文字知识记录的社会治理之“道”，质朴原始，通过官学授受，代代传递，完成最简单的社会治理体系建设。

战国时，周天子集权式微，作为授受社会治理知识的官学，已经无法履行职责，官师治教合一的治理体系，不再发挥社会治理职能。官学下移，私学兴起。如孔子和弟子们，可以替代官学，厘定“六经”作为私儒传业的教科书。私儒传业，主要内容仍是社会治理之“道”。但是，官学一旦下移，私学百花齐放、争奇斗艳，道术将为天下裂。“道术”各有其道理，但皆望官学独尊，与王权政治联姻，获取话语强势。为达目的，脱离官师治教之约束，私学发挥出无尽的聪明才智。为见赏当世，出现语言炫彩浮夸的审美性需求，其时代文风就这样变了。正是官学失守、道术下移，私学创造了平民士人取得知识的机会，才孳乳了审美性文风。而且，诸子学说除了用于社会治理旨意，还可以抒写平民社会的日常生活。乱离之世，诸子学说，阐明“道”之“器”，即文字，纵横捭阖、踵事增华，有极强审美性和观赏性；但“器”虽美，却很少能得到政治王权的认可；国家社会治理之“道”，很少能与审美性文字统一，终是道器分离。自此之后，士人知识不断膨胀，自铸伟辞，“道”与“器”之间，国家权力与审美性文字间，始终存在离合的张力。

到汉代，情况又变了。大一统帝国建立之初，“百家殊方，指意不同”，为“持一统”，在董仲舒建议下，汉武帝开始独崇儒家、罢黜百家，重建儒学独尊的官学制度。为改前制，汉人借古言今，称是西周官学的辉煌回归，以增改制话语举措的神圣性。实际上，此时情形已然不同，私学蜂出，知识前所未有地普及到平民，官学独尊不再可能。汉代官学唯有以官禄厚位，诱惑私学儒师，传儒经业，强化儒经意识形态地位。这种举措，效果明显，在政治强化下，“诗”“书”等儒家经典，在汉代才完成经典化，成为国家意识形态文本。与此同时，审美性文字如辞赋，则作为儒家治理体系中审美性存在，也意在发挥社会治理之效。当时辞赋耀人眼目、动人心魄，如绚烂的彩虹，横亘当世，朝野无不翘首瞻望、趋之若鹜。审美性文字据此也可完成经典化。

其实，除儒师群体外，还值得关注的是史家。他们虽有独特的知识传承谱系，但也受师儒传业机制影响。由于与师儒之间不可割裂之关系，诸如司马迁、班固等，终身都在寻觅和探究天人之间、古今之际的“道”，只不过是以“史”为“器”表现出来，但也需要平衡“道”与“器”之间离合张力。

史学对儒家经典传承的贡献，不同于儒师章句，而是以史实解读儒家经典。值得关注的是，史书还录有司马相如、扬雄等大量辞赋。史家对辞赋的收录，一方面考虑到审美性特征，另一方面，更加看重它的社会治理作用。这是与社会治理的“经世大略”相关的，呈现出共通的文化根性。文学作品必须关注社会现实，比如从贾谊、司马相如、扬雄、张衡、曹植等人的经典作品，可以看出他们审美性文字背后隐藏的通约性——士人积极面对现实人生，以对国家、社会命运的深切关怀和强烈的自我意识，以动人心魄的审美性文字，去追寻国家、社会治理的天人之“道”。可以说，在中华传统文学经典中，无论多么千差万别的文学作品或多或少都具有如此般的通约性。

三、“立言”的经典观：经世传统与美学精神

“立言”来自对社会现实的关怀和忧患意识，意在建立自己话语强势。如果要讨论文学经典的传承，不可能抽出审美质素单独来谈。人们眼中的经典文学作品，多数都凸显了在世关怀，或者说是以经世致用的言说方式“立言”来谈的。古人“立言”，本身就是参与国家政治、社会治理的重要方式之一。由此，古今

文学经典一脉相承的根性，就是经世致用的现实主义精神。“立言”既让士人切入社会主流意识形态话语，又让个体价值、主体性情、情绪情感得以自由宣泄并抒写。

古今文学经典的诞生，需要聚焦士人人生价值观中“立言”的观念，而其延传，也离不开“立言”的经典意识。两千年来的封建文化史，可以说是儒家经典的文化传播史。在师儒授受的延传机制中，形成重经典、读经典的文化惯性。士人能在儒家经典之外，自立一家言，媲美圣人，以期不朽。儒师倡导“三不朽”，文人不靠立德、立功，安身立命处在立言。文人也希冀自己的“言”，能像儒家经典那样，堪比“道”的典范或法则。“立言”也是争取话语权，其取得凭借的是儒家经典的话语体系。如曹丕就认为，审美性的文学创作，也必然在“诗”教话语下，以经世教化为归宿，才能称是不朽盛事。

汉代是经典的时代，同时是经典形成的重要时期。文学的经典意识来自于“立言”人生价值观的影响。“立言”的人生价值观，则源自承载主流意识形态的儒家经典，至少从两方面影响了文学经典的延传。

一方面，“立言”的核心灵魂是经世致用，代表社会主流意识形态，普通文学文本都是要与经世话语有或多或少的联系，才能获得价值上的佐证，才有被阅读、阐释或评论的可能。自汉代起，绝大多数辞赋、诗歌，都必须要理解为是儒家话语扩展、延伸而来，传播的是儒家经世价值观。其中作为中华传统文化精华的价值观诸如民胞物与的人民情怀、治国齐家的责任担当，都是一脉相承的中国精神。文学文本与“立言”的儒家话语共通的经世情怀、价值观、理想信念，给予世人文学文本也具有经世意义的话语暗示，说明文学文本也可作为经典延传下来。

另一方面，“立言”与文学创作有共通的美学精神。中华美学精神的源头之一，来自于民间的十五国风，一旦作为政治意识形态阐释的母题，就被赋予审美性话语强势地位。很多经典文学作品，吸收十五国风的审美范式、素材、母题，并创造性地发展自己审美性话语体系，也可自立一家之言。“中华美学讲求托物言志、寓理于情，讲求言简意赅、凝练节制，讲求形神兼备、意境深远，强调知、情、意、行相统一”[①]，我们传承中华美学基因，建立中华审美风范，不能崇洋媚外，而应该在中国优秀传统文化中，特别是古代经典文艺中吸取营养。儒家经典将十五国风中蕴含的中华美学精神经典化、范式化，为后世美学精神的源头之一。古代文学经典的延传，当是继承和弘扬了中华美学精神的表现。

另外，儒家经典几千年得以延传，在于其话语是开放性、阐释性的存在，有章句、序、说、解、注等言说，也通过“立言”，让儒家经典不断生发出时代新义。这与南北朝以来大量出现的文学理论话语形态并行同构，甚至部分是同质的。古今文学经典延传，主要来源于对文学理论文本的推崇、阐释和解读，这种文论模式实际上也是儒家经典的言说旨归，儒家经典对文学文本的影响，浸透到文论层面，以同样的方式，推进经典延传。

几千年的传统文化意识形态，凝结于儒家经典，也需要章句、集注、解言等形式结合后世思想新需要，不断更新意识观念。与此类似，一代有一代文学，时运更替，思想日新，文学经典要延传，必然要有“说不尽”的好处，以无尽的阐释空间，才能通过延伸性读解，切入主流意识形态话语体系中。社会的政治历史不断变化，文学经典也在世人言说中不断调适和修整。从贾谊到曹植，从杜甫、韩愈到曹雪芹，再到现代的鲁迅、巴金等，至今无人不知其作品，就在于人们从这些文艺精品中始终可以解

---

① 习近平．在文艺工作座谈会上的讲话［EB/OL］．http：//news．xinhuanet．com/politics/2015-10/14/c_1116825558．htm．

读出其对社会现实的深切关怀，以及一以贯之的家国情怀。这种古今贯通的文化价值观，是中华民族文化传统中伟大的精神财富。

四、经典延传的反思：将社会主义核心价值观融入文艺创作中

中华传统文化是民族精神的土壤，每个时代有每个时代的精神，中华传统文化就是时代精神的源泉。在文本意义上，儒家经典以及古代优秀文艺作品，蕴含了丰富的传统社会思想和价值观。古今一脉相承的中国精神，是当代中国非常重要的精神财富，由此应梳理出古今共通的精神之脉，建立古今之间的精神沟通。这座沟通的桥梁就是古今文艺经典延传。当前我国正处于中华民族伟大复兴的关键历史节点，价值观体系多元化，已然发生深刻变化。习近平在文艺座谈会上的讲话，专门提到文艺在培育和弘扬社会主义核心价值观方面的独特作用，一方面，要在传承中华文化时，辩证取舍，推陈出新；另一方面，对广大文艺工作者提出要求，也就是发挥好文艺在铸造灵魂、温润心灵方面的作用。因此，对于文艺与社会主义核心价值观等意识形态之关系，需要辩证认识，正确看待。

我们认为，社会主义核心价值观决定了当代文艺经典的价值取向。能够长久流传的经典文艺作品，以鲜活的当下表达永久的价值，诸如通过文艺作品传递真、善、美，即是能被任何时代所接受的价值观。社会主义核心价值观对于培育当代中国人的灵魂、气质、品格、价值观等具有重要作用。当代文艺实践可以实现“化人”的作用，也就是培育和弘扬社会主义核心价值观，为民族复兴提供强大精神动力。在中国文化一脉相承的体系中，自古以来就有文艺教化的思想。儒家的人性论在《诗经》等经典阐

释中就指向了教化。被普遍认可并流传颇广的文艺教化理论，维护主流意识形态规制的价值观体系，也就是用文艺作品来传递积极向上的价值观。当代文艺也需要传递社会主义核心价值观，也就是发挥文艺的引导作用。文以载道，以道化人，古今之间，异曲同工，经典文艺可以起到移风易俗、文化熏陶的作用。唯有如此，当代文艺才具有永恒的价值，才能被广大人民群众所接受、喜爱。所以，用优秀的文艺作品，弘扬社会主义核心价值观，也是自然而然的。通过经典作品发扬民族精神感情，其效果更佳。同时，只有传递社会主义核心价值观，文艺作品才具有广泛流传的意识形态基础，也才能为广为流传的经典。

要提倡文艺要发挥培育和弘扬社会主义核心价值观的作用。文艺经典当然有自身的审美规律。无论古今，优秀的文艺经典作品，往往有润物无声的力量，有助于以感动人心的话语，传递自己的价值观。文艺经典作品往往有内蕴、情感、意境，展现鲜活人生、美丽心灵、现实问题，这些关于情感、人性、价值观的内容，与社会主义核心价值观步调一致，相携并进，浸染人心。

谈古文经典的延传，不是一味复古，也不是盲目排外，而是寻找中华传统文化传承，特别是古文经典延传的历史端绪，为当代文艺实践提供参考建议。习近平在文艺座谈会上的讲话指出，“中华民族有一脉相承的精神追求、精神特质、精神脉络”，所以，需要追根溯源地梳理古文经典延传与传统价值品格的关系。几千年来的经典文学创作、文论话语以及延传，从来都没有不经过意识形态话语体系筛选的。古今一脉，古代文学经典的延传脉络告诉我们，经典的文学作品，应当关注现实问题，发扬时代精神。当代文艺实践，立足本土文化土壤上，就应该将培育和弘扬社会主义核心价值观作为民心之本，由此出发，中华民族才能实现伟大复兴，更好地建设社会主义。

参考文献：

[1] 刘勰. 文心雕龙［M］. 范文澜，注. 北京：人民文学出版社，2006.

[2] 钟嵘. 诗品［M］. 曹旭，评. 上海：上海古籍出版社，1996.

[3] 章学诚. 文史通义［M］. 叶锳，校注. 北京：中华书局，1985.

[4] 习近平. 在文艺工作座谈会上的讲话［EB/OL］. http://news.xinhuanet.com/politics/2015-10/14/c_1116825558.htm.

外语高校教师协同合作可优化方向探析[①]

陈桂英

（四川外国语大学俄语系 重庆 400031）

摘要：当前，在互联互通与共享理念迅猛传播与实现的背景下，伴随外语高校日益多元化的发展，教师之间的资源共享与协同合作均为大势所趋。外语高校教师协同合作能够为我国新时期外语人才培养的探索打开新的视界。本文从外语高校的专业设置和学科发展特征入手，分析了外语高校教师协同合作的四个主要模块和三个方面的主要问题，据此提出深化培育外语高校教师的协同合作理念，建立有效的教师协同合作辅助指导机制，以此作为提升外语高校教师协同合作水平的切实优化方向。

关键词：外语高校　教师协同合作　可优化方向

当前，为了提升中国高等教育综合实力和国际竞争力，为实现“两个一百年”奋斗目标提供有力支撑，我国提出了加快建成一批世界一流大学和一流学科。外语高校在外语学科领域普遍具有较为突出的竞争力，应该是国家一流外语学科建设的重要执行

---

① 本文为重庆市高等教育教学改革研究重点项目，四川外国语大学校级教学改革研究项目“‘一带一路’背景下区域国别研究与高校俄语专业教学融合模式的探索与实践”（项目编号：JY176020）的阶段性研究成果。

者。“双一流”建设以人为本，注重创新，其重要内容就包括对一流师资队伍的建设，要求高校提升科学研究水平，培养拔尖创新人才和传承创新优秀文化。在此背景下，外语高校也正面临着优化整体教研师资队伍，实现创新发展的具体任务，而教师间的协同合作正好可以为外语高校提供一条实现人力、智力资源整合的可行路径，可以为学校队伍的发展注入新鲜动力，添加创新活力。

同时，由“一带一路”带动我国全方位对外开放的步伐已势不可挡，随着“一带一路”倡议的逐步推进，社会对具有相关专业知识背景和综合实践能力的复合型外语人才的需求明显攀升，这一现状对传统外语人才的培养模式提出了新要求。外语高校都面临人才培养模式创新的挑战，在外语高校日益多元化发展的今天，教师间合作同样能够为新时期外语人才培养的探索打开新视界。

在当前互联互通与共享理念极速发展和广泛传播的背景下，教师之间的资源共享与协同合作同为大势所趋。对于外语高校发展而言，教师间合作是一条进行“双一流”建设和复合型外语人才培养的成本相对较低、收效期相对较短的有效便捷路径。但在已有的对高校教师合作进行探讨的文献中，鲜有针对外语高校的定向探讨，本文将从外语高校教师协同合作的模式入手，总结当前合作中的主要问题，并提出具有针对性的可优化方向。

一、外语高校教师协同合作的主要模块

根据外语高校的专业设置和学科发展特征，依照主体的不同，可将外语高校教师的协同合作划分为以下四个主要模块。

（一）外语专业教师之间的协同合作

外语教学与研究通常是外语高校的核心竞争力所在，由于发

展历史传统和人员配备较非外语类高校具有相对优势，受学校发展重视，资源配置相对占优等因素的影响，外语高校的外语专业学科通常在国内具有较强的竞争力。外语高校的外语语言文学类研究囊括了语言学研究、文学研究、翻译研究以及社会文化研究几大门类，较非外语高校而言，在专业研究方向多元化上具有一定优势。结合外语高校外语专业设置与发展现状，外语高校外语专业教师之间的协调合作通常在以下几个层面开展。

1. 在同语种同研究方向的教师之间

外语高校外语专业教师的协同合作目前开展得最普遍的，即为同语种、同研究方向的教师之间的合作。同语种、同研究方向的教师具有联合进行选题讨论、课题研究的先天优势和便利，同时，外语高校有时还会下设研究方向不同的教研室，为教师提供交流与合作的场所与机制。

2. 在同语种不同研究方向的教师之间

尽管当前外语高校的外语专业可细分为多种研究方向，但外语语言教学本身仍然是教学工作的主体与核心。不同研究方向，同语种教师之间通常对语言课程的教学问题进行交流与探讨，共同完成课程建设、教材编写或教学改革项目。

3. 在不同语种同研究方向的教师之间

在我国每个高校外语语种专业的发展都具有相对的独立性，其发展历史、发展特色都各不相同，通常还会受到语种对象国的科研传统影响。但外语专业教师在与不同语种同研究方向的同行交流时经常会发现，虽然有着语种不同的鸿沟，但相同研究方向人文研究的范式却具有很大的共性，大家可以在交流之中获得启发、开阔视野。同时，不同语种同研究方向外语教师的协同合作极易产生聚合效应，特别是在当前“一带一路”倡议的背景下，对众多对象国的研究就离不开不同语种教师之间的合作。

4．在外语教师与同校外籍教师之间

外语高校相较于非外语高校的一个优势就是拥有固定的外籍教师聘用机制与渠道，有着数量众多且对应语种齐全的外籍教师。外语教师同外籍教师交流有利于了解对象语言国的最新动态，保持与提升自身语言能力水平，同外籍教师进行的科研合作或教材编写则更易于实现创新。

（二）外语专业教师同非外语专业教师的协同合作

在顺应新时期高校发展建设潮流，满足新时期国家人才需求的过程中，许多外语高校都开始走向多元化发展，逐步建立了多种多样的非外语专业院系，其通常包括对哲学、经济学、法学和教育学及其二级学科的建设与招生。外语专业的教学与研究始终是外语高校的立足之本，而非外语专业的建设与发展则可以全面提升外语高校的竞争力，二者的协调发展不可或缺。

外语专业教师同非外语专业教师的科研协同合作模式主要是“语言＋专业”，即为外语专业教师利用语言优势同非外语专业教师在其研究特长领域进行合作，通常是外语专业教师搜集、调查、整理和翻译对象语言国的一手信息资料，非外语专业教师则对资料进行专业化的处理与分析，从而形成跨学科聚合效应。

外语专业教师同非外语专业教师的教学协同合作模式则主要是交叉互助，即二者通常可以在课程建设、教学改革项目中实现互助，外语专业教师为对方提供语言教学与支持，非外语专业教师则为对方提供专业知识教学与咨询。

（三）非外语专业教师之间的协同合作

外语高校非外语专业教师之间的合作与外语专业教师之间的合作开展一样，也较为普遍。非外语专业教师的协同合作通常多在同研究方向进行，实现课程建设、教学改革，进行研究交流、合著合编科研成果等。外语高校非外语专业教师间的合作有利于在特定的学科方向精诚团结，从而形成固定的学科优势，提升学科竞争力。

（四）外语高校教师同教辅、行政管理人员之间的协同合作

教学技术辅助（简称教辅）人员与行政管理人员是高校人力资源的重要组成部分。外语高校的教师在进行教学模式创新、科研教改合作的过程中都离不开教辅人员与行政管理人员。如在微课的制作过程中，教辅人员就可为专业教师提供有力支持，帮助其完成后期制作；在高校专业教师的合作中，行政管理人员会负责宏观把握及具体协调等工作。

二、外语高校教师协同合作中存在的问题

当前，外语高校教师协同合作与其他普通高等院校教师协同合作中存在的问题既具有共性，也具有特殊性。具体来说，外语高校教师协同合作中通常都存在教师意识不到需要合作，不知如何进行合作以及进行被动或进行形式上的合作三种现象，主要存在以下三个问题。

（一）协同合作意识有待加强

由于外语学科本身的特殊性与科研传统，在过去的一段时间，外语专业教师往往依靠自身的钻研和努力就能够在专业领域有一定造诣，但随着当前时代快速发展与变化，网络技术推动知识传播与共享，协同完成研究与实践的团队合作是大势所趋，协同合作是高校教师在高速变革时期确保自身与时俱进、走在前列、提升工作效率的必经之路。协同合作意识的薄弱在很大程度

上是由于外语专业教师没有进行合作的内生需求而造成的。[①] 外语专业教师合作需求起于为了完成可分解的共同任务或个体难以实现的共同目标。同时，合作需求源于优势互补的需求，如有的教师语言能力强，有的教师科研能力强，有的教师则教学法运用熟练。外语专业教师在工作中虽然客观存在优势上的互补性，具有引发合作的可能性，但这并不必然会引发合作。外语专业教师的合作需求大多是潜在的，需要被激活，很多外语专业教师尚未认识到协同合作与个人发展之间的关系。总之，协同合作意识的缺乏还是在于教师个人认知的缺乏和对合作需求的不甚迫切。外语专业教师同非外语专业教师一样，都需要经历从“单打独斗”的思维定式向协同合作的思路转变。

（二）协同合作条件有待优化

教师之间能够进行协调合作有两个必要条件，一是教师个人要具备能够进行合作的能力，二是教师的协同合作还需要有平台支撑。在外语高校的教师协同合作开展中，这两个条件也同样重要。由于部分教师在长年累月的重复教学中忽视了自我提升与发展，结果导致部分教师没有能力与他人进行合作，以及不会与他人进行合作。平台是教师合作起步之处，是教师合作的支撑，它可能成为推动教师合作走向常态化的桥梁。合作平台是指校内教师间已有的合作水平、校际教师间已有的合作水平、校领导对教师合作的认知水平与支持程度、网络平台建设水平、教育信息化水平、学校以及学校所在区域是否有鼓励与推动教师合作的制度安排等，合作平台可以从无到有、逐步建构。[②] 就当前外语高校

① 任伟伟. 高校教师合作文化的缺失与重塑［J］. 河南社会科学，2011（4）：168.

② 耿秀丽，贾建涛. 高校教师合作问题追溯与路径探寻［J］. 当代教育论坛，2010（11）：16.

教师的协同合作现状来看，教师间自发的合作较少，主要合作还是需要学校建立合作平台。在部分外语高校，当前的合作平台建设还集中在教研室这一传统的建制，远远不能满足教师进行合作对平台建设的需求。

（三）协同合作成效有待催化

虽然目前外语高校都在呼吁进行教师协同合作创新，但并非每个高校都达到了预期效果。高校教师合作的成效包括显性成效与远期成效，显性成效指通过合作获得的显性成果，如合作发表论文；远期成效则指通过合作而获得的个人科研视野扩展与科研能力提升等。从长远看，远期成效更为根本，也更需要被重视。然而由于协同合作意识的缺乏，当前许多教师进行合作并非都是出于自身的实际需要，有时是由于行政命令的需要，因此部分教师缺乏合作积极性，只出工不出力，无合作之实，毫无合作成效可言。更为普遍的一个现象则是，许多教师名为合作，其实合而不作，更多情况下都是挂名，而无实质的沟通、交流与合作。同时，高校教师合作在具体执行中还普遍缺乏专业指导与保障机制，许多合作都因为没有专业的指导而收效甚微，在遇到合作难题时，也得不到支持与帮助，同时还缺乏有效的评价体系，这些都在客观上影响了教师协同合作成效的显现。

三、外语高校教师协同合作的可优化方向

对外语高校教师协同合作的优化方向既需要符合普遍的规律，也需要考虑和结合外语高校的办学特征、人员构成、学科优势等因素。外语高校促进教师协同合作需要从对协同合作意识的内生培育和对协同合作的外在保障与支持两个大方面入手，其具体优化方向可归纳为以下三个方面。

（一）深化培育外语高校教师的协同合作理念

外语高校教师的协同合作理念同其他高校教师的情况相同，都是可培育，可发展的。外语高校要想广泛推进开展教师间的合作创新，其根本还是在于要促进教师内在对协同合作的需求，在教师的心中埋下协同合作理念的种子。[①] 教师间协同合作的要义是教师在寻求目标时互相切磋、互相协调和共同分享，它的实现要求参与合作的人员都贡献自己的力量，在合作互助中共同成长。全面提升外语高校教师的合作意识，还是需要教师改变传统思想中“单打独斗”的工作方式，有意识地养成以开放、包容、共赢为主的思维模式，认识到合作并非行政强迫的产物，而这就需要外语高校从校级层面多给予正面的宣传与引导，突出宣传教师协同合作的多种益处，同时将协同合作理念纳入学校的文化建设，让外语高校多元并蓄的特征能够在协调合作理念的发展中不断发扬。除了必要的宣传工作外，外语高校还可加强对教师个人职业发展观的引导，培育教师实现个人发展的内在动力，从而使教师在主动提升自己的过程中自发地去寻求协同合作伙伴，使教师个人在广泛的校内空间传播协同合作理念。

（二）搭建多元化的协同合作平台

协同合作平台的缺乏往往是当下制约外语高校教师主动寻求合作的主要因素之一，因此，外语高校可以发挥自己的语言优势与国际视野优势，在校级层面建立多语种、多形式、多国籍教师参与的各类协同合作平台，除传统的教研室、独立研究机构的建设外，外语高校还可利用新兴的网络技术、新媒体等渠道，充分

① 杨明．创新型国家战略下高校教师队伍建设的合作治理路径［J］．现代教育管理 2014（4）：88.

实现信息资源的共享，建立多样化的网络共享平台。如四川外国语大学教师发展中心就定期设立了名为“取经场”“源配成对”“分享汇”活动，鼓励教师进行新老层次，不同学科、不同专业的交叉交流，从而激发协同合作的火花，为协同合作的开展寻求契合点；四川外国语大学教师发展中心还建立了微信公众号、微信群和 QQ 群等网络共享平台，不仅能够及时地传达最新资讯，还为教师提供了进行交流，促成合作的便利平台。外语高校在搭建多元协同合作平台时，还可跨越语种和国籍的界限，鼓励教师与国外专家学者、学校外籍教师进行交流与合作，同时，学校还可建立科研教学成果的专用共享平台，如创办针对本校教师的校内刊物，专门为本校教师的优秀科研与教研成果提供展示平台，为其他教师起到良好的示范作用。

（三）建立有效的教师协同合作辅助指导机制

当外语高校教师在拥有了进行协同合作的主动意识，在各种平台中寻找到了合作契合点与合作伙伴时，学校对教师间协同合作提供有效的辅助与指导就显得尤为重要，这是保障合作能够顺利进行，提高合作成效的关键。外语高校针对教师协同合作的辅助指导机制可以以定期的专家咨询、校内培训、校外交流等形式构成，学校可聘请本校及外校学科专家对教师进行科研讲座指导或者进行座谈式的咨询，如四川外国语大学俄语系就建立了教师“老带新”机制，使青年教师受益匪浅，在年长教师和青年教师间以及青年教师间建立了良好的合作氛围。当前，外语高校教师发展中心就是对教师协同合作进行辅助与指导的主要场所，教师发展中心可积极参与多种机制建立，引导教师在进行校内交流同时，走出校门，广泛进行校外交流，获取更多的专业发展资源及合作资源，如四川外国语大学教师发展中心的外语师资教学科研能力提升培训项目就为学校教师同广东外语外贸大学实现校际交流与合作提供了良好的机制保障。

参考文献：

[1] 戴维·W. 约翰逊，罗杰·T. 约翰逊. 领导合作型学校[M]. 唐宗清，等，译. 上海：上海教育出版社，2005.
[2] 国务院关于加强教师队伍建设的意见［EB/OL］.（2012-08-20）[2017-06-15]
[3] 李广平. 教师间的合作专业发展［J］. 外国教育研究，2005（3）：5-9.
[4] 王小琼. 文化生态观视野下高校英语教师合作文化研究[J]. 郑州师范教育，2015（3）：52-59.
[5] 杨明，耿国阶. 创新型国家战略下高校教师队伍建设的合作治理路径［J］. 现代教育管理，2014（4）：87-90.
[6] 于汝霜. 高校教师跨学科合作中的障碍及合作成功的条件[J]. 山东高等教育，2015（4）：48-53.

作者简介：

陈桂英，女，1972 年生，讲师。主要研究方向：教学工作管理。

大学新生校园适应的小组工作模式初探

——基于四川外国语大学的课程实践①

陈璐玭

（四川外国语大学社会学系　重庆　400031）

摘要：小组工作是社会工作的三大基本方法之一，工作目标在于帮助服务对象发挥自我潜能、学习解决问题的能力、提升适应能力、促进人与社会的和谐发展。引入该模式进行新生教育，能够通过小组成员之间的互动影响个体的价值观念、态度及行为发生转变，增强其面对问题和解决问题的能力，从而有效地解决大学新生普遍存在的学习、生活、人际、心理等方面的不适应问题，促进学生成长。

关键词：成长小组　小组工作　大学新生　适应

进入大学是个体人生中一次重要的心理和社会性转折，意味着新的起点，也意味着新的压力和挑战。由于缺乏必要的准备，面对人际和环境等方面的改变，多数大学新生表现出不同程度的不适应。入学适应的好坏关系到学生的身心健康与学业发展，对个体的成长有着重要影响。近年来，随着社会工作的发展，作为

---

① 本文系四川外国语大学2015年教学改革研究项目《基于小组工作方法的大学新生成长教育模式研究》（JY155645）的终期成果。

社会工作三大方法之一的小组工作开始介入新生适应问题，并取得了一定的成效。基于此，四川外国语大学社会学系专门为本系学生开设了“成长小组”课程，旨在通过小组成员间的互动进行深入的自我探索，解决新生不适应问题，建立专业认同，增强团队凝聚力，实现自我成长。

一、大学新生适应问题的表现

当前的大学新生身上贴着“95后”的标签，这些成长在文化多元化、信息化、全球化时代的青年人身上呈现出独有的群体特征：个性张扬、强调自我、有主见，容易接受新鲜事物但缺乏辨别能力，思想开放成熟但存在盲目性，竞争意识强但抗挫折能力弱。① 他们在进入大学后普遍存在着适应问题，表现在学习、生活、人际、心理等多方面。

（一）学习适应问题

从被监督到自我监督的学习方式的过渡，是新生在学习上面临的最大挑战。据调查，社会学系新生在学习方面常常存在的问题是：（1）初始专业认同度低，缺乏对专业的认识和了解，从而学习兴趣不高，甚至产生抗拒心理。（2）学习自主性较差，受高中填鸭式教育的影响，大多数的学生沿用旧日的学习方法而过于依赖老师和书本，缺乏自主学习的能力。（3）重书本而轻实践，对课程内容缺乏了解，大学教育更强调培养的是专业能力，社会学、社会工作都是实践性很强的专业，着重培养学生分析问题和解决问题的能力，需要学生在课余通过社会实践、社会调查积累经验、丰富知识，部分学生容易忽略社会实践活动。

① 韩金明．关于“90后”大学生新生适应教育模式的研究［J］．理论界，2011（8）：200－202．

（二）生活适应问题

进入大学意味着从被父母监管与服务到自主照顾与安排日常生活的过渡。当代大学生多是在父母的百般呵护、悉心照料下长大的，生活自理能力较低，难免会出现生活不适应问题。一般说来，新生生活适应问题主要表现在以下几个方面：（1）地域文化差异适应问题，我国地大物博、幅员辽阔，南北差异明显，不同地区间的饮食文化、生活习惯、社会风俗差别较大。从生源地来看，社会学系新生以川渝地区为主，来自其他省份的约占30%。这部分学生容易出现对饮食、生活的不适应。（2）时间管理的困惑，经历了紧张有序的高中生活，面对大学相对自由放松的课余生活，许多新生反而无所适从，不知道如何安排。（3）生活迷茫，缺乏目标，无计划。不少新生进入大学以后便开始身心放松，缺少奋斗目标从而生活无目的性，此外，独立支配生活费用的新生往往缺乏理财经验却又消费欲望高涨，部分学生成为"月光族"[①]。

（三）人际适应问题

大学中人际关系最显著的特点是师生关系的明显淡化和同学互动的相对频繁。[②] 新生一方面要适应师生关系从高中师生关系紧密到大学师生关系相对松散的改变，一方面要在频繁互动的过程中与新同学发展友好关系。社会关系网络的动态演变是其必然要面对的事情，受个体差异性的影响，新生人际适应问题呈现出不同的具体表现：（1）自我封闭，在与他人交往时缺乏主动性，

① 王小东，等. 大学新生入学适应性问题探析与应对举措研究［J］. 科教导刊（中旬刊），2017（9）：170－171.

② 高川粟. 解决大学新生入学适应问题的小组工作方法探讨［J］. 社会工作，2008（4）：40－43.

不愿吐露心声，成为他人眼中的“独行侠”。（2）以自我为中心，当代大学生以“95 后”为主体，个性张扬，更关注自我。（3）缺乏交往技巧，处理冲突能力弱，多数学生表现出缺乏交往技巧，在人际交往中常产生误解和冲突，特别是在宿舍关系中表现尤为明显。

（四）心理适应问题

目前各高校普遍重视学生的心理问题，对新生进行心理普查，甄别出有障碍的学生进行专门心理辅导。但未呈现明显障碍的学生也会面临着各种各样的心理适应问题。如理想与现实的落差带来的失落感、个人目标缺失带来的迷茫空虚感，以及学业上的困惑、同学关系的紧张、生活上的不习惯等都会对大学生的心理产生压力，心理压力长期得不到疏导就容易出现心理问题甚至心理障碍。

二、成长小组课程的设计理念

（一）成长小组实践的文献研究

目前，不少高校开设了成长小组课程，如中华女子学院、南京大学、北京工业大学、中国青年政治学院、华东理工大学等，发展速度较快，且形式多样。大部分成长小组是以固定课程的形式存在，如中华女子学院 1999 年针对社会工作专业学生开设“自我认识与成长”课程、南京大学自 2003 年开始实施“扬帆成长小组课程”并同时在大一和大三两个年级中开设；也有一些属于非课程设置，如广东工业大学的成长小组便是大学生课余科技立项项目。[①] 从服务对象上来看，大部分成长小组的服务对象是社会工作专业的学生，少数扩展到了全校新生范围。从成长小组工作者来看，既有以教师为中心的，也有由社会工作专业高年级学生担任工作者，在教师指导下开展工作的，有的则是完全以服务对象为主体。从小组工作的内容来看，有涉及学生生活各方面的，也有专注于某一侧重点的，如职业成长[②]、专业认同[③]等。

总的来说，作为一种新的方法和理念，基于社会工作小组工作模式的成长小组取得了不错的反响，并在全国各高校的社会工作专业中广泛开展起来。与多方实践相比，成长小组的研究相对来说较为薄弱，大部分文献着重于介绍小组工作的实务过程，部分文献涉及成长小组的效果评估，还有一些文献讨论了成长小组的应用。

（二）课程目标与设计理念

目前，各高校均建立了一定的新生适应性教育体系，但教育内容多以学籍学分管理、学校规章制度、安全教育等为主，缺乏针对性、实效性和实用性。对新生入学适应问题则以对具有较严重障碍的学生进行个别心理辅导为主，无法解决普适性问题。虽然能够帮助大学新生熟悉校园环境、了解学校制度，促进个别接受心理辅导的学生回归正常，但在教育内容的广度、深度、普适度上依然有所欠缺。基于此，研究者和教育者尝试通过团体心理

---

① 冯博雅. “成长小组”与同辈互助——解决新生适应问题的学校小组工作模式探索［J］. 广东工业大学学报（社会科学版），2006 增刊.

② 郜保清. 基于团体动力学的大学生职业成长小组案例报告［J］. 郑州铁路职业技术学院学报，2014（2）：107－109.

③ 李薇. 大类培养模式下小组工作对大学生专业成长的作用［J］. 社会工作，2010（11）：55－57.

辅导[①]，经常性的教育机制[②]等方式来解决，而大学生朋辈群体的作用则往往被忽视。事实上，对于处在青春期的大学新生而言，朋辈群体能够提供参与的组织化途径、集体意识与群体性支持[③]，对个体的认知、行为产生重要影响。

正是基于对朋辈群体作用的认识，学校开设了社会工作专业的高校纷纷开展成长小组的实践。成长小组实际上是社会工作小组工作模式中的一种。从广义上看，凡是通过小组形式，在小组工作者的协助和引导下，通过小组成员间的互动，促使成员彼此建立关系，并以个人能力与需求为基础获得成长的活动[④]，都可以称为成长小组。成长小组的工作旨在帮助成员了解、认识和探索自己，从而最大限度地发掘和运用自己的内在资源和外在资源，充分发挥自身潜能，解决存在的问题并促进个人正常健康的发展。

（三）课程设计的理论基础

大学新生生活、学习、人际、心理等方面存在的不适应问题主要是源于人和环境关系的改变，更与个体的认知有关。因而，成长小组的焦点在于个体的自我成长和正向改变，主要依据理论包括场域理论、团体动力学理论、社会学习理论等。

1. 场域理论。场域理论认为，个体的行动受行动发生的场域的影响，场域既包括物理环境，也包括他人的行为以及与此相连的许多因素，而且场域是此时此地发生的，个体的行为取决于

① 李勇男. 团体心理辅导对大学新生适应问题的实效研究——以艺术类新生为例［J］. 教育教学论坛，2017（9）：59－61.

② 王辉，等. 大学新生人际适应问题及对策［J］. 湖北社会科学，2004（1）：124－125.

③ 彭华民. 人类行为与社会环境（第三版）［M］. 北京：高等教育出版社，2016.

④ 赵芳. 小组社会工作［M］. 上海：华东理工大学出版社，2015.

此时此地的生活空间。① 在成长小组活动过程中，作为小组成员的新生都会受到其他成员的影响，小组成员的特质与社会环境的互动决定了小组成员行为。

2. 团体动力学理论。团体动力学认为，社会中每一个人都有其活动范围，个体的行为相互依赖。通过团体运作，能够营造出合适的团体情境，对团体成员施加影响，促进团体成员的改变。团体目标本身是一种动因，对团体成员施加影响，新生在团体关系中能够得到轻松与安全的感觉。

3. 社会学习理论。社会学习理论认为行为是在对他人的行为观察和评价过程中习得的，强调人们通过观察和模仿他人行为可以获得改变形成新的行为方式。② 新生通过参加小组活动在小组分享和讨论中学习人生经验，增强对新环境的适应能力。

三、成长小组的实践过程与模式

（一）课程形式

社会工作的本质是助人自助，新生适应的主要问题表现在学习习惯、专业认同、文化差异、生活方式、人际关系、心理压力、个人目标等方面，此外还有其他成长的烦恼与困惑。新生成长小组就是基于这样的考虑而开设的，目标是共同成长，一方面希望增强大一新生入校后的适应能力及发现问题、解决问题的能力，另一方面希望能够提高高年级学生的专业能力。

基于社会工作助人自助的理念，社会学系新生成长小组采用

① 范可新、肖萍，等. 团体社会工作［M］. 北京：社会科学文献出版社，2001：78.

② 王思斌. 社会工作概论（第三版）［M］. 北京：高等教育出版社，2014：125.

高年级社会学、社会工作专业学生和一年级新生共同参与的形式。我们尝试让大三的社工学生在专业教师的指导下运用所学的专业知识与技能，根据大一新生的实际需要设置小组活动解决新生适应问题。

首先，按照自愿原则从高年级的社会工作专业学生中招募工作者，即新生成长小组的组长，由专业老师进行面试遴选。工作者前期基本学习过“团体工作”这一社会工作专业课程，对小组工作的理论、功能、过程、原则与技巧等有一定的了解。在小组活动开始前对招募的工作者进行强化培训。其次，对新生以班级为单位进行分组。出于打破宿舍界限的考虑，人为地将同一宿舍的新生分到不同的成长小组中以增强新生与室友以外同学的互动。

新生成长小组的人员配置为：1 名督导、2 名高年级学生和 8—10 名新生。督导由社会工作专业教师担任，具有丰富的理论知识与实践经验，主要提供专业指导、进行团体评估。每次小组活动开始前，督导老师对小组工作者拟定的活动方案进行审核，并在活动结束后根据材料对活动过程和效果进行评估。担任小组工作者的高年级学生需要在督导教师的指导下拟定团体计划、设计团体活动方案并进行及时的反馈。针对活动开展过程中发生的特殊情况，督导教师再进行针对性的个别辅导。实际上，除了新生成长小组之外，督导老师与小组工作者之间也可以说是形成了一个专业能力成长小组。成长小组结构示意图见图 1。

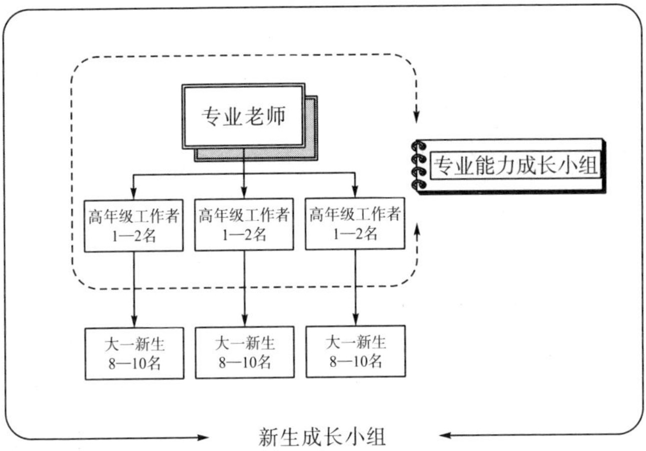

图 1　成长小组结构示意图

（二）课程内容设置

成长小组的活动时间为新生入学第一学期的 10—12 月，通过每周一次的小组主题活动，帮助新生解决适应问题，实现自我成长。课程包括以下 7 个主题。

1. 破冰与团体合作。第一次活动的阶段目标是相互认识、理清课程期望和目标、建立小组规范。一是要相互认识，新生进入成长小组后就是一个新的组合，意味着大家要一起完成课程，一起坦诚地分享生命中的故事。因此，第一次主题活动时一般通过热身游戏等促进小组成员相互认识，建立初步的友好关系。二是要通过倾诉和讨论了解新生对课程的期望和疑惑，向新生阐述本课程的目标、任务、方法、过程等。三是订立团体契约，由小组组长与组员协商决定本小组的规范，包括团体目标、团体成员的互动方式、团体工作的过程等。

2. 自我认知与发展。阶段目标是让新生学会接纳自己、认识自己进而实现自我成长。今天的我与昨天的经历特别是生命中的重要他人、重要事件密切相关①，借助“自画像”等活动引导组员对自我进行初步探寻，对分享过程中组员可能出现的情绪波动进行疏导，促进学生对自我的探寻与思考。人的自我认识不是与生俱来的，而是在成长过程中与他人互动中得来的，小组成员从“他人眼中的我”等环节中学会面对他人的评价并重新审视自我、调整自我。

3. 人际沟通与社会交往。以社会工作经典游戏“搭桥”“勇往直前”等加深小组成员间的友好关系，令其懂得团队协作的重要性。通过角色扮演等游戏让成员体悟他人的立场与感受，从“有口难言”等环节中体会沟通的重要性，学习和掌握聆听、沟通等人际交往技巧。

4. 生涯规划与兴趣探讨。阶段目标是帮助组员加深对专业的认识与了解，确定奋斗目标，对学业生涯做出简单规划。让组员分享各自在学习上的困惑，工作者根据自己的经历解疑或是引导组员之间相互讨论解决困惑。通过游戏、方法介绍、经验交流等方式开展活动，让组员们更好地认识社会学、社会工作专业，改善对学习的认知，提升其学习兴趣，激发学习动力，树立专业认同，帮助新生及早进行学业生涯规划。

5. 价值澄清与情感探索。这一主题包含恋爱观、人生观、价值观等多个方面。小组通过“生命河”“生命中的重要人物/事件”等环节引导组员回忆和反思生命历程，使其能够重新面对和梳理对自己的情绪、行为、价值观产生影响的重要他人和重要事件，宣泄负面记忆，总结经验。通过分享与讨论澄清人生价值，以组员间的互动推动个体的自我定位与个人目标方向的确定。

6. 时间管理与生活管理。阶段目标是让组员了解时间管理

---

① 《自我认识与成长》课程组. 自我认识与成长［M］，北京：高等教育出版社，2009：67.

和生活管理的重要性，学会如何科学有效地利用时间以及有条不紊地安排生活。主要以经验分享和成员互动为主，成员在活动中体验如何高效地进行时间管理和生活管理，并与他人分享经验。

7. 成果巩固与评估。小组活动的最后由工作者引导小组成员回顾团体活动历程，分享在活动过程中的收获与体会，并对团体活动的过程和成果进行评估。

四、成长小组介入新生适应问题的反思

（一）介入效果分析

对介入效果的分析主要来自结果评估，通过问卷调查和访谈的形式对参与成长小组的大一新生进行效果分析。结果显示，成长小组能够有效地帮助新生解决入学适应问题，并且能够促进学生的自我认识与自我成长，对其今后的人生发展具有重要影响。成长小组的主题涵盖了大学生自我认识、学习方法调整、学业生涯规划、专业导入教育、人际关系、心理压力舒缓、兴趣探索、时间管理、团体合作等，新生入学适应问题均包含其中。据反馈表显示，95%以上的学生表示喜欢这次成长小组活动。

1. 成长小组能够改善新生的人际交往。分组促使新生相互认识和了解，打破宿舍界限的分组使得新生加强了与宿舍以外的其他同学的互动，对于其社会关系网络的拓展具有重要意义。此外，团队活动所营造的氛围让成员们体会到信任与接纳，对此，学生认为“我觉得在活动中团队氛围很好”“我能够自由的表达自己的看法”“在成长小组里面我愿意跟别人分享我的经验和感受”“我觉得大家都是相互信任和坦诚的”。通过小组成员的交流、分享、讨论和小组成员的互动又在无形中帮助新生提高社会交往能力。

2．成长小组增强了学生的专业归属感和认同感，学生表示“了解到了许多与专业、学习有关的信息”，“在成长小组中对社会工作专业有了更深的了解”，成长小组是小组工作的一种，本身就是社会工作三大基本方法之一，其活动过程体现了社会工作专业的基本价值理念、专业方法和技巧，在潜移默化中加深了学生对专业的认识。

3．成长小组的实践对于新生来说更是一种心理定向①。成长小组的主题关注大学生的自我认知与成长，通过主题活动很多学生能够达成个人目标，在自我认知、时间管理、生活管理、情绪控制等方面有较大的进步。不仅“学会了如何他别人交往”，更在其中“发现自己是独一无二的个体”，并且“对自己的兴趣越来越了解”“对未来有了更清晰的规划”。

（二）经验总结

成长小组课程活动的设计并没有采用传统说教式的课堂讲授方法，而是运用了参与式教学和合作教学模式。

1．参与式教学

参与式教学主要体现在课程形式灵活多样，学生参与度高。本课程使用了游戏、绘画、角色扮演、视频观赏、小组讨论等特色教学方法，使每一位学生都能够充分参与其中。课程开展地点多样化，可根据课程需要选择活动地点，如教室、实验室、活动室等；排座方式无障碍化，打破了传统的讲台与座位的界限，学生围成圆圈就座，彼此交流无障碍；作业和开放式考核，对于学生的作业和期末考核不是停留在知识层面，而是提升到能力层面，引导学生主动去探究问题、解决问题。

① 肖萍．杨帆成长小组的社会工作实践研究［J］．社会工作．2010（9）：9-12.

2. 合作教学

由于成长小组注重的是通过朋辈群体对大学新生达成影响，因而在课程活动过程中更关注小组成员间的互动。在教学中，师生地位平等协商合作，没有教师和学生的角色，只有督导老师、小组工作者和小组成员的角色。专业教师以督导的方式指导小组工作者制定每次活动的方案。作为小组工作者的高年级社工专业学生必须做到：秉持社会工作“尊重、接纳、助人自助、保密”等基本原则；共同商议决定活动方案、确定活动计划，既计划周密又能根据工作的需要灵活调整计划；担任小组组长、记录员、观察者、引导者、协调者等多重角色。作为小组成员的大一新生则要求能够认真投入其中，接纳、尊重他人并在互动中真诚地袒露自己的内心。

（三）问题、不足与建议

尽管取得了可喜的成就，但成长小组的实践过程依然存在一些问题。(1) 部分小组工作者缺乏实践经验，由于小组工作者是自愿招募而来，难免存在良莠不齐的现象，部分小组工作者理论知识和实践经验相对缺乏导致小组工作过程中遇到问题时显得力不从心。(2) 因排课时间有限，将新生分组时只能以班级为单位，暂时无法实现全系范围内的统一分组编排，使得班级凝聚力大大提升，但专业之间的交流仍有待加强。(3) 活动地点、活动设备等客观条件有待改善。

从单纯的实践活动到专业课程的设置，成长小组经历了一个制度化的实践过程，作为一门新开课程，成长小组还有待进一步完善，需要进行更深入的探讨和摸索。我们的思考是：强化专业能力成长小组和新生成长小组两个模块，在大三社会工作专业学生中开设对应的专业能力成长小组课程，已经修习过“个案工作”和“团体工作”的社工学生自愿进入成长小组进行实习，在担任新生成长小组工作者的过程中加强自己的专业能力。以课程为载体，既解决大一新生的入学适应问题，又提高大三学生的专业能力，既是课程，也是社会工作实践与服务。从社会学系的实践来看，成长小组对于新生的入学适应及日后发展均能起到一定的促进作用，可以在全校范围内开展，且不仅能够用于新生入学适应，还可以进一步可以运用到学生的就业、创业等各方面，促进新的教学方式的产生。

参考文献：

[1] 范可新，肖萍，等. 团体社会工作［M］. 北京：社会科学文献出版社，2001.

[2] 冯博雅. “成长小组”与同辈互助—解决新生适应问题的学校小组工作模式探索［J］. 广东工业大学学报（社会科学版），2006 增刊.

[3] 高川栗. 解决大学新生入学适应问题的小组工作方法探讨［J］. 社会工作，2008（4）：40—43.

[4] 韩金明. 关于“90 后”大学生新生适应教育模式的研究［J］. 理论界，2011（8）：200—202.

[5] 李勇男. 团体心理辅导对大学新生适应问题的实效研究—以艺术类新生为例［J］. 教育教学论坛，2017（9）：59—61.

[6] 李薇. 大类培养模式下小组工作对大学生专业成长的作用［J］. 社会工作，2010（11）：55—57.

[7] 彭华民主编. 人类行为与社会环境（第三版）［M］. 北京：高等教育出版社，2016.

[8] 郈保清. 基于团体动力学的大学生职业成长小组案例报告. 郑州铁路职业技术学院学报. 2014（2）：107—109.

[9] 肖萍. 杨帆成长小组的社会工作实践研究［J］. 社会工作. 2010（9）下：9—12.

[10] 王辉，等. 大学新生人际适应问题及对策 [J]. 湖北社会科学，2004 (1)：124—125.

[11] 王小东，等. 大学新生入学适应性问题探析与应对举措研究 [J]. 科教导刊（中旬刊），2017 (9)：170—171.

[12] 王思斌. 社会工作概论（第三版）[M]. 北京：高等教育出版社，2014.

[13]《自我认识与成长》课程组. 自我认识与成长 [M]. 北京：高等教育出版社，2009.

[14] 赵芳. 小组社会工作 [M]. 上海：华东理工大学出版社，2015.

作者简介：

陈璐玭，女，1988 年生，硕士，讲师。主要研究方向：经济社会学、青年社会学。

俄汉谚语中妻子概念的隐喻对比分析

陈　赟

（四川外国语大学俄语系 重庆 400031）

摘要：人们对“妻子”一词的认知一直在更新，但也保留了许多传统的认识。谚语中蕴含了人类大量的知识经验，也包含了对妻子这一概念的传统理解。在俄汉谚语中存在大量的隐喻，而隐喻是我们认识世界的思维方式，通过不同的始源域可以映射出目标域的各种特征。在俄汉谚语中，人们从其概念世界图景中选取“动物”“植物”“食物”“物品”“自然物”“抽象物”的各种形象来反映妻子的社会、外貌、性格等方面特点。我们通过对比俄汉谚语中关于妻子的隐喻，分析其异同的原因，可以了解俄汉两个民族对妻子这一概念的认知。

关键词：隐喻　俄汉谚语　妻子

一、引言

当代人对“妻子是什么?”这个问题给出了不同的回答。中国人常常会说妻子如“衣服、大米、花儿、车、月亮”；俄罗斯人会将妻子同“лебедь、змея、лошадь、жемчужина、непрочитанная книга”等客体联想起来。[①] 虽然当代女性的地位得到了显著提高，人们对妻子的认知相较于以前有了很大的变化，但是人们的思维中仍保留了许多诸如“妻子是衣服、花儿”或者“Жена как лебедь、змея、лошадь”等传统的认知。

人们的这些传统认知大多是从语言中获取的。人们将其对世界、人生、价值的认知用语言符号记录下来，使民族的文化得以稳定地流传。人们在学习语言的过程中，习得了语言中大量的集体经验与知识，这些知识使其社会化并成为该民族文化的载体。谚语作为经典化的文化文本，蕴含了一个民族的共同经验与思想认知，解读谚语可以使人们同先祖对话，进行交际，获得身份认同感并引发思考。[②] 妻子一直是社会中不可忽视的群体。在俄汉谚语中，男性在认识妻子这一女性角色时，将其特质进行了多方面的联想，产生了许多隐喻储存在于谚语中。

俄汉两民族将妻子隐喻为衣服、动物等人类在生存环境中经常接触的事物，这跟人们认识世界的思维方式有关。隐喻不再只是一种语言表达方式，更是人们思维的一种方式，属于认知层面，隐喻是从一个具体概念域向一个抽象概念域的系统映射。[③] 也就是说人们在认识一个抽象抑或复杂的概念时，常常会将自己熟悉的具体的概念与其相连，通过隐喻的方式将新概念的特征凸显出来，从而达到了解新事物的目的。

王寅从表现形式将隐喻分为显性隐喻和隐性隐喻，显性隐喻是带有“像”等喻词的明喻，隐性隐喻则无该类喻词；亚里士多

---

① Морозова И. А. Субъективные значения лексемы《женщина》в современном русском языке（на основе данных направленного ассоциативного экспримента）. [J]. Преподаватель XXI век. 2010（3），С：297－305.

② 冯亚琳，埃尔．文化记忆理论读本．[M]．北京：北京大学出版社，2012.

③ Lakoff，G. &Johnson，M. Metopher We Live By [M]. Chicago：The University of Chicago Press，1980.

德认为隐喻是明喻的缩略形式，明喻是从隐喻中派生出来的。[①] 徐炳昌对隐喻的分类做了很多工作，主要是对隐性隐喻的分类，他将其分为判断式、偏正式、局位式、并列式、替代式、描写式、迂回式和故事式隐喻。[②] 此外，隐喻句子虽多为肯定句，但对其否定后，隐喻意义仍然存在，否定句像肯定句一样具有隐喻性。[③] 在俄汉妻子相关谚语中，隐喻的形式主要为显性隐喻（如含喻词“как”，借助比较级“Глупому мужу красная жена дороже красного яйца.”），判断式（A 是 B，如“Хорошая жена-юрта.”），偏正式（A 修饰 B 或 B 修饰 A，如“糟糠之妻不下堂”），分句式（分句 A，分句 B，如“无故不休妻，无事不宰鸡”），以及否定式（如“Жена не стекло — можно побить.”）。

我们在接触一个新概念时，常会发现其许多不同特征，这使我们难以用一个简单具体的概念去全面地认识和评价它。因此在隐喻体系中常常会有不同的始源域映射到同一个目标域上。也就是说，人们从不同始源域出发，以相似性为基础，映射到一个目标域中，从而产生不同的认知意象结构，突出了该目标域所具有的不同特征。从古至今，人们都认为女性是神秘的、琢磨不透的存在，这是女性身上所具备的多种特征使然。因此在俄汉谚语中，妻子作为目标域，通过不同的始源域映射出其社会、外表和内心特征，从而形成“妻子”这样一个相对全面的概念系统。本文我们将对俄汉谚语中妻子是“动物”“植物”“食物”“物品”“自然物”“抽象物”隐喻进行对比分析。

---

① 王寅．认知语言学．[M]．上海：上海外语教育出版社，2006：412.
② 徐炳昌．暗喻种种．[J]．修辞学研究第 2 辑，1983：286.
③ 王寅．认知语言学．[M]．上海：上海外语教育出版社，2006：458.

二、俄汉谚语中妻子相关隐喻对比

人们在选取始源域时，常常是由近及远，将目标域与人类生存环境中熟知的事物相对应。我们根据俄汉谚语中妻子的隐喻类型，将其分为“妻子是动物”“妻子是植物”“妻子是食物”“妻子是物品”“妻子是自然物”“妻子是抽象物”六类隐喻。

（一）“妻子是动物”隐喻对比

在俄语谚语中，“妻子是马”：*Не верь коню в поле，а жене в доме*！（勿信田里马，勿信家中妻。）“妻子是山羊”：*Будь жена хоть коза，лишь бы золотые рога.*（妻子即使是母山羊，只要是金角就行。）“妻子是猫”：*Без жены，что без кошки.*（没有妻子，家里就没有了猫。）*Кто，кошек любит，будет жену любить.*（爱猫的人也会爱妻子。）“妻子是鸟”：*Птица крыльями сильна，жена мужем красна.*（鸟凭翅膀飞翔，妻子因丈夫美丽。）“妻子是孔雀”：*Красна пава перьем，а жена нравом.*（孔雀因羽毛而美丽，而妻子因性情而美丽。）“妻子是天鹅”：*Чужая жена-лебедушка，а своя-полынь горькая.*（别人的妻子就像天鹅，而自己的却像是苦艾。）*Жена，что лебедь-птица，вывеладетей станицу.*（妻子就像天鹅，带着一群孩子。）“妻子是毒蛇”：*Злая жена-та же змея.*（恶妻如毒蛇。）

在汉语谚语中，“妻子是马”：娶到的妻，买到的马，任我骑来任我打。“妻子是毛驴”：买毛驴是近的好，娶媳妇是远的好。“妻子是猪儿”：捉猪儿看母猪，说媳妇看父母。“妻子是鸡”：无故不休妻，无事不宰鸡。“妻子是鸟”：夫妻本是同林鸟，大限来时各自飞。

俄汉谚语都将妻子隐喻为马。马可以被随意买卖，总是被缰绳牵着，只能按背上主人的意愿行走的特点，映射到妻子概念上所表达的是妻子的从属地位，她们都是丈夫的所有物。此外，妻子还被隐喻为鸟，鸟的羽翼丰满，色彩亮丽，俄语谚语中，妻子就如鸟一般美丽动人，而汉语中则将鸟群受惊，四处飞的行为投射到妻子身上，凸显出妻子自私自利的特点，表现出丈夫希望妻子能与自己共患难的愿望。

俄语谚语还将妻子隐喻为“山羊”和“猫”。俄罗斯人认为山羊是穷人的奶牛，在农民生活中起的作用很小，因此对山羊很蔑视①；而猫则是整天待在家中的动物，这映射出俄罗斯人对妻子的轻视态度，并认为妻子的活动领域应在家里。“孔雀”和“天鹅”也映射出妻子的美丽与生养儿女的职能。而恶妻被隐喻为有毒、冷血的“毒蛇”，反映出丈夫对恶妻的仇视态度。

汉语谚语中妻子还如同“毛驴”“小猪”“鸡”，充分表现了汉族丈夫认为妻子如“毛驴”般可买卖，像“小猪”一样任人宰割，像“鸡”给人们提供鸡蛋、小鸡，甚至被当作食物一样，妻子应无私付出，生养儿女。

（二）“妻子是植物”隐喻对比

俄语谚语中“妻子是苦艾”：*Чужая жена-лебедушка，а своя-полынь горькая*.（别人的妻子就像天鹅，而自己的妻子却像是苦艾。）

汉语谚语中“妻子是菜”：汤与菜相宜，夫与妻相配。“妻子是瓜”：一垄萝卜一垄菜，谁的媳妇谁不爱。“妻子是辣椒”：打不死的婆娘，晒不死的辣椒。“妻子是鲜花”：鲜花插在牛粪上，巧妻常伴拙夫眠。“妻子是谷类”：收不好庄稼一季子，娶不着好

① Иванова. Е. В. Пословичные картины мира（на материале английских и русских пословиц）.［M］. СПб：Филологический факультет СПбГУ. 2002.

妻一辈子。秧好一半谷，妻好一半福。种子要拣，娶媳要选。

俄语谚语将妻子比作随处可见的“苦艾”，虽其貌不扬，却整日围着锅炉转，为家庭奉献。汉语一方面认为妻子像“菜”“瓜”一样，与丈夫共享福祸，和睦相处；另一方面认为妻子是需要挨打的，就像“辣椒”耐晒一样。汉族人还将灵巧的好妻子比作“鲜花”，推崇妻子应勤快能干、善良温顺这一观念。此外，妻子还应不停地生育，子孙才会像结出的“谷子”一样多，因此选择了“谷类”作为始源域。

（三）“妻子是食物”隐喻对比

在“妻子是食物”这一隐喻体系中，分别有俄语谚语中的“妻子是红鸡蛋”：*Глупому мужу красная жена дороже красного яйца.*（对于愚蠢的丈夫，美貌的妻子比红鸡蛋还珍贵。）汉语谚语中的妻子是“面团”“米”“糟糠”“粮”“米粥”：打倒的媳妇，和倒的面。赚钱伙计，柴米夫妻。婆娘讨得强，胜过半年粮。贫贱之交不可忘，糟糠之妻不下堂。米粥热的好，媳妇勤的好。

红鸡蛋在古罗斯象征生命的诞生，其在农耕典礼中经常出现，后又成为东正教复活节的代表物，在俄罗斯人的生活中占有重要位置。俄语谚语将妻子隐喻为“红鸡蛋”，突出表现对愚蠢丈夫来说，妻子美貌的珍贵程度。汉语谚语中揉过的“面团”的筋道投射在妻子身上，表现了须将妻子教训得服服帖帖，成为顺从丈夫的好妻；而“米”“糟糠”“粮”“米粥”这些充饥食物的必不可少突出妻子善良、勤劳、能共患难品性的重要性。

（四）“妻子是物品”隐喻对比

俄语谚语中“妻子是房屋”：*Хорошая жена-юрта.*（好妻子就是房子。）*Хорошая жена-каменная стена, а худая-на голову положенная беда*.（好妻是石墙，而坏妻是满头的烦恼。）“妻子是服饰”：*Шей шубу теплее, а жену выбирай добрее*.（把皮袄缝得暖和些，而妻子选得善良些。）*Без жены-как без шапки*.（没有妻子就像没有帽子。）*Жена-не сапог: с ноги не скинешь*.（妻子不是靴子，不能从脚上脱掉。）*Жена-не рукавица: с руки не бросишь, за пояс не заткнешь*.（妻子不是手套：不能从手上甩掉，不能掖在腰里。）*Муж жене отец, жена мужу венец*.（丈夫对妻子来说是父亲，妻子对丈夫来说是冠冕。）*Добрая жена-мужней голове корона*.（好妻是丈夫头上的王冠。）“妻子是财宝”：*Со злой женой ссоры и разлад, а с доброй-что тебе клад!*（和坏妻子在一起是吵架和不和睦，而和好妻子——是给你的珍宝!）

此外，“妻子是人体部位”：*Без мужа что без головы, а без жены что без рук*.（无夫如无头，无妻如无手。）*Муж-голова, жена-шея, куда захочет, туда и повернет*.（丈夫是头，妻子是颈，头想去哪，颈就往哪转。）“妻子是生活用品”：*Умная жена-что нищему сума*.（聪明的妻子就像穷人的钱袋。）“妻子是生产工具、材料”：*Жена не стекло-можно побить*.（妻子不是玻璃——可以打。）*Жена не седло: со спины не сымешь*.（妻子不是马鞍，不能从马背上摘下。）“妻子是乐器”：*Жена не гусли: поиграв, на стену не повесишь*.（妻子不是古斯里琴，玩过之后，不能挂在墙上。）“妻子是药剂”：*Жена мужу пластырь, муж жене пастырь*.（妻子对丈夫来说是膏药，丈夫对妻子来说是牧师。）*Добрая жена-веселье, а худая-злое зелье*.（善良的妻子是快乐，而恶妻是毒药。）

汉语谚语中，“妻子是房屋”：买屋看梁，娶妻看娘。人若无妻，如屋无梁。“妻子是服饰”：兄弟如手足，妻子如衣服。穿破才是衣，到老才是妻。称心的老婆，可脚的鞋。“妻子是财宝”：

丑媳妇家中宝，俊媳妇惹烦恼。“妻子是人体部位”：夫妻似骨肉，兄弟如手足。骨头上的筋，老婆面上的亲。头发丝绑得住老虎，善良妻劝得转恶夫。“妻子是生活用品”：一个铁罐一个盖，各人老婆各人爱。买锅要敲打敲打，娶妻要了解了解。“妻子是生产工具、材料”：富人妻，墙上皮，掉了一层再和泥。媳妇如墙上泥，去了旧的换新的。穷汉妻，半张犁。冬天的温暖离不了木柴，家庭的幸福离不了妻子。“妻子是乐器”：夫妻相合好，琴瑟与笙簧。妻应夫，急如鼓。

俄汉谚语将妻子隐喻为“房屋”，房屋的范围映射出妻子的活动领域应局限在家里，她的自由受到限制。而“石墙、木梁”的支撑作用表现出妻子能支持丈夫。

“妻子是服饰”在俄汉谚语中普遍存在，这都表明妻子只是丈夫的附属品。俄语中妻子隐喻为保暖的“皮袄、帽子”，映射出妻子能给家庭带来温暖的特点，并将妻子与“靴子、手套”产生联想，表现出妻子不能抛弃。汉族人虽认为妻子可随意更换，但也注重婚姻的持久度，因此出现了“衣裳、鞋”的隐喻。

俄汉谚语中“妻子是财宝”，表现出妻子善良、贤惠、温顺的品性对丈夫来说如同宝物一样珍贵。而在“妻子是人体部位”这个隐喻中，凸显出妻子是丈夫的附属品，反映了其低下的从属地位。

“妻子是生活用品”隐喻中将妻子隐喻为家中的物品，反映出妻子的活动范围。对俄罗斯人来说，聪明能干的妻子就像“钱袋”一样珍贵，凸显出其聪明的品性。而汉语中把妻子隐喻为容器“铁罐”“锅”，映射出妻子的生育能力，突出了女性怀孕生育对家庭传宗接代的重要作用。

在“妻子是生产工具和材料”这个隐喻中，俄语将妻子与“易碎的玻璃、可摘下的马鞍”对比，突显出妻子可以被殴打，但不能随意被抛弃。而汉语刚好相反，富人的妻子如同“墙上皮”“墙上泥”能随意更换，而穷人的妻子不仅要做家务，还要像“犁”一样干很重的体力活。汉语中肯定了妻子能给家庭带来温暖这一优点，但需要妻子像“木柴”燃烧自己，暖和家人。

此外，妻子还是“乐器”。俄语认为不应将妻子与“古斯里琴”等同起来，她不能随意被抛弃。汉语则认为妻子是“瑟”与“簧”，应与丈夫相处融洽，配合密切，而妻子也应如“急促的鼓点”般，能快速地对丈夫的命令做出反应。俄语谚语中妻子还被隐喻为“药剂”，通过“膏药、毒药”的功效映射出妻子的善良品性的重要性。

（五）“妻子是自然物”隐喻对比

俄语中“妻子是水”：*Что гусь без воды，то мужик без жены.*（鹅没有水，就像夫没有妻。）“妻子是风”：*Не верь ветру в море，а жене в доме.*（勿信海上风，勿信家里妻。）“妻子是矿物”：*Железо уваришь，а злую жену не уговоришь.*（生铁能煮沸，恶妻劝不动。）*Лучше камень долбить，нежели злую жену учить.*（即使凿石也好过教训恶妻。）“妻子是灾难”：*Сварливая жена-а дом пожар.*（爱争吵的妻子在家里是火灾。）

汉语中“妻子是水”：妻跟夫走，水随沟流。“妻子是灶火”：倒风的灶火，无理的老婆。“妻子是田地”：种田不好一时穷，讨坏老婆一生穷。

俄汉谚语中妻子是“不可或缺的水”，是“被限定流向的水”，这突显出妻子的重要性，以及妻子必须顺从丈夫，接受丈夫的领导。

俄语中妻子如“风”，表现出妻子需要丈夫看管，否则就似“风”飘去他人怀中。妻子也是“矿物”，一旦妻子固执、超脱常规、无法被征服，她就如“生铁、顽石”般使人头疼。而一个凶恶、饶舌的妻子对丈夫来说是天大的不幸，如同“灾难”一样。

汉语中与水相对，蛮横的妻子如倒风的“灶火”会把家里弄得乌烟瘴气。而好妻对于家庭的重要性就像农民的“田地”，是人们进行生产劳动和赖以生存的地方。

（六）“妻子是抽象物”隐喻对比

俄语谚语认为凶狠恶毒的妻子比“撒旦”还危险：*Перед злою женою сатана-младенец непорочный*.（撒旦在恶妻面前是纯洁的婴儿。）汉语则认为娶到一个手脚麻利的妻子，就像接来“财神爷”一样，生活会越过越红火：娶老婆等于接财神。

三、俄汉谚语中妻子隐喻异同原因

（一）相同原因

以前，俄汉两民族都是父权制社会。这种社会的家庭，妻子地位远远低于丈夫，沦落为男性的附属品、所有物。她应事事顺从丈夫，听从指挥。父权制社会中的性别分工原则将妻子的活动范围禁锢于家庭之中，其操持家务、绵延子嗣的功能被放大。而两民族对妻子本身的外貌、内心特性认识也趋于一致，这使得俄汉谚语中对妻子这一目标域的概念认识是基本相同的。

此外，我们在选择始源域时都会偏爱于熟知的事物，周围一切相关的事物都可能会成为隐喻的对象。这是因为我们的认知模式都是由微观到宏观，逐步扩展开来。首先我们会以自我，即以人为中心进行隐喻，范围包括人的身体、衣、食、住、生产等方面，再到人类生存的自然环境，其中天文、地理、矿物、动植物都是隐喻的对象。而我们所接触的隐喻对象，其本身的特性也有相似之处，因此，俄汉谚语中会出现许多相同的妻子隐喻。

（二）差异原因

由于俄汉两民族生存的地理位置、生产生活方式、信仰宗教及思维方式的不同，使得周围事物在俄汉两民族中所占的地位及重要性不尽相同，因此形成了各自所特有的妻子隐喻。

汉民族善农耕，以生产粮食作物为主，汉谚中出现了大量与其相关的隐喻，如“庄稼”“秧苗”“田地”“粮”“米”等。而俄罗斯由于耕地面积所占比重小且利用不佳，在欧洲工业革命的影响下转而大力发展商品经济①，因此商品交易的对象常成为隐喻对象，如“конь”“коза”。由于俄汉民族有各自的民间乐器，因此在选择始源域时出现了不同的乐器，如俄罗斯民族的“гусли”，汉族的“瑟”“簧”“鼓”。

受东正教影响，俄语谚语中出现了堕落天使“сатана”、伊甸园中的“змея”、复活节的“красные яйца”。而汉语谚语则受传说和神话影响，出现了“财神爷”形象。

此外，思维方式对俄汉民族的认知也有影响。俄罗斯人是逻辑思维，认识事物时常将其具体化，分析研究该事物的各组成部分；汉族人则是形象思维，常从整体上把握事物，对事物是一个总体的认识。② 例如俄语谚语把妻子温暖这一特点比作“шуба”“шапка”这些具体衣物，而汉语谚语则说妻子如“衣服”这一类别；而在把妻子同鸟作比较时，汉语只说“夫妻是同林鸟”，但俄语却根据妻子的不同特点将其细分为“天鹅”“孔雀”“布谷鸟”。

---

① 潘德礼．俄罗斯——列国志．[M]．北京：社会科学文献出版社，2005．

② 汗成慧．俄汉文化差异与思维方式 [J]．重庆师范大学学报（哲学社会科学版），2004．

四、结语

通过对比分析俄汉谚语中的妻子隐喻，我们可以窥见两民族认知的相似和差异性。俄汉两民族都认为妻子是丈夫的所有物，应待在家中，支持丈夫，为丈夫生儿育女，她应是勤劳的、顺从的、温暖的、重要的、无私奉献的，但也是可以被殴打的对象。虽然两民族都喜爱貌美的妻子，但觉得妻子的内在品性才更重要。俄罗斯民族还认为妻子不能被抛弃，希望妻子忠诚，不要成为蛮横恶毒、难以驯服的恶妻。而汉民族则认为妻子可随意更换，如若遇见与其性格相和的妻子，还是应该白头到老。这些妻子隐喻的异同受到了两民族的社会体制、认知模式、生产方式、意识形态和思维方式的影响。从这些隐喻中，我们可以认识俄汉两民族传统的妻子概念，了解当代俄汉两民族对妻子认知的来源。

参考文献：

[1] Lakoff，G. & Johnson，M. Metopher We Live By [M]. Chicago：The University of Chicago Press，1980.

[2] Даль В. И. Пословицы русского народа. [M]. С-Петербург-Москва：Издание книгопродавца- типографа М. О. Вольфа，1897.

[3] Жуков В. П. Словарь русских пословиц и поговорок. [M]. M.：Русский язык，2000.

[4] Иванова. Е. В. Пословичные картины мира（на материале английских и русских пословиц） [M]. СПб：Филологический факультет СПбГУ. 2002.

[5] Морозова И. А. Субъективные значения лексемы《женщина》в

современном русском языке（на основе данных направленного ассоциативного экспримента）.［J］. Преподаватель XXI век. 2010（3），C：297－305.
［6］冯亚琳，埃尔. 文化记忆理论读本［M］. 北京：北京大学出版社，2012.
［7］潘德礼. 俄罗斯——列国志［M］. 北京：社会科学文献出版社，2005.
［8］任耕耘. 新编谚语［M］. 合肥：黄山书社，2007.
［9］汪成慧. 俄汉文化差异与思维方式［J］. 重庆师范大学学报（哲学社会科学版），2004.
［10］温端政. 中国谚语大辞典［M］. 上海：上海辞书出版社，2011.
［11］王寅. 认知语言学［M］. 上海：上海外语教育出版社，2006.
［12］徐炳昌. 暗喻种种［J］. 修辞学研究（第2辑），1983，286.

作者简介：

陈赟，女，1990年生，硕士，助教。主要研究方向：语言文化学。

案例制作

——如何用案例呈现国际关系[①]

谌华侨　郝　楠　张　丹

（四川外国语大学国际关系学院　重庆 400031；

中国—东盟中心　北京 100600；

中国人民大学国际关系学院　北京 100872）

摘要：案例教学是社会科学相关专业进行试验教学的重要手段。教学型案例的制作亦是有关专业教学的重要内容。因为教学内容与日常生活有一定距离，因此国际关系教学始终受到难以直接感受学习对象的困扰。通过借鉴较为成熟的工商管理学硕士案例制作规范，对其进行学科改造，并经过近五年的教学实践，形成了国际关系案例制作规范，希望为国际关系教学和学习开辟新路径。

关键词：影像　案例制作　国际关系

从案例的用途来看，案例类型可以区分为研究型案例和教学型案例。前者主要用于政策分析、理论探索，通过案例来获得或

---

① 本研究受到 2015 年四川外国语大学研究生教育教学改革研究项目（项目编号：yjsjg201510）资助，亦是四川外国语大学校级教改项目（项目编号：JY164605、JY143607）的阶段性成果。

检验相关政策和理论。后者主要用于教学，通过案例来教授或学习相关理论知识要点。

教学型案例需要基于一定的案例素材，并通过规范化的方式，生成满足一定要求的案例。因此，教学型案例需要借助一定的案例制作规范产生。

一、案例制作：从 MBA 案例制作到国际关系案例制作

由于教学的现实需要，各国 MBA 教育在发展过程中开发了大量案例。在案例开发过程中，形成了 MBA 案例制作规范，并成为业内共同遵循的规范。

MBA 案例制作规范主要包括写作规范、评估规范、入库标准三个方面。写作规范包括 MBA 案例制作中的文字规范和格式规范。评估规范主要是对业已成型的案例进行评估，以产生符合要求，可以用于案例教学的案例。入库标准主要是从案例正文、教学指导手册以及附件三方面对入库案例进行规范。

作为一种操作方法，案例制作规范可以从 MBA 领域拓展到国际关系领域。通过借鉴 MBA 案例制作形成的有效规范，并根据国际关系学科特性予以改良，试图形成融合案例制作一般属性和学科特性的国际关系案例制作规范。鉴于此，在构建国际关系案例制作和评估规范以及入库标准时，主要是采取“拿来主义”，直接采用 MBA 案例相关内容；在有差异和不适用的部分采用“改良主义”，改造 MBA 案例有关规范，形成国际关系案例制作和评估规范，以及入库标准。

二、国际关系案例制作规范

由于教学型案例的构成差异，案例正文和案例使用说明的写

作和评估规范有所差异，两部分的具体内容如下。

（一）摘要和关键词

1. 操作规范

从形式上来看，摘要总结案例内容，但不做评论分析，一般300字以内。从内容上看，摘要需要至少包含如下五个部分：第一，开门见山，点出研究对象；第二，描述案例所包含的核心内容，这一部分的内容需要与案例正文相对应；第三，指出案例核心内容所体现的相关理论知识，并运用这些理论知识来简要分析影像内容，这是摘要的核心所在；第四，本案例的教学目的和用途，指出案例的价值所在；第五，案例的现实应用，即本案例的有关内容可以运用到现实生活的哪些方面。

关键词一般以3～5个为宜，以体现所述案例的核心内容，便于读者进行电子化检索。为了增加操作性，对关键词的提炼可以按照案例主要内容和所体现的主要理论知识，以及现实应用这几个方面展开。

2. 实践中的问题

在实际写作过程中，摘要常常出现以下六个方面的问题：第一，逻辑层次残缺不全，缺少部分内容；第二，不同句子长度分布不均，未呈现出橄榄形结构；第三，文字表达过于干瘪，无法完整体现相关内容；第四，用词不够准确，语言不够凝练；第五，对理论生搬硬套，没有结合案例核心内容分析；第六，没有体现出现实应用。

在实际写作过程中，关键词常常出现以下五个方面的问题：第一，关键词数量偏多或偏少；第二，对案例事实概括不准确；第三，对理论知识点的概括与理论依据与分析中的内容不一致；第四，理论知识点的逻辑顺序混乱；第五，对现实应用的归纳不准确。

（二）案例正文

一般而言，案例正文由案例梗概、主要案情、参考文献和附录[①]部分构成，具体内容如下。

1. 案例梗概

（1）操作规范

该部分需要简要介绍相关事件的基本信息。案例梗概用概括性文字表达即可，为引导出案件服务。为增强视觉冲击，也可采用图形、图表等形式来展开。

（2）实践中的问题

在实际写作中采用表格的方式呈现关键信息视觉效果良好。然而，部分案例并未严格遵循学术规范，出现大段抄袭网络资料的现象。同时，案例概括取舍不当、关键信息提取不准，进而导致理论分析偏离宏观视角也是常见的问题。

2. 主要案情

（1）操作规范

操作规范主要包括呈现形式和内容比例，具体展现路径可以参考以下三种路径：（1）采用新闻报道方式，即按照 Who，When，Where，What，Why，How 这六个关键词的结构展开，其中 How 是重点；（2）按照叙事逻辑，即起因、发展、高潮、结局展开；（3）按照案例的核心要素，即人物、地点、时间、事件来进行概述。最为重要的是，案情按照何种方式展开，还需要视其内容和特点来定，没有固定方式，不可生搬硬套。为了增加可读性，应根据每一部分的核心案情，拟定小标题，统领相关内

① 附录并非必不可少的部分，在案例写作的实践中，常常出现与案例正文相关的内容若放在正文中显得累赘的情况。在这种情况下，往往把这些内容放到附录中，一来让正文内容连贯，二来体现案例正文的完整性。

容。为了增加可读性，应根据每一部分的核心案情，拟定小标题，统领相关内容。

从内容比例来看，主要案情将在案例正文中处于主体地位。为了方便读者厘清案情，在概括案情时行文需要简洁明了，内容复杂时，可以考虑采用图表和图片的方式来展现故事发展脉络或人物关系。鼓励采用 infographic（信息图）等多种形式简明高效地呈现内容。

无论采取何种方式来展开文字，皆须囊括案例的主要内容。行文逻辑需要服务于主要内容，便于读者全面了解案情。

（2）实践中的问题

在实际写作过程中，主要案情常常出现以下六个方面的问题：第一，文字信息过多或过少；第二，主要案情平铺直叙，缺乏逻辑连贯；第三，案情复杂时，缺乏事件发展脉络和人物关系图，由此导致主要案情缺乏灵魂；第四，案情复杂时，无法高度且有逻辑地概括主要案情；第五，概括过程中易忽略行文的趣味性和可视性；第六，不加取舍，叙述过繁，淡化核心案情。

3. 案例原型

（1）操作规范

如果相关案例来源于真实事件，或者小说、影视资料等，可以考虑呈现事件原型，基本内容可以沿用 Who，When，Where，What，Why，How 六个关键词的结构，并且在 How 部分按照起承转合的顺序展开。

同时，有必要对事件原型与相关案例进行对比，虽然这两部分内容都可以呈现，但需要侧重主要案例。

（2）实践中的问题

实际写作过程中，部分案例原型的回顾占据过多篇幅，淡化了主要案例，有本末倒置之嫌，该部分的容量不宜超过 500 字。鼓励采用 infographic（信息图）等多种形式简明高效地呈现内容。

4. 参考文献

（1）操作规范

这里可能涉及的一些附属信息，如当时的新闻报道、图片等，一些其他的历史材料，可以在参考文献中列出。

（2）实践中的问题

在实际写作过程中，参考文献常常出现以下几个方面的问题：第一，参考文献格式不正确，这是最为常见的问题；第二，堆砌参考文献，没有体现相关性；第三，抄袭参考文献，将实际上没有阅读或参考价值的参考文献进行罗列；第四，参考文献过少，外文参考文献缺失。

（三）案例使用说明

1. 教学目的和用途

（1）操作规范

教学目的旨在说明在利用案例进行教学时所要实现的目标，需要指明本案例所涉及的主要知识点、教学内容等。在表述上一般以“本案例的教学目的在于……”开始，随后辅以相关内容，以一个自然段为标准。

用途主要说明案例的适用对象和适用课程，务必追求教学对象明确。在表述上一般以“主要适用于”为开始，以具体学员或其他对象为结尾，以一个自然段为标准。

教学目的和用途表明了案例的价值，奠定了案例制作的意义。因此，教学目的和用途部分的用词需要高度凝练。

（2）实践中的问题

在实际写作过程中，教学目的和用途常常出现以下四个方面的问题：第一，信息不完整，没有涵盖目的和用途的主要方面；第二，文字不够凝练，不能直接体现目的和用途；第三，文字安排不合理，目的和用途的文字数量失衡；第四，部分措辞不够准确。

2. 启发性思考题[①]

(1) 操作规范

启发性思考题为读者提供了案例分析的方向，体现出案例的问题导向。它一般包含以下层面的问题：案例正文所体现的主要内容、案例与理论知识的融合问题、运用理论知识分析案例、相关理论知识的现实应用。这几个层面的问题层层递进，体现出一定的连贯性。

同时，启发性思考题主要有两大类型：开放性问题和具体问题。前者适用于探索性问题，可用于案例与理论知识的融合问题，以及运用理论知识分析案例的主要内容，甚至是现实应用；后者适用于描述性问题，可用于案例主要内容的问题设置。

因为其方向性和问题性特征，启发性思考题对指引案例使用说明的后续内容框架，极其重要。在案例制作过程中并非一次成型，这些问题需要根据案例写作的过程逐步调整和修改。

(2) 实践中的问题

在实际行文中，启发性思考题一般采用特殊疑问句的方式提出，一个思考题一个问句。

在实际写作过程中，启发性思考题常常出现以下几个方面的问题：第一，问题残缺，没有涵盖案例主要内容，案例与理论的结合，理论分析和现实应用；第二，问题层次错乱，没有依次展开；第三，问题含糊，指向不明确，需要进一步提炼优化；第四，未与分析思路和关键要点一一对应。

① 启发性思考题、分析思路、理论依据与分析、关键要点是最能体现逻辑关联性的问题。在实际过程中可以将四个部分以图形的形式表达出来，以确保这四个部分的逻辑顺序是案情、案情理论、案情分析、现实应用，实现前后一致。

3. 分析思路

（1）操作规范

分析思路主要着眼于启发性思考题，提供分析这些问题的基本方式和逻辑，发挥路线图的作用。因此，分析思路将是具有概括性的文字，并非直接提供问题答案。

对于开放问题，应该引导读者思考和解决这些问题的方式和方法；对于描述性问题，应该告之读者获取答案的可行路径。

分析思考具有承上启下的作用，是连接启发性思考题、理论依据与分析和关键要点的枢纽。分析思路需要在案例制作过程中不断地比对案例正文和案例使用说明的相关部分，并进行动态调整。

为了思路更为清晰，可以采用“熟悉案例”“联系理论”“分析案例”“现实应用”等体现分析思路的字眼作为主题词，并置于句首。

（2）实践中的问题

在实际写作过程中，分析思路常常出现以下三个方面的问题：第一，分析思路残缺，没有涵盖案例主要内容，案例与理论的结合，理论分析和现实应用；第二，分析思路层次错乱，没有自觉与启发性思考题相对应；第三，分析思路不清晰，没有提供相关问题的解决思路。

4. 理论依据与分析

（1）操作规范

理论依据与分析是案例使用说明的核心所在，它是运用分析思路来探求启发性思考题的过程。这一过程强调理论知识在案例中“为何”和“如何”存在并产生作用的问题。这样的操作过程从根本上提升了读者对理论知识的实际运用能力。

理论依据是案例资料所体现的理论知识要点或操作模式，分析部分主是利用理论知识要点或操作模式来具体分析案例的有关内容。在由案例形成理论要点的探索过程中，可以采用个案研究方法—过程追踪来探求案例中的理论知识。具体而言，就是采用解释结果过程追踪（Explaining－Outcome Process－Tracing）。该类过程追踪试图解释一个特定的结果，其目的是精心形成一个对结果的充分解释。这样的追踪属于案例导向。[①] 解释结果过程追踪操作流程如图 1 所示。

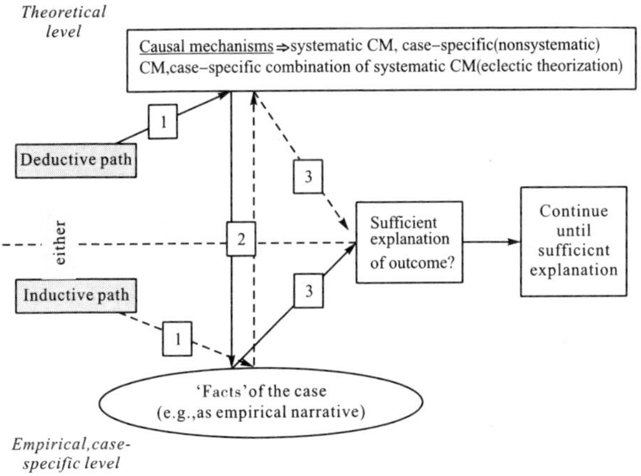

图 1　解释结果过程追踪操作流程图

资料来源：Derek Beach and Rasmus Brun Pedersen. Process-Tracing Methods：Foundations and Guidelines [M]. Ann Arbor：The University of Michigan Press，2013：20.

进行解释结果过程追踪时，需要不断地将案例中的经验材料与可能的理论要点进行比对，交互采用归纳和演绎的逻辑来解释案例资料中的行为或结果，最终形成对案例资料的充分解释。在此过程中，有可能形成多种可行的解释路径或理论要点。此时，

① Derek Beach and Rasmus Brun Pedersen. Process-Tracing Methods：Foundations and Guidelines [M]. Ann Arbor：The University of Michigan Press，2013：11. 有能力的学生在阅读过该书之后，也可尝试其他两种过程追踪的方式。

需要形成竞争性解释，并通过详细的比较，形成最优解释。

在充分熟悉案例资料的情况下，有必要参考相关教材、科研论文和经典原著等内容[①]，并进行专题阅读，提高过程追踪的有效性，增强解释的信度。[②]

在行文上，为了便于读者理解，一般宜采用先回顾案例，再阐述理论要点，[③] 随后运用理论要点来分析影像内容的方式进行。

（2）实践中的问题

在实际写作过程中，理论依据与分析常常出现以下六个方面的问题：第一，理论与案例脱节。即理论和案例材料各说各话，尚未形成理论依据和分析的交融；第二，堆砌理论要点，形成大而空的理论框架而无相应的案例资料可以佐证；第三，理论要点之间缺乏逻辑联系，不能形成一条完整的解释链条；第四，部分案例出现抄袭相关书籍、论文或资料中相关理论要点的情况；第五，理论要点分析并未完全覆盖案例正文归纳的核心内容；第六，选择的案情内容不具代表性和冲击力，结合分析意义不大。

5．关键要点

（1）操作规范

关键要点是在分析思路的引导下，经过理论依据和分析的探索，对启发性思考题的直接回应。因此，关键要点务求简明扼要，直击要害，能够清晰地解答启发性思考题的困惑。

（2）实践中的问题

① 教材、科研论文和经典原著是后续参考文献的主要来源，也是课程使用计划中课前阅读的重要内容。

② 进行影像分析时可能会遇到影像与参考文献谁是分析本体，二者在分析过程中的主次关系如何的问题。通过写作实验来看，在制作案例过程中发现该问题后，应对二者进行剖析，采取更为可信的分析。

③ 在实际写作过程中，为进一步提高自觉性，也可采用影像再现—理论要点—影像分析的逻辑展开。

在实际行文中，关键要点与启发性思考题相对应，采用一个简单的陈述句来表达。关键要点在案例使用说明中起到画龙点睛的作用。

在实际写作过程中，关键要点常常出现以下几个方面的问题：第一，关键要点未自觉与启发性思考题和分析思路相对应；第二，文字过于杂糅，没有指明关键所在；第三，要点过于具体，没有体现概括性。

6. 课堂使用计划

（1）操作规范

介绍案例的课堂使用方法，该部分的视角应该考虑学员的学习，同时兼顾教师的课堂操作性。包括时间安排、讨论顺序（过程）、重点内容等。课堂使用计划旨在满足教学用途，实现教学目标。

课堂使用计划一般包括课前、课上和课后计划。课前需要熟悉案例，阅读课上可能需要的资料，为课堂讨论做好准备。课上一般通过小组研讨的方式进行，重点在于分析为何要用特定的理论要点来分析案例资料，以期待形成多种解释路径，鼓励形成竞争性解释，并通过焦点小组讨论，形成最优解释；课后需要进行案例优化和修改工作，通过课前准备和课堂研讨，提出案例的优化方案，进行修改完善工作。同时，进行拓展阅读，深化对案例的认识。

（2）实践中的问题

在实际写作过程中，案例使用说明常常出现以下几个方面的问题：第一，课前、课上和课后分工不明晰；第二，课堂使用计划过于笼统，操作性不强；第三，课堂时间分配不合理；第四，对知识的掌握度较低，课堂时间安排与原计划出入较大。

7. 参考文献

（1）操作规范

参考文献需要梳理出理论知识要点所涉及的教材、科研论文、经典著作和网络资源等。

参考文献部分不仅要满足基本的格式规范要求，还要结合案例，将阅读范围确定到具体的章节和页面，便于进行专题阅读。除此之外，还有必要对每一个文献与案例的关联性予以明示，表明参考文献之于案例的价值。

(2) 实践中的问题

在实际写作过程中，参考文献常常出现以下几个方面的问题：第一，参考文献格式不正确，这是最为常见的问题；第二，堆砌参考文献，没有体现关联性；第三，抄袭参考文献，罗列实际上没有阅读或参考价值的参考文献。第四，参考文献权威性、相关性和学术性较低；第五，参考文献过少，无法支撑理论依据与分析。

8. 课堂技术支持

在课堂教学过程中，如果需要其他技术支持，需要在该部分予以标注，便于课堂准备。

（四）现实应用

1. 操作规范

现实应用是在梳理案例资料，并通过理论知识分析案例资料为何如此之后，将所学的知识和技能运用到现实生活中去。

现实应用并没有一个确定性的规程，主要是依赖于案例资料的内容，以及学习者的主观认知能力。

案例制作各部分之间的逻辑见图 2。

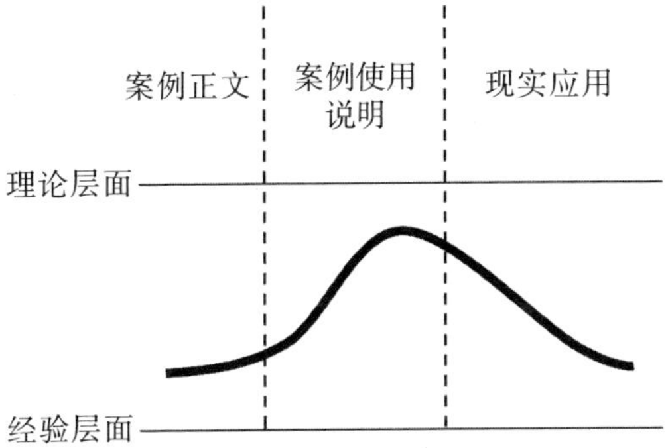

图 2　案例制作各部分之间的逻辑

根据案例制作各部分之间的逻辑，案例正文部分主要是基于经验层面的一种再现，务必客观全面。案例使用说明是基于案例正文进行的学理思考或操作模式的总结，源于现实，又试图超越现实，向理论迈进。现实应用是将从现实中提炼出来的理论认识或模式运用到现实中去。三者的逻辑是从现实中来，进行理论探讨后又回到现实中去，以便更好地指导实践活动。

在实际案例写作过程中，一般将理论依据与分析中的理论知识点予以拓展，运用到现实中去，这是现实应用的主要方向。另外一种方式是将案例资料中有用的小点集中起来，并通过现有的知识体系和现实经验进行拓展。

对于理论性较强的案例，可以采用理论适用性、典型案例和后续事件这样的逻辑依次展开。理论适用性是从学理的高度阐述理论依据与分析部分主要理论知识的解释力，着眼于理论可行性。典型案例是用已经发生的事情来论证相关理论知识的解释力，着眼于已经发生的事件。后续事件则表明了理论知识的适用领域，着眼于未来。

对于操作性较强的案例，可以直接通过理论依据与分析部分提炼出来的操作模式展开。

2. 实践中的问题

在实际写作过程中，现实应用常常出现以下五个方面的问题：第一，现实应用与案例正文和案例使用说明完全脱离；第二，现实应用没有体现理论依据与分析中的核心要点，偏离了主题；第三，现实应用的内容缺乏操作性，难以运用；第四，现实应用的资料收集较少，提出的方案与措施不够系统与科学；第五，现实应用的逻辑层次混乱。

三、国际关系案例评估规范

（一）案例评审表

经过多年的教学和写作实践，以及总结在案例写作中暴露出来的问题，逐步形成以下案例评审表。案例评审表初步实现了评估规范的可操作性，便于在案例制作过程、案例学习和研讨过程中使用，提高案例质量（如表 1）。

表 1　案例评审表

评分点＼分值	2	1	0	−1	−2
标题	非常新颖	新颖	比较新颖	一般	差
摘要					
文字的概括性	非常好	好	较好	一般	差
内容的全面性	非常全面	全面	比较全面	一般	差
逻辑层次	非常好	好	较好	一般	差
关键词					
关键词	非常凝练	凝练	比较凝练	一般	差

续表1

评分点＼分值	2	1	0	−1	−2
案例正文					
选题的典型性	非常典型	典型	比较典型	一般	差
背景材料的充分程度	非常充分	充分	比较充分	一般	差
核心内容表述的清晰程度	非常清晰	清晰	比较清晰	一般	差
布局谋篇的合理性	非常合理	合理	比较合理	一般	差
写作的客观性	非常客观	客观	比较客观	一般	差
案例使用说明					
目标和用途的合理性	非常合理	合理	比较合理	一般	差
思考题的引导性	非常明确	明确	比较明确	一般	差
分析思路的清晰度	非常清晰	清晰	比较清晰	一般	差
理论依据与分析的紧密程度	非常紧密	紧密	比较紧密	一般	差
关键要点的简洁性	非常简洁	简洁	比较简洁	一般	差
课堂计划的合理性	非常合理	合理	比较合理	一般	差
参考文献的规范性	非常规范	规范	比较规范	一般	差
内在一致性	非常一致	一致	比较一致	一般	差
现实应用					
可操作性	非常可行	可行	比较可行	一般	差
整体					
可读性	非常好	好	较好	一般	差
全篇的连贯性	非常连贯	连贯	比较连贯	一般	差

说明：所有指标需要至少满足中间值0时方可入库，否则需要进一步修改。

如表1所示，案例评审表主要包含评分点和分值分布。为操作简单，评分点主要考察案例的各个主要过程内容，以及各个内容之间的逻辑联系和文字表达规范，从部分和整体两个方面来构建评分体系，在实际操作中简便可行。分值分布通过时点数据，便于自我评估，高效可行。

从案例构成的内容来看，可以将案例评估规范分为标题、摘要和关键词评估规范，案例正文评估规范，案例使用说明评估规范，现实应用评估。基于现实使用的便利考虑，下文将分成几大类来对案例评审表予以解释。

（二）标题、摘要和关键词评估规范

案例标题、摘要和关键词处于整个案例的前端，具有画龙点睛或提纲挈领的作用，对于案例使用极其重要。在案例写作和教学过程中，对这三方面的评估需要注意以下几个方面的内容。

就标题而言，需要体现整个案例的精华所在。文锋犀利，表达俏皮的标题往往备受推崇，而简单将案例名称或主要实践作为标题的方式显然弱化了案例的吸引力。对于标题的苛刻要求，客观上要求其拟定需要在案例制作完成后，通观全局，仔细推敲，而非在案例制作伊始便草率敲定。

就摘要而言，需要观察文字、内容和逻辑三个维度。从微观来看，需要考察摘要的文字是否具有概括性；从宏观来看，需要考察摘要内容全面与否；从内部结构来看，需要考察其逻辑性。

就关键词而言，从图书情报学的角度考虑其检索要求，写作时需要提炼出案例正文、案例使用说明和现实应用的核心内容，避免关键词之间的概念交叉。

（三）案例正文评估规范

案例正文的评估规范从案例价值着手，依次讨论各个构成部分的评估要求，最后从文字的客观性总体予以评估。

之所以要首先关注案例的典型性，这主要是基于对案例研究特性的考虑。在实际教学过程中，通过对案例的讨论来深化对知识的理解，以及对知识的现实应用。这样的单一案例研究的特性决定了所选择的案例必须在案例所描述的事实和讨论的问题具有典型性，只有这样才能在学习过程中形成典范，起到举一反三的作用。[①]

在案例梗概部分，需要对所选案例的背景材料进行充分挖掘，设定案例的存在条件，这样的处理，便于在案例研习时了解案例所处的外部环境，也便于理解案例实情。

（四）案例使用说明评估规范

首先，案例正文与案例使用说明需要有内在一致性。案例正文是案例使用说明相关部分的基础，案例使用说明来源于案例正文，但高于正文。在写作过程中，需要防止产生“两张皮”的现象。

其次，案例使用说明内部各部分之间需要有连贯性。教学目的与用途、启发性思考题、分析思路、理论依据与分析、关键要点、课堂使用计划浑然一体。相关部分的修改必将导致其他部位的相应修改。

除了上述两部分的具体评估规范，还有必要对文字进行规范。但文字规范素来都是仁者见仁，智者见智。在此，不做统一规定，但提供一个简约的操作指南规范，便于案例制作高效进行。

---

① 案例的典型性评估分两种情况。其一，对于教师提供的案例，选取时已进行筛选，备选案例已具有典型性，学生是在认领的案例基础上进行分析的，因此笔者认为在这种情况下，在实践过程中，应更加看重在正文中选取的影像情节或非影像资料的内容是否具有典型性。其二，若为学生自己选取的案例，则可对其选取的案例典型性进行评估。

四、国际关系案例入库标准

入库需要经过专家的评审，通过无记名打分的方式进行，一般而言，案例评审流程由以下几个步骤组成。

专家评审主要通过由指标体系所建构的评审表来评判。专家评审表既是案例评估入库的量表，也是案例写作过程中的标尺。在案例制作过程中，可以将评估量表作为写作指南和自我修改完善的标准。

作者简介：

谌华侨，男，1983 年生，博士，副教授。主要研究方向：中巴关系。

郝　楠，男，1993 年生，学士。中国—东盟中心新闻与公关助理，主要研究方向：东南亚研究、国际组织。

张　丹，女，1993 年生，中国人民大学国际关系学院硕士研究生。主要研究方向：公共外交。

新媒体时代高校思想政治理论课实践教学模式研究综述①

程　波

（四川外国语大学马克思主义学院 重庆 400031）

摘要：随着社会的不断进步以及人类信息技术的不断发展，新兴的传播工具不断涌现，人类社会正进入一个全新的时代——“新媒体时代”。新媒体对于高校而言，是一把“双刃剑”。在给高校思想政治理论课带来困难和挑战的同时也带来了新的机遇。本文根据新媒体理论及高校思想政治教育实践教学现状，从较全面的视角论述和阐释了新媒体时代高校思想政治理论课实践教学产生的新问题，深度剖析产生问题的根本原因，并提出行之有效的对策，以期进一步提升实践教学的吸引力和感染力。

关键词：新媒体　思想政治理论课　实践教学　综述

① 本文系重庆市高等教育学会 2017—2018 年高等教育科学研究课题“新媒体视域下高校思政课实践教学模式探索”（项目编号 CQGJ17088B）和四川外国语大学 2017 年度教改项目“新媒体时代高校思想政治理论课实践教学模式创新研究”（项目批准号：JY176043）的阶段性成果。

一、研究意义及目标

（一）研究的理论意义

首先，新媒体时代高校思想政治理论课担负着对当代大学生进行马克思主义教育的重大使命，新媒体时代，高校思想政治理论课课程内容以马克思主义理论体系为直接认识对象，通过学习和掌握马克思主义理论体系的实践成果认识和掌握自然界与人类社会发展规律、社会主义发展规律和人的全面发展规律，并运用规律实现改造自然界与人类社会，从而达到促进人的全面发展与社会全面进步的目的。

其次，新媒体时代高校思想政治理论课实践教学的根本宗旨就是引领受教育者正确认识思想政治理论课程教学内容与相关实践活动之间内在的统一性关系，通过剖析教育教学内容与其所体现的相关社会实践的逻辑关联，使受教育者从理论思维层面上加深对思想政治理论课程内容精神实质的理解和把握，在内心深处自觉自愿地接受马克思主义理论教育以及中国特色社会主义理论体系，并将之外化为自身的行为形态，以及为追求个体全面发展和社会全面进步的实际行动。

第三，新媒体时代高校思想政治理论课实践教学作为思想政治理论课程教学中的重要环节，以教学活动的开展、教学过程的进行、教学方法的实施、教学手段的运用配合理论教学，对大学生进行系统的世界观、人生观、价值观教育和引导。新媒体时代高校思想政治理论课实践教学是深化高校思想政治理论课教学效果的重要途径，实践教学吸引力和感染力的提升对于推动高校思想政治理论课的改革具有重要意义。

最后，马克思主义创始人及中国共产党历来格外重视在实践中考察青年的教育问题，认为实践是使青年确认其本质的重要途径，从而对青年在实践中成长的教育价值、教育目标、教育内容、教育原则等论题进行了深刻阐释，形成了青年在实践中成长成才“何以必要”“如何实行”的一整套系统性论断，为我们在新的历史条件下深入探索青年成长成才问题提供了有效的认识论前提和方法论原则。新媒体时代高校思想政治理论课实践教学模式研究为思想政治理论课实践教学提供新思维、新理念和新模式，能够增强高校思想政治理论课对受教育者的吸引力，促使高校思想政治理论课不断焕发出新的活力。

（二）研究的现实意义

在新媒体背景下，本研究试图以新媒体理论、思想政治教育理论以及高校思想政治理论课实践教学现状为依据，从综合角度探讨和论述在新媒体视域下高校思想政治理论课实践教学工作中产生的新问题，进而深度剖析和阐释出现新问题的根本原因。探寻新媒体时代背景如何将高校思想政治理论课实践教学中产生的新情况、新问题转变为新机遇、新解答，从而更好地利用新媒体的技术优势，有效提升和实现高校思想政治理论课实践教学的科学性和实效性。新媒体技术的迅猛发展使得以灌输为主要教育传播手段的传统思想政治教育受到了极大的挑战，同时给高校思想政治教育理论课实践教学提供了新的研究领域。

首先，本研究分析和阐释了新媒体对于高校思想政治理论课实践教学的正面和负面影响，指出在高校思想政治理论课实践教学体系中存在人文关怀缺失的情况，有助于深化新媒体视域下高校思想政治教育的理论研究成果。

其次，本研究针对新媒体时代高校思想政治理论课实践教学出现的新问题以及新情况，提出相应的解决策略。有助于丰富、利用新媒体发展，高校思想政治理论课实践教学理念，转变高校思想政治理论课实践教学方式。也有助于培养高校师生的社会公德、职业道德、家庭美德和个人品德，提高师生道德修养。

第三，本研究试图借助于新媒体，充分利用重大历史事件纪念活动、爱国主义教育基地和国家公祭仪式等开展思想政治课实践教学。这有利于中国特色社会主义理论进教材、进课堂、进头脑，增强高校师生对以习近平总书记为核心的党中央的拥护和信任，对党中央治国理政新理念新思想和新战略的高度认同，增强对中国特色社会主义和中华民族伟大复兴的信心。

（三）研究目标

研究新媒体时代高校思想政治理论课实践教学的模式，可以帮助人们正确理解实践教学的含义，认清高校思想政治理论课程内容、马克思主义理论、实践教学之间的内在关联，从马克思主义实践观的角度解读新媒体时代高校思想政治理论课实践教学，厘清实践教学与理论教学、实践教学与社会实践之间的联系和区别，摆正新媒体时代高校思想政治理论课实践教学的地位和作用。在认识论的层面，认识到新媒体时代高校思想政治理论课实践教学现存问题的根源，从而在方法论的层面，采取有效对策使新媒体时代高校思想政治理论课实践教学的实效性和针对性不断提升。立足于实践教学的内涵和精神实质，高校思想政治理论课实践教育的教育者应引导受教育者在身体力行与亲身体验的实践中理解和接受课程内容，在理论层面上接受以课程内容的观念形态所反映的与之密切联系的社会实践——物质生产实践、社会关系活动实践、科学与实验的指导思想、发生过程及结果。从而在新媒体时代高校思想政治理论课实践教学活动中发挥教育者与受教育者主体的能动性，使受教育者通过学习和掌握马克思主义理论体系的实践成果来最终认识和掌握自然界与人类社会发展规律、社会主义发展规律和人的全面发展规律，并运用规律实现改造自然界与人类社会，促进人全面发展与社会全面进步。努力探索教育规律、思想政治工作规律和大学生成长的规律，引导师生树立正确的世界观、人生观和价值观，增强师生的道路自信、理论自信、制度自信和文化自信，培养德才兼备、全面发展的中国特色社会主义合格建设者和可靠接班人。

二、国内外研究现状及其存在的问题

（一）国内研究现状

近年来，学者们针对新媒体对高校思想政治理论课实践教学的影响以及如何发挥新媒体的思想政治教育功能进行了一些分析。综合相关期刊和文献来看，研究者们从不同的角度出发，关注的问题集中体现在以下三个方面。

首先，新媒体条件下的思想政治理论课实践教学主体与教育对象之间的界限不是十分明显，主要体现在两者地位逐渐平等。大学生思想政治理论课实践教学主体与客体的社会地位、人格是平等的，接受信息的机会也是均等的，大学生思想政治理论课实践教学主体失去了获得信息资源的优先权与垄断权，不再居高临下、单向施教。

其次，新媒体的快速成长和发展给高校思想政治理论课实践教学提供机遇的同时也带来了挑战。研究者认为，新媒体的发展极大地充实了高校思想政治理论课实践教学的内容，丰富了高校思想政治理论课实践教学的资源，使得传统思想政治理论课实践教学形式变得更加立体，教育方法也呈现出多样化的发展趋势，从而可以与时俱进地帮助高校大学生更好地适应社会新环境。但与此同时，新媒体削弱了传统思想政治理论课实践教学正面教育功能，良莠不齐的信息集中涌入在校大学生的生活，严重影响了大学生正确思想价值观念的形成。

最后，新媒体在高校思想政治理论课实践教学中产生的新问题的应对措施方面，研究者普遍认为，想要适应新媒体环境，必须要掌握与了解其主要特点，适应新媒体教学环境，尽快学会使用新媒体等。

综上所述，对于新媒体条件下发展高校思想政治理论课实践教学工作，学术界已经取得了相关的研究成果。当前阶段的研究基本上已经深刻认识到，新媒体的发展为我国有效开展高校思想政治理论课实践教学工作带来挑战的同时，也是全面提升高校思想政治理论课实践教学整体水平的重要契机。

（二）国外研究现状

总体而言，国外在新媒体时代高校思想政治理论课实践教学研究方面的成果集中在以下四个方面。

第一，国外学者普遍重视新媒体的应用价值，他们认为新媒体的广泛应用正在改变着人们的生产学习方式、社会价值观念以及人际交往模式，对社会的发展产生了巨大而深远的影响。在校大学生也不例外，新媒体不仅影响着在校大学生实践活动的内容，也影响着在校大学生实践活动组织参与的方式和形式。

第二，随着新媒体时代的到来，国民的媒体素养应该纳入国家正规教育体制当中。人们认为唯有良好的媒体素养，才能适应新媒体时代的发展，从而正确地、建设性地享用大众传播资本，充分利用媒体资源达到参与社会进步、完善自我的目的。高校课程作为公民教育课程，也应把握新兴的信息传播方式，更好地提升课堂教学、课外实践教学活动的效果。

第三，国外的思想政治教育和公民教育都很重视教学过程的实践性，鼓励学生参加各种社会及社区志愿者的实践活动，服务他人，从而增加对社会的自豪感和责任感，进而逐渐养成良好的品质。如哈佛大学50%以上的研究生要到孤儿院担任家教，给后进生补课；日本有些学校会让学生到贫苦山区体验生活，培养学生吃苦耐劳的精神；加拿大的核心教育理念是“在做中学会做”，强调实践中的获得感超过理论知识的获取。

第四，由于各个国家社会政治经济的发展情况以及历史文化渊源各不相同，国外研究虽然对国内关于新媒体的研究提供了一定帮助，但是国外教育环境和教学模式以及在校大学生的学习方式与我国国情存在较大的差异，换言之，这些研究并不符合我国高校的实际情况，关于新媒体与我国思想政治理论课实践教学的相关问题，还须依靠我们自己深入探索与研究。

（三）国内外研究存在的问题

国内外这些著作和论文的研究是卓有成效的，基本上规划了新媒体时代高校思想政治理论课实践教学的理论研究框架和实践探索方向，确立了实践教学目标、原则、主要内容和具体方法，是我们建立新媒体时代思想政治理论课实践教学研究体系的坚实基础，但还存在一些不足之处。

第一，相关著作和论文一般是从新媒体时代高校思想政治理论课实践教学的某一个侧面、要素和环节——内涵、功能、模式、保障机制、形式、方法等展开探讨，缺乏系统性和整体性，即对这些论题的内在的逻辑关联及它们各自在高校思想政治理论课实践教学理论或实践研究中的地位与作用研究不充分。

第二，当前实践教学研究呈现出微观研究成果较多，宏观研究较少的趋向。研究者大多以学校的个案为基础，立足于本校在新媒体时代实践教学探讨方面的成效经验，形成理论分析框架或实践总结，普遍示范性不强，容易造成以偏概全的情况，不利于高校思想政治理论课实践教学工作的广泛开展。

第三，实践教学研究还存在经验总结较多，理性研究较少的局面。经验总是局限于个案，若不上升到理论层次，则难以推广。高校各自的实践教学活动存在独有的地域特色、校际特点、专业风格等差异，若不从个案经验中抽象概括出理论分析框架，则实践教学难以形成具有普遍性和可操作性的研究体系。

第四，新媒体时代高校思想政治理论课实践教学研究围绕着存在的核心问题展开探讨——科学内涵界定、方式方法探索、保障机制建构等，已经取得了一些成效，然而由于在研究上缺乏统筹规划，以各校分散为主的研究形式已经不能适应实践教学研究全面展开的局面，一方面是因为分散研究会导致各校之间缺乏必要的经常交流和联系，难以深入地讨论共同面临的重要实践和理论问题；另一方面也容易造成某些问题研究力量过剩且低水平重复的现象。

三、研究的具体内容

新媒体与实践教学相互配合能取得良好的教学成效，相比单一化的理论教学形式具有明显的优势。新媒体时代高校思想政治理论课实践教学的内容是活生生的事实、图像和声音；教学形式是近距离的接触和亲身的感受；受教育者是积极的参与者和实施者；这一“以学生为主体、以实践为中心、以社会为平台”的开放式的实践教学模式，能够强化教学内容的现实性、针对性，激发学生学习的主动性、积极性和创造性，增强思想政治理论课实践教学的吸引力和感染力。

我们可以从理论探讨及实例探索两个层面研究新媒体时代思想政治理论课实践教学有效性提升的路径。在新媒体时代，满足人的主体性需求是现代思想政治教育发展的应有之义。因此，在新媒体时代高校思想政治理论课的实践教学中，我们应当改变传统以单向灌输为基本模式的教育方法，而代之以多向互动作为受教育者主体性生成的方法。

首先，德育为先，推进主题实践活动。德育工作是培养大学生形成正确的政治方向和良好品德的重要保证。新媒体时代高校思想政治理论课实践教学工作应遵循“德育为先、能力为重、师生共进、全面发展”的原则，通过将实践教学环节融入学生日常的学习和生活中，实现品德修养与能力培养相结合、能力培养与知识升华相结合、知识升华与个性发展相结合。通过构建新媒体德育活动平台，引领学生走进街道社区，加入志愿活动，开展创新训练，参加公益劳动，体验素质拓展。组织学生开展现场或网络系列主题理论学习讨论会，让学生围绕一些模糊认识进行大讨论，从而增进价值认同，增强理论自信。总之，根据新媒体的时代特点和学生特性，积极创新高校思想政治理论课文化活动的形式，为全体学生思想上的成长提供“润物无声”的文化助推力。

其次，融入专业，实施培养模式改革。运用新媒体开展高校思想政治理论课实践教学活动，应在育人目标、内容、途径的设计和实施上，坚持融入专业需求。通过人才培养模式改革，着力培养学生勤奋踏实、实事求是、求真务实、精益求精的科学精神和品质。各专业在制订人才培养方案时，要完善思想政治教育实践教学内容。同时，积极进行高校思想政治理论课实践教学考核方法与手段的改革，注重考查学生理论联系实际的能力、综合运用所学知识分析问题和解决问题的能力。另外，在高校思想政治理论课实践教学中，要关注学生职业技能和职业精神的高度融合。通过新媒体深入挖掘劳动模范和先进人物的典型事迹，向学生宣传崇尚劳动、敬业守信、创新务实等精神。发挥大学生的专业特长来服务社会，教育大学生形成正确的角色意识，进而自觉地把个人的专业诉求与社会的进步事业有效地结合起来，强化大学生的社会责任感。

第三，重视师资建设，提升团队媒体素养。新媒体中的资源作为一种公共资源具有共享性，任何人都有在新媒体平台上进行构建和创新的机会。面对这一挑战，高校思想政治理论课教学者必须与时俱进，树立平等交互理念。新媒体向大学校园不断渗透，在一定程度上削弱了教师在课堂教学上的影响力。为此，高校思想政治理论课教师应主动转变教育模式，重新定位角色，更新观念，拓宽路径，探求适合新媒体环境下意识形态教育的新方法。教师除了要具备专业的思想政治理论知识之外，还要了解新媒体的发展现状和趋势，不断增强自身的新媒体基本素养和应用技能。通过社会兼职、挂职锻炼、社会服务、学习考察等方式，提高新媒体时代高校思想政治理论课教学团队成员的社会实践能力。从党政机关、企事业单位等引进或聘请熟悉新媒体技术、具有丰富思想政治理论课教育实践经验的政工人才充实到思政课实践教学队伍中，造就“职业道德好、教学理念新、专业能力强、研究水平高、社会服务实”的高素质思想政治理论实践教学组织。把实践教学和理论教学同等对待，同等计入工作量，提高思想政治理论教师实践教学的积极性。

最后，对接社会，构建实践教学平台。要充分运用好社会这一广阔平台，鼓励大学生走出课堂，接触社会，学会思考和分析形形色色的社会现象。在运用新媒体技术开展思想政治理论实践教学的过程中，需要政府、行业、企业和学校等共同构建实践教学平台。实践教学平台要贴合时代对于高等教育人才培养创新品质的需求，注重实践形式和内容的创新，促进实践教学资源的整合和利用。推进政、行、企、校紧密合作，多渠道、多途径筹措经费，多方共建网络平台社区、博物馆、纪念馆、文化馆等。运用新媒体平台的反馈功能及时调整、丰富教学内容，充分发挥学生的主体作用，支持学生对接社会开展调研，促进学生关注各领域、各部门各地区在经济、政治、文化、社会、生态等各方面建设中取得的成就，关注我国如何通过深化改革破解发展难题等一系列重大现实问题。

同时，建立健全长效运行机制是新媒体时代高校思想政治理论课实践教学有效性提升的重要保障。其中，组织保障是新媒体时代高校思想政治理论课实践教学长效运行机制规范化、制度化的保证；基地保障是新媒体时代高校思想政治理论课实践教学长效运行机制连续化、经常化的重要平台；考核评价体系是新媒体时代高校思想政治理论课实践教学加强和改进的效果评判标准。在统一化教学规划指导下，立足于人、财、物等方面，建立一整套长效运行机制是新媒体时代高校思想政治理论课实践教学有效开展的重要保证。

四、结语

新媒体环境与高校思想政治理论课实践教学的有机结合，对于高校思想政治理论课教学范式的推进，受教育者自主性和创造性的张扬，具有深远的意义。它有效利用了高校思想政治理论课实践教学模式的传统优势，又结合了新技术，即新媒体。因此这既是一个有着深刻价值意蕴的理论命题，又是一个被注入了时代内涵的鲜活生动的实践论题。新媒体时代高校思想政治理论课实践教学模式能够指引我们更为理性地对待及全面梳理高校思想政治理论课实践教学经验，使实效性教学过程从经验层面上升到理论层面，有利于推动高校思想政治理论课教育教学的科学化建设，有较高推广价值。

参考文献：

[1] 邬勇，范建明. 大学生思想政治理论课实践教学实用教程[M]. 北京：科学出版社，2017.

[2] 季海菊. 新媒体时代高校思想政治教育的解构与重塑[M].

南京：东南大学出版社，2014.
[3] 游柱然，胡英姿. 体验与建构——当代美国高校实践教学研究 [M]. 北京：中国社会科学出版社，2014.
[4] 郭纯平. 我国高校思想政治理论课实践教学研究 [M]. 北京：世界图书出版公司，2014.
[5] 刘社. 高校思想政治理论课实践育人模式研究 [M]. 北京：世界图书出版公司，2013.
[6] 马计斌，弓兰秀. 思想政治理论课实践教学指导 [M]. 北京：北京理工大学出版社，2013.
[7] 段辉艳，罗丽琳. 递进式法学实践教学体系的探讨与实践 [M]. 北京：知识产权出版社，2013.
[8] 孟兆怀. 实践教学的行与思 [M]. 成都：电子科技大学出版社，2013.
[9] 王虹，刘智. 新媒体时代高校思想政治教育研究 [M]. 北京：中国社会科学出版社，2012.
[10] 李伟. 实践范式转换与实践教学改革 [M]. 北京：教育科学出版社，2010.
[11] 胡晓娟. 新媒体时代高校思想政治理论课实践教学研究 [J]. 教育与职业，2017 (2).
[12] 李炳毅，张爱萍. 新媒体环境下思想政治理论课教学方法研究 [J]. 中共山西省委党校学报，2017 (1).
[13] 沈万根. 关于高校思想政治理论课实践教学运行机制 的思考 [J]. 思想教育研究，2017 (1).
[14] 薛伟芳. 高校思想政治理论课分层实践教学模式探究 [J]. 当代教育理论与实践，2016 (12).
[15] 齐英艳. 新媒体时代高校思想政治理论课研究型教学模式探析 [J]. 思想理论教育导刊，2015 (9).
[16] 刘文. 论高校思想政治理论课多元化实践教学模式 [J].

学校党建与思想教育，2014（6）.
[17] 刘湘顺. 高校思想政治理论课实践教学模式探究［J］. 学校党建与思想教育，2012（14）.
[18] 叶山土. 关于高校思想政治理论课实践教学模式的思考［J］. 浙江师范大学学报（社会科学版），2012（3）.
[19] 钱立洁. 高校思想政治理论课实践教学及其模式研究［J］. 马克思主义与现实，2010（5）.

作者简介：

程波，女，1981年生，博士，副教授。主要研究方向：马克思主义理论与思想政治教育、环境哲学。

论大学生学习参与的因素：生态学的视角①

方晓田

（四川外国语大学教育学院 重庆 400031）

摘要：大学生的学习参与受学习者、教师、亲友同辈、学业成绩和环境、时间等因素的交互影响。本文以布朗芬布伦纳的人类发展生态学理论为论证基础并结合现实例证，系统分析影响大学生学习参与的诸多因素，勾勒出大学生学习参与的生态模式，可对处理大学生学习参与问题，促进大学生学习，进而为提升大学教育质量提供一种新的视角和思路。

关键词：大学生学习　学习参与　影响因素　生态系统理论　促进学习

中国高等教育自 1999 年开始持续扩招，经过近十几年的快速发展，已经进入“后大众化时期”。② 2016 年，全国普通本专科招生 748.61 万人，在校生 2695.84 万人，高等教育毛入学率

---

① 本项目是国家社会科学基金“十三五”规划 2016 年度教育学一般课题（BIA160120）成果。

② 方晓田. 后大众化时期民办高等教育发展与政府干预［J］. 高等教育研究，2013（10）：46－51.

达到42.7%。[①] 中国高等教育步入后大众化时期面临着学生教育需求高涨与课程教学、师资、校舍、经费等教育资源相对短缺这一困境，这一时期的本科人才培养质量问题比任何时期都更加明显。大学人才培养质量的高低以及对学生产生的影响，很大程度上是由大学生的学习所决定的，[②] 而有效的学习参与是确保大学生真正发生和深层次学习的前提条件。[③] 近年来围绕大学生学习参与的相关研究在西方学术界已成潮流，现又逐渐成为我国高等教育界的热点话题。

国内已有研究中，关于学生学习参与的研究主要集中于概念诠释、特征分析、指标生成、数据搜集、对策路径等[④]，鲜有对大学生学习参与的因素，尤其是借助某一理论模式对学习参与因素进行系统分析。布朗芬布伦纳（U. Brofenbrenner）的人类发展生态学理论对人的发展与系统环境的关系进行了分析，在很大程度上与大学生学习参与的因素分析有相似之处。因此，本文尝试以人类发展生态学理论作为分析大学生学习参与因素的理论基础，结合对重庆S大学的8名大学生学习的参与实例对其生态学模式进行探讨，为研究大学生的学习进而提升大学教育质量提供新的视角和启示。

---

① 2016年全国教育事业发展统计公报［EB/OL］. http：//www. gov. cn/shuju/2017-07/10/content_5209370. htm.

② Pascarella，E. T.，Terenzini，P. T. How College Affects Students. A Third Decade of Research［M］. San Francisco：Jossey-Bass Publishers，2005：62.

③ 李爽，等. 基于行为序列分析对在线学习参与模式的探索［J］. 中国电化教育，2017（3）：88-95.

④ 吕林海. 大学生学习参与的理论缘起、概念延展及测量方法争议［J］. 教育发展研究，2016（21）：70-78.

一、大学生学习参与诸因素的理论基础：人类发展生态学理论

大学生学习参与作为大学生个体与所处环境互动的行为和过程，本身就属于人类发展的一部分，大学生学习参与的因素具有人类发展进程中所具有的复杂性和变化性。这与人类生态学理论阐释环境如何影响人的发展，以及人类发展具有复杂性和变化性具有相似的特征。显然，人类生态学理论就可以成为分析和解释大学生学习参与诸因素的理论基础。

美国心理学家布朗芬布伦纳于 1979 年提出了著名的人类发展生态学理论。该理论认为人的发展与所处的环境紧密关联，主张在真实的生态环境中研究人的行为和发展。① 早期的人类发展生态学理论将环境分为微环境、中环境、外环境和宏环境，这些环境不仅是静态和客观的物理环境，还包括人们所感知的、动态的主观环境。后来布朗芬布伦纳不断对该理论进行修订，更加关注人的生物学特征和人类发展。修订后的人类生态学理论包含“过程—人—环境—时间”四大核心内容，即 PPCT（process－person－context－time）。其中过程（process）是该理论的内核，是人类发展的主要机制，指个体与自身必须面对和亲身接触的周围环境间的交互作用，当个体与环境在相对持久时间内发生广泛交互作用时，被称为最近过程，最近过程同时受人的生物学特征、环境和时间的变化而影响人的发展；人（person）的出现填补了早期生态学理论的空白，个体的动力特征、需要特征和资源特征是影响人的发展和最近过程方向的有力影响因素；环境（context）主要指客观的物质环境和主观的心理环境；时间（time）是指嵌入

① Bronfenbrenner，U. The Ecology of Human Development [M]. Cambridge，MA：Harvard University Press，1979：3.

最近过程、人和环境中的一个连续性因素，包括微时间（microtime）、中时间（mesotime）和宏时间（macrotime）。这些内容提示我们同样可以从“过程、个体、环境及时间”等系统方面入手，来分析和理解大学生学习参与的影响因素。

二、大学生学习参与的生态系统学模式

大学生学习参与是大学生在教学活动中与周围世界之间的交互，这种交互表现出的是一种主动的学习倾向和行为。它不仅受学习者内在世界的影响，同时也离不开外在世界对学习者的相互作用。外在世界不仅指“短暂”的最近过程，同时包括环境和时间等内容。所以影响大学生学习参与的主要因素不仅有学习者个体，还有最近过程、环境和时间等。从生态系统学的视角探讨大学生学习参与的因素，可将相关研究放入一个系统的生态学模式中，有助于把握研究的主要脉象，分析关键因素和可控因素，并辨析大学生个体与环境交互的复杂性和系统性，影响大学生学习参与因素的生态系统学模式图见图 1。

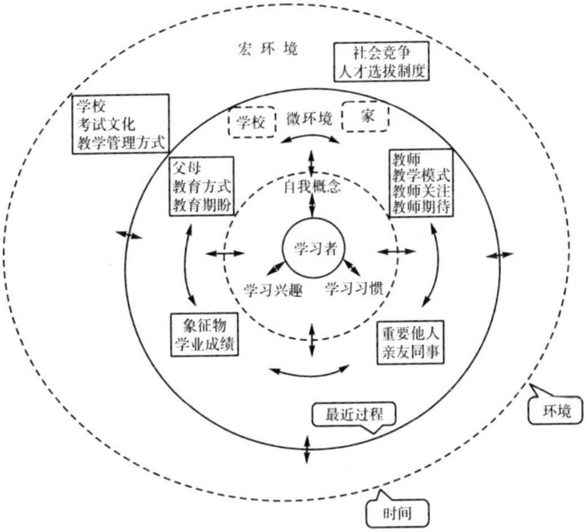

图 1　影响大学生学习参与因素的生态系统学模式图

（一）最近过程：影响大学生学习参与的间接触发源

最近过程是人类发展生态学模式的核心内容，是和大学生发生交互作用的主要方面。布朗芬布伦纳认为，发展的个体嵌套于层层环境中，如大学生嵌套于家庭中，同时嵌套于班级中，班级嵌套于学校中，家庭和学校又都嵌套于社会中。布朗芬布伦纳提出的“最近过程”显然受维果斯基“最近发展区”的影响，他将构成有机体和环境之间持续的交互作用过程称为最近过程。最近过程贯穿人类发展始终，是个体在发展过程中与周围环境中的人、活动、物体和象征物之间持久的交互作用，并在广泛的时间内保持相当的发生频率。① 大学生的学习主要与学业成绩、亲友同辈和教师教学产生持久的交互，这种交互的过程是影响大学生自身学习参与的间接触发源，我们接下来具体分析上述要素如何影响大学生的学习参与。

1. 学业成绩是影响大学生学习参与的重要象征物

费恩（Finn，J. D.）在“参与—认同”模型中提出，在学生的早期阶段，参与学习和不参与学习的模式对其以后的行为和学业成就有长期的影响。费恩认为，缺乏参与导致学业上的不成功，学业上的不成功反过来又导致情感上的懈怠和缺乏对学校的认同，从而导致学生不参与学习；这个过程是循环的，参与学习和认同、参与学习和成绩相互影响。② 已有研究证实，学业成绩是影响中学生学习参与的重要因素，同时中学生的学习参与也影

---

① Bronfenbrenner U.，& Morris P. A. “The bioecological model of human development” [M] //W. Damon & R. M. Lemer (eds). Handbook of child psychology，Hoboken，New York：Wiley，2006.

② Finn，J. D. Withdrawing from school [J]. Review of Educational Research，1989 (59)：117－142.

响着学业成绩的提高。①②

在对S大学八位大学生的访谈中，他们共有122次提到成绩，11次提到分数；在他们的日记、微信、微博等记录中，共有103次提到成绩或分数。显然，学业成绩成为影响大学生学习参与的重要因素。如在大学生的日常生活中，学校为主导的考试文化、教师对学生成绩的重视和家长“期望成材”的心理对高分的追求，都是学业成绩成为重要象征物的明显表现。“好”成绩对大学生的学习具有正强化的作用，学业成绩不仅可以检视大学生的学习状况，也是教师等他人对大学生评价的重要依据，好的学业成绩可以带来种种较高的“边际效益”，如增强大学生的自我效能感，得到教师的肯定和同学的认可，受到父母及亲友的赞许，这一切都有利于大学生更积极地参与到学习和教学活动中。相反，当大学生在考试中受挫，与自己过去成绩进行纵比以及与其他同学进行横比时，会使一部分学业成绩“差”的大学生自信心和自尊心受挫，从而打击他们继续投入学习的热情和斗志。因此，学业成绩是影响大学生学习参与的重要象征，成为影响大学生学习参与的一个重要因素。

2. 亲友同辈是影响大学生学习参与的重要他人

亲友同辈主要指兄弟姊妹、亲戚、同学和朋友等同辈朋友群体，由于他们的年龄、兴趣、价值观和社会地位等大致接近而对个体行为具有较强的理解性和包容性，是人类发展的重要影响因素。尤其在青少年学生时期，亲友同辈的影响在持续增强，并逐

① Helen M. Marks. Student Engagement in Instructional Activity: Patterns in the Elementary, Middle, and High School Years [J]. American Educational Research Association, 2000, 37 (1): 153-184.

② 马蕾迪，范蔚，孙亚玲. 学习参与度对初中生数学成绩影响研究 [J]. 中国教育学刊，2015 (2)：77-80.

渐超越家庭和教师的影响。[①] 已有研究发现，影响小学生学习参与的最近过程有父母的高期望、教师的持续关注和学生良好的学习习惯，但随着学生的成长，其面对的环境的日趋复杂，影响其学习参与的最近过程也变得更为广泛和复杂。到了中学，父母对学生学习参与的影响会逐渐弱化，教师、同学、朋友和其他重要他人的作用不断增强。到了大学，由于大学生心智渐趋成熟，影响其学习参与的最近过程也变得与其他学段不同，这时父母和教师所发挥的作用会持续减弱，而亲友同辈的影响却显著增强，甚至超越家庭和教师的影响。

我们研究的八名大学生，他们全部住校，与父母的直接接触以及对父母的依赖较少；在学校中他们和同学的接触最多，教师次之。在他们的学习中，亲友同辈超越了父母和教师成为影响他们学习参与的重要他人，其影响是广泛且高频率发生的。亲友同辈中成员对学习的积极或消极参与，能强化大学生个体积极或消极参与学习的进程，这种“高参照性”特征对大学生学习影响是显著的。如李同学所说的：“周围的同学都在积极备考英语六级考试，而你没有参与，就会感觉不合群和孤单，然后就会主动跟着一起备考学习”；赵同学所说的：“几个玩得好的朋友都谈恋爱了，我也会效仿他们去追求女朋友，但这太影响我的学习了。”

3. 教学模式是影响大学生学习参与的重要脚手架

课堂教学是人才培养的主战场，其质量直接影响大学生学习的质量。而教师的教学模式是决定课堂教学质量的关键。[②] 什么是教学模式？它是教师在多年教学活动中，将教学理论转化为教

① 范伟强，等. 同辈群体对大学生学习心理的影响［DB/OL］. 中国社会科学网，2015－07－14［2017－07－20］. http：//news. cssn. cn/jyx/jyx _ jyxlx/201507/t20150714 _ 2077461. shtml.

② 汪雅霜，汪霞. 高职院校学生学习投入度及其影响因素的实证研究［J］. 教育研究，2017（1）：77－84.

学实践的中介，也是教学实践上升为教学理论的桥梁[①]，主要体现在教学理念和思想、教学目标和程序、师生组合和教学评价当中。它为大学生学习发生和投入搭建了重要的脚手架，是影响大学生学习参与的关键因素。

我们在S大学采取了推门听课的方式对教师的课堂教学进行了观察，发现大多教师采用的是传统的讲授式教学方法，但学生的学习参与程度却差别较大。为此，我们选择了课程类似、教学方法一致的两位英语教师的课堂进行深度观察，并对教师和学生进行了深度访谈。我们发现，处于教学方法上位的教学模式是影响大学生学习发生和投入的关键因素。一般根据理论根源划分，教学模式可以分为信息加工教学模式、个别化教学模式、社会互动教学模式和行为控制教学模式。[②] 我们观察的学生学习参与程度较高的英语教师，他的教学模式并不是单一的，而是交叉应用信息加工和社会互动教学模式，注重为学生学习参与搭建脚手架，强调师生的互动和影响，让学生勇攀知识高峰、不断追问反思和探索未知，激发学生智慧增长和积极体验学习的乐趣。因为在社会互动的基础上进行学习，大学生需要积极投入精力和思维，配合教师设计的脚手架，教和学深度互融，学生主唱、教师配唱的学习场景随处可见，故大学生的学习参与程度较高。而另一位教师主要采用行为控制教学模式，教学中主要以教师的讲授为主，学生参与以及与教师的互动行为较少，导致学生在教师的讲授中经常走神，由于采用的行为控制教学模式忽视了学生的积极参与，导致大学生的学习参与程度偏低。然而我们也发现，教学模式并非像学业成绩和亲友同辈那样对所有学生都有显著影

---

① 黄爱华. 高等教育教学模式的演进、研究与变革［J］. 高校教育管理，2017（1）：92—96.

② B·Joyce，M. Weil. 教学模式［M］. 荆建华，译. 北京：中国轻工业出版社，2002：25—29.

响，学业成绩较好的大学生受教师教学模式的影响较小，如章同学说："虽然陈老师教得不好，但我一直喜欢英语，我可以忽略老师而凭借对英语的喜好而参与学习。"这说明最近过程中的诸因素虽然与学习者发生交互而影响其发展，但真正产生影响，发挥最近过程重要作用的关键因素还在学习者本身。

（二）学习者：影响大学生学习参与的直接动力源

在人类发展生态学理论中，人居于绝对核心和中心地位。学习者本人是最近过程中发挥决定性作用的因素，是影响最近过程有效发挥的直接动力源。布朗芬布伦纳承认具有生物学和基因的人的特征，但更关注社会情境中人的特征，他将人的特征分为动力特征、需要特征和资源特征。① 我们按照学习者在学习参与中扮演角色的积极程度，对这些特征进行了解读。

动力特征指个体的气质、意识和行为倾向、持久性等特质。它使个体与最近过程处于持续运作中，并且对其运作起到方向性作用。动力特征存在两个相反的方向：促进最近过程发展的为发展性生成特征，如好奇心兴趣、自信心等积极倾向，它们能促成学习者积极参与学习、维持学习的持久动力、追求长远目标而延缓暂时需要的满足；阻碍最近过程发展的为发展性破坏特征，如冷漠、厌烦、自卑等消极倾向，它会抑制学习者的学习参与热情。动力特征是影响大学生学习参与的直接动力源，主要表现在学习者的学习动机。学习动机又分内在动机和外在动机。在我们的调研中，学习参与水平较高（或具有发展性生成特征）的大学生普遍认为，兴趣是促使他们投入学习的内在动机，也是学习发生和持续的首要条件。当大学生在学习活动中找不到自己的好奇

① 谷禹，等. 布朗芬布伦纳从襁褓走向成熟的人类发展观［J］. 心理学探新，2012（2）：104－109.

心或兴趣时，他们会以“取得好成绩获得广泛认同”“将来找到好工作”等外在动机作为学习的动力来维持对学习的投入和努力。

需要特征是个体的需要被满足而引起的外界环境的反应，它会助长或损害来自外界环境的反应，也因此促进或抑制着最近过程的运作。对大学生学习参与而言，需要特征主要指学习者自我效能感的获得和满足，这种需要源于学习者的学习习惯和自我概念。学习习惯是学习者在长期的学习过程中形成的对于学习的惯性，良好的学习习惯有助于学习者在教学中遵守规制、认真学习，迎合教师和父母的期望，从而提高学习参与程度，促进他们的学习。自我概念是个体对自己是什么样的人的一种判断和评价。当学习者在学习过程中体验到高自尊、高自信和富成就感的自我时，他们就会积极地投入学习和保持学习的强动力；反之，当学习者在学习中受挫，自尊和自信心受到伤害和打击时，他们容易产生失落和自卑的体验，认为自己“不是学习的材料”，从而抑制他们的学习参与。我们调研的对象能够在高考中取得较好成绩，顺利进入S大学，很大程度上源于他们从小就养成了良好的学习习惯和自我肯定，形成了良好的需要特征。

资源特征主要指学习者的生物生态学资源，包括促进或限制个体发展的整体性条件，如能力、经验、知识、技能和体验等。对学习而言，大学生拥有一定的资源如知识、技能和经验特征后，学习自信力和自我概念较强，学习动力较足，学习参与度不会太低；相反，如果缺乏必要的资源特征，则会使大学生普遍学习自信心不足、自我概念较差，学习动力不足，学习参与程度较低。

本研究发现，学习者的动力特征、需要特征和资源特征是交互影响和作用的。具有较高的学习动机会有助于学习者养成良好的学习习惯，良好的学习习惯能够正向促进学习参与，有助于提升知识、技能和体验等；同时良好的学习习惯能促成学习者形成积极的自我概念，产生良好的需要特征；而积极的自我概念又有利于学习动机的激发和养成良好学习习惯；同时，拥有丰富资源特征会增强学习者的学习自信心和自我概念，学习动力就会较强，反之亦然。学习者个体特征交互影响如图 2 所示。

图 2　学习者个体特征交互影响示意图

（三）环境：影响大学生学习参与的隐课程

布朗芬布伦纳认为，人类发展所处的生态环境由微系统、中系统、外系统和宏系统等四个由内到外紧密相连的环境系统组成，它们“犹如鸟巢的结构，一层嵌套着一层，如俄罗斯套娃一般”①。从微环境到宏环境这四个交互作用的环境系统对人类发展产生不同的作用和影响，其与人的交互作用和影响大小，依据离人生活距离的近远而定。

1. 微环境

微环境是处于最内层的环境系统，是整个环境系统最核心的部分，也是个体直接活动和体验、对个体影响作用最大的环境，如家庭、学校、社区等。在微环境中，处于特定环境中的个体有着不同的活动方式、行为角色和人际关系系统，它们是不断发展和变化的。在影响大学生学习的微环境中，主要有家庭微环境（由父母和兄弟姊妹同辈组成）、学校微环境（由教师和同学友辈组成）和社区微环境。由于教师教学和亲友同辈在最近过程中已经论及，这里主要分析父母和社区的因素。我们调研发现，父母的教养方式和对子女的期冀潜移默化地影响着大学生的学习。父

① Bronfenbrenner, U. The ecology of human development Experiments by nature and design [M]. Cambridge, MA: Harvard University Press, 1979: 3-5.

母作为孩子的首任教师，对大学生的行为方式、习惯养成、价值观和学习态度具有深刻的影响，特别是父母对孩子的期冀，从语言到行为无不渗透着“好好学习”“取得好成绩”“找个好工作”的价值期盼。虽然这些大学生平时因住校和父母的直接接触和沟通甚少，但他们早已在多年的学习和生活中将父母的期冀内化为对自己的价值目标要求，对学习不敢懈怠。承载着父母的希冀、不辜负父母，是促使大学生保持学习持续动力的重要驱动力。社区环境方面，由于社区概念在我国尚未深入人心，再加上社区组织和人员不健全和完备，大众对社区的融入度和认同度较低。而大学生大部分时间在学校内学习和生活，与社区环境的接触较少，社区因素对其学习发展作用和影响较弱。

2. 中环境

中环境指个体直接参与的两个及以上微环境之间的联系和交互过程组成的跨环境。中环境会影响生活于其中的个体发展。对大学生来说，如学校与家庭之间、教师与学生、学生与同学友辈之间的相互作用对其学习参与影响较大。以家—校的中环境为例，家庭环境质量可能会影响大学生在校的同伴关系和学习适应度。如果大学生在家庭中长期处于优待甚至被溺爱地位，那么一旦在学校中享受不到这种待遇（如学习机会、评优机会）则会产生消极体验，就不易于与同学建立和谐的友谊关系，也会影响教师的教育方式，而父母又不能很好地与教师保持联系和沟通，则将会导致大学生出现学习态度消极、学习动机缺乏，自我体验和学习参与不足等状况，反之亦然。另外，良好的大学学习环境质量也会反过来弥补家庭环境的不足。良好的生生和师生关系能够有效地缓解僵持的亲子关系[①]对大学生发展所带来的阻碍和困

① 处于青春期前后的大学生与父母之间的关系经常处于比较僵持和微妙的尴尬状态。

难，使大学生能够在大学和谐的氛围中感受自信和满足，学习建立良好的行为习惯和人际关系，正向影响大学生在家庭中的交往。

3. 外环境

外环境是个体并未直接接触，但有可能对个体的发展产生间接影响的环境，如父母的工作单位、父母的职业、学校的行政领导等，这些环境中发生的事件会影响个体所生活的环境以及它们之间的交互作用，从而以间接、隐性的方式影响着大学生的学习。例如父母的工作环境会影响他们在家庭中的行为，进而影响大学生的成长。有些工作要求从业者长期在外地（军人、外出务工人员、商人等），还有一些特殊的职业决定了从业者经常节假日上班（医生、警察等），这些工作或职业特点决定了工作环境与家庭的分离，父母需要长期离家或在团聚时间（节假日）离家，这就减少了可供亲子间交流的机会。而同时，在较少的相处时间中，父母更多表达对孩子的物质关怀和补偿，较少关注孩子的学习状态和情感发展。从孩子的角度来说，“短暂”的相处时间他们也不愿意将学习以及心理等问题与父母交流，导致行为问题和内部情绪困扰问题不断累积。我们调研的八位大学生中，至少有两位学生受父母工作环境影响较大（一位学生父母都是医生，另一位学生父母长期在沿海务工），他们对大学学习有倦怠感，学习参与不积极，学习效率低下。

4. 宏环境

宏环境是最大的环境系统，包含微环境、中环境和外环境在内的整个社会的宏观历史文化或价值形态的背景环境，如主流价值取向、历史风俗习惯、社会发展情况等。它制约着如何对待大学生、该教给大学生什么以及大学生应该努力的目标等。在不同的环境中，这些文化观念是不同的，并直接或间接地影响大学生的学习和发展。比如受历史考试文化（学而优则仕等）和现代人才评价制度的影响，父母经济地位所处的窘况以及社会的激烈竞争会影响大学生的学习和发展。被我们调研的陈同学说："我父母都是普通的农民，他们非常辛苦；经常教导我，在大学里要好好学习，将来找个好工作。"其他还有五位同学表达过类似的"社会很现实，竞争很激烈""要改变家庭状况"等学习动机和观点。可以看出，在父母和社会的文化观念中，好成绩、高学历等被认为是和今后工作、社会地位、生活幸福指数紧密相连的。这样的文化背景使得大学生对学习的目的越发功利和现实，希望通过努力学习改变身份和社会地位，找到好工作并过上幸福体面的生活。学习中他们懂得克服和坚持，以"吃得苦中苦，方为人上人"激励着自己，这种"学而优则仕、则富"的社会文化环境促使大学生学习的工具性动机较高。

（四）时间：影响大学生学习参与的经验事件

时间指个体生活环境及相对应的发展随着时间推移所具有的变化性和相对稳定性，它对大学生的学习及发展非常重要，是影响大学生学习参与的诸多经验事件的历史累积。

布朗芬布伦纳认为，时间具有三个相继的水平：微时间、中时间和宏时间。微时间是指正在进行的最近过程中事件的连续性与不连续性，如大一学生每天都会花一小时左右的时间阅读英语，对英语课程的高时间投入以促进自己参与学习。中时间是指正在进行的事件的较长时间间隔，如周或月，如学生每周进行一次英语试题练习来保持对英语学习的高参与。宏时间是指在更广阔的社会中，关注不断变化的预期和事件，它们既影响着跨越生命全程的人的发展的过程和结果，而且也为其所影响。[①] 如大学

① 丁芳．一种正在演进着的人类发展观——人的发展的生物生态学模型述评[J]．华东师范大学学报（教育科学版），2009（2）：62.

生在十余年的受教育历程中，因对学习投入的程度不一而形成的学习参与轨迹是宏时间最好的说明。十余年的在校生活和受教育历程，尤其是学习历程中的经验事件（积极或消极的），深刻地影响着每一个大学生的自我认知。长期积极的体验会增强大学生学习参与的信心和效能感，从而增加大学生面对学习挑战时的努力性和坚韧性。而长期消极的体验或者学习成绩逐渐下降，将削弱大学生的学习动机，使他们产生挫败感和倦怠感，最终被抛出学习的中心，使大学生成为教学活动中的边缘人。

三、基于生态系统学的大学生学习参与的启示

大学生学习参与的影响因素，不仅关系着大学生的学习发生和学习层次，决定着大学生的学习质量，更是关系到大学教育质量和办学绩效。如何把握影响大学生学习参与的主要因素和可控因素，促进大学生学习的积极参与，成为我们必须正视和解决的问题。从大学生学习参与的生态系统学模式由内至外分析，可以从内向式的学生与自我、外向式的学生与他人、学生与环境等方面得出启示。

（一）培养大学生积极的自我概念

学习者自身是影响大学生学习参与的根本和可控因素，是影响最近过程有效发挥的决定性因素，它通过动力特征、需要特征和资源特征发挥作用，主要表现为大学生的学习兴趣、学习习惯和自我概念。这三者中，学习兴趣是影响大学生学习参与的内在动力，自我概念是影响学习参与的深层机理，它们是促进大学生学习参与的前提条件。当大学生有浓厚的学习兴趣时，才能获得积极的自我体验，促进其良好学习习惯的保持和自我概念的形成；而当大学生有积极的自我概念时，其自我体验才是自尊的、

自信的和高成就感的，有助于培育学习兴趣，而兴趣又有助于获得积极的自我体验，促进良好学习习惯的保持。一般认为，自我概念主要来自于社会评价和内心体验。① 可从以下两方面培养大学生积极的自我概念。

第一，基于整全发展的教学评价观，培育并保护大学生的自尊与自信。当前的大学教学评价主要还是以成绩为重要标志的终结性评价，体现出狭隘的现代功利主义价值取向。“以成绩论英雄”的评价方式忽视了大学生作为不同生命个体的差异性，强化了按社会统一标准进行评价的模式和倾向，不仅抑制了大学生差异思维和潜能发展，更容易挫伤他们的自尊心和自信心，让大学生形成消极的自我评价和体验，不利于学习的积极参与。因此，学校和教师在教学评价中应以整体、全面发展的观念看待学生，尊重大学生的个体差异，减少个体间的横向比较，多从纵向动态审视大学生发展；多发现大学生的优点和潜能，多使用积极、鼓励的语言和行为，培育并保护大学生的自尊和自信，帮助他们形成积极的自我概念。

第二，引导大学生对学业成败形成正确归因，增加积极体验。积极的体验是有效破除消极自我概念的重要手段之一。受宏环境的历史考试文化和现代竞争评价制度的影响，大学生倾向于用外部归因的方式来解释自己学业上获得的成功，而用内部归因解释自己的失败，这是典型的归因偏差，容易形成消极的自我体验，产生消极的自我概念。因此，教师在教学过程中首先要引导大学生设置科学恰当的学习目标，并帮助学生逐步取得成功；当大学生取得成功时，要帮助大学生分析并形成正确的归因，培养自尊和自信，增强积极的体验。

① 乔纳森·布朗. 自我［M］. 陈浩莺，等，译. 北京：人民邮电出版社，2004：47.

（二）突破教师单一和传统的教学模式

教师的教学模式为大学生参与学习搭建了重要的脚手架，规定、支配和引导着大学生的学习参与，是影响大学生学习参与的重要因素。但中国教育科学研究院课题组的最新调研显示，在本科生满意度最低的十个方面，教师的课程教学模式位居之首，满意度不到61%。① 可见我国大学教师的教学模式存在较多问题。因此，要促进大学生学习参与，突破教师单一和传统的教学模式是关键。

首先，可开展深度会谈，转变教师心智模式。彼得·圣吉（Peter·Senge)认为，心智模式是决定我们对世界的理解方法和行为方式的那些根深蒂固的假设、归纳，甚至就是图像、画面或形象。② 要突破教师心智模式的禁锢，教师与学习共同体开展深度会谈是最好的途径和方法。开展深度会谈，需要教师在自己和学生、同事等学习共同体面前，说出对教育、课程教学的一切想法和思考，将自己的理念、认知等拿出来公开、自由讨论、接受检验，通过与群体的共同交流和思考，让大家的思想和智慧自由流动和碰撞，把成员内心对教育、课程教学的“假设”和“图像”推导出来，帮助教师解决自己“假设”的不足和改进之处，完善教学模式。

其次，加强专业理论和教育信息技术学习，推进传统课堂教学模式改革升级。当前大学教师最大的问题在于缺乏最新专业理论和教育信息技术应用技能的学习，教学模式主要仍以传统的“教”为中心，忽视了学生作为主体的学习参与，导致课堂上出

① 中国教育科学研究院．全国高等教育满意度调查报告［N］．中国教育报 2017-5-17.

② 彼得·圣吉．第五项修炼［M］．张成林，译．北京：中信出版社，2009：8.

现大量“低头族”“游离族”。因此，教师应加强最新专业理论和教育信息技术的学习，特别是有关学习理论、教学法、“互联网+教育”、课程开发及内容选择等方面的专业知识和教学技能的学习，积极转变教学理念，革新教学模式。应借助现代教学理论和先进学习技术，基于学生需要特征和动机特征来改革传统的教师单向传递式教学模式，可结合相关教育 APP 将智能手机与课堂教学串联起来，将社交的参与性、实时性和便捷性带入课堂，实现原有教学客体与主体的对调、浅层学习和深层学习的翻转，推动传统课堂教学模式变革。

（三）建构和谐的学习生态环境

学习是学习者与环境的交互作用，而大学生学习的环境是一系列相互作用的不同层次的环境系统组成的。微环境直接影响大学生的学习，中环境作用于微环境而间接影响大学生学习，外环境和宏环境则通过系统相互作用，对大学生产生影响。因此，要促进大学生的学习参与，需要调控各环境系统中的可控和重要的生态因素，建构和谐的大学生学习生态环境。

首先，强化学校、家庭和社区环境建设。学校、家庭和社区是大学生学习、活动和体验最直接的三大核心环境，对大学生学习影响最大。当下的大学教育以学生学业成绩为主要评价标准，忽视大学生不同的学习潜能和差异性的综合素质培育，不利于大学生的学习参与和高素质综合性人才的培养。因此，学校要坚持以大学生学习和发展为根本，摒弃“工具化”的人才培养目标，注重人本主义的过程性和发展性教育评价，为大学生积极学习和科学发展创造良好的学校生态环境。对家庭环境而言，父母是孩子的首任教师，和学生的其他兄弟姊妹组成了大学生最亲近和最温暖的家庭环境。父母对孩子的教养方式和成长期待会深刻影响着大学生的学习和发展。因此，父母要形成科学的教养方式和合理的价值期待，多肯定和鼓励孩子，为孩子学习成长创造温馨安全的支持环境，帮助孩子养成自主独立、善良友爱、探知求真、坚韧不拔的优秀品质，促进其积极的学习参与。社区教育环境方面，社区可对辖区企事业单位以及教师、工程师、大学生等居民进行信息化登记，一方面组织相关单位或专家集中开展相关文化和教育活动，另一方面指导辖区内企事业单位和教授、副教授等专业人士与大学生开展教育对接帮扶活动，为各项教育活动组建支持体系和平台，让大学生在社区内也能接受一定的学习指导。

其次，家校、师生和生生等要协同发挥作用。家庭和学校要加强联系和沟通，多利用现代便捷的通信方式（微信、QQ 等）及时就大学生学习中出现的心理、情感等问题进行充分分享和会商，相互配合和支持，形成合力促进大学生积极参与学习。如常年外出务工的父母与大学生聚少离多，大学生的家庭教育相对弱化，一方面需要父母加强亲子交流和沟通，多关心孩子的学习和心理发展；另一方面，学校教师可以引导大学生正向体验家庭环境，感受父母的不易，从而刻苦努力学习，促进大学生主动、正向对待环境，最终积极参与学习。此外，教师还要为大学生提供温馨和安全的环境，多开展积极的情绪和情感交流活动，要在较长时间内，在众多积极事件和体验活动中建构高效的师生交往；同时要注重利用大学生“意见领袖”这个同学友辈中的重要角色，引导大学生意见领袖树立积极的学习态度和价值观，利用生生间的“高参照性”影响和作用，引领和促进大学生积极学习。

最后，优化社会生态环境建设。无论是大学生学习所处的学校或家庭环境，抑或涵盖上者的家—校等中环境，还是父母工作等外环境，无不嵌套于社会大环境之中，受社会环境的包裹作用和影响。社会环境一方面为大学生学习提供了宏观文化背景和资源支持，但同时也利用其价值观念、风俗习惯和社会变革进程等束缚着大学生的学习目标和价值观念。因此，社会应为置身其中的社—校、家—校、政—校、社—家、政—家等系统以及父母—子女、教师—学生、学生—学生、企业—学生等之间的互动和交流提供开放和积极的教育空间，多理解和帮助大学生；要在社会主义核心价值观的指导下，引导学校、政府、企业、家庭以及教师、父母、社会工作者、政府公务人员、大学生等树立科学的人才培养和评价观念，努力营造民主、和谐、安全、平等的大学生学习环境，促进大学生社会交往能力的发展和满足其安全和自尊的需要，促进其积极参与学习。同时，大学生亦能在生态环境系统内渐进地适应并影响环境，由内而外、自下而上地实现与所处不同层次环境系统间的调适和相互体认，最终达到积极学习的状态。

参考文献：

[1] Bronfenbrenner，U. The ecology of human development Experiments by nature and design [M]. Cambridge，MA：Harvard University Press，1979.

[2] Bronfenbrenner U. &Morris P. A. “The bioecological model of human development”，in W. Damon & R. M. Lemer (eds). [M] //Handbook of child psychology，New York：Wiley Press，2006.

[3] 乔伊斯，韦尔. 教学模式 [M]. 荆建华，等译. 北京：中国轻工业出版社，2002.

[4] Finn，J. D. Withdrawing from school [J]. Review of Educational Research，1989 (59)：117－142.

[5] Helen. M. Marks. Student Engagement in Instructional Activity：Patterns in the Elementary，Middle，and High School Years [J]. American Educational Research Association，2000，37 (1)：153－184.

[6] Pascarella, E. T., Terenzini, P. T. How College Affects Students: A Third Decade of Research [M]. San Francisco: Jossey-Bass Publishers, 2005.

[7] 彼得·圣吉. 第五项修炼 [M]. 张成林，译. 北京：中信出版社，2009.

[8] 方晓田. 后大众化时期民办高等教育发展与政府干预 [J]. 高等教育研究，2013 (10)：46-51.

[9] 范伟强，等. 同辈群体对大学生学习心理的影响 [DB/OL]. 中国社会科学网，2015-07-14 [2017-07-20]. http://news.cssn.cn/jyx/jyx_jyxlx/201507/t20150714_2077461.shtml.

[10] 丁芳. 一种正在演进着的人类发展观——人的发展的生物生态学模型述评 [J]. 华东师范大学学报（教育科学版），2009 (2)：62.

[11] 马蕾迪，范蔚，孙亚玲. 学习参与度对初中生数学成绩影响研究 [J]. 中国教育学刊，2015 (2)：77-80.

[12] 谷禹，等. 布朗芬布伦纳从襁褓走向成熟的人类发展观 [J]. 心理学探新，2012 (2)：104-109.

[13] 黄爱华. 高等教育教学模式的演进、研究与变革 [J]. 高校教育管理，2017 (1)：92-96.

[14] 李爽，等. 基于行为序列分析对在线学习参与模式的探索 [J]. 中国电化教育，2017 (3)：88-95.

[15] 吕林海. 大学生学习参与的理论缘起、概念延展及测量方法争议 [J]. 教育发展研究，2016 (21)：70-78.

[16] 乔纳森·布朗. 自我 [M]. 陈浩莺，等，译. 北京：人民邮电出版社，2004.

[17] 汪雅霜，汪霞. 高职院校学生学习投入度及其影响因素的实证研究 [J]. 教育研究，2017 (1)：77-84.

[18] 中国教育科学研究院. 全国高等教育满意度调查报告[N]. 中国教育报 2017-05-17.
[19] 2016 年全国教育事业发展统计公报 [EB/OL]. http://www.gov.cn/shuju/2017-07/10/content_5209370.htm.

作者简介：

方晓田，男，1978 年生，博士，讲师。主要研究方向：高等教育、课程与教学。

基于地方产业需求的应用型本科人才就业能力培养研究[①]

高福霞

（四川外国语大学国际商学院 重庆 400031）

摘要：近年来，伴随科技的进步与经济的转型，各地的产业结构也发生着变化，快速发展的社会经济对各类应用型人才的需求量也在不断上升，以地方产业需求为导向培养应用型人才成为高等院校改革发展的必然选择，高校应用型本科教育的重要任务是培养具有良好职业素养和较强职业能力的应用型本科人才。本文从应用型本科人才就业能力培养的必要性、存在的问题与培养对策等方面进行论述，以期对地方产业需求发展中提高应用型本科人才就业能力有所参考。

关键词：地方产业需求　应用型本科人才　就业能力

一、研究背景

随着我国高等教育步入大众化阶段，为了更好地适应各层次、各级别的社会需求，我国高校必须从过去的精英教育模式向

---

① 本项目是四川外国语大学 2016 年校级教学改革研究项目“基于地方产业需求的应用型本科人才就业能力培养研究”的阶段性成果（编号 JY164619）。

大众化教育模式转变，应用型本科人才培养也由此应运而生，应用型本科人才培养已成为高等教育发展的必然趋势。《国家中长期人才发展规划纲要（2010—2020）》指出，为了适应发展现代产业体系，适应走新型工业化道路和产业结构优化升级的要求，必须加大重点领域急需紧缺专门人才开发力度，统筹抓好包括专业技术人才、高技能人才等在内的人才队伍建设。当前，传统的经济发展方式正在经历深刻变化，新技术、新工艺层出不穷，创新创业活动不断涌现，产业资本投入无形化、经济结构服务化、技术智能化和创新全员化的特征日益凸显。打造一支宏大的高素质专业技术人才队伍，形成一支门类齐全、技艺精湛的高技能人才队伍刻不容缓，而这必须充分发挥应用型本科院校科学系统培养技术技能型人才的主体作用，为企业培养输送适销对路的高素质技术技能型人才，这种需求变化成为高校教育教学改革必须重视的重大课题。根据我国高校功能划分，绝大多数地方普通本科院校的主要任务是培养适应地方经济社会发展需要的人才。这类高校需要坚持“教师为主导、学生为主体、成才为主线”的教育理念，确立人才培养的适应性原则、教学过程的主体性原则、实践实训的全程性原则，努力构建应用型人才培养的理论教学、实践教学体系和素质培养体系。所以，以地方产业需求为导向培养应用型人才成为地方普通本科院校改革发展的必然选择。

二、应用型本科人才内涵及特点

“应用型本科人才”是相对于学术型（理论型）本科人才而言的，是一种人才类型。应用型人才是指能将专业知识和所具备的能力应用于所从事的社会实践，主要从事一线生产的技术或专业人才，它与学术型（理论型）本科人才在知识、能力与素质结构上具有很大的差异。

首先，在知识结构上，应用型本科人才不过分强调学科的完整性和系统性，而更注重专业素质、能力的培养，将以学科为导向的学术逻辑体系转变为以专业为导向的技术逻辑体系，学科要服务于专业，理论以适用为度，强调服务生产一线、管理生产一线的能力。既要提高学生的职业适应性，尽快适应岗位需求，也要为学生未来的发展奠定坚实的基础。

其次，在能力培养上，不仅要强调实践操作能力，也要注重创新能力的培养；不仅要注重专业能力，也要注重沟通、协调等综合能力培养；不仅要强调就业能力，还要强调对创业能力的培养。只有这样，才能适应经济社会多元化、多样性的要求。

最后，在素质结构上，应用型人才更强调职业素养。这里的职业素养，不仅仅指职业技能，还包括职业道德、责任心、道德感、心理素质、意志品质、身体条件等。

总之，应用型人才主要是掌握和应用知识，而非科学发现和创造新知，培养应用型人才重在使其拥有丰富的职业技能，拥有合理的知识、能力结构，拥有终身学习、不断提高的潜力。

三、应用型本科人才就业能力培养中存在的问题分析

改革开放以来，我国高等教育虽然取得了长足发展，但随着我国高等教育大众化的发展以及大学毕业生数量的急剧增长，大学生就业难已成为高等教育发展的重要问题，高校在人才培养等方面仍带有浓厚的计划体制色彩，与社会经济发展需求脱节，形成了大学生“就业难”与社会需要的人才供不应求并存的尴尬局面，现就应用型本科人才就业能力培养中存在的问题进行分析。

（一）学校的人才培养目标不清晰

首先应用型本科院校办学定位不明确，存在对教育层次的盲

目追求。为了生存与发展，这些本科院校不考虑自身的基础和条件，不是在办学特色和服务地方经济上做文章，而是力争综合性、追求“高、大、全”的路子，学校全力争设各类学科的“硕士点”“博士点”，对本科实践教学的人、财、物投入不足，导致实践教学条件大大落后。同时不少高校将专业的培养目标定位为“培养具有良好人文、科学素质和社会责任感的，能满足经济社会需要的，理论知识扎实，专业技能熟练，具有自我学习能力、创新精神和创新能力的人才”。但事实上，不少高校往往容易立足于自身需要或条件开办专业，却没有认真分析社会经济需求，不能提出真正符合社会需要的人才培养目标，与社会需求缺乏契合度。设置人才培养方案时，将重心放在理论教学上，对实践教学要么不够重视，甚至不知如何着手。

（二）课程体系设置权重失衡

在当前许多专业应用型人才培养模式中，高校在学生的课程设置上还是以理论知识为主，实践教学为辅，对学生知识的系统性和完整性的强调占较大的比重。一方面，许多专业所使用的教材都是一些比较旧的版本，完全不符合当前的社会经济发展方向，与当今社会发展脱节。另一方面，由于缺乏企业参与，在本科应用型人才培养的过程中，并没有根据社会的实际需求，面向实际应用，忽视了教育培养与产业之间的联系，对企业岗位需求与知识之间的联系也不重视。在这种以学科教学为主的培养模式中，虽然可以为学生提供深厚的理论基础，但是这样培养出来的人才在步入社会、进入企业后，往往无法形成以工作为中心，灵活的运用所学知识，实践理论相结合更好地为企业和社会服务。导致学生在参加工作后，动手能力差，就业能力薄弱。

（三）缺乏具有实践能力的师资队伍

要实现应用型本科教育的目的，首先必须要有一支具有较强实践能力的师资队伍。虽然近几年来本科院校加大力度引进了许多硕士和博士，但他们大都是从学校毕业后直接进入学校从事教学工作的，缺乏实践环节的专门训练，难以胜任相关的实践指导工作。另外，教师普遍对教学实践的认识存在偏差，认为实践就是上机操作、社会实习，比如一些工商管理专业教师大部分是直接来自高校本身，并没有企业实践的工作经验。在对工商管理专业学生进行教学培养时，并不了解学生在毕业后所要面临岗位的实际工作需求。同时高校在国家政策的指导下也比较重视教师学历的培训，在教师职称评定等政策上，把教学效果和教师的技术应用能力、实践能力作为“软指标”，从政策上导致了教师重科研、轻教学，重学术、轻实践，致使实践能力强的师资团队难以形成。

（四）就业指导及服务尚未完全到位

目前高校学生就业教育和服务工作主要依靠学生管理部门（就业指导中心）。日常的教育教学工作与就业指导脱节，没有形成完整的，涵盖全过程的就业指导与服务体系。许多院校仅在大学四年级才开始做求职指导及就业政策宣讲。“全员就业”“全程就业”的环境和氛围尚未形成，更谈不上个性化的就业指导。作为就业主体，学生的成才意识和就业意识未被激活，参与就业教育活动的主动性不够，积极性不足。许多学生在个人成长成才上缺乏明确的目标和方向，在素质能力的培养和完善方面缺乏有效的指导。许多新升格的本科院校，缺乏就业指导专家，就业指导人员专业化和职业化程度较低，利用社会力量开展就业工作不够。就业指导还停留在政策解说、信息发布、就业技巧指导与就业咨询等环节，职业生涯规划、职业指导、职业素质训练等重要环节还很薄弱。

四、基于地方产业需求的应用型本科人才就业能力培养对策分析

（一）以社会需求为导向，改变观念，找准定位

找准定位、明确培养目标是办好专业的关键，也是培养人才的关键。应用型本科院校应该转变办学观念，找准办学定位，以国家社会需求为导向，以地方区域经济发展的需要、以本省市高等教育整体性发展的需要以及学校可持续发展的需要为依托，努力建成一所高水平的立足行业、服务企业、有自己特色学科专业的应用型本科院校，并使之成为服务地方政治、经济和文化发展的平台。

随着高等教育大众化发展以及社会对人才需求的变化，教育质量观念也要从一元化向多元化转变。不同层次、不同类型的高校，要有科学合理的定位，要突出自己的特色。应用型本科高校要从自身特色出发，创新人才培养理念。要以“应用”为导向，培养具备现代科技和管理知识，理论与实践相结合，具有自主学习能力、实践创新能力、团队合作能力，能在生产和管理岗位上解决实际问题的应用型人才。新兴产业的不断出现、原有产业的不断变革、行业的细分和深化、产业的升级改造和结构调整都要求应用型本科人才培养的专业设置必须跟上时代的步伐。应用型本科人才培养是以社会需求和企业需求为导向的专业教育，必须充分调研，深入分析，抓住这些变化的实质与内涵，找准人才培养的目标与要求，结合学校实际，灵活调整专业设置，为社会提供急需的各类人才，实现专业设置的有序“设置”和“退出”，

优化教学资源，提高竞争力，快速适应经济社会发展的需要。

（二）构建合理的课程体系，加强校企合作模式

高校应在充分调研的基础上，针对学生就业普遍存在的缺陷，制订科学合理的培养计划，突出“应用性”特色，加强课程中的实践教育，培养学生的实际应用能力。

1. 按照职业需求构建人才培养计划。对照专业岗位群必备的技术能力和基本素质进行分解，遵循强化基础、紧扣专业、加强素质教育和动手操作能力培养的思路，按照“实际、实践、实用”的原则，构建理论教学和实践教学两个体系，以促进学生专业知识、综合素质和实践能力的协调发展。

2. 理论教学和职业实践相互贯通。应用型本科院校要通过创建教学团队，研究和改革教学内容，就必须多采用现场教学、情景式教学、体验式教学、师生互动、案例式教学和项目式教学等实践教学方法，把课堂建在实验室，让学生在实践中学习，培养学生的职业能力与创新精神，从而提高人才培养的质量。对课程模块进行整合与优化，将课程内容改革与职业技能鉴定互相结合。对实践性较强的课程提倡以实验室为主课堂，使教学、演示、实验、设计形成一个有机整体；对专业方向课注重以项目、专题、问题为重点，示范性地带动其他教学内容的自主钻研。

3. 加强校企合作、产学研结合，培养综合实践能力。实践证明，单一的校园环境和传统的教学模式难以培养出真正意义上的应用型人才，只有走产学研结合之路，才更有利于应用型人才的培养。应用型本科院校要充分利用社会资源进行办学，建设稳固的校外实训基地，以企业为依托，寻求与技术、装备、管理水平较高的中型企业联姻，针对本地、行业的经济和社会发展需要，按照技术领域和职业岗位群的要求，扎实进行实习基地建设。

（三）培养实践能力强的“双师型”教学团队

提高教师实践能力，努力建设一支素质优良、结构合理、一专多能、专兼结合的“双师型”教师队伍，是培养应用型本科人才的基础。“双师型”教师既要熟练掌握课程理论知识，又要熟悉行业的发展趋势和企业岗位的技能。即采取校企联合办法培养青年教师，建立教师实习基地；重视青年教师的教学能力和实践能力，派送没有实践背景的青年教师到企业进行锻炼，可以实施专任教师到行业企业挂职锻炼制度、教师专业技能培训制度、新进教师行业培养制度、“双师”教师引进制度、“双师”教师执业资格认证制度、“双师”教师激励制度等系列举措，努力培养适应专业发展需要的“双师型”专任教师队伍；同时还可以请具有一定实践经验和学术造诣的企业界优秀人才充实兼职教师队伍，通过团队建设和培养学术带头人来建设一支实践能力较强的师资队伍，保证高质量的实践教学。

（四）树立正确的就业观念、提高就业指导课程的实效性

2013年一项关于大学生就业状况的报告中指出：“社会各界纷纷表示树立正确的就业观应当成为解决就业困难的首要问题”，因此高校要充分发挥大学生就业指导课的作用，引导毕业生树立正确的就业观。首先要指导学生适应形势发展需要，树立个人理想与国家需要、个人发展与社会需求相结合的择业观和发展观，强化学生的社会责任感和历史使命感。指引学生正确认识自己，摆正自己的位置，使学生准确认识当前大的社会环境以及就业环境。其次就业指导教师要以就业为线索，以提高就业能力为目的，精心设计就业指导课程的实施方案，根据不同年级的特点，分阶段进行，以提高实效性。要建立健全就业指导机构和队伍、

加大对辅导员、班主任和专业教师的职业指导培训，建立一支以专职为骨干，专兼职结合的就业指导队伍，形成从学校到院系和教研室，从年级到专业及班级的全方位、相互配合、跟踪反馈的工作体系，使职业生涯规划和就业指导等内容与专业教学及日常的教育管理有机结合起来，贯穿于大学生在校学习生活的全过程。最后要丰富就业指导和服务内容。加大高校毕业生的创业教育力度，提升学生创业意识与创业素质，开展个性化的就业指导和服务，加强高校毕业生的就业心理指导，发挥专业教师的社会资本，推进毕业生就业服务信息网络建设，提升就业信息的共享性、有效性。

应用型本科人才培养模式的构建是地方高校实现转型发展、培养应用型人才的重要载体。应用型本科人才不仅要掌握扎实的专业知识，具备基本的专业技能，而且要把专业知识和技能内化为就业岗位能力，能够在就业岗位上“将理论转换为技术、将技术转换为生产力和产品”。我们相信，随着经济和科技的不断发展，地方高校教育一定会与地方经济发展融为一体，成为服务地方发展的人力资源平台。

参考文献：

［1］朱连生，王红梅，刘晴晴. 基于社会需求导向的应用型本科院校教学改革的探讨［J］. 教育理论与实践，2010（30）：6－7.

［2］吴旭君. 以职业岗位能力为导向创建应用型人才培养模式［J］. 中国高等教育，2014（5）：34－36.

［3］杜承铭. 本科应用型人才培养目标的选择、构建及实现［J］. 教育与职业，2006（32）：27－29.

［4］宋争辉. 构建大学生专业与岗位技能对接教学模式的探索

[J]. 教育研究，2012（5）：42—44.
[5] 易萍. 以职业需求为导向的地方高校应用型本科人才培养路径研究与探索 [J]. 职教论坛. 2014（10）：61—63.
[6] 高福霞. 论基于地方产业需求的高职毕业生综合就业竞争力提升策略 [J]. 继续教育研究. 2015（8）：7—9.
[7] 王海洲，梁燕. 地方高校应用型本科人才职业能力培养初探 [J]. 教育与职业，2014（9）：79—82.
[8] 王青林. 关于创新应用型本科人才培养模式的若干思考 [J]. 中国大学教学，2013（6）：28—30.
[9] 曹问，高丹桂. 基于社会需求导向的地方普通本科院校应用型人才培养改革探索 [J]. 西南师范大学学报（自然科学版），2014（4）：224—230.

作者简介：

高福霞，女，1981 年生，硕士，讲师。主要研究方向：人力资源开发与管理。

全媒体环境下新闻传播实验中心功能转型探索

——以四川外国语大学为例①

何双百

（四川外国语大学新闻传播学院 重庆 400031）

摘要：全媒体时代改写了新闻传播的传统理念，颠覆了以往的传播格局，同时也对新闻传播专业人才的培养提出了新的要求。如何在新的时代背景下有效提升人才的专业技能，如何通过新闻传播实验教学的改革和创新为企业和媒体输送更多的专业人才，已经成为专业院校亟待解决的问题。本文以四川外国语大学传播技能综合实验中心为例进行探索，阐述全媒体环境下新闻传播实验中心的功能转变以及建设思路，以期对我国地方高校新闻传播实验中心的建设有所裨益。

关键词：全媒体时代 新闻传播 实验中心 功能转型

传媒业好比是感知时代气候变化的温度计，非常敏感，无论是消费主义还是娱乐主义，它们裹挟着传媒业在现实压力中挣扎，臣服于技术主义或商业奇迹，无力自拔也无力自刎，这种变

---

① 本文为2017年四川外国语大学“全媒体环境下新闻传播实验教学中心功能转型研究”教改课题（JY176024）项目研究阶段性成果。

化渐次传播到大学，让传媒教育面临着教什么与怎么教的传统困境，也同样遭遇实用主义与理想主义的新无奈。随着信息技术的不断发展，新媒体在各种媒体环境下起着越来越重要的作用，随之而来的全媒体传播模式也应运而生。“全媒体”是“信息、通讯及网络技术条件下各种媒介实现深度融合的结果，是媒介形态大变革中最为崭新的传播形态”。[①] 在传统的新闻传播实验教学体系中，每个新闻传播学院都会有各自的实践活动，但或多或少存在这样的问题：要么是教学与实践脱节，或模拟的实践多，真正的媒体实践少；要么是实践活动并没有被纳入教学体系之中，只是学生独立操作，很难作为教学任务覆盖到每位学生；还有一种就是学生的实践活动远满足不了全媒体环境对人才提出的新技能要求。本文以四川外国语大学新闻传播实验中心为研究个案，以培养具备“全媒体意识和技能”的具有创新发展意识的全能复合型新闻专业人才为目的，探索新闻传播实验中心功能及转型趋势，试图构建层次结构清晰、环节衔接紧密、循序渐进的复合型实践教学模式。

一、全媒体环境对新闻传播实验中心提出的新要求

新闻传播学区别于一般类文科的特点是它是一门应用性极强的一门学科，“专业实践技能的培养无疑是新闻传播专业的立身之本”[②]，除了强调对学生实践能力的培养，还很容易受前沿技术的影响，所以，在新闻传播院校里，实验中心建设成为重中之重。当下全媒体环境改变了传统的媒体环境，那么也就对新闻传播实验中心提出了新的要求，如果新闻传播实验中心不考虑全媒

① 罗鑫．什么是“全媒体”［J］．中国记者，2010（3）．

② 卿志军．建设新闻专业立体型体验式实践教学模式的思考［J］．高等教育研究．2009（2）：44－46．

体环境并做出相应调整，就很难在新的环境中立足。英国新闻教育学会会长罗德·艾伦认为，当新技术来临时，新闻教育内容大约有 80％的知识保持不变，20％的内容需要更新①，那么这20％的内容更新就需要新闻传播实验中心来支持。但传统新闻传播实验中心几乎不关注新媒体信息采编能力及其他相关能力的培养，所以培养出的学生在走上工作岗位时会遭遇极大困难，与工作脱节，不能直接上手。所以新闻传播实验中心要跟上全媒体的步伐，就必须向多元化、复合型的实验中心转型。

究竟全媒体与传统媒体有何不同？笔者认为，一方面，全媒体融合传统新闻传播的平台。比如报纸、杂志主要通过图片和文字传递信息，广播主要是通过声音，电视主要是通过声画联动来传递信息。全媒体则融合了所有这些特征，具备了传统媒体的综合优势，是一个传播多元化、接收多样化、跨时空、互动海量信息的平台。另一方面，全媒体改变传统新闻传播单一线性传播的方式，打破了信息交流的障碍，让信息流通更自由、更方便，人们可以及时接收或发布自己关注的信息，不再受媒介的限制，可以及时参与信息互动，发表个人见解，可以跨时空共享网络信息，从而过渡到一种不受时空限制的互动型模式。

综上所述，全媒体融合了传统四大媒体平台，是一种新的媒介形态，所以如果高校新闻传播实验中心如果仍然保持传统的形态，还是一味培养学生的传统媒体技能，落后性就显而易见了。那么顺应全媒体发展潮流，培养出全媒体环境下业界需要的复合型人才，新闻传播实验中心又该如何实现顺应时代潮流、满足时代发展趋势的转型？本文以四川外国语大学新闻传播实验中心为例，从实验理念的转变、实验平台的整合、实验教学体系的完善

---

① 陈作平．英国高校传媒教育［M］//刘利群，张莉莉．国际传媒与教育．北京：中国传媒大学出版社，2008：37．

以及实验设备的更新等几个方面提出应对之策。

二、全媒体环境下新闻传播实验中心的功能转型

（一）由教学辅助功能转变为教学主导功能

当前媒介融合的传播业态，对新闻传媒从业者的职业技能提出了更高要求："只有全面掌握多种媒体的基本知识和技术，同时又特别擅长某一类型媒体的业务技能，才能适应现代新闻传播的要求。"① 换言之，融合媒介的传播现状，不仅要求新闻从业者具备全媒体思维和全媒体意识，而且对于采、写、编、拍、摄、录等"十八般武艺"，既要全面涉猎，又要精通一二。那么这种能力从何而来？最佳方式就是在学习理论的同时多实践，而且要多了解最新最前沿的实践技术，所以实验中心这个平台的重要性不言而喻，打造全媒体网络共享实训平台，开设全员参与的媒体实训课程，建构以采、写、编、拍、摄、录为核心技能的全媒体课程体系等都是实验中心需要的功能，但传统的新闻传播实验中心很多只是理论教学的辅助，学生都是在经过理论教育后，才会到实验中心做相应的实践训练，甚至很多课程虽然在实验中心开展，但其实还是上理论课，学生的实践效果不佳。四川外国语大学新闻传播实验中心近两年正在逐步改变这种状态，努力适应新媒体环境，加强对新闻传播人才技能的培养，鼓励老师带学生到实验中心参加课外实践。学生除了课外作业拍摄还可以自创一些栏目在实验中心完成，比如播音与主持艺术专业学生 2015 年自创的广播直播栏目《薪火之声》，每天晚上 9 点都会准时在录音实验室开始直播，灵活化的开放模式可以让学生有更多的时

① 1蔡雯：媒介融合下，面对国家战略布局的机遇与问题［J］．当代传播，2014（6）：8—10.

间沉浸式地在实验环境中自主实践，而加大开放力度就是实验中心教学功能由辅助向主导转型的重要表现。

（二）从单一模拟实践平台转向多层次网络共享平台

实验中心提供的传媒实践往往是在较封闭的环境中进行的，业务内容和机制运行属于高仿真、模拟或虚拟的传媒现实，但我们不得不认识到，传媒行业是一个与时代发展紧密联系的行业，校内封闭运行的传媒实践平台不仅未能与真正的传媒业务实际实现本质对接，同时也与时代和市场不断发展的要求脱节，难以与时俱进，更难以应对全媒体时代对于采、写、编、摄、后期于一体的复合型人才需求量不断增大的局面，而建设功能齐全的新闻传播网络教学共享平台则能在一定程度上打破这一局限。

根据四川外国语大学新闻传播实验中心的经验，全媒体环境下的新闻传播网络教学平台可分为三个层次：第一层次是人文素质网络教学平台，第二层次是新闻传播专业教学网站，第三层次是新闻传播模拟媒体实践平台。通过这三个层次的教学实践，可以让学生一步步加深对理论知识的理解，最终将理论运用于实践并逐渐提升实践能力。比如在人文素质网络教学平台可以推出“特色专业/精品专业”建设的子系统，此外，还可以推出类似新闻学概论、新闻采访与写作、广播电视概论、编导导论等基础性精品课程。在第二层次上可以建设新闻传播专业相关教学网站，开发新闻传播在线教学网，比如采写新闻网、微视频制作网、广播直播网等，利用网络的开放性和互动性全方位无缝地进行在线教学。第三层次的模拟实践平台则侧重于训练学生全媒体采集、网络编辑、摄影摄像、视频剪辑、专题策划以及网络营销的能力，通过自创校园网络电视台、专业网站、电子杂志、学院手机报、新媒体平台（微博、微信、APP）等全媒介的校内实训媒体来掌握自媒体或新媒体的操作规范。三个层次层层递进，学生通过这样三个层次的网络教学平台学习，可以共享、交流，获取新闻信息、教学软件、课程大纲、教学视频、影视作品、学生优秀作品等各种全媒体素材资源。

（三）实践理念由“学生主体”向“师生主体”转变

传统的传媒实践平台主要是针对学生信息传播业务环节的训练，或者只是让学生熟悉传媒工作流程，教学内容和形式较为单一，实践主体也多为学生，教师只是以导师身份对其进行专业指导。这种专业实践能力培养向度是应对媒体内部的各业务环节，而媒体融合发展的专业实践能力培养向度是探索媒体向外的发展路径，即在掌握信息传播基本业务的基础上，将重点放在传媒与传媒之间、传媒与多个行业之间进行业务研发和运营探索，这不仅对学生来说是未知领域，对高校教师来说也是全新的专业思维再造和实践能力提升的过程。在用专业知识指导学生实践过程中，教师应与学生一起进行项目的研究开发和应用，努力提升自身的媒体融合传播能力和创新能力。所以，全媒体时代实验中心不仅要把实验教师纳入主体，还要提高对实验教师的专业要求。首先，任课教师最好是“双师型”教师，即在具有高校教师任职资格的同时，又具备丰富的新闻从业经验，对新闻传媒工作充满热情；其次，实验教师还应具备良好的职业道德和奉献精神，因为任课教师除了要开展正常的课堂教学，在课堂上与学生沟通、互动、研讨，更多的是课下花费大量时间，乃至像媒体从业人员一样“24 小时全天候”，只要有新闻线索或者学生实践拍摄，教师都要随时予以指导。全媒体实践教学如果没有任课教师的全程参与，仅靠学生的自主学习，是很难完成的。因此，带领学生参与，提高任课教师对全媒体实践教学的认同感、主动性、敬业精神乃至牺牲精神，是全媒体新闻传播实验中心需要关注和解决的问题。

三、全媒体环境下新闻传播实验中心的发展趋势

（一）设备与技术随时更新、开放程度加强

在全媒体环境下，社会需要的是能集多种能力于一身的复合型人才，传统的实验中心设备已经跟不上市场的脚步，实验中心必须时刻以现代信息传播技术和数字化技术为先导，融合各大媒体，配备更齐全更新的设备，创造一个高度仿真的实践空间，为学生提供更好的学习与实践平台。四川外国语大学新闻传播实验中心近几年不断加强实验中心建设，重新整合各个专业的实验课程，并且努力申请中央与地方共建项目，筹集经费为学生提供一流的仪器设备和开阔的场地。2012—2017 年间，新增设备 500 万左右，主要集中在对影视尖端设备的购买上，另外新增或改装实验室四间，其中包括一间虚拟演播室。目前，虚拟演播系统与我院广播电视编导及播音与主持两个艺术专业融合较好。虚拟演播室（Virtual Studio）是近年来虚拟现实技术和传统的色键抠像技术相结合的产物，是一种将真实摄像机所拍摄的画面实时地与计算机图形工作站生成的三维虚拟场景进行合成的新型电视节目前期制作系统，节约成本、视觉效果优良。由于其具有一室多用和逼真的特点，它可以为“电视节目制作”以及“播音主持实训”等课程提供虚拟的空间环境。近两年我院播音与主持、广播电视编导这两个艺术专业的实践成果不断增多，可以说跟实验中心设备及场地的更新关系密切。

培养复合型全媒体人才注重的是“伴随式教育”，或者说是“沉浸式教育”，那么尽可能为学生提供更自由的实验环境变得十分重要，目前，四川外国语大学新闻传播实验中心采取的是周一到周五全天开放，其他时间预约开放的形式，鼓励学生在实验室

完成自选实验和作品创作，很多学生在实验室拍摄、制作视频、处理照片、录音配音等，开放程度越大，越能为学生营造自由宽松的学习环境。

（二）搭建校内外网络信息共享平台

实验中心应加大对网络实验教学资源库的开发，扩建数据库，完善实验教学素材库的搭建，通过网络平台实施信息发布，提供实验教学资源，进行实验教学管理，比如实验设备信息以及实验室与仪器设备网上预约系统，另外，实验项目信息网络化，本中心教师备课、学生课外阅读、作品观摩及实验教学内容的展示平台等都应该包括在里面。网络实验教学资源平台结构如图1所示。

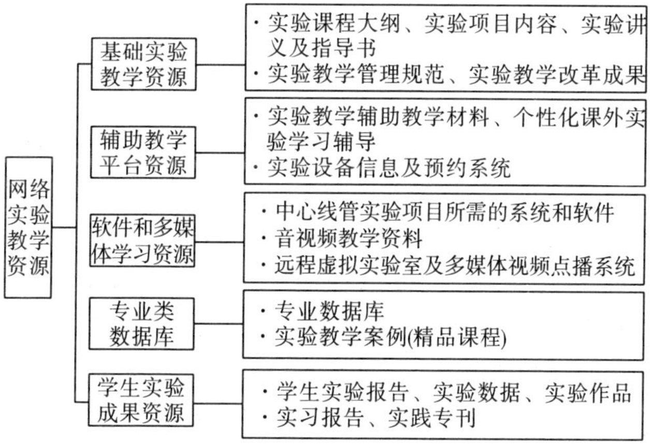

图1　网络实验教学资源平台结构图

此外，还要注重校外平台的拓展以及校内实践平台的自主研发。以往高校传媒专业在校外平台搭建方面，主要是基于自身传媒业务能力来构建实践平台，如与传媒机构、地方企业建设信息传播合作业务，这些平台虽然也具有较好的开放性和社会服务性，但总的来说，其在平台建设的思路上与媒体融合发展的要求还有一定距离，还需要在视野上进一步拓宽，向更多行业领域延伸。而基于融合技术平台在校内自主研发，面向全社会的各类传媒业务，是一个不错的选择。譬如，可以在优酷、土豆等视频网站上创建自己的视频专题网页，也可以在微博、微信平台创建自己的公众账号，甚至可以尝试创办数字报纸、数字杂志等。为保障学生的专业实践，教师还可基于实践平台引导学生搭建实践工作室，或以项目制的形式引导学生完成工作任务等。这些平台既可以由专业或教师组建项目团队来建设，也可以是学生个人或自由组合的团队自主创意建设。这些自主平台将学生的传媒实践与社会需求、传媒市场紧密相连，一方面可以将业界经营、发展模式融入专业学习的各环节；另一方面，也可以与市场接轨建设自主创新平台体系，服务社会发展。

（三）打造全媒体实验教学模块与层次化教学体系

新闻传播专业主要培养报纸新闻、广播电视新闻和网络新闻为主的大众媒介的应用型新闻人才。无论哪个国家都会把实践作为培养人才的一个重要渠道，如美国的新闻教育注重大学阶段专业技能的传授与训练，欧洲国家侧重由国家和新闻界主导的在职训练，日本则以媒介内部培训的方式来完成对新闻人才的培养。而我国目前新闻传播专业实践教学仍然比较薄弱，综合目前新闻专业实践教学开展状况，在课程配置比例方面、实践教学重点培养方面、发挥学生主动性方面以及实践活动范围等方面都存在不同程度的不足，这些情况都对人才适应市场和全媒体需求造成了不小的影响。

“我国新闻学专业设置的整体框架是以传统媒体的人才需要为基础的。随着新媒体的兴起以及传统媒体的数字化转型，传媒间的介质差异正在被打破，按媒介种类来设置的专业方向和课程体系已经不能适应媒介发展的现实需要。”① 新闻实践教学中要加强全媒体技术和理念训练，依托新闻实验平台，逐步建成全媒体实验教学模块，不管是报纸模块还是广播电视模块，也不管是数码摄影模块还是移动采编模块，都要大量运用全媒体技术并营造全媒体实践环境，根据清华大学新闻传播实践教学的经验，在实践教育中增加 MIE 工程建设，有利于学生在校园里就能初步认识媒介组织和媒介环境、具备较成熟的新闻操作能力，以便进入社会能成为迅速适应时代变化和行业发展。所谓“MIE”即“Mass Media in Education”，指的是将传媒伸入学校内部，让学生在日常的学习和生活中时时刻刻感受到传媒的影响，并使其潜移默化地渗透到实践教学之中。工程的覆盖范围除了报纸媒体，还包括杂志、广播、影视、网络等大众媒介。

目前，四川外国语大学新闻传播实验中心的实验教学参考“MIE”工程建设逐步走向体系化教学模式，针对不同专业的学生设置不同教学环节，探索形成由低到高，由易到难，由综合实训、作品创作到科研开发逐步提高的多层次实训教学体系。这种多层次实训教学体系具体表现为以课程实训教学为基础，第二课堂实践为拓展，学生创作创新为提高的“梯形结构”，层层递进、环环相扣，使学生融入其中。实训课程按专业构成分播音主持、电视编辑、摄影摄像、灯光与照明、后期制作、录音配音、新闻排版、广告设计、形体表演等几个大类，通过制订专业实践培养方案或教师项目制教学等方式，在摄影棚、电视演播室、虚拟演播室、影视创作基地等实验场所训练学生的全媒体技术掌握能力。此外，我院每年招聘选拔 200 余学生进入校电视台、校新闻中心、校广播站以及新闻传播学院自办的访谈节目、网络电台、

① 蔡雯. 媒介融合前景下的新闻变革与新闻教育改革［J］. 今传媒，2009（1）.

报纸、杂志社等校内实践基地工作，让各项新媒体实践平台渗入学生的实践教学中，有效提高学生的实践水平。

当然，新闻传播实验中心的功能转变是一个不断摸索进步的过程，既要考虑到全媒体环境的特点，又要不断汲取其他高校成功的经验，找到适合每个学校各自实验中心发展的最好路径。目前，四川外国语大学新闻传播实验中心在摸索中取得了一定的成效，但是我们还要在今后的发展中继续探索更行之有效的途径，使新闻传播实验中心更科学化、专业化，为业界输送更高素质的国际化、复合型的新闻人才。

参考文献：

［1］蔡雯．媒介融合前景下的新闻变革与新闻教育改革［J］．今传媒，2009（1）．

［2］陈作平．英国高校传媒教育［M］//刘利群，张莉莉．国际传媒与教育．北京：中国传媒大学出版社，2008：37．

［3］罗鑫．什么是“全媒体”［J］．中国记者，2010（3）．

［4］卿志军．建设新闻专业立体型体验式实践教学模式的思考［J］．高等教育研究．2009（2）．

作者简介：

何双百，女，1983 年生，硕士，实验师，主要研究方向：传媒技术。

文化传承与创新形势下的高校档案文化建设研究①

黄　萍

（四川外国语大学档案馆 重庆 400031）

摘要：文化具有超越具体学科和职业的特点，大学是文化的灯塔、创新的摇篮，创新教育离不开历史传统、文化血脉的滋养。文化传承创新是立校之本，是大学核心竞争力所在。高校档案是高校教学、科研、管理、服务等办学活动的历史记录，是实现大学文化传承的桥梁和纽带，是文化创新的生长点。如何推进高校档案文化建设，实现大学文化传承与创新功能，是亟待广大档案工作者深入研究的一个课题。

关键词：档案　文化　传承　创新

在“抓创新就是抓发展，谋创新就是谋未来”的时代背景下，高等教育除了具有人才培养、科学研究、服务社会的作用外，还具有文化传承和创新的职能。大学是文化的灯塔、创新的

---

① 本文是四川外国语大学教学改革研究项目“‘知识育人’到‘文化育人’——利用高校档案服务大学生文化素质教育的模式研究”（课题编号：JY176059）阶段性研究成果；重庆市教育科学“十三五”规划2017年度规划课题“讲好档案故事　践行立德树人——高校档案服务立德树人根本任务的模式研究”（课题编号：2017−GX−321）阶段性研究成果。

摇篮，创新创业教育离不开历史传统、文化血脉的滋养。同时，在文化强国的大背景下，加强大学文化建设，形成各具特色的大学精神和大学文化，增强文化自觉和文化自信，是学校提高教学质量，培养高素质人才，营造优良校园氛围，增强自身竞争力，争创一流大学的必经之路。

高校文化创新是指在对优秀传统文化的整理、研究和传承的基础上，汲取思想精华，做到扬弃继承、转化创新，充分发挥其教化育人的作用。高校档案是高校在教学、科研、管理、服务等办学活动与大学文化传承创新过程中直接形成的有价值的历史记录。这些记录是学校文化的精髓，承载着广大师生对高校的情感寄托和美好回忆，是学校发展过程中可供参考借鉴的文化宝库，是珍贵的文化财富，是实现高等教育文化传承创新功能的有生力量。大学文化传承不是抽象的，既有时间上的代代相传，也有横向、纵向的文化传播。既有无形的，包括办学理念、学品、师品等，也有有形的，包括校训、校歌、建筑物等。

一、高校档案的文化价值

文化是一个民族的根，是滋养灵魂、涵养气质的食粮。比如我们中华民族传统文化，从语言到思想都脱离不了儒家文化体系。大学文化，是大学发展过程中长期积淀下来的文化内涵，是学校精神文化与物质文化的总和。有学者认为："高校文化是一种特殊的社会文化，处在社会文化发展的前沿。是学校精神，学校传统和学校作风的综合体现。"高校档案具有与生俱来的文化内涵，是办学的历史见证，是学校重要的文化遗产，作为大学文化的一部分，其文化价值不容小觑。

（一）文化存储价值

档案是人类记录历史，延续文明的一种有效手段，是人类文化的存储器。高校档案同样具有明显的文化存储价值。收藏在档案馆的各种形式的档案，真实记录了学校波澜壮阔的发展历程，每一份文件，每一件物品，每一张照片，每一套音像视频资料都存贮着丰富的文化信息。以四川外国语大学校训“团结、勤奋、严谨、求实”为例，档案中清晰地记载了校训的产生、发展和形成过程，是在学校长期办学实践和教学活动中自然形成的，是学校办学传统和师生信仰的高度概括。

（二）文化传承价值

文化传承指的是文化的时间延续、空间扩展和代际传播。“档案与文化的关系千丝万缕，档案既是文明的产物，也是文明的见证，更是文化得以传承发展的重要工具。”档案能让我们了解文化的起源和发展，过去的文化得以传承和延续，才有文化的创新和未来。高校档案凝聚着与高校教学活动有关的各类文化信息，是学校物质文化与精神文化的有效载体。通过对档案的分类整理、鉴定保管、编目检索、编辑研究等工作，档案不仅成了文化信息宝库，而且是文化信息的源头活水。学校历届师生都可利用档案进行教学实践活动和课外文体活动，自觉或不自觉地践行着档案文化传承的使命。越是历史悠久的大学，其档案文化传承价值越显著。

（三）文化教育价值

档案的文化属性决定了档案具有教育价值。每所大学都有自己的光荣历史和传统文化，档案真实地记载着学校历史沿革、先辈们的学术成果、历届学子的优秀成绩和荣誉等。我们可以利用档案编写校史、纂写人物档案、建立名人档案陈列室、举办历届学子成就展、校园文化展、档案专题讲座等。用真实、感人的人物和事例宣传学校光辉历程，弘扬坚持真理、崇尚科学、尊师重教、无私奉献的大学精神，激发广大师生的荣誉感和自豪感，教育师生以实际行动发扬大学优良传统，自觉为国家富强，人民幸福，为实现中华民族伟大复兴的中国梦而努力学习、辛勤工作。

（四）文化创新价值

利用高校档案进行文化创新是对高校档案工作的时代要求，档案工作基本可以概括为档案资源的收集、整理、开发和利用，其开发和利用过程属于文化创新的过程。利用档案资源开发各种文化产品，进而打造具有大学特色的文化精品无疑是文化创新。以往我们档案工作的主要任务是收集和整理，开发和利用领域多限于编辑年鉴、举办校史展、汇编名人档案等，在当今社会文化大发展、大繁荣的背景下，高校档案馆应充分发掘档案的文化创新价值，利用科学创新手段（数字化、网络、多媒体等），改善档案服务方式，拓宽档案服务领域，提升档案服务水平，把档案“原料”加工转化为鲜活生动、喜闻乐见的文化产品，引导师生树立正确的世界观、人生观、价值观，弘扬主旋律，传播正能量，突出高品位。

二、影响高校档案在文化传承与创新中的制约因素

（一）档案文化宣传意识不够

当今世界知识信息在飞速增长，信息利用率已成为国家实力的重要指标。档案作为历史的记录，知识的载体之一，汇集了大量信息，且是最原始，最可靠的信息，具有不可估量的开发利用价值。但大多数档案馆在管理过程中仍然存在管理理念陈旧的问题，习惯从“我保管，你利用”的角度出发，掩盖了档案的文化价值。使得高校档案馆的潜能和优势没有激发出来，不能有效地

向社会传播大学的先进文化。其次，由于档案馆宣传力度不够，师生的档案意识淡薄，造成师生对档案馆“敬而远之”，使得大量高校文化信息档案史料，大多处于“养在深闺人未识”的状态。另一方面，也造成档案馆馆藏处于被动接受，馆藏不够丰富和具有特色的现状。

（二）档案文化开发能力不足

高校档案馆中的很多原始档案具有较高文化和科学价值，但其处于零散状态，知识和信息没有得到深层次提炼，造成文化资源的浪费。档案编研是档案工作的重要组成部分，是深层次开发和利用档案资源的一项重要的基础性工作。受技术水平、人员素质、财力物力等各方面因素影响，当前高校档案编研工作普遍存在编辑研究整体水平不高、档案资源利用能力不足、编研成果缺乏特色、与师生需求接轨不紧等问题，多数编研成果往往只是为应付上级检查和每年的目标管理考核任务。

（三）档案文化拓展形式不新

目前，我国高校档案馆在文化传承的形式和内容方面，存在形式单一、内容刻板，缺乏趣味性、体验性、互动性，不能满足师生的文化需求等问题。在西方一些发达国家，档案馆的建造是从整体文化氛围的角度去考虑，它与图书馆、博物馆、科技馆一样，是面向公众的文化休闲场所。如英国国家公共档案馆，宽敞明亮的大厅里，设置有网吧、书店、展厅、咖啡厅等休闲设施，人们在馆内或阅览档案原件，或上网浏览，或观看各种展览，甚至可以坐下来喝上一杯香甜浓郁的咖啡。该馆还定期举办各种活动，如专题讲座、历史时期服饰舞会、历史事件化装舞会、诗歌朗诵会、圣诞晚会（如介绍历年英国怎样过圣诞节等）等，内容可谓丰富多彩。

三、推进高校档案文化建设的有效途径

高校档案文化是高校文化的重要内容之一，是高校文化传承创新不可或缺的部分。将高校档案纳入文化教育的内容材料，可充分发挥其文化教育功能。因此，高校应注重档案文化建设，把艺术性、教育性、文化性和思想性结合起来，实现文化宣传、教育、信息服务的融合统一，让师生充分认识档案在文化传承创新中的意义和价值。

（一）营造氛围，强化档案文化意识

档案馆是档案文化建设的主阵地。档案馆文化形象的塑造和提升，是档案文化建设中一项综合性的系统工程。首先，高校应着力营造档案馆的文化氛围，给查阅利用者提供舒适、温馨的外部环境。强化“以人为本”的理念，吸引越来越多的师生充分感受档案文化、热爱档案文化，进而探索档案文化。因此，档案馆的公共空间应宽敞明亮，充分体现文化品位和人文关怀。其次，开设档案文化讲座和论坛，是档案走进师生的一个值得开拓和发展的途径。讲座可以围绕不同主题自成体系，也可以结合展览，围绕同一主题做好系列文章。要突出新角度、新视线、新说法，增强吸引力，使其成为师生增强档案意识、终身学习档案文化的活动。组织“档案文化沙龙”、档案知识专题讲座，可以让师生直观地感受到大学文化的博大精深，拉近师生和档案的距离。还可以通过展示知名学者的优秀作品，让师生走进他们的精神世界，引起师生深度心灵共鸣。或者通过展示建校初期先辈艰难创业的老相片，让师生了解先辈对理想的踏实践行。新生入学季设立档案开放日，让新生了解校史，了解学生文化，培养新生的爱校情结。

（二）丰富馆藏，深化文化传承与创新的内涵

丰富的馆藏资源是做好文化传承与创新的基础。档案馆要以档案文化建设来引领资源建设，力求建设一个内容丰富、结构合理、门类齐全、精品迭出的优质档案文化资源体系。从档案文化建设特有的视角，不断拓展收集途径和方法。打破常规，创新思维，大力挖掘高校文化内涵和价值。比如校园轶事、诗歌、音乐这些具有较强文化底蕴的档案要留存。一方面，要培养兼职档案员收集档案的责任感和鉴别档案价值的敏锐眼光。另一方面，专职档案工作人员要深入基层、主动出击。重点收集特色档案，如重要领导档案、名师档案等。加大征集宣传力度，广泛取得师生对征集工作的支持和认同，激发他们将珍贵档案移交、捐赠或寄存到档案馆的热情。从内容、载体、时间上确保馆藏档案的多样性。在丰富馆藏的基础上，提炼蕴藏在档案中的文化精髓，将反映学校的精神风貌、办学理念、文化传统、学术思想、辉煌历史等档案资料精心加工，形成贴近校园文化建设实际的档案文化育人资源。比如拍摄校史纪录片、编印校史画册等，这些真实客观的呈现形式，更能引起师生的共鸣。引导教师潜心教书育人、静心治学，引导青年学生勤学、修德、明辨、笃实，推动优良的校风、教风、学风的形成。

（三）强化网站建设，拓宽文化传承与创新的阵地

在已基本实现数字化的高校档案馆，可以根据档案文化建设的需求，建立档案文化专题数据库，实现档案文化信息资源的优化与共享。档案网站建设应充分体现大学独特的人文风格和文化特色，开辟档案公布、咨询解答、网上展览、口述历史、老电影、老歌曲、老照片、回忆录等与档案记忆有关的精品栏目，提供便捷的系统平台链接服务和实时互动交流服务。也可在网上开

展知识竞赛、有奖竞答等互动活动，让师生在休闲娱乐的同时掌握丰富的档案知识，品味独特的档案文化。还可以借鉴国外优秀的档案网站建设经验，通过设计高水平的档案网站进而达到拓宽校园文化传承与创新阵地的目的。

（四）注重编研成果质量，推进档案文化精品创作

文化精品是一个时代文化水平的重要标志。档案馆应借助档案文化资源的唯一特性，挖掘档案潜在的文化价值，打造档案文化精品，发挥档案文化的独特作用。认真梳理档案文化脉系，充分整合档案文化资源，形成具有社会学、史学、美学意义的多样化的档案文化精品。档案编研是档案部门根据馆（室）藏档案和社会需求，在研究档案内容的基础上，编写参考资料、汇编档案文件、参与编史修志、撰写论文专著。是将馆内静态的档案资源转化为动态的、可供利用的信息资源的加工制作过程。其成果是体现大学文化价值的最有效形式，具有服务性、研究性、时效性和特色性。档案编研选题上既坚持创意，又注重实用性。选题只有贴近学校工作中心，贴近师生需求，才能有效地为学校发展服务。因此，在编辑研究选题的创新上应努力探索。选题避免过大、过深，要以编为主、研究为辅。专题编研要体现独特性、新颖性，重在能反映出一个学校独特的大学精神和人文特色。编研成果出版方式上，在不断提高纸质书籍类作品编纂、印刷质量的前提下，要积极应用现代科技，向影像光盘出版物推进。

文化传承创新是提升大学核心竞争力的根本所在。高校档案是文化传承创新的重要载体、渠道和基础，档案文化建设是高校文化建设的重要内容。因此，高校档案文化作为学校文化的重要组成部分，以育人为本职，以传承大学精神为己任，应得到有效的保护与开发利用，更好地利用档案促进高校文化创新与发展。

参考文献：

[1] 方德生. 略论档案在大学文化传承创新中的地位与作用[J]. 档案时空，2014（4）.
[2] 李晋红. 新时期的高校文化建设［J］. 山西高等学校社会科学学报，2005（9）.
[3] 马仁杰，谢诗艺. 档案文化的理论解读和建设探索［J］. 档案学研究，2013（2）.
[4] 张瑞年. 编研，不能只编不研［J］. 山东档案，2001（5）.
[5] 王金环，做好编研工作 变“死档案”为“活资料”［J］. 黑龙江科技信息，2012（35）.

作者简介：

黄萍，女，1971 年生，硕士。主要研究方向：档案理论和实践。

朝鲜语固有词教育的问题及方法探析

黄进财　李　星

（四川外国语大学 东方语学院 400031）

摘要：本文以朝鲜语的固有词教育为研究对象，结合国内朝鲜语固有词的教育现状，分析国内的朝鲜语教学中出现的问题：词汇量不足、拟声拟态词的理解运用、一词多义的固有词、感叹词的理解运用、固有词的词性把握困难等，并针对这些问题来探析朝鲜语固有词的教育方法。

关键词：朝鲜语　固有词　教育

一、绪论

（一）研究对象和研究目的

随着韩流的影响和中韩交流的不断深入，越来越多的中国高校开设了朝鲜语课程。众所周知，汉语属于汉藏语系，韩国/朝鲜虽然是与中国邻近的国家，学术上一般认为朝鲜语属于阿尔泰语系，即朝鲜语语不同于汉语。在句子结构方面，朝鲜语的句子结构一般是“主语＋宾语＋谓语”；而从词汇上来说，虽然引入了大量汉字词和外来语，朝鲜语也有其独特的固有词，其中朝鲜语汉字词约占了60%，固有词约占30%，外来语占7%，混种语占了3%[①]。由于固有词在朝鲜语中占有相当大的比例，并且对中国学生来说是学习的难点，因此笔者认为对朝鲜语固有词教育方法的研究十分有必要。本文以朝鲜语固有词教育为研究对象，探析朝鲜语固有词的教育方法，希望能够对朝鲜语教学提供一些帮助，让朝鲜语学习者更好地了解朝鲜语固有词。

（二）先行研究与研究方法

朝鲜语的固有词范围比较广，因此对固有词各个方面的研究也较为丰富。其中对朝鲜语固有词的前缀的研究成果最多，其中最早的为金秀祥[②]（1983）把朝鲜语的前缀分为了动词前缀、名词前缀、名词与动词的共用前缀进行分析归类。固有词研究还有针对固有词的色彩分析的研究，如金英哲[③]（1994）对朝鲜语固有词的色彩语系进行了以形态和意味构造为重点的相关研究。以汉字词和固有词的对比分析研究成果也十分丰富，全慧珍（2008）研究了现代朝鲜语时间副词的比较，以固有词和汉字词的对应情况为中心进行了对照。而关于朝鲜语固有词教育的研究，主要分为固有词与汉字词的对照研究，固有词本身的教育研究。夏雪（2015）[④]对朝鲜语固有词和汉字词的使用原理进行了分析探讨。刘秋文（2011）[⑤]对朝鲜语固有词语汉字词当中的近

---

① 参考刘文涛 韩国外来语教育方案的探讨研究—以中国学习者为对象［J］．佳木斯教育学院报，2012（11）．

② 参考김수상 고유어의 접미사 연구［D］．명지대학교，1983.

③ 参考 김영철 국어고유어의 색체에 관련 연구 :형태와 의미구조를 중심으로［D］．군산대학교，1994.

④ 参考夏雪 중국학습자 위에 한국어 교육연구 : 고유어와 한자어의 사용을 중심으로［D］．서울대학교，2015.

⑤ 参考 유추문 한국어 학습자를 위해 교육연구: 고유어와 한자어간의 유의어를 중심으로［D］．숙명여자대학교，2011.

义词进行了比较研究。姜美含（2011）[①] 针对中国学习者对朝鲜语固有词语汉字词当中的近义词的教育方案进行了研究等。针对固有词本身的教育研究有金学良[②]（1998）针对朝鲜语固有词中的体词做了分析研究。金延玉[③]（2012）对固有词的现况进行了论述，重点分析了朝鲜语固有词的语法及教育过程，并提出了改善方案。陈程程[④]（2014）对中国学生的朝鲜语感叹词进行了分析研究并提出了教育方案等。然而系统地针对国内固有词教育中产生的问题进行探究的研究成果，几乎没有。

本文将列举朝鲜语的固有词教育中出现的各种问题，再根据这些问题探析朝鲜语固有词的教育方法，希望朝鲜语学习者能够更好地学习朝鲜语，也希望以此能够对朝鲜语的固有词教育提供一些教学上的帮助。

二、朝鲜语固有词教育的问题及方法探析

（一）国内朝鲜语固有词教育的现状

朝鲜语教育在中国已有几十年的历史，在韩流的影响下各地各高校的朝鲜语专业如雨后春笋地发展起来。就国内的教育现状而言，各大高校虽然使用的教科书不尽相同，朝鲜语课程中的教学方法则一般采用的是语法翻译式教学。语法翻译式教学法强调

① 参考강미함 중국학습자 위한 유의어 교육방안 연구：고유어와 한자어간의 유의어를 중심으로 [D]. 인하대학교，2011.

② 参考 김학량 한국어 고유어 교육에 대한 연구: 중학교 국어와 교과서 체언을 중심으로 [D]. 동국대학교，1998.

③ 参考김연옥 고유어의 교육 현황와 개선방안: 국어 문법과 교육과정을 중심으로 [D]. 영남대학교，2012.

④ 参考陈程程. 针对中国学生的朝鲜语感叹词教育方案研究 [D]. 济南：山东大学，2014.

对语法的解释和对文本的准确翻译，其特点是主要为了让学生理解理解外国文学作品或精神修养；比起听、说，读和写成为教学中的重点；阅读文本里面包含生词，有一一对应的词义；语法学习是逐渐深入一脉相承的，这也方便在翻译中对语法不断地巩固[①]。因此，国内的各大高校学习现况是分析语法及翻译，对词汇的学习是为文本翻译和语法练习服务的，针对词汇本身的理解和对口语中的词汇运用明显不足。

随着中韩交流的深入，中韩两国学界中关于朝鲜语词汇语研究成果也越来越多，但是大多是针对汉字词的分析，针对固有词的研究成果较少，针对固有词教育探讨则明显不足。在国内，高校的研究成果中针对固有词教育的分析也数量不多，开设针对朝鲜语词汇教育的课程的学校非常少，教师对固有词的教育也不够重视。

（二）朝鲜语固有词教育的问题

朝鲜语固有词的教育现状如此，学生在学习固有词时便产生了如以下所示的问题，即对固有词语义理解的困难，以及在理解了语义基础上对固有词的运用困难。

1. 固有词的语义理解问题

语义理解困难可以从以下几个方面体现。

第一，对固有词的词汇积累量偏低。因为在学习朝鲜语的课程中主要以语法翻译式教学为主，词汇的学习是对语法及翻译的辅助，导致学生在学习词汇的时候取材比较受限，词汇量不够充分，固有词的积累量更加不足。

第二，固有词中的拟声词及拟态词的理解及运用困难。由于

---

① 参考안경화. 언어교수이론［J］. 서울대학교 1996.

朝鲜语中的拟声拟态词非常发达，不仅总量庞大，而且根据阴阳变化语义色彩各有不同，对于中国学生来说学习拟声拟态词非常困难。

（1）例：小狗叫声

① 通常小狗叫的声音："멍멍"

강아지가 멍멍하고 짖다. 小狗汪汪叫。

② 小狗哼哼的声音："낑낑"

강아지가 낑낑거리다. 小狗哼哼地叫。

③ 小狗嗷嗷的声音："깽깽"

강아지가 얻어맞고 깽깽거리다. 小狗被打得嗷嗷叫。

（2）例：살랑살랑

①轻轻地，轻轻摇晃的

살랑살랑 걸어간다. 轻轻地走过去。

②习习的，凉飕飕的

살랑살랑한 가을바람. 凉习习的秋风。

③淅淅沥沥地

봄비가 살랑살랑 내린다. 春雨淅淅沥沥地下。

④轻飘飘的

살랑살랑한 시폰. 轻飘飘的雪纺。

（3）例：闪亮的 반짝반짝/번쩍번쩍

①반짝반짝

반짝반짝 작은 별. 闪闪发光的小星星。

②번쩍번쩍

번쩍번쩍 빛나다.（颜色较暗较为肃穆）熠熠生辉。

通过示例（1）我们可以得知，表达同一个意思，朝鲜语的拟声拟态词会有不同的表达方式；在示例（2）中我们可以得知朝鲜语的同一个拟声拟态词，在汉语里面有不同的意思；示例（3）的分析使我们得知朝鲜语中表示同一个意思的词汇，单词的阴阳性质不同，语义则大不相同。这些造成了学生在学习朝鲜语固有词中的拟声拟态词时最大的困惑。

第三，对一词多义的固有词的词义把握。同一个词，有不同的意思，对这类词的语义的认识，通常随着朝鲜语能力等级的提升而加深。

（4）타다

①타다，乘坐

버스를 타고 집에 간다.

②타다，烧焦

밥이 타다. 饭糊了。

③타다. 领

약을 타다. 领药

④타다，得到，享受

복을 타다. 天生有福

⑤타다. 晒黑

강한 햇빛이 때문에 피부가 까맣게 탔어요. 阳光太强了，皮肤晒黑了。

“타다”在朝鲜语大辞典中有 13 个意思，在此不再赘述。由示例（4）可知，朝鲜语固有词存在一词多义的现象。根据学生学习朝鲜语时等级能力的提高而不断深入，这也是学生在学习朝鲜语固有词时的一大困难。

第四，对固有词本身的词义理解不到位。当固有词无法准确解释出来时，学生在学习固有词时，会对意思相近的固有词的理解和运用产生困惑。尤其是在近义词中表现得非常明显的时候，并且这一点在拟声拟态词中也有体现。

（5）例：表示天气凉

①시원하다

②선선하다

③쌀쌀하다

④싸늘하다

⑤춥다

以上五个词语都表示天气凉，但是中国学生在学习朝鲜语固有词时要如何区分这几个近义词之间的细微差别，准确理解其含义，成了固有词学习中的一大难点。

2. 固有词的运用困难

以上的四个示例反映的是关于固有词词义理解困难的问题。然而我们发现，在理解朝鲜语固有词词义的情况下，也会存在运用上的困难。

第一，朝鲜语感叹词的使用也是学习固有词的一大难点。感叹词和语境的联系十分密切，又与各自的文化相关联。综合崔铉培（1937）和南基心、高永根（1993）的分类，感叹词分为可以分为情感感叹词、意志感叹词和口头惯用感叹词等[①]。朝鲜语的感叹词中，年龄不同、性别不同采用的感叹词也不一样。如“아이고”这个词，表示感叹“唉。哎哟”的意思，但是现在的年轻人不用这个词；如“어머”这个词，表示“哎呀”的意思，但是男生使用又非常不妥当。因此在固有词的学习中，感叹词是一大难点。

第二，固有词中助词及语尾的使用。不同于汉语，朝鲜语是一种黏着语，即朝鲜语的句子构造是词根加上语尾的方式，体词之后一般紧跟助词，随着助词的变化，句子意思会大有不同。汉语的助词与朝鲜语的助词不是一个概念，朝鲜语的助词决定了句子中名词的主谓宾成分，因此在朝鲜语助词的使用上会存在困

① 参考陈程程．针对中国学生的朝鲜语感叹词教育方案研究［D］．济南：山东大学 2014.

难。朝鲜语的敬语形式非常发达，存在五个等级的敬语语尾，主客体不同，敬语表达方式也不同。汉语中不存在如此复杂的敬语表达和助词表达方式，因此学生在学习固有词中汉语及语尾时的使用也有困难。

第三，与敬语相关的固有词运用。敬语发达是朝鲜语的一个非常显著的特点。在朝鲜语表达中，随着词尾的变化，相应的助词及动词形式也要发生变化。除了在语法范畴上的“V+－시－”加上语尾的形式，还有很多特殊的动词。如，“먹다-드시다/잡속시다,데리다-모시다,아프다-편찮다”等，学生在运用时很容易出错。

第四，对朝鲜语固有词词性的把握。在理解固有词语义的基础上，也很可能对其词性的把握不够准确。如“부럽다”对应的汉语意思是“羡慕”，在汉语中是动词，而这个词在朝鲜语中却是形容词。如，汉语中“羡慕年轻人”，学生可能会误用为“젊은 사람을부럽다”。在汉语和朝鲜语中对应的词性偏差，导致对该朝鲜语固有词，或朝鲜语词汇的运用困难。

第五，同义的固有词与汉字词的选择问题。当固有词与汉字词意思相同时，选择哪一个是学生学习的一大困惑。如“월/달, 설/눈, 우/비”等，尤其是在数字的使用上。如，“20：이십/스물”“20 岁：스무 살”“20 年：이십 년”，由此可见同一个意思，而其选择的表达方式不一样。因此在表达数量的时候，学生很难决定汉字词和固有词哪一个是准确的选择。

以上例子所述的问题大多是在已经理解了词义的基础上，在固有词运用方面存在的问题。其中固有词的语境运用、语法运用、敬语运用、词性运用和与汉字词的选择都是固有词运用中的难点。

3. 朝鲜语固有词教育的方法探析

针对朝鲜语固有词的学习中存在的两个方面的问题，我们提出了一点解决的方法与建议。首先，高校的朝鲜语教育课程采用语法翻译式教学法，词汇仅在文章后面出现并标注中文解析。如此，我们可以尝试改进教科书的词汇内容或者通过开设专门的朝鲜语词汇课程来对固有词进行专门的指导。

其次，拟声拟态词的理解运用，是学习任何一门外语都存在的问题。朝鲜语作为一种表音文字，可以通过声音来推测其要表达的意思，并且我们还可以通过分辨松音和紧音来判断该语气的强弱，通过音节的阴阳来判断该音节的语调色彩。如，朝鲜语固有词中表示鸟叫声的“째째”，和汉语中表示鸟叫的“喳喳”是有点类似的，我们再结合鸟叫情形，来判断该象声词表达的含义，但是这一技巧在拟态词上则很难运用。所以以上三个技巧并不足以完全掌握拟声拟态词，我们还需要了解韩国人的思维模式，结合文化因素来理解他们对拟声拟态词的表达习惯，才能更好地学习拟声拟态词。

对于一词多义的固有词如何理解其含义，首先我们要结合语境，根据上下文分析其含义。我们还可以根据学生对知识的掌握程度和朝鲜语等级的提升，循序渐进地对该词语进行解析。上课时可以将此类一词多义的词语单独罗列出来，做系统的归类与解析，方便学生记忆。以“타다”为例，大一学生只需要记住“乘坐”的意思，到了大二循序渐进了解不同的含义之后，在课程总结时，教师可以将“타다”单独提出来，一一列举含义。

对固有词本身的理解不够准确。难以准确解释的固有词可以借助词义关系，或借助它的近义词或者反义词进行解释，或者列举该单词与其他单词的包含与被包含关系等。但是固有词的近义词要如何把握其细微差别更是一个难点，其实在汉语中也存在类似的近义词词义难以准确把握的现象。在这种情况下，我们可以

对单个的词语进行系统全面的讲解，如表示天气冷的五个单词，在一一说明各自的意思之后，可以通过程度对比、列图表的方式来向学生解释。如，从凉爽到冷的程度而言，可以列为“시원하다<선선하다<쌀쌀하다<싸늘하다<춥다”，这样就可以让学生更直观地明白含义。

对感叹词的把握和运用需要结合到具体的情境中，要了解韩国人的思维模式，才能更好地运用感叹词。因此，在感叹词的把握上，首先我们可以对感叹词进行分类。按照情感分类，如喜怒哀乐惊恐；再按照年龄段分类，分为小孩用、大人用和老人用；再按照男女分类，来具体地把握感叹词。在运用上，教师可以在课堂上设置场景，进行导入、展示、练习、使用、收尾五个阶段[①]，引导学生更好地使用感叹词。

固有词中助词和语尾的使用以及与敬语有关的单词都可以纳入语法的学习范畴。它们作为固有词的一部分也是学生在学习时的难点，不仅需要教师在讲语法的时候强调该助词或语尾的使用方式，也需要教师在讲单词的时候加以提点。如“-ㄹ/을 망정”表示让步，假设的条件，“-으니/-기에 망정이지”表示幸好、幸亏。记忆这个语尾很难，此时就可以先解释“망정”的意思，其中文意义表示幸亏，不然，再借助意义来理解语尾和助词的用法。与敬语有关的单词也属于敬语语法的范畴，教师在讲词汇时也加以强调，减少学生在运用中出现的差错。

关于朝鲜语词汇的词性把握和运用也是一个难点。但是在朝鲜语词汇中，大部分的名词、形容词、动词以及副词有明显的区别。一般规律而言，以“-ㅁ”为词尾的多为名词；以“-하다/다”为语尾的是形容词或动词；以“히/이”为语尾的是副

① 参考陈程程. 针对中国学生的朝鲜语感叹词教育方案研究［D］. 济南：山东大学 2014.

词。比较难区分的是形容词和动词，如，“필요하다,부럽다”等，“부럽다”是固有词，其对应的汉语意思是“羡慕”，在汉语中是动词，而这个词在朝鲜语中却是形容词，因此学生很容易根据汉语的习惯在运用中出现表达的错误。教师在上课时应该强调该词的词性，并且对这类词语进行归类总结和强调，以防学生出现运用错误。

固有词和汉字词的运用选择也是个问题。首先是朝鲜语数字的搭配使用，一般来说，出现汉字词的量词，前面用汉字词数词；量词是固有词时，前面用固有词数词。如，“二十年”是“이십 년”，“一条鱼”是“한 마리”。其他的固有词和汉字词的选择，如“결심하다/마음을 먹다, 결석하다/빠지다, 가격/값, 결혼하다/시집가다/장가간다”等，教师在教学的时候可以向学生分析其使用原理：从语用角度分析适用情景和范围；从意义角度分析固有词和汉字词在表达上和强度上及指代的不同；再从句法上对两者进行分析，比较方便学生理解。① 在使用时可以根据句子的主体身份和听者的身份来进行选择，也可以根据说话者的性别以及听者的学识、地位高低来进行简单的判别。通常，在口语中，多使用固有词；在书面语中，多使用汉字词。结合其语境和词性来进行选择即可。

除了上述解决方法，我们还可以结合一些其他的技巧来进行固有词教育。第一、借助构词法的固有词学习把握词义，将固有词中常用的前缀和后缀罗列出来，进行归类分析。如，“개-：개꿈（荒唐梦、개살구（野杏子）”，以“개-”为前缀表示“荒唐的，野生的”；“맨-：맨손（空手）、맨발（光脚）”，以“맨-”为前缀表示“光的、赤裸的”；“-보：꾀보（机灵鬼）、먹보（吃

① 参考夏雪. 중국학습자 위에 한국어 교육연구：고유어와 한자어의 사용을 중심으로[D]. 서울대학교，2015.

货)”，以“-보”为后缀表示“人”；“-지기：문지기（守门人）、산지기（守山人）”二、根据朝鲜语品词的分类进行讨论分析，朝鲜语的品词可以分为用语、修饰语、体语、关系语、独立语五大类。用语包括形容词和动词，修饰语包括副词，体语包括名词和代词，关系语多指助词，独立语即感叹词[①]。固有词属于品词中的一部分，固有词的教育方法可参照五大类词语的使用方法。三、通过认知语言学对固有词进行词义理解。朝鲜语固有词的一个特点是难记，而通过认知语言学的认知方式，将文化因素渗透到词义中，便于学生更好地掌握。以“美”为例，汉语的“美”字是“羊＋大”，即羊大为美。喜欢宏大的，雄伟的事物，表现了中国人以大为美的审美观。朝鲜语固有词的美是“곱다”和“아름답다”，“곱다”，其原型是“굽다”，表示弯曲的；“아름답다”的原型是“아리다”，表示小的，这体现了韩国人以曲为美、以小为美的审美观[②]。

三、结论

在朝鲜语课程开展得如火如荼的今天，固有词是朝鲜语教育的一大难点。然而国内普遍采用的语法翻译式教学法，对词汇本身的理解和对口语中的词汇运用明显不足。词汇课程的缺乏和对固有词教育的不重视也导致学生的固有词学习中产了生一系列困惑。

本文提出了两个方面的困惑，细分为九个问题。第一点，固有词词汇量不足的问题，可以通过优化课本和课堂内容进行补充说明。第二点，固有词中拟声拟态词的理解运用，可以根据声音进行推测，结合松音和紧音的音变，以及该词的阴阳特性来推测它的含义。第三点，对一词多义的固有词的掌握，教师可以循序

① 参考南基心·高永根. 표준국어문법론［M］. 탑출판사 1993：58－66.

② 许世立. 千素英. 한·중 언어 문화론［M］. 태원사 2014：113.

渐进地进行词义拓展，积累到一定的词汇量之后对该单词的词义进行分类解析。第四点，对固有词词义理解不到位可以通过分析对比汉字词，活用词义关系，通过列举近义词、反义词来进行解释；固有词中的近义词难以把握关系时，可以通过列举图表和模拟情景等方式来进行。第五点，关于感叹词的运用，需要对感叹词进行系统分类，根据情感、年龄、男女等来进行分类说明，并创建语境，使学生们学会灵活运用。第六至七点，助词和语尾以及与敬语相关的固有词的运用，则需要加强语法的练习。在记忆语尾时可以借助于该语尾中词干部分的含义，从而对整个助词及语尾进行把握。第八点，关于固有词的词性把握，就一般规律而言，以“-ㅁ”为语尾的是名词；以“-하다/다”为语尾的是形容词或动词；以“히/이”为语尾的是副词，教师也应该在上课时不断提醒。第九点，关于汉字词与固有词的选择问题，在数量搭配关系上，汉字词的量词配汉字词的数词。固有词的量词配固有词的数词；根据听话人的地位学识和口语书面语等方面进行分析，一般来说，口语中多用固有词，书面语多用汉字词。除此之外，还可以通过品词分类分析运用方法，活用构词法理解固有词词义，借助认知语言学视角解析固有词，使学生们更好地掌握词义。

简单来说，朝鲜语固有词的教育方法，针对不同的问题，可以采取多样的方法来进行解析。直观的文字、图片及视频说明，利用构词法或认知语言学视角的文化背景下的单词解析，活用词义关系，利用品词分类和加强语法练习等，都可以对固有词教育起到一定的帮助。

参考文献：

[1] 김연옥. 고유어의 교육 현황와 개선방안: 국어 문법과교육과정을중심으로 [D]. 영남대학교，2012.

[2] 김수상. 고유어의 접미사 연구 [D]. 명지대학교 ，1983.

[3] 김영철. 국어교유어의 색체에 관련 연구 :형태와 의미구조를 중심 으로 [D]. 군산대학교, 1994.

[4] 김학량. 한국어 고유어 교육에 대한 연구: 중학교 국어와 교과서 체언을 중심으로 [D]. 동국대학교, 1998.

[5] 강미함. 중국학습자 위한 유의어 교육방안 연구 :고유어와 한자어 간의 유의어를 중심으로 [D]. 인하대학교 , 2011.

[6] 南基心，高永根. 표준국어문법론 [M]. 탑출판사，1993：58—66.

[7] 안경화. 언어교수이론 [M]. 서울대학교，1996.

[8] 유추문. 한국어 학습자를 위해 교육연구: 고유어와 한자어간의유의어를 중심으로 [D]. 숙명여자대학교，2011.

[9] 夏雪. 중국학습자 위에 한국어 교육연구 :고유어와 한자어의 사용 을 중심으로 [D]. 서울대학교，2015.

[10] 许世立，千素英. 한·중 언어 문화론 [M]. 태원사 2014：113

[11] 崔志华. 朝鲜语词汇与教育方法探索 [J]. 产业与科技论坛，2014 (20).

[12] 陈程程. 针对中国学生的朝鲜语感叹词教育方案研究 [D]. 济南：山东大学 2014.

[13] 刘文涛. 韩国外来语教育方案的探讨研究—以中国学习者为对象 [J]. 佳木斯教育学院报，2012 (11).

[14] 杨金花. 基于偏误的朝鲜语助词教学研究 [D]. 哈尔滨：黑龙江大学，2016.

作者简介：

黄进财，1978 年生，副教授，研究方向：朝鲜语教育、文化、语言。

李星，1994 年生，四川外国语大学在读研究生，主要研究方向：语言学。

筑牢高校意识形态工作前沿阵地①

黄　科
（四川外国语大学马克思主义学院 重庆 400031）

摘要：意识形态工作是党和国家一项极端重要的工作，牢牢掌握高校马克思主义意识形态领导权、管理权、话语权，对于高校坚持社会主义办学方向，培养德智体美全面发展的社会主义建设者和接班人具有重要意义。切实做好意识形态各项工作，要以习近平新时代中国特色社会主义思想为指导，充分认识做好高校意识形态的重要性、紧迫性、复杂性，从理论武装、舆论引导、阵地管理、队伍建设等多方面入手，筑牢高校意识形态阵地。

关键词：意识形态　高校　人才培养

党的十九大强调："建设具有强大凝聚力和引领力的社会主义意识形态，使全体人民在理想信念、价值理念、道德观念上紧紧团结在一起。"高校作为意识形态工作的前沿阵地，肩负着研究宣传马克思主义，培育和弘扬社会主义核心价值观，培养中国特色社会主义合格建设者和可靠接班人的重要任务。如何根据国

① 本文系2017年重庆市高等教育教学改革研究项目"外语类高校教师意识形态工作能力提升研究——以四川外国语大学为例"（编号：173098）及四川外国语大学2017年同名教改项目（编号：JY176045）研究成果。

内外形势的发展变化，结合高等教育改革发展实际，进一步强化政治意识、责任意识、阵地意识和底线意识，切实做好意识形态各项工作，牢牢掌握高校马克思主义意识形态领导权管理权话语权，对高校坚持社会主义办学方向，筑牢马克思主义意识形态阵地，培养德、智、体、美全面发展的社会主义建设者和接班人具有重要意义。

一、习近平新时代中国特色社会主义思想是高校意识形态工作的指南

提出习近平新时代中国特色社会主义思想，将其确立为党必须长期坚持的指导思想，是党的十九大的历史性贡献。习近平新时代中国特色社会主义思想内涵丰富、逻辑严谨。党的十八大以来，以习近平同志为核心的党中央高度重视意识形态工作，做出了意识形态工作“极端重要”“两个巩固”“三个事关”等重要论述，提出了一系列新思想、新观点、新论断，这些内容是习近平新时代中国特色社会主义思想的重要组成部分，为做好新形势下意识形态工作指明了方向。系统总结研究十八大以来意识形态工作理论的创新发展，深刻把握习近平新时代中国特色社会主义思想的科学内涵，对于进一步丰富党的意识形态工作理论、深化意识形态工作重大问题的认识研究、进一步推进意识形态工作理论创新等都具有重要的理论价值。

（一）“极端重要”——意识形态工作基础地位的新论断

习近平总书记先后指出：“意识形态是一项极端重要的工作”“历史和现实反复证明，能否做好意识形态工作，事关党的前途命运，事关国家长治久安，事关民族凝聚力和向心力”等，这些

重要论述指明了意识形态工作引领社会、凝聚人心、推动发展的强大支撑作用，道出了意识形态工作的根本性、战略性、全局性意义。只有从推动事业长远发展，巩固党的群众基础执政基础的高度，认清肩负的责任、面临的挑战，才能进一步增强做好意识形态和宣传思想工作的自觉性和坚定性。

（二）“两个巩固”——意识形态工作根本任务的新审视

在我国社会深刻变革和对外开放不断扩大的条件下，意识形态工作发生了很大变化，但其根本任务没有变，也不能变。为此习近平总书记指出：“宣传思想工作就是要巩固马克思主义在意识形态领域指导地位，巩固全党全国人民团结奋斗的共同思想基础”，“两个巩固”进一步明确了意识形态工作“干什么”的问题，为意识形态工作沿着正确方向发展，因势而谋、应势而动、顺势而为指明了方向。

（三）“三个地带”——意识形态工作重点领域的新判断

意识形态主阵地，马克思主义不去占领，就会被非马克思主义所占领。习近平总书记在全国党校工作会议上指出，思想舆论领域大致有红色、黑色、灰色“三个地带”。红色地带是我们的主阵地，一定要守住；黑色地带是负面的东西，要敢于亮剑；灰色地带要大张旗鼓地争取，使其转化为红色地带。“三个地带”的判断和部署，强调了在思想舆论领域，要加大正面宣传，唱响主旋律，弘扬正能量，做好解疑释惑工作，加大对热点问题的引导，最大限度凝聚思想共识。

（四）“党性和人民性的统一”——意识形态工作立场的新概括

党性和人民性的关系，是意识形态工作关乎“为谁做”“靠谁做”的重大立场问题，必须清醒而坚定。习近平总书记指出：“党性和人民性从来都是一致的、统一的”“意识形态工作要坚持以人民为中心的工作导向，把凝聚人心作为出发点和落脚点，把讲政治的要求落实到工作的各个方面，做到为党的中心工作服务，为维护最广大人民根本利益服务”。这从本质上阐明了党性寓于人民性之中，为意识形态工作更好地体现党的主张、更好地反映人民心声指明了方向。

（五）“理念、手段、基层工作创新”——意识形态工作创新路径的新指引

意识形态工作是做人的工作的，是最需要创新的领域。“不日新者必日退。”做好意识形态工作，比以往任何时候都更加需要创新。鉴于此，习近平同志指出：“宣传思想工作创新重点要抓好理念创新、手段创新、基层工作创新。努力以思想认识新飞跃打开工作新局面，积极探索有利于破解工作难题的新举措新办法，把创新的重心放在基层一线。”“随着形势发展，党的新闻舆论工作必须创新理念、内容、体裁、形式、方法、手段、业态、体制、机制，增强针对性和实效性。要适应分众化、差异化传播趋势，加快构建舆论引导新格局。”这些都为意识形态工作创新指明了重点方向和实现路径。

（六）“全党动手”——意识形态工作基本要求的新部署

做好意识形态工作，关键在党，关键在各级党组织。正如

习近平总书记指出的，“必须全党动手”，通过层层压实责任，形成党委统一领导、党政齐抓共管、宣传部门组织协调、有关部门分工负责的工作格局。要把党管意识形态的责任落到实处，党委（党组）领导班子要负起抓意识形态工作的主体责任；党委（党组）书记要履行好第一责任人责任，亲自抓、带头管、负首责；党委（党组）分管领导要履行好直接责任人责任；其他班子成员要按照“一岗双责”要求，抓好分管部门、单位和职责范围内的意识形态工作。

（七）“扎紧制度的笼子”——意识形态工作取得实效的新要求

党的十八大以来，围绕建立和落实意识形态工作责任制这个重点，一系列带有根本性的制度安排相继建立完善。2015 年，中办印发《党委（党组）意识形态工作责任制实施办法》，明确各级党委（党组）领导班子、领导干部的意识形态工作责任；2016 年，中办印发《党委（党组）网络意识形态工作责任制实施细则》，明确网络意识形态工作按照属地管理、分级负责和谁主管谁负责的原则；建立了每年一次的意识形态工作通报制度，及时通报意识形态领域的形势和风险，做出相关部署；2017 年 7 月颁布实施的《中国共产党巡视工作条例》明确将“落实意识形态工作责任制不到位”的问题列入整治巡视的重要内容。这些搭建起了意识形态工作制度的“四梁八柱”，制度的笼子越扎越紧。

二、做好高校意识形态工作事关全局、意义重大

中共中央办公厅、国务院办公厅印发《关于进一步加强和改进新形势下高校宣传思想工作的意见》指出：“加强高校意识形态阵地建设，是一项战略工程、固本工程、铸魂工程，事关党对

高校的领导，事关全面贯彻党的教育方针，事关中国特色社会主义后继有人。”高校是人才培养的重镇，是孕育知识、思想交流的前沿，是社会和谐稳定的“晴雨表”，做好高校意识形态工作，对于做好全党全社会意识形态工作、确保中国特色社会主义事业后继有人具有积极重大意义。

（一）推动全党加强马克思主义意识形态工作

高校是党的意识形态工作的重要领域，学校是学习研究宣传马克思主义的重要阵地，课堂是传播弘扬马克思主义的重要渠道。高校领导干部、教师和大学生，是加强意识形态工作的三大重要群体。加强高校意识形态工作，对于加强全党意识形态工作，不断巩固马克思主义在意识形态领域指导地位具有重要意义。

（二）坚持高校的社会主义办学方向

能否做好高校意识形态工作，事关高校举什么旗，培养什么人的重大问题。切实加强高校意识形态工作，对全面贯彻党的教育方针，坚持立德树人，育人为本，德育为先，深入推进素质教育，促进大学生全面发展；对推动实施科教兴国和人才强国战略，源源不断地为党和人民培养出高素质高能力人才，确保中国特色社会主义事业薪火相传、兴旺发达意义重大。同时，加强高校马克思主义意识形态阵地建设，也是加强和改进高校党的建设的一项重要工作，对于加强党对高校的领导，确保党在高校的阵地完全巩固，对保持和发展党的先进性、提高党的执政水平和执政能力、把党的建设新的伟大工程不断推向前进，具有十分重要的意义。

（三）促进高校教师自身发展

做好高校意识形态工作任务复杂而艰巨。高校教师既是高校意识形态工作的重点对象，也是维护高校意识形态安全的重要力量。因此，着眼于维护高校意识形态安全，加强教师思想政治工作创新，有助于教师队伍巩固马克思主义指导思想，筑牢中国特色社会主义共同理想，加强师德师风建设，不断提高教师自身素质，完善自我，实现自身的全面发展。在加强教师队伍意识形态建设和思想政治工作中，既要关注教师队伍思想政治素质的提升，又要关注教师的物质和精神文化及物质方面的需求；既要关心教师，也要关注教师、服务教师，不断提高教师的思想政治素质和业务能力素质，促进教师的全面发展。

（四）提高高等教育质量和人才培养质量

高校立身之本在立德树人。只有培养出一流的人才，才能办出世界一流的大学。培养什么人、为谁培养人、怎样培养人始终是高校的核心问题，而高校意识形态建设贯穿于这三大问题的求解过程中。加强高校意识形态建设，对于确定人才培养的正确方向，落实“育人为本、德育为先”的教育目标要求，源源不断地培养德智体美全面发展的高素质人才具有决定性意义。

三、齐抓共管、筑牢高校马克思主义意识形态工作阵地

巩固高校马克思主义意识形态阵地，是一项复杂的系统工程。必须深刻领会习近平总书记关于意识形态工作的重要讲话精神，准确把握高校师生思想政治动态，贯彻落实好中共中央办公厅、国务院办公厅印发《关于进一步加强和改进新形势下高校宣

传思想工作的意见》提出的各项任务，统筹推进各方面工作。

（一）认清复杂形势，明确目标任务

当前，高校宣传思想领域主流积极健康向上，广大师生对党的领导衷心拥护，对以习近平同志为核心的党中央充分信任，对中国特色社会主义事业和实现中华民族伟大复兴的中国梦充满信心。但高校作为意识形态的前沿阵地，一些苗头性、倾向性问题应当引起高度重视。面对日趋复杂的国内外环境，高校用社会主义核心价值观引领广大师生的任务更加艰巨，充分运用新型传播手段创新高校宣传思想工作，掌握网络舆论主动权的任务更加艰巨，落实好立德树人根本任务的环境更加复杂。面对新形势、新任务，必须高度重视意识形态工作，不断坚定广大师生对马克思主义的信念，以及对和中国特色社会主义的道路自信、理论自信、制度自信、文化自信。

（二）深化理论武装，强化正面引导

做好高校意识形态工作，全面落实立德树人根本任务，必须坚持党的领导，用中国特色社会主义理论体系武装师生头脑，用社会主义核心价值观凝聚人心。推进中国特色社会主义理论体系进教材、进课堂、进头脑是一项长期工作，也是一项紧迫的、常抓常新的工作。要充分发挥高校学科优势、人才优势、智力优势，着力回答中国特色社会主义重大理论和实践问题，不断深化对马克思主义中国化最新成果，特别是习近平总书记系列重要讲话精神的研究阐释，坚持以党的理论创新成果武装师生头脑。把党的十八大以来，习近平总书记对学校培育和践行社会主义核心价值观发表一系列重要讲话作为高校理论宣传和社会实践的重要内容，着力把核心价值观融入学校教书育人的各个环节，构建核心价值观教育的综合体系。注重社会主义核心价值观教育与中华

优秀传统文化教育有机结合，不断增强大学生的文化自信和价值观自信，进一步发挥好社会主义核心价值观凝聚共识、弘扬正气、引领风尚的重要作用。

（三）加强阵地建设与管理

近年来，一些国家把我国的发展壮大看作是对其制度模式和价值观的挑战，加紧对我渗透分化，方法手段更加隐蔽多样，高校宣传思想阵地管理的难度进一步加大。高校要不断增强阵地意识，加强阵地建设和管理，防范对外开放条件下办学面临的各种意识形态风险，努力在斗争中把握主动，赢得优势。坚持课堂讲授有纪律，用马克思主义占领课堂主阵地。加强教材建设，不断推进马克思主义学术话语体系创新，打造以马克思主义为指导的教材体系，为壮大主流意识形态提供坚实支撑。坚持“抓源头、抓审批、抓场地”，进一步规范宣传思想阵地管理流程和工作机制，不断加强高校哲学社会科学报告会、研讨会、讲座、论坛等宣传阵地管理，不给错误言论以传播渠道。

（四）重视网络建设，壮大主流舆论

坚持管建结合、善管善用，按照网络生态和运行规律，综合运用法律手段、技术手段加强网络治理，壮大主流思想舆论，使网络这个“最大变量”成为最大机遇。加强网络平台建设，加强思想政治教育示范性网站长远规划，集中优势办出品牌。推进教师博客、校务微博、班级微博、校园微信公众账号建设，扩大网络主流舆论阵地。加强对校园网用户管理，建设高校网络信息应急机制，提高网络管理水平，让网络空间成为激发正能量的坚实阵地。

（五）坚持德才兼备，加强队伍建设

强化高校党委的政治责任和领导责任，建立意识形态工作责任制，把对意识形态工作重视不重视、抓得到位不到位，作为衡量高校党委领导能力的核心标准。把是否重视、是否善于做意识形态工作作为高校干部选拔、任用和考核的重要内容，对于在意识形态工作中出现重大问题的干部，要严肃追究责任。进一步完善马克思主义理论人才培养体系，着力在大学生中培养一批坚定的马克思主义者，在青年教师中培养一批高水平的马克思主义理论教育人才。全面加强教师思想政治工作，把好教师聘用政治关，坚持把师德建设放在首位，引导广大教师真正成为学生成长成才的引路人。

参考文献：

［1］习近平. 决胜全面建成小康社会夺取新时代中国特色社会主义伟大胜利——在中国共产党第十九次全国代表大会上的报告［N］. 人民日报，2017－10－28.

［2］习近平. 胸怀大局把握大势着眼大事 努力把宣传思想工作做得更好［N］. 人民日报，2013－8－21.

［3］中办国办印发《关于进一步加强和改进新形势下高校宣传思想工作的意见》［N］. 人民日报，2015－1－20.

作者简介：

黄科，男，1983 年生，硕士，副教授。主要研究方向：大学生思想政治教育、意识形态工作理论与实践。

外语院校少数民族大学生文化适应研究

黄　馨

（四川外国语大学马克思主义学院 重庆 400031）

摘要：在“一带一路”倡议背景下，促进外语院校少数民族大学生对外语院校多元文化的积极适应具有重要的时代价值。当前，外语院校少数民族大学生在习俗、语言、学习等方面面临文化适应的问题，教育工作者应当从提高少数民族大学生对文化的适应意识和能力，构筑团结的校园民族文化环境等路径帮助其走出文化适应困境，促进其健康发展。

关键词：外语院校少数民族大学生　文化适应　困境　出路

一、前言

在世界经济全球化和“一带一路”倡议的背景下，英语以及其他一些世界主要通用语言已成为联系沟通不同国家、不同民族的重要交际工具，越来越多的青年学子选择了学习语言专业。对少数民族青年而言，民族高校是他们接受高等教育的主要基地，但随着我国民族政策的完善、少数民族区域人们思想的解放，越来越多的少数民族青年进入祖国各地的汉语普通高等学校接受更全面的教育。在这一过程中，不乏立志学习外语的少数民族学生进入外语院校学习。这类学生虽然群体规模不大，但不论是相对于普通高等学校的汉族大学生，还是相对于民族类高校中的少数民族大学生而言，都具有突出的文化不适应特征。教育工作者必须对这一群体在地域迁移过程中产生的文化不适应现象予以关注，积极寻求促进其文化适应的出路。本文从文化适应的内涵，推进外语院校少数民族大学生适应多元文化的时代价值，当前外语院校少数民族大学生在文化适应方面存在的困境及出路几个方面展开论证。

二、推进外语院校少数民族大学生适应多元文化的时代价值

（一）文化适应的内涵

外语院校少数民族大学生的文化适应是在母体民族文化、汉语文化及以英语文化为主的多元文化环境之间展开的，是一个少数民族大学生与汉族师生以及外教、外国留学生之间相互影响的过程。但实际上，少数民族大学生往往需要做出更多的调整来适应多元的文化环境。因此，本文对外语院校少数民族大学生的“文化适应”做如下内涵诠释：外语院校少数民族大学生的“文化适应”是少数民族大学生经过高考从原来的民族母体文化转移到以汉语、英语为主的外语文化环境中后，基于对外语院校多元文化的正确认知和价值认同基础上做出的积极心理调适和行为转变。

（二）推进外语院校少数民族大学生适应多元文化的时代价值

1. 个体价值。个体的发展如同国家的发展一样，需要“稳

定”。只有心态稳定才能安心学习，才能有所发展。少数民族大学生到了一个陌生的文化环境后，如果不能以积极的心态和行为应对环境的改变，就会对变化的环境产生诸多不适应，进而产生不安心理，因此，要稳定必先适应。可见，积极推进外语院校少数民族大学生对校园多元文化的适应，对帮助少数民族大学生培养起稳定的心理，促进其个体素质的全面发展具有重要的价值意义。

2. 社会价值。推进外语院校少数民族大学生对多元文化的适应具有重要的经济、政治和文化价值。

首先是促进经济社会发展。高考是我国当前选拔人才的重要模式，具有极大的竞争性和公平性。但少数民族地区由于经济发展水平和教育资源的限制，教育水平和教育质量相对落后。为了维护民族大团结、促进民族地区大发展、充分体现社会主义的优越性，我国少数民族大学生正是在民族优惠政策下进入汉语普通高等学校的，他们在少数民族地区当地是非常优秀的青年学生。他们是少数民族地区具有潜在语言优势的一类人才群体，是少数民族地区社会发展的中流砥柱，他们的素质发展质量直接决定其能否承担起少数民族地区经济建设的重任。因此，积极提高外语院校少数民族大学生对校园多元文化的适应能力，培养一大批少数民族复合型外语人才，对促进我国少数民族地区社会经济发展具有不可替代的价值意义。

其次是促进民族团结、维护社会稳定。外语院校少数民族大学生在接受国家和社会主流文化的同时也在接受着丰富的外来文化润浸，但文化润浸是多维度的，必须有方向上的指引。如果不加指引，学生不能正确分辨不同文化的优劣，就很容易对外国文化盲目顺应。所谓“盲目顺应”是当代著名心理学家约翰·贝利提出的四种文化适应模式之一，是主体没有对异域文化进行内化的被动顺应，本文所说的文化适应是个体对异域文化进行的积极主动的心理和行为调整达到的适应，即贝利提出的另外一种模式——“积极整合”适应模式。如果不加指引，学生甚至很容易被西方别有用心的敌对势力同化、利用，用外来的文化否定自己的文化。因此，促进外语院校少数民族大学生对多元文化的积极适应，有利于确保少数民族大学生对社会主义核心价值观的价值认同，自觉以坚定的理想信念影响、带动本民族人民共同促进民族团结，这对于增强中华民族的凝聚力、维护社会稳定具有重要的意义。

第三是增强文化自信、实现民族文化繁荣。文化是一个民族的胎记，中华民族文化博大精深，具有深厚的历史底蕴，我们应当充满文化自信。在文化自信的前提下，还应全面深入了解其他民族文化。只有深刻懂得该民族的语言文化，才能准确、深入地了解该民族的经济、政治和其他文化。在外语院校，多种文化相互碰撞、相互融合，少数民族大学生或是直接学习外语语言文化或是受到浓厚外语文化环境的熏陶。如果他们能很好地适应多元文化环境，与其他非外语院校少数民族大学生相比，他们就能更好地将本民族文化宣传给其他国家、其他民族，使本民族文化迈向世界；与此同时，他们也能更好地了解外国主要民族的文化、将先进的文化引入母体文化，促进民族文化的发展繁荣。因此，帮助外语院校少数民族大学生对多元文化的积极适应具有重要的文化意义。

三、外语院校少数民族大学生在文化适应方面存在的困境

笔者利用思想政治理论课课堂和课余实践活动时间对某外语院校 88 名一年级少数民族新生进行了个别交流访谈和问卷调查，访谈和调查结果表明，绝大多数学生在以下三个方面存在极大的

不适应。

（一）习俗文化适应

中华民族是一个由多民族共同融合组成的大家庭。在漫长的历史发展过程中，少数民族人民形成了独特的饮食、着装等风俗习惯。而少数民族地区多是相对落后的偏远地区，少数民族大学生在步入大学之前，有的从未离开过自己的家乡，步入大学以后经历了从宁静的乡村到繁华的大都市的环境改变。环境改变了，但长时间其生活方式仍然浸润着本民族鲜明的特色，具有强烈的民族意识，需要一个适应过程。所谓民族意识，是指民族发展过程中集中反映该民族文化特点的民族心理状态。因此，绝大多数同学产生了生活习俗文化方面的不适应症状。例如，由于民族宗教信仰，外语院校的少数民族大学生具有特殊的饮食禁忌，他们经常会因为不能吃到正宗传统的、不变味儿的民族饮食而情绪低落。

（二）语言文化适应

1. 宏观语言文化适应。宏观语言是指普通高校都具有的汉语文化环境。在我国 55 个少数民族中，绝大多数民族都保存了本民族的语言和文字，少数民族大学生已习惯了本民族语言的氛围，平时很少用普通话交流，而在高校内，汉语是主要的交际语言，很多少数民族大学生进入汉族地区大学以后，在一段时间内难以适应汉语语境，大学的生活、学习以及人际交往都受到影响。

2. 中观语言文化适应。中观语言是指外语院校特有的以英语为主的外语语言文化环境。对于英语、其他外语专业学生而言，课上课下老师、学生基本用英语或其专业外语交流，在宿舍学生们也会经常用英语或其专业语言交谈，这让很多少数民族学生感到有压力。即使在非外语专业院系，汉族学生的英语基础也比较好，这让少数民族学生产生自卑心理。可见，外语院校浓厚的外语语言氛围使得少数民族大学生面临以英语为主的外语语言文化适应困境。

3. 微观语言文化适应。微观语言是指特殊的地方方言文化环境。普通话是各族人民有效沟通的汉语规范语言。然而汉语言文化博大精深，仅就地方方言来讲都是精彩纷呈，各个省份语言发音不尽相同，甚至同一省份的不同区县的语言可能都不一样。在外语院校，本地同学之间平时基本用本地方言交流，这让少数民族大学生感到“边缘化”，尤其是当他们在逛街购物时，由于不懂本地方言，交流更觉困难，思乡之情油然而生。

（三）学习文化适应

外语院校少数民族大学生学习文化不适应主要是由三方面原因引起的：一是语言沟通障碍，二是思维方式存在差异，三是自主学习意识和学习能力相对差一些。我国少数民族地区的基础教育多是用本民族的语言文字进行教学，虽然在教育改革过程中，部分少数民族地区学校已开始积极运用汉语和母语相结合的双语教学模式进行教学，但这仅仅是一个良好的开端，这样的结合更多还是简单化的结合，多数学校师生还是习惯于用本民族语言文字进行交流。于是在大学外语学习过程中，少数民族大学生一般都要经过将外语转化为汉语，再将汉语转化为母语，再用母语翻译、理解所学内容这样一个语言文字转换的过程，这个转换过程大大降低了其学习效率，出现了由于听不懂而惧怕回答问题、答题会错题意、口语课上不敢开口等现象。在思维方式上，少数民族大学生群体的思维形式和汉族大学生群体相比有所差别。众所周知，能歌善舞、体魄强健是我国少数民族人民的显著特质，他们的艺术表现力、形象思维能力和竞技能力比较强，因此外语院校的少数民族大学生往往对音乐、舞蹈、体育等这些感染力强的学科门类掌控力较强，但对诸如英语、计算机、经济学等逻辑性强的学科则兴趣不足、较难应对。自主学习意识和学习能力方面，由于我国少数民族地区的教育资源相对紧缺、教育条件相对滞后，少数民族地区考上外语院校的大学生的文化基础，尤其是英语文化基础相对较差，由此使他们在学习上产生了自卑、被动等心理，自主学习的意识和能力不强。

四、推进外语院校少数民族大学生走出文化适应困境的出路

（一）培养外语院校少数民族大学生积极的文化适应心理

1. 认同教育，加强外语院校少数民族大学生对国家主流文化的价值认同。价值认同是主动适应的前提，而价值认同又是建立在充分的情感基础和理性认知上的一种心理体验，要促进少数民族大学生积极适应区别于母体文化的多元文化，外语院校思想政治教育工作者必须做到两点：一是在充分尊重少数民族大学生特有的民族意识与民族情感的基础上，加强思想政治教育过程中的情感教育，做到“动之以情，晓之以理，喻之以义，施之以爱”，使其在自我认同感得到满足的同时，增强对异域文化的情感认同度。二是对少数民族大学生进行马克思主义民族观和社会主义核心价值观教育，帮助其在尊重本民族文化的基础上，确立起国家认同意识和民族团结理念。

2. 心理适应教育，培养起外语院校少数民族大学生积极适应多元文化的健康心理。积极的文化适应核心是积极的心理改变，外语院校思想政治教育者应当帮助少数民族大学生努力构建

起积极的“整合文化适应”心理模式。这种积极的文化适应效果的实现不是一蹴而就的，它是少数民族大学生在多元文化面前，不断调整其心理和行为的一个循序渐进的过程。根据马克思主义发展的观点，个体进入异域文化后，对新的事物的认识必然经历“认知—情感—肯定—否定—肯定”的过程，这个过程同著名心理学家阿德勒提出的文化适应“五阶段假说”（即“接触阶段”“不统一阶段”“否定阶段”“自律阶段”和“独立阶段”）有异曲同工之妙。因此“整合文化适应”模式的构建必须根据外语院校少数民族大学生在不同心理阶段的心理特征逐步推进，在其不同的心理适应阶段采取不同的教育措施，帮助其逐步培养起较好的独立文化人格，实现对多元文化的良好适应，进而使其日常生活变得日渐顺利。具体而言，外语院校思想政治教育工作者应着重做好以下工作，培养少数民族大学生健康的心理。第一，开展心理调查和咨询活动，把握好外语院校少数民族大学生的心理特征。外语院校少数民族大学生数量不多，可以采取个别访谈、咨询引导的教育模式对教育对象进行有针对性的心理辅导与疏导活动。第二，在支持少数民族大学生参与校内外民族社团活动、增强其归属感的同时，鼓励他们积极参加校内外其他非民族社团的各类社团活动，帮助其扩大交际圈、提高人际交往能力。除此以外，还应鼓励他们主动参加外语口语角，帮助他们克服语言恐惧心理，锻炼口语表达能力。第三，培养少数民族大学生良好的个性品质、高尚的情操、坚忍不拔的毅力和乐观向上的精神风貌等非智力因素，帮助其塑造健全的人格。第四，对少数民族大学生进行个性化的职业生涯咨询和辅导，帮助其尽早进行生涯规划和职业设计，合理地规划自己的大学生活。

（二）以学习能力提升为契机，提高外语院校少数民族大学生的文化适应能力

1．改变传统的英语教学理念，培养学习英语的兴趣。英语是当今世界各国的主要交际语言，也是外语院校少数民族大学生必须攻克的第一道学习难关。长期以来，我国英语教学过于强调语音、语法、词汇的教学，但不管是语音层、语法层、词汇层或是语境层都会受到该民族文化的影响与制约。积极的文化适应是从目的语文化的角度对不同文化进行理解、分析，进而修正自己的心理和行为，以适应跨文化交际的需要。外语院校的英语教学必须改变传统教学理念，以跨文化意识的培养作为英语教学的重要目标。除了教学理念之外，影响少数民族大学生学习英语效果的关键还在于他们是否对英语具有强烈的学习动机和学习兴趣，只有在动机和兴趣的驱动下，才能提高学习英语的能力。因此，教育者可以组织系列活动，让少数民族学生用英语将本民族的文化介绍给其他国家和民族，以此增强他们学习英语的动力和兴趣，提高学习英语的能力。

2．严格管理，因材施教。少数民族大学生文化基础相对薄弱是教育者和受教育者都必须面对的实际，这一实际既不能成为教育者教育不作为的理由，也不能成为受教育者怠慢学习、不思进取的借口。而且外语院校对语言的要求比一般高校更高，所以外语院校更要加强对少数民族大学生学习的严格管理，敦促其加倍努力提高语言学习能力。严格管理当然也要讲究方式方法，外语院校可依据少数民族学生个体的实际情况，制定针对性较强的教学方案。比如：组织英语入学笔试和口语测试，根据测试成绩，对不同英语等级的少数民族大学生进行分班，在不同等级的教学班里因材施教，采取不同的教学方法对受教育者进行有针对性的英语基础知识讲解、口语强化训练等教学，以此提高他们的

学习适应能力。

（三）加强校园文化建设，构筑外语院校团结的校园民族文化环境

1. 组织民族和非民族类活动，增进友谊。少数民族大学生往往多才多艺，学校可开展系列活动增进民族间的团结。组织各种丰富多彩的民族类活动，为少数民族大学生搭建施展才华的平台。一方面可以营造一种民族文化氛围，使来自少数民族地区的大学生减少陌生感和孤独感，在心理上感受到一个相对接近的文化生活环境，对学校产生亲近感；另一方面也能增强少数民族大学生对美好大学生活的向往感。组织诸如外语话剧、国际音乐剧、英语诗歌朗诵之类的外语类活动，为少数民族大学生创造浓厚的外语语境氛围，提高其语言学习的意识和能力。值得注意的是，不管是节日欢庆活动，还是其他文化表演、学习、竞赛，学校领导和相关教育工作者都应积极支持、热情参与。只有通过活动进行交流，才能更好地加深师生间的理解；才能展现各民族的风采，培养同学间的友谊，增强他们的民族自信心。

2. 营造尊重、理解的氛围，促进团结。外语院校的民族团结拥有更为丰富的内涵，既包括中华民族的团结，也包含世界不同国家民族的和平团结。中国各民族大学生与外国大学生、外国教师汇聚到外语院校共同学习汉语和其他不同国家民族语言，这是我国民族平等团结以及和平、团结的民族政策的生动体现。外语院校应创建汉族和各少数民族大学生、外国大学生彼此尊重、互相理解，团结友爱、互相帮助，共同维护民族团结、促进世界和平的校园文化氛围。尤其是在不同国家、不同民族大学生遇到文化差异和矛盾时，教育者更应教导同学正视民族间的差异，求同存异，不利于团结的话不说，不利于团结的事不做，构建起外语院校团结的校园民族文化氛围。

五、结论

外语院校少数民族大学生是少数民族地区社会发展的中流砥柱，他们肩负着促进民族团结、传播民族文化和世界先进文化的光荣使命，推动他们对外语院校多元文化的积极适应具有重要的个体价值和社会价值。教育工作者理应关注外语院校少数民族大学生在习俗、语言、学习等方面面临的文化适应困境，提高他们对文化的适应意识和能力，构筑团结的民族校园文化环境，帮助其走出文化适应困境，促进其健康发展。

参考文献：

[1] 白亮．文化适应对少数民族大学生心理健康的影响［J］．民族教育研究，2006（3）．

[2] 罗晓蓉．文化差异视阈下对少数民族大学生的调适［J］．贵州民族研究，2011（3）．

[3] 王建辉，李丽辉，白亮，等．高校少数民族学生教育管理实践模式研究［J］．思想教育研究，2010（5）．

[4] Solgado de Snyder，N.，Lopez，C. M. And Padilla，A. M. Ethnic identity and cultural awareness among the offspring of Mexican interethnic marriage［J］. Journal of Early Adolescence，1982（1）．

作者简介：

黄馨，女，1981 年生，副教授。主要研究方向：思想政治教育理论与实践、人才开发的理论与实践研究。

针对英语专业大一新生英语语音能力的调查研究报告

蒋　茜　林　珲　谢雅姝　周　婷

（四川外国语大学英语学院 重庆 400031）

摘要：大学一年级对于英语专业的同学来说意义重大，而语音问题在这个阶段尤为突出。大一新生在语音方面的主要问题是存在学习焦虑情绪，以及受到母语影响的“负迁移”现象影响。本文以四川外国语大学英语学院2015年及2016年入学一年级全部同学为研究对象，设计了问卷调查并做出分析，试从学生的反馈中探寻学习焦虑以及“负迁移”现象的存在、影响程度、学生的习得应对策略。文末对教学和后续研究可以采取的措施提出了建议。

关键词：英语专业　语音　学习焦虑　负迁移

一、引言

大一年级对于已经经历过12年综合学科教学，即将进入专业学习阶段的同学来说是意义极其重大的一年。从教学实践活动角度出发，大一年级在很大程度上对之前的学习存在一定程度上的变革，对于后续三年的教学又起到了定调的基础作用。从行为角度说，则意味着学生需要开始对自己已经形成多年的应试导向的学习行为模式进行重新审视和再塑造，以便调整到以技能和专业性为学习目的的“能做”习得。从学习对象来看，语言作为社交性极强的通用技能，也对学生的整体综合能力提出了更高的、更具体的要求。从学习主题角度加以考量，不难理解大一这一年对于正值青春期末期的同学们来说将会是挑战和机遇激烈碰撞和集中的一年。一方面，这个年龄段的同学已经有了比较强的自理能力，也已经具备了较复杂的基于母语的社交能力。另一方面，他们对社交行为中语言的作用机制和目的性缺乏认知和把握，由于现实的社会发展状况、生源地文化影响、家庭语言策略差异和基础教育对于社会学习能力（如模仿、试错等）的忽视，大一年级新生的语言能力和语言学习能力往往差距巨大。为了能让我们的教学有效地针对这种差异巨大的局面，我们需要对新生的英语语言质量进行科学的了解。

根据《高等学校英语专业英语教学大纲》要求，英语本科专业阶段需要培养学生实际运用语言的能力，并为进入高年级打下扎实的专业基础。从语言教学的几个板块来看，口语一直是一个薄弱环节。在口语教学中，语音这一分支始终是一个教学重点，同时也一直是一个教学难点。任课老师可以清晰地感觉到新生英语语音受到学习焦虑情绪，以及母语语言习惯的严重影响，即二语习得中的“负迁移”现象影响（Lado，1957；Odlin，1989；Ellis，1999）。基于语音教学的复杂性和特殊性，以及对学习焦虑和“负迁移”现象的重点关注，我们设计了本次调查，以便清楚地了解大一新生在入学时的语音质量和对语音学习的态度，并为后续的历时性研究提供一个清晰的原点。

二、研究方法与过程

（一）研究方法与设计

本次研究采用的是问卷调查的方法。原因有以下几点：第一，问卷调查法本身具有覆盖面广、结果真实客观、调查结果为数据，易于分析计算、借助计算机和网络技术可以进行可靠度高的数据采集，且能够使得数据质量和格式得到保障的特点。第二，研究对象样本量比较大，为了能够覆盖整个年级的所有同学，且保证研究的有效性和科学性，问卷调查可以在现有的工作组规模中很好地满足要求。第三，因为调查的问题都是已知选项范畴，不涉及未知的变量和例外情况的探究，少数几个问题采用了 Likert－scale 问题设计，本质上来说是定量研究，问卷调查可以很好地满足实验目的的要求。

在研究设计的过程中，我们主要关注以下四个要点：第一，学生的主要生活地区和当地的语言使用背景。第二，学生对语言负迁移效果的自知程度和基于主观的效果评价。第三，语音学习策略和心理因素的自我评价。第四，对于一些可能的辅助学习手段的认识程度和接受程度。基于以上四个要点，我们共设计了 25 道选择题，其中，11 道题为封闭性的单选题，以探究具备某特质或倾向的成分以及比例；7 题为来源地相关问题，采用主观答题形式，其余 7 题为多选题，以区别不同变量间的重要性和显著性。整个问卷中第 1～3 题为基本信息。第 4～8 题为生源地、主要生活地区调查，其中第 8 题重点测试对语言负迁移现象的自知情况。第 9～12 题为基本语音知识的简单调查，涉及自我评价和具体的知识点选择。第 13～19 题的关注重点是新生在入校前的语音学习历史，比较有针对性地设计了心理因素和教师的角色这一内一外两个比较重要的学习要素。第 20～25 题注重探寻下一步的学习策略选择。整个问卷语言精简准确，不易出现误解，除两题涉及较专业的术语，其他题目在文字上并不会造成混淆或明确提示研究目的，且测试使用不记名方式，不会导致受试对象做有针对性的回答。涉及的专业术语在测试前已经在课堂上由任课老师做了讲解。问卷长度适中，不会导致受试对象疲劳；难度适中且引导恰当，本次调查时长为两年，由各班教室直接动员，需要 2015 年及 2016 年入校新生答题，问卷采用网络部署，收回有效问卷 2015 级 489 份，2016 级 305 份，共计 794 份，占该年级人数 99%，有效率 100%。基于以上设计，我们认为本次测试满足信度和效度可靠的要求。

（二）调查对象

本次调查的对象是四川外国语大学英语学院 2015 年及 2016 年入校新生。

（三）调查时间

调查时间为 2015 年 10 月 19—31 日，以及 2016 年 11 月 6—23 日，即新生开学第三、四周。选择这一时间段主要基于三点考虑。第一，新生入学时间比较短，对于之前的学习经历记忆也比较清晰。第二，新生对于语音教学还没有形成认知定势，新知识还没有取代旧的知识，新的学习习惯还没有完全成型。第三，该时段新生正处于新旧学习体制的过渡期，对于语言学习正处在比较主动的思考过程中，对于涉及习得策略问题的回答会更加准确，涉及的习得心理状态更加显性，从而避免问卷中比较模棱两可的答案可能带来的不准确性。

（四）参与调查的教学人员

所有大一年级英语语音课程任课教师。

（五）研究过程

本次调查研究共分四个阶段。第一阶段，调查准备阶段（2015 年 9 月 1—30 日）。调查工作组根据调查的目的选择了调查方式，研讨调查对象、调查时间和调查内容。设计、修改、完善了调查问题并选择了网络调查平台，最后进行了调查问卷的网上部署。第二阶段，调查实施阶段（2015 年 10 月 19—31 日，及 2016 年 11 月 6—23 日）。组织、动员调查对象，对涉及的专业内容进行讲解，指导填写在线问卷，监督问卷回收状况并对迟提交的同学进行了反复敦促。第三阶段，数据统计阶段（2016 年 11 月 26—31 日）。由调查组统一组织，对回收的答案进行初步的数据统计。统计的方法是把所有有效问卷的每一选项的实际选择人数进行统计，并聘请专业人士分别绘制出示意图。最后一个阶段是分析和形成调查报告阶段（2016 年 12 月 1—16 日）。

三、数据分析

我们将对数据按照四个主要的调查内容进行分析。四个部分分别是来源地调查、母语对英语学习是否存在负迁移以及是否自知、中学语音学习策略和心理因素的自我评价、对后续学习的学习策略是否有足够认识以及是否有初步的倾向性选择。

（一）来源地信息

来源地信息显示，66％的新生来自于川渝地区，且之前生活和学习的主要地点与生源地高度重合，并未体现出明显的迁徙性。川渝地区以外的同学来自其他 7 个省，占比小，为 34%。具体到每一个省分布比较分散，对整体结果没有实质性的影响。

在调查所显示出的来源地信息里可以看出，绝大部分同学是汉语中西南官话方言的使用者，这使得该地区方言和英语语音之间的区别和可能出现的负迁移现象有了实质性的研究价值，应该成为我院语音教学中负迁移现象的研究重点。占比数量第二多的新生基本来自河北、陕西、河南、辽宁等华北、西北和东北地区，该地区方言与标准汉语（普通话）差异较小，这部分同学的语音迁移现象可以参考基于普通话对英语语音影响的相关研究。极少数同学来自于南部和东部沿海，该部分地区的方言情况较复杂、与标准汉语差异较大，对这部分地区新生的语音研究需要做更多的努力。

（二）负迁移现象的自我认知

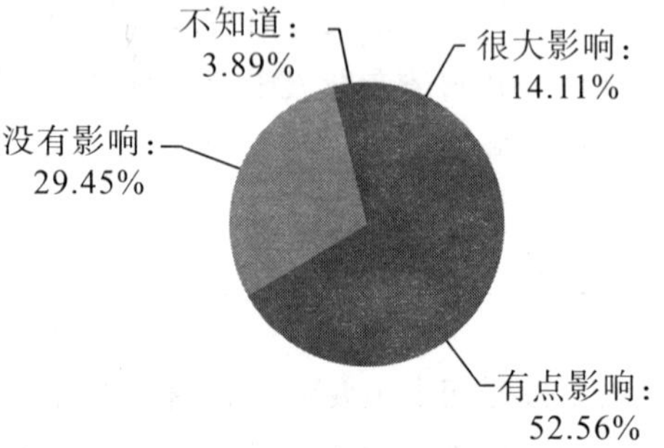

图 1　你认为当地方言对你的英语发音有影响吗？

结果非常明显，选择有影响的同学累计达到了受试对象的 66. 67%，占到了绝大多数，而明确表示没有影响的同学不足三分之一。值得注意的是，受访对象中将近 53%的同学对于影响的程度非常明确地做出了“有点影响”的判断。这说明，新生对于语音的负迁移现象自知程度是比较高的，但是对其效果并不觉得十分巨大。这体现出了新生对这个问题的严重程度重视不够的现状。一定程度上解释了在高年级仍然有很大部分的同学的英语语音仍然带有明显的方言特质的现象。这为我们的教学提出了一个新的改革方向，即对方言负迁移效果的重视。不但要重视对这个领域的研究，也要在日常的教学过程中更加明显地提高同学们对于语音迁移的敏感度、提高学生对这个现象的自我感知和纠正，并在教学内容中增加相关的理论知识学习和针对性的训练。

由于语音学习是一个比较笼统的概念，我们希望更进一步了解新生对于语音学习的主要内容如何关注。

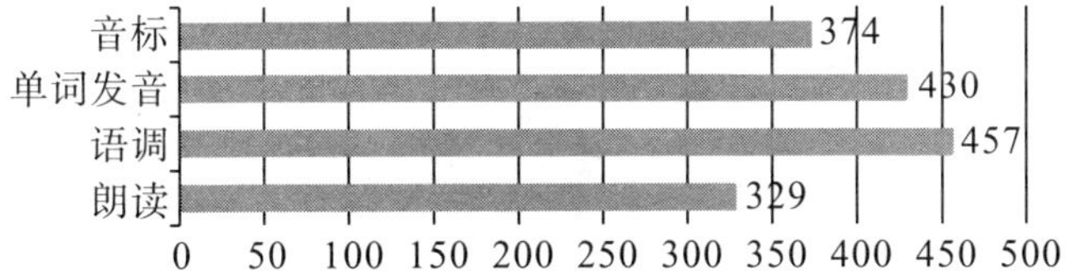

图 2　你认为英语语音学习的内容是什么？（可多选）

大一新生对于语音学习所涉及的内容版块基本上较平均地选择了所有的内容。这可以看出，新生对于自己的语音问题相对来说是比较盲目的，但是对于板块中对于交际性语言使用比较重要的音标、单词发音、语调三个技能的重视程度最高，对于之前中学学习已经较多涉及的朗读部分兴趣比较低。这到底是体现了对各方面语音能力都不自信，还是对新的语音知识的好奇心呢？或者说，可以使用的学习动力到底是哪个方面？我们为此设计了下面两道题（见图 3、图 4）。

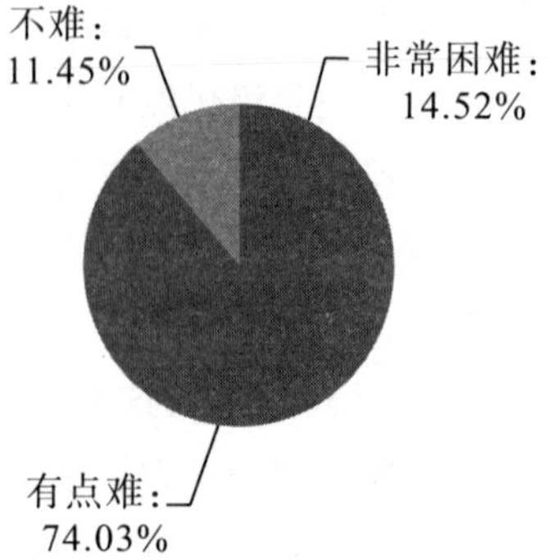

图 3　你认为讲一口标准流利的英语难吗？

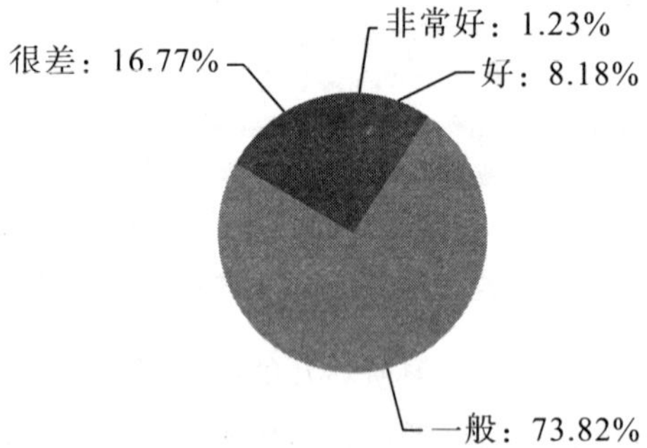

图 4　你认为你的英语语音程度如何？

从这两幅图可以看出，对自己的语音不太自信的同学占到了73.82%，还有近16.8%的同学对自己的语音给出了极差的评价，综合起来看，对自己语音现状并不满意的同学占到了近的90.6%。这样显性的、全盘性质的负面自评和教师给同学们做出的评价之间有着巨大的共性。这说明新生对于自己的语音能力状况的自我认知是比较恰当的，也比较充分。不自信是事实，但不是盲目的不自信。这两个问题的答案为我们揭示了一个比较重要的信息，即教师和学生对于教学和学习活动起点的认知是比较统一的，即需要从基础入手重新塑造绝大部分同学的语音能力。这对双方后续的共同努力提供了起始程度一致的保障，而不会出现大范围的同学总觉得讲解的难度太低的状况。

（三）中学语音学习和不自信导致的学习焦虑：导致语音能力现状的内因和外因

针对哪些领域需要重点关注，哪些领域大家掌握较好，我们需要从新生的中学语音教学下手，鉴于中学阶段语音并不是大纲要求的教学重点，通常只有少部分对于英语感兴趣、模仿能力较强、学习主动性较强的同学可以比较好地掌握语音知识。对于绝大部分同学来说，我们希望能够找到真正的能力短板在哪里，从下面两题中可以看到具体的体现（见图5、图6）。

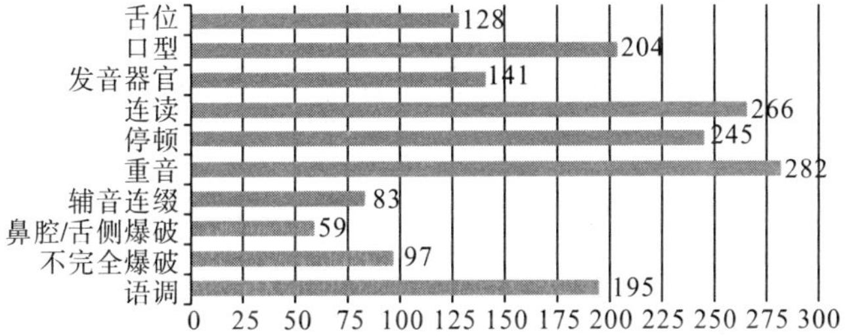

图5　你了解下列那些语音知识？（可多选）

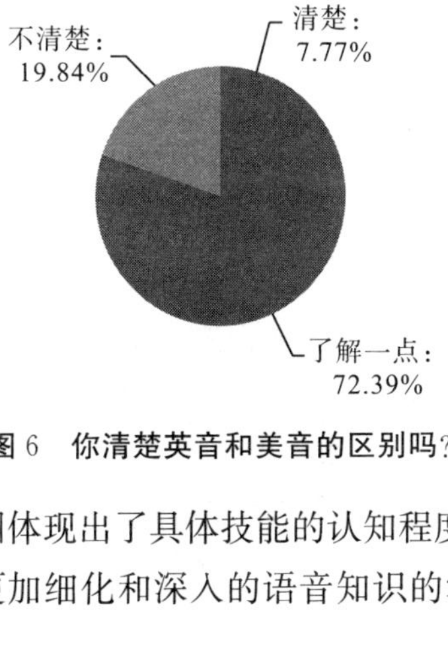

图6　你清楚英音和美音的区别吗？

上面的柱状图体现出了具体技能的认知程度，下面的饼状图体现出的是相对更加细化和深入的语音知识的掌握。可以看出，中学英语课设计的连读、停顿、重音、语调这四个英语和中文最显著的区别是大家最熟悉的内容，但熟悉程度也都刚刚过半。对于英语的英美差别这一略显专业的问题，中学的英语教学显然是涉及不足的，只有 7.77%的同学认为自己了解。这加剧了对中学教师语音能力的不信任，如图 7 所示：

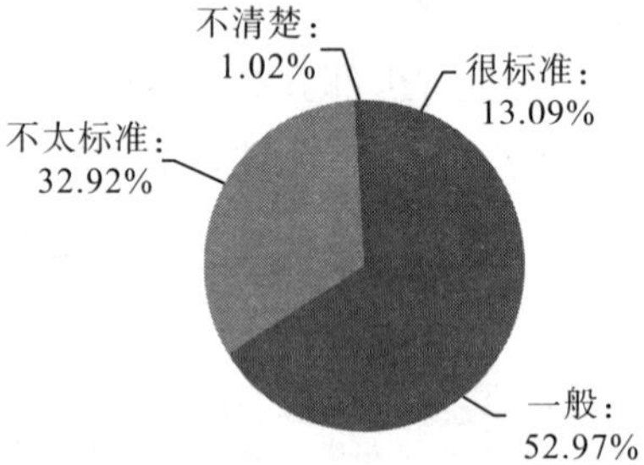

图 7　你认为中学老师的英语语音标准吗？

可以看出中学教学中语音教学的缺失是造成这一语言能力缺乏的重要原因，且这种缺失对于语音能力的影响是全方位的。这里面中学教师的语音水平起到了关键性的作用。和听、说、读、写这四个应试技巧比起来，语音能力的缺陷是系统性的，这也决定了语音，乃至英语口语的教学起点应该比其他能力更低的现实要求。而要改变这一现状，大学语音老师的语音水平应该做到高标准、严要求。

除去中学教育这一外因，我们也对前述的"不自信"这一重要内因做了探索（见图 8、图 9）。

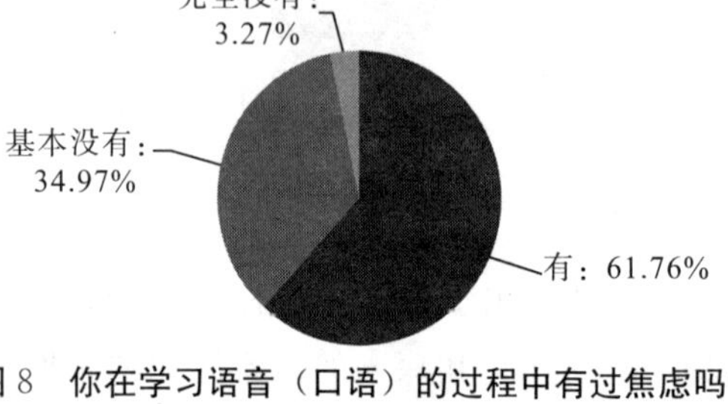

图 8　你在学习语音（口语）的过程中有过焦虑吗？

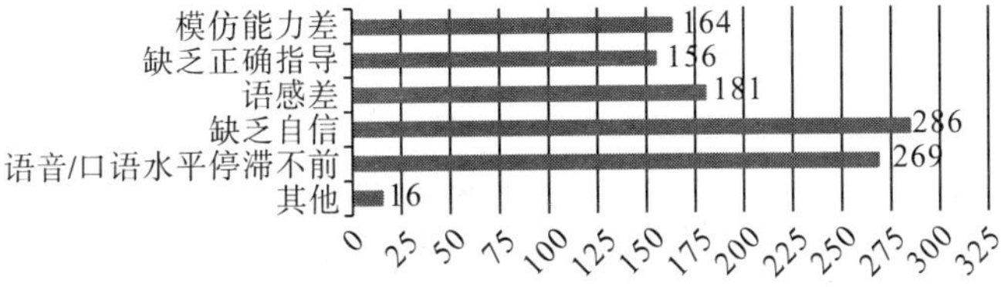

图 9　你认为导致焦虑的原因是什么?（可多选）

不自信在学习过程的心理表现是学习焦虑。高达 61.76%的同学确认有过焦虑，只有 3.27%的同学完全没有焦虑。对于焦虑的六个方面的原因：交际自信、学习观念、教学观念、师生互动焦虑、进程焦虑和测试焦虑（Qian，2009）中，最多同学直接表示是来源于不自信，另一个过半的原因是语音水平停滞不前。这两个点基本上涵盖了所有焦虑的原因。其中，对于语音学习效果的确认一直是个难题，但是后续教学中如何进行科学持续的反馈是一个重要的课题。这种反馈的反拨作用可以从这个结果里看到端倪。

（四）后续学习的策略

这部分的研究分成了两个内容的提问。一个内容是半开放性的探索，希望同学们自发地进行剖析，试图找到目前所处困境中的解决方法。另一个内容是测试以 IT 技术为基础的电脑辅助教学是否可能成为有效的解决方案，或者，至少是是否会在态度和预期上与研究对象相匹配，抑或产生抵触。

对于学习焦虑的克服，同学们提出了解决方案，即有学习结果做心理上的正向强化，与之同样的是有明确的动力和目标。第二梯度的方案包括教学法、能力进步和同学的肯定。教师的人格魅力在这一问题中处于较少人选择的选项。这说明：一，教师的教学中对学生心理的控制能力和自己的内因是学生最为看重的内容，甚至高于事实上的能力提升。这一内一外的结合是对于教师的教学行为最好的指南（见图 10）。

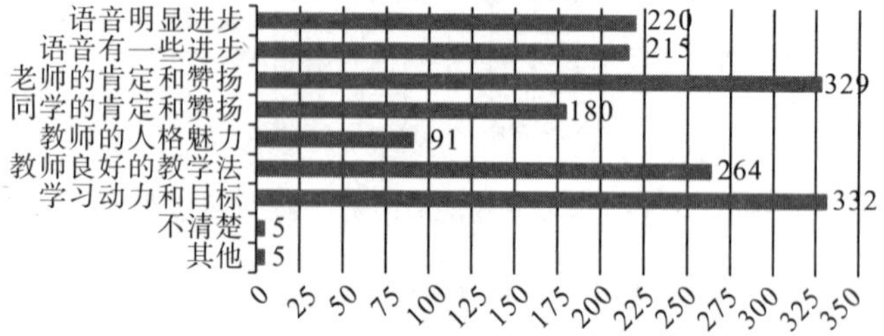

图 10　你认为如何才能克服学习语音过程中的焦虑？（可多选）

对于提升语音能力的方式，学生再一次体现了对老师的高度依赖性。在自学内容中，模仿、跟读和同质性的英文素材的要求占了主流。其中，和外国人交流在教学中主要体现为外教的教学互动，也反映了同学们对于交流语境的需求，另一方面，这其实可以看作是对语言能力得到“是否能用”的评价的一种要求（见图 11、图 12）。

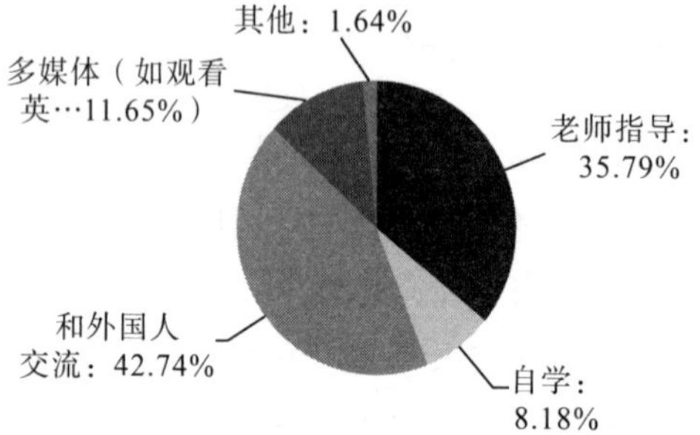

图 11　你认为说一口标准英语的最有效练习途径是什么？

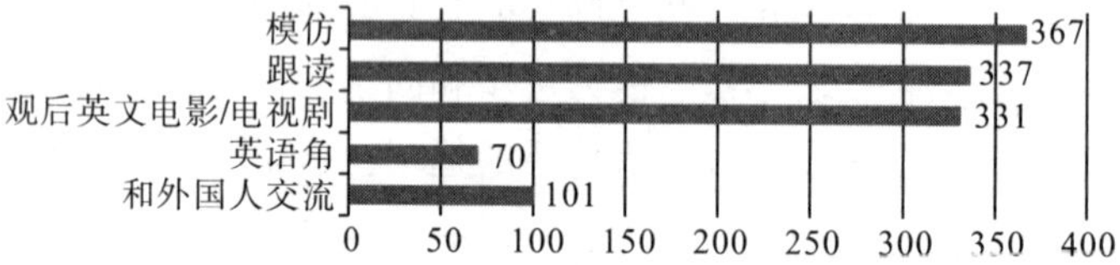

图 12　你曾经使用以下哪些方式来提高自己的语音？（可多选）

从学习意愿上可以看出，同学们是愿意对语音学习进行大规模投入的，超过80%的同学选择了每天投入半个小时以上的时间来提高自己的语音能力，这不但再一次印证了学习焦虑的结果焦虑的存在，也再一次肯定了内在的学习动力是存在的（见图13）。

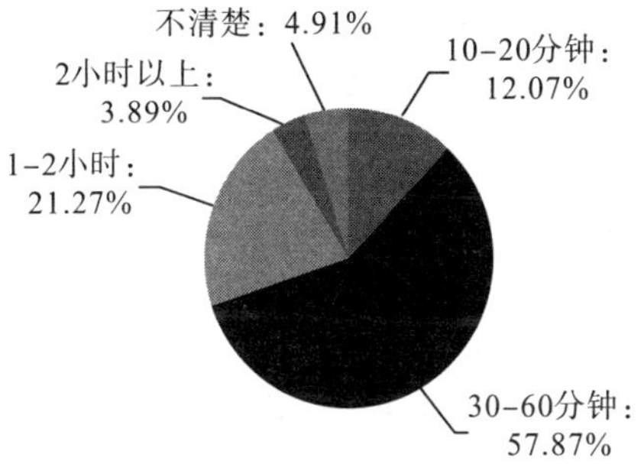

图13　你每天愿意花多少时间来提高自己的语音？

通过“你认为语音软件对提高语音有帮助吗？”和“你了解或使用过任何语音软件吗？”两个问题可以看出，超过3/4的同学认为语音软件会对语音学习起到帮助作用，至少有2/3以上的同学了解过语音学习软件。这为我们后续使用Praat软件进行语音教学历时性研究扫清了障碍（见图14、图15）。

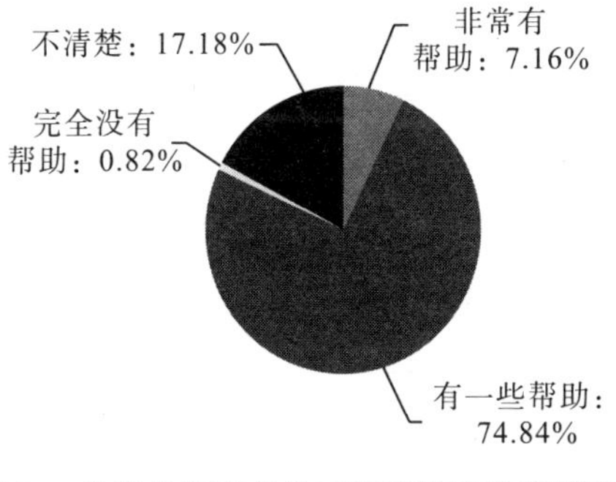

图14　你认为语音软件对提高语音有帮助吗？

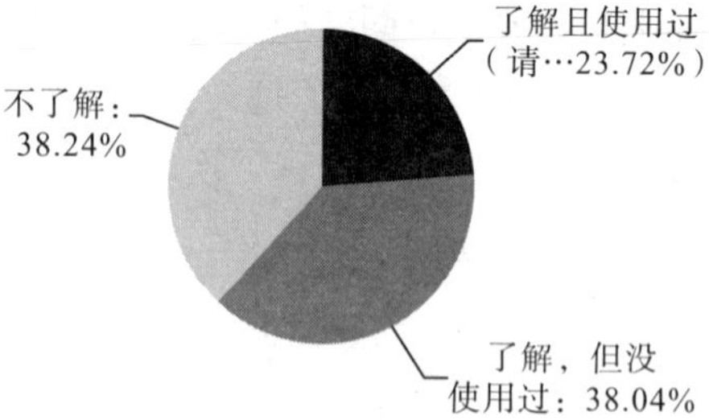

图 15　你了解或使用过任何语音软件吗？

四、结论与启示

基于以上分析，我们可以得到如下结论与启示。

第一，学生依照生源地的不同，呈现出明显的地区性差异，其中，绝大部分同学来自于川渝地区，他们从小在这些地区成长、接受教育，他们的语言极大程度上受到当地方言的影响。全盘考虑所有新生的语言基础，我们可以看到广义上的南方官话方言对于语言的影响基本占到所有学生的 90%，且相对于南方方言，北方方言的影响比较小。对于这一点，大一新生是有着非常明显的自知的。这使得我们的语音教学和教学研究应该相对集中于对南方官话方言对英语习得的负迁移现象，并积极在教学中整合这部分的专门内容，这能够极大程度上缓解目前最为显著的负迁移效果影响，并且能够从学习心理上契合学生的需要。

第二，新生对于中学教师的语音质量是不满意的，但是对大学老师的教学充满期待。绝大部分同学能够认同教师在语音教学中非常重要的引导和示范作用，且对于新的、区别于中学的、更具有社交性质的教学手段有主观的需要。这一方面解除了教师对于使用新颖教学手段的顾虑，同时也是对教师自我语言质量和教学互动管理能力的新考验。

第三，新生学习心理呈现出来的状态有很高的一致性，且非常有特点。特点是由不自信产生的焦虑和对相关语音知识和训练的需求。基于学习焦虑这一内因，和中学语音教学事实上的缺乏和教师语言能力有限这一外因，使得新生的语音能力有限成为既成事实。在后续的教学中，应该针对这两者进行有针对性的补足。具体的措施有四点：1. 认真探讨如何在教学中更多地导入正向心理影响和调试。可以探索进行多种形式的测试，并从测试结果的反拨中寻求契机。2. 对新生的学习心理进行更加有效和长效的检测和控制、使用多种手段和工具从多方面进行了解和关注。3. 了解中学的语音教学内容，基于这种了解，对新的语音知识进行有目的、有计划的扬弃和更新，力图纠正不正确的学习导向，同时补齐中学阶段所没有涉及的语音常识。4. 设计和执行具有社交性质、最好有外教参与的口语训练，提供口语交际环境和相应的测试手段。

第四，新生对于基于信息技术和互联网的教学和学习方法既不陌生、也不排斥。可以探讨在后续研究中使用先进的计算机和数字语音技术进行更加细化的语音教学和研究实践。测试组在了解目前主流的语音分析软件后，可以选择使用 Praat 软件作为平台开展下一阶段的工作。原因有三，1. 该软件目前是学术领域中使用最广泛、接受程度最高的软件。容易使教师在更广阔的学术空间审视其教学效果。2. 软件的语音数字化模型功能非常强大，能够对学生的语言状况提供长期、直观的监控；并且使得这些语音模型称为历时性研究的素材，适合进行比较对照研究。3. 其质量、升级能力、性价比、适用性等指标远超其他同类软件。

第五、新的教学和研究方案势必对教师的各方面能力提出更高的要求，如慕课和高校在线开放课程平台等，不但要求语音能力过硬、教学手段丰富、课堂和活动管理有效、对学生的心理状况十分了解且具备干预能力，还需要能够熟练使用 IT 技术，特别是教学软件，这些要求可能在一定程度上造成了教师发展过程中的障碍。同时，在教学计划的编制、过程的管控和具体执行层面可能遇到的问题，也需要留待历时性研究更进一步地探讨。

参考文献：

[1] Ellis, R., Understanding Second Language Acquisition [M]. 上海：上海外语教育出版社，1999.
[2] Lado, R. inguistics Across Cultures. [M]. Ann Arbor: University of Michigan Press, 1957.
[3] Odlin, T., Language Transfer: Cross-linguistics Influence in Language Learning [M]. Cambridge: Cambridge University Press. 1989.
[4] Stern, H H. Issues and Options in Language Teaching [M]. Oxford: Oxford University Press, 1992.
[5] 高等学校英语专业英语教学大纲制定小组. 高等学校英语专业英语教学大纲 [M]. 上海：上海外语教育出版社，北京：外语教学与研究出版社，2005.
[6] 王笃勤. 英语教学策略论 [M]. 北京：外语教学与研究出版社，2002.

作者简介：

蒋茜，女，1981 年生，硕士，讲师。主要研究方向：英语文学，英语语音学。

林珲，男，1980 年生，硕士，助教。主要研究方向：英语教育，英语测试。

谢雅姝，女，1984 年生，硕士，讲师。主要研究方向：英语演讲，英语辩论，主要英语国家社会文化。

周婷，女，1964 年生，硕士，副教授。主要研究方向：英语教学法。

进一步加强实践教学，提升德语专业人才培养质量[①]

李大雪
（四川外国语大学德语系 重庆 400031）

摘要：本文对四川外国语大学教改项目“德语专业本科毕业生就业质量实证研究”的调查结果进行了描述、总结和分析，并根据问卷反馈的信息提出了提升德语专业人才培养质量的建议，即应当把实践能力的培养放在更加突出的位置。笔者接下来从丰富实践教学的内容、加大实践教学的组织保障和改善实践教学的评价体系三个方面阐述了加强实践教学的具体做法。

关键词：实践教学　人才培养质量　德语专业

2017年7月至8月，“德语专业本科毕业生就业质量实证研究”项目组对四川外国语大学德语专业1997届、2005届、2012届和2016届毕业生进行了问卷调查。问卷调查表一共有17个问题，涉及基本情况、求职情况、就业满意度和对提升教育教学质量的建议等四个方面。问卷通过微信和QQ发出，回收数量为1997届14人、2005届16人、2012届20人和2016届21人，分

① 本文是四川外国语大学教改项目“德语专业本科毕业生就业质量实证研究”的总结报告。

别占当年毕业学生的78%、30%、23%和19%。下文先对问卷中各个问题的回答情况进行简单描述，再对问卷调查反映最集中的问题进行分析，最后对如何进一步提升德语专业人才培养质量进行探讨。

一、基本情况

第一题是了解最初的就业状况，有签约（基层项目、西部志愿者计划、接收函、三方协议）、出国、考研、创业、灵活就业和未就业六个选项。从回收问卷来看，各届学生都以签约、出国和考研为主，除1997届学生，2005届、2012届和2016届有少量未就业的学生，各届都没有创业的学生。由此可见，扩招以后带来的就业难在德语专业也未能幸免，不过数量并不多，且没有呈现上升趋势。

第二题是了解目前的就业情况，分为本专业就业和跨专业就业。1997届学生跨专业就业的多于本专业就业的，2005届本专业就业的多于跨专业就业、2012届跨专业就业的多于本专业就业，2016届本专业就业的多于跨专业就业。由此可以看出，德语专业毕业生的就业没有出现单一的发展趋势（本专业多于跨专业，或者跨专业多于本专业），在各届学生中，都存在跨专业就业或者跨专业发展的情况。

第三题询问学生最关注的就业信息源，包括学校就业网、就业指导中心官方微信或微博、网络信息、家人或亲戚朋友推荐以及实习单位五个选项。学生的回答覆盖五个方面，其中网络信息的比例最高，但没有明显的上升趋势。

第四题具体询问学生现在就业单位的信息是从以下哪个渠道获取的，包括学校就业网、学校招聘会、院系老师推荐、社会招聘、家人或亲戚朋友介绍、网络和无渠道七个选项。在前三届学生中，比例最高的是家人或亲戚朋友推荐，且没有一个选择学校就业网（学校当时还没有建立就业网）。究其原因，依靠父母亲戚的因素一直存在。引人注目的是，在 2016 届学生获得就业信息的渠道中，学校招聘会所占比例远远大于其他渠道。究其原因，2016 届的学生是由辅导员发放问卷，与辅导员关系好的学生返回了问卷，他们更多是学习成绩好或者担任了学生干部的学生，容易从学校招聘会中直接得到就业机会。此外还有两个数据值得关注，第一是 1997 届同学中有 3 名选择了“无”就业信息渠道（后面三届学生中几乎没有人选择这个选项），或许当时我们对就业工作并不重视，没有给他们提供足够的帮助。第二个数据是真正从网络获得就业信息的学生并不多，如果与第三题的结果相比较，就可以看出，虽然学生很关注网络中的就业信息，但真正通过网络获得就业岗位的人并不多。

第五个问题是“你认为学校对你的就业帮助更多体现在哪些方面?”一共六个选项：就业政策了解、就业服务、职业发展指导、专业知识积累、实践能力提升和无帮助。各届同学都认为首先是专业知识的积累，其次是实践能力的提升。

与此相联系的是对第六题的回答。针对“在校期间哪些环节你认为对就业帮助最大?”这一问题，绝大多数的学生认为是“专业课程”，其次是“社会活动及实践”以及“专业实习”。

第七题是排序题，询问学生认为就业单位在招聘时最看重哪些因素？可供选择的有学习能力、沟通能力、解决问题的能力、创新能力、工作态度、吃苦精神、专业能力、执行能力、人际交往能力、团队合作意识。“专业能力”在各届学生中均排第一，排在第二位的各届不同，1997 届认为是工作态度、2005 届认为是沟通能力、在 2012 届学习能力和工作态度并列第二，2016 届认为是沟通能力。

第八题是“您认为自己目前最欠缺的是哪方面的素质?”有

解决问题的能力、沟通协调能力、承受压力的能力以及专业知识和技能四个选项。1997 届有一半的同学认为最欠缺专业知识和技能，在 2005 届毕业生中选择专业知识和技能与承受压力能力的并列第一，2012 届认为欠缺专业知识和能力的学生远远超过其他选项，2016 届认为欠缺承受压力的能力的学生最多。

第九题询问你和家人最看重以下哪些就业要素，包括收入、地域、行业、单位性质、社会地位和别人的评价。从结果看，收入、行业和单位性质是学生最看重的因素。

第十题询问目前的薪酬。基本的情况是工作时间越长，月收入越高。毕业十年以上的，月收入基本上都在 5000 元以上。

第十一题和第十二题询问工作的满意度和工作的稳定性，从问卷结果反馈的情况看，工作的满意度和稳定性与工作年限正相关，工作越久，越满意、越稳定。

第十三题也是排序题，询问目前对于你的工作最重要的是什么。1997 届认为管理能力最重要，2005 届和 2012 届认为专业技能最重要，2016 届认为是沟通能力。如果把排在前三位的结果加在一起来看，则沟通能力、抗压应变能力、管理能力和创新能力也很重要。

第十四题询问你认为母校教育最应当加强的是什么，有专业教学、通识课程、实践教学、教学管理等四个选项。在四个年级中，认为加强实践教学的学生是最多的，其次是通识教育。

第十五题是你认为专业教学中最应当改善的是人才培养目标、课程设置、教学内容、教学方法和手段还是第二课堂教学（可多选）。1997 届的学生认为首先应当改善的是第二课堂教学，其次是人才培养目标；2005 届的学生认为首先应当改善的是人才培养目标，其次是教学方法和手段以及第二课堂教学；2012 届的学生认为首先应当改善的是人才培养目标，其次是第二课堂和教学方法；2016 届的学生认为首先应当改善的是教学内容，其次是教学方法和第二课堂教学。被大家共同提到的是第二课堂教学，其次是人才培养目标。

第十六题是你认为最有益的专业课程是什么。虽然分布比较平均，但在三届学生中选择最多的都是综合德语。

第十七题是其他建议。大部分同学都没有写，但写下来的都是肺腑之言，真切动人。多数意见仍然是希望多提供实践（语言实践和社会实践）的机会。

二、问卷调查反馈的重要问题

（一）专业教学是我们的核心任务

从问卷回答中可以得知，专业课程或者专业知识的积累对于学生的就业尤为重要（第五题和第六题），专业能力也是就业单位在招聘时最看重的因素（第七题）。虽然人才的成长最终取决于综合素质，但在高度分工的社会中，雇主对人才的最初选择仍然是按专业进行的，专业能力是敲开职场大门的关键。不仅如此，专业能力也是综合素质的重要组成部分。很难想象，专业能力低的人，其综合素质却很高。进入职场后，大多数同学感到最欠缺的仍然是专业知识和技能（第八题）。

鉴于此，我们应当更加专注于提升专业教育的水平，使学生具有更强的就业和发展竞争力。德语专业学生的核心竞争力是什么？有人说是会德语。是否会德语是德语专业学生和其他专业学生的最大区别。当然，会德语不是指能够进行简单交流即可，在新的时期，会德语具有更丰富的含义。我们要以“人无我有、人有我优、人有我特”为指导思想，在夯实专业核心的基础上，不断挖掘专业内涵，走特色发展之路。具体来说，首先要继续保持扎实地训练基本功，进行以听说读写译为核心的技能训练，使学生真正能够自主地运用德语。其次，要更加注重国别和区域问题研究。国别和区域研究是指借助历史学、哲学、人类学、社会学、政治学、法学、经济学等学科的理论和方法，探讨语言对象国家和区域的历史、文化、政治经济制度和中外关系，注重全球与区域发展进程的理论和实践，提倡与国际政治、国际经济、国际法等相关学科的交叉渗透。随着时代的发展，国家和社会对外语专业提出了新的要求，外语专业应当关注与我国国家利益和国际战略攸关的重大问题，发挥基础信息提供者和领导决策思想库的双重作用，因此国别研究人才将成为国家急需的人才。

（二）考虑学生不同发展阶段的需求，为学生创造发展空间

问卷反映的第二个重要问题是，毕业生在不同发展阶段，所需求和看重的能力不同（第十三题）。刚参加工作时，最重要的是沟通能力，学生要能够与职场的相关人员有效沟通，正确理解职场的规则以及同事和领导的意图。进入正常的发展轨道之后，就要看能否做出应有的成绩，此时专业技能就显得更加重要。专业技能也有一个不断提升的过程，具有极大的提升空间。毕业十年甚至二十年以后，不少人的工作重心会转向管理，不管是雇主还是自己，都期望能发挥更大作用，因此不仅要做好专业岗位的本职工作，还要带领团队一起发展。在这个阶段，管理能力就显得更加重要。此外，抗压应变能力对于许多人目前从事的工作来说也非常重要。

鉴于此，我们在教育内容和教育环节的设置上，应当充分考虑学生在不断发展阶段的需求，分层次、分领域、系统地训练和提升各种能力，为学生的发展创造更大的空间。

（三）实践教学是我们的短板

毕业生反映的第三个重要问题是我校（系）最应当加强实践教学（第十四题）。教学包括理论教学和实践教学，理论教学主要解决认知的问题，实践教学则注重体验和运用。顾明远先生在《教育大辞典》中，对实践教学给出了一个明确的解释："实践教学是相对于理论教学的各种教学活动的总称，包括实验、实习、设计、工程测绘、社会调查等。它旨在使学生获得感性知识，掌握技能、技巧，养成理论联系实际的作风和独立工作的能力。"[①]外语专业是实践性很强的专业，这不仅表现在基本语言技能必须通过大量的练习才能获得、巩固和提高，更为重要的是，外语能力的高低只有在实践中才能体现。毕业生对母校的建议一方面反映出其在校期间未能获得足够的实践机会，另一方面则是从职场中的经验和体会出发，反观学校教育存在的问题。可以肯定的是，职场需要的是能够实际运用外语知识和技能的人才，如果某个毕业生还仅仅停留在认知层面，他就会感受到自己与职场需求的差距，从而后悔当初没有进行足够的实践。

三、优化实践教学体系，提升人才培养质量

实践是检验真理的唯一标准，职场是检验人才培养质量最有效的地方。我校德语专业毕业生根据职场经验提出的建议应当受到高度重视。围绕问卷反馈的问题，项目组召开了专题研讨会。与会人员一致认为，我们应当把实践能力的培养放在更加突出的位置，要优化实践教学体系，从课堂教学方式方法到第二课堂活动的组织，从专业实践到社会实践以及创新创业等方面入手，全

① 顾明远．教育大辞典（第三卷）[M]．上海：上海教育出版社，1991.

面有效、循序渐进地提升学生的实践能力。具体而言，要做好以下三个方面的工作。

（一）丰富实践教学的内容

实践教学的目的不仅在于提高语言技能，还要提高自主学习能力、解决问题的能力、创新能力和可持续发展能力。根据这些目的，实践教学可以分为基础实践、专业实践和综合实践三个阶段。针对三个阶段的不同特点，在今后的教学中，我们应当夯实基础实践、强化专业实践、拓展综合实践。

基础实践主要是指在专业学习中，为了加深对理论知识的理解、弥补课堂讲授的不足而进行的语言技能操练，主要表现为课堂实践和课外练习。课堂是实践性教学的第一场所。[①] 在人才培养的过程中，我们要充分考虑第一课堂对创新人才培养的作用，使学生真正成为课堂教学活动的积极参与者。在课堂上，教师要改善教学方式方法，在更大范围和更高程度上推进讨论式学习、参与式学习和研究性学习。[②] 通过角色扮演等课堂活动，让学生在交际中体验和实践语言。基础实践还可以表现为以学生为中心，让学生参与教学活动的各个环节。例如教师可根据实际情况，让学生准备材料，制作 PPT，走上讲台讲课。这种教学有利于发展学生的语言表达能力、协调能力、分析问题和解决问题的能力。在课堂中我们要鼓励学生用所学语言去学习和探索其他东西。学生在课堂上展示的内容不仅是语言本身，还应包括知识性或技能性的东西。学生课堂展示的内容和方式需要不断尝试和改进。例如，如果课堂讨论的主题是宗教改革，教师就可引导学

① 唐人．外语专业学科实践教学体系构建探析［J］．怀化学院学报，2008（4）：113．

② 谢小苑，吴庆宪．基于创新人才培养目标的外语实践教学改革与实践［J］．中国大学教育，2012（8）：83．

生从不同方面去思考，通过互联网或图书数据去查证宗教改革的历史意义和现实意义。学生如果能提出新观点或者从已有的各种材料中总结提炼出某一观点，那就不但锻炼了语言运用能力，同时也提高了学习和探索能力。[①]

专业实践是依托综合性的专业实践课程或问题而实施的教学形式[②]，主要包括1. 专业实习。这是大学实践教学最普遍的形式，是某一专业综合性训练的稳定课型，也是大学专业实践教学的典型代表。通过专业实习使学生进一步理解该专业的社会适应范围、适应程度和适应条件，为深化专业学习弥补专业缺陷奠定基础。2. 综合性问题探究。这种形式区别于某一门课程中的小问题探索，突破了某一课程的垄断地位，体现了学科的多元性与交叉性。这一教学形式是通过带有职业模拟或现场实践的方式，感受相应职业所需要的专业知识与专业技能，为入职工作做好相应的准备。与专业实习不同，综合性问题探究侧重于专业理解与专业技能，专业实习侧重于岗位工作，重心是增强学生的职业适应性。加强专业实践教学，一方面要为学生创造更多认识职场的机会，另一方面要培养他们的动手能力、发现问题和解决问题的能力。专业实践还包括第二课堂的实践。在课外，教师设计各种联系实际、体现学生特点和个性需求的课外学习和实践活动，引导学生参与其中，营造创新人才的成长氛围。比如，教师指导学生利用网络环境和资源进行语言交互协作式学习与实践。学生根据布置的课外学习和活动的内容和要求，利用各种德语学习网站，在线收听、收看德语新闻，自主训练德语理解和表达能力。学生还可以通过微信群、QQ群与老师和同学沟通，可以利用因

---

① 束定芳. 外语课堂教学中的问题与若干研究课题［J］. 外语教学与研究，2014（5）：453.

② 时伟. 论大学实践教学体系［J］. 高等教育研究，2013（7）：64.

特网上的聊天室，与以德语为母语的网友聊天等。

综合实践阶段主要包括社会实践、毕业实习和毕业论文三个部分，重点培养学生综合实践能力和创新能力。在今后的教学活动中，我们要增加实践项目，吸引更多学生参与。学生可以在指导教师的辅导下，参与老师课题研究、科研立项和大学生创新性实验项目等学术活动。为了能让学生在毕业实习的时候尽快进入工作状态，适应真实的工作环境，也可以让学生脱离老师，自己加入到相关机构或企业中，真正投入到实际工作中，发挥自己的综合能力，解决问题。目前，高校大力提倡创新创业教育，创新创业也是综合实践非常重要的组成部分。我们应当积极鼓励学生申报相关项目。创新创业能力的核心是创新，创业是在具备一定程度的创新能力基础上升华得到的。实践教学是学生创新能力培养的基石。学生创业潜能的激发离不开创新能力的积累，创新能力的积累离不开实践能力的提升。没有实践能力，创新能力是不可能发展的。学生在实践中不断积累自己的实践能力，形成良好的创新意识，无形中会使自己的创新能力逐步提高。

基础实践主要解决语言技能训练和文化知识积累的问题，专业实践着眼于培养跨文化交际能力，综合实践训练解决问题的能力、抗压能力以及创新能力。在设计实践教学的内容时，要注意系统性原则和层次性原则。① 系统性原则指实践教学体系的构建，应该根据高等教育的规律，人才培养特点，按照各个实践教学环节的地位、作用及相互之间的内在联系，运用系统科学的方法进行统筹安排气实践教学环节的时间安排上要保持连续性，要处理好实践教学与理论教学的关系，合理分配课时比例，保持整个教学过程的系统性。实践教学与理论教学的相互衔接，相互渗

① 郑春龙，邵红艳．以创新实践能力培养为目标的高校实践教学体系的构建与实施［J］．中国高教研究，2007（4）：85.

透，体系内的各个环节协调统一，贯穿于教育的全过程。层次性原则指的是大学生能力的发展有一个循序渐进的过程。遵循这一客观规律，实践教学体系也应分阶段、分层次逐步深化。实践教学目标要由易到难，实践教学环节由简单到复杂，实践教学方法由单一到综合，分阶段、分层次，循序渐进地加以构建。

（二）加大实践教学的组织保障

实践教学体系的建设需要全员参与，共同出力。根据德语系目前的实际情况，加强实践教学必须自上而下推进，使之覆盖每个人、每个教学环节。整个团队（包括教师、教辅人员和管理人员）都必须转变观念，积极参与，清楚地知道自己处于哪一个环节，应该做些什么。为了保证实践教学活动的有序进行，我们成立了实践教学改革领导小组，在组织管理、资源配置、场地设备使用、制度设计、政策、经费等方面对实践教学的开展予以全方位的保障，将实践教学改革落到实处。领导小组下设基础实践教学工作组、专业实践教学工作组和综合实践教学工作组。领导小组制定实践教学体系建设的指导思想、目标和各部门任务；工作组负责协调和组织开展活动。基础实践教学工作组依托各教学团队开展工作，专业实践教学组可进一步分为自主学习组、第二课堂组和专业竞赛组。综合实践组也可分为社会实践小组、毕业论文小组和创新创业小组。德语系实践教学改革领导小组结合学生实际，规划全年实践教学活动，设计切实可行的实施方案；指定各项活动项目负责人，成立教师团队，具体落实实践教学活动的内容和安排，使各项实践活动成为有组织、有计划、有专人负责的常态性教学实践活动。每位教师都要求熟悉实践教学活动内容和考评细则，负责组织、引导和指导授课班级的活动，每个学生都参加适合自己水平、体现自己能力倾向和兴趣爱好的若干项活动。

（三）改善实践教学的评价体系

实践教学是教学活动的重要组成部分，但在目前的教学评价体系中，人们没有对其给予充分的重视。改善实践教学的评价体系，首先就要为其单独拟定评价指标。与理论教学不同，实践教学更加注重前期准备、过程实施和学生的获得感，在制订指标时要充分考虑这些因素。有学者认为，实践教学质量评价因素包括组织与管理、教学与指导以及学习效果三个方面，前两者是教学质量的保证，后者是教学质量的综合反映。目前迫切需要做的是调动老师的积极性，因此教学与指导环节尤为重要，对其可从实践准备、内容更新、指导态度、工作小结、任职资格、熟悉职责和学生评价等六个方面来进行评价。[①]

其次，要设计恰当的评价程序。为了更科学全面地反映实践教学的情况，可建立由学生评价、同行评价和专家评价组成的三级质量监控体系[②]，在各个项目结束时或者学期末组织评估。学生是教学活动的主体，对教师教学质量的监控具有发言权，且学生人数众多，因此，学生评教应作为对实践教学质量监控的重要依据。评教时应以班级和课程为单位，由领导小组组织学生对每一位任课教师进行监控，引导学生认真、公正、准确地填写意见。教学秘书根据学生反馈情况得出每一位教师的得分和排名次序。教研室内部教师最熟悉各项实践教学活动的要求和性质，最清楚教师所讲的课程内容和效果，最有权利为教师提出各种建议，所以为了更全面地了解教师实施实践教学活动的情况，应把同行评价也纳入其中。除此以外，专家评价也是不可或缺的一个

① 章蔚中，张兴旺，王颖．实践教学质量评价指标体系的构建研究［J］．南昌工程学院学报，2008（4）：64.

② 刘元林．实践教学质量监控与评价指标体系的构建研究［J］．实验技术与管理，2011（1）：20.

环节。专家组由我系学术委员会成员组成，他们可对任课教师进行随堂听课或观摩相关实践教学活动，随后做出评价。

最后，做好评价结果的应用。运用好评价结果包括两个方面：一是要综合考虑学生评价、同行评价和专家评价的结果，深入分析评价结果背后的各种因素，以便客观、公正地对教师或者某项活动做出评价；二是要让评价结果更好地发挥激励和引导作用。对学生而言，除单独的成绩评定外，评价结果可与综合测评和评优挂钩，对教师而言，可根据评价效果给予物质奖励或其他方面的鼓励。

参考文献：

[1] 顾明远. 教育大辞典（第三卷）[M]. 上海：上海教育出版社，1991.

[2] 刘元林. 实践教学质量监控与评价指标体系的构建研究 [J]. 实验技术与管理，2011（1）.

[3] 时伟. 论大学实践教学体系 [J]. 高等教育研究，2013（7）.

[4] 束定芳. 外语课堂教学中的问题与若干研究课题 [J]. 外语教学与研究，2014（5）.

[5] 唐人. 外语专业学科实践教学体系构建探析 [J]. 怀化学院学报，2008（4）.

[6] 谢小苑，吴庆宪. 基于创新人才培养目标的外语实践教学改革与实践 [J]. 中国大学教育，2012（8）.

[7] 章蔚中，张兴旺，王颖. 实践教学质量评价指标体系的构建研究 [J]. 南昌工程学院学报，2008（4）.

[8] 郑春龙，邵红艳. 以创新实践能力培养为目标的高校实践教学体系的构建与实施 [J]. 中国高教研究，2007（4）.

作者简介：

李大雪，男，1972 年生，博士，教授。主要研究方向：德国法律，德国文化。

基于“输出驱动–输入促成假设”的高级英语课堂教学探析

李 旭

（四川外国语大学英语学院 重庆 400031）

摘要：输入与输出是英语课堂教学的两个重要方面。基于文秋芳教授提出的“输出驱动–输入促成假设”理念，本文从高级英语教学现状入手，探讨如何构建全新高级英语课堂模式，以期帮助学习者以“用”带动“学”，实现从语言知识和技能到语言交际能力的转变，进一步推动英语专业高级英语课程的建设。

关键词：“输出驱动–输入促成假设” 高级英语 课堂教学

一、高级英语教学现状

高级英语是英语专业高年级的一门主干课程，周学时一般是四节。该课程旨在通过听、说、读、写、译五种技能的综合训练，提高学生听力、即席发言、连贯表达、辩论、演讲能力，扩大学生知识面，加深学生对社会和人生的理解，培养学生的逻辑思维与独立思考的能力，巩固和提升学生的语言技能。与基础英语阶段相比，高级英语在课程难度、教学内容、教学要求以及对学生的学习能力和教师的教学技能等方面都上了一个大台阶。

然而，在实践中，就笔者所了解到的情况来看，高级英语教学成效和学生满意度都不尽如人意。究其原因，主要有如下三点：第一，“以教师为中心”的教学理念仍然大行其道。尽管在当前的多媒体环境下，学生可以借助 PPT 等软件做课堂陈述，但大多课堂陈述都变成了课文背景知识的机械复述，学生学习和探索的主动性、积极性并没有真正调动起来。第二，传统的高级英语课堂教学仍然秉持“输入至上，课文中心”的理念，侧重词汇讲解、分析课文结构、句子解析等识读能力的培养，而忽略了说、写、译等表达能力的提升。第三，高级英语每学期的教学内容较多，课时有限，教师为了跟上教学进度，按时完成教学任务，对学生的输出机会、输出结果、输出反馈等无法给予充分关注，往往难以覆盖课文教学和语言知识运用等两个环节。由此看来，现有的教学模式未能很好地处理输入与输出、学与用的关系，语言知识未能及时转化成语言交际能力，也没有促进学习者未来的职业发展。在社会迫切需要创新型人才的今天，改进高级英语课堂教学模式，优化英语专业中高级学习者在课堂内的学习成效，势在必行。

本文拟结合时下教改的需求，以“输出驱动－输入促成假设”为指导，探讨高级英语课堂教学的新途径。

二、“输出驱动－输入促成假设”概述

“输出驱动—输入促成假设”是文秋芳教授在 2014 年提出的大学外语课堂教学理论，是对美国语言学家 Krashen 和加拿大语言学家 Swain 的第二外语习得理论的继承和扬弃。

20 世纪 80 年代初，美国语言学家 Krashen 提出了“语言输

入假设”①，认为可理解性输入是二语习得的重要条件。他把当前的语言知识状态定义为 i，把语言发展的下一阶段定义为 $i+l$，只有当学习者接触到属于 $i+l$ 水平的语言材料，即材料的难度稍高于学习者现有的语言水平，才能对学习者的语言发展产生积极作用。他认为输出只是输入的自然结果，对语言习得没有直接作用。加拿大著名语言学家 Swain 则基于沉浸式教学研究，致力于“输出假设”理论研究，质疑 krashen 的理论，认为可理解性输入固然重要，但可理解性输出才是学习者在二语习得过程中的必然需要。1995 年，Swain 对“输出假设”② 做出了更为明晰的阐释，认为可理解性输出能够促进语言信息传递的准确性、连贯性和适切性。在此基础之上，我国学者文秋芳教授根据中国英语教学的特点，于 2008 年提出了“输出驱动假设”③，该假设认为：（1）从心理语言学角度来看，输出比输入对外语能力发展的驱动力更大，一个没有输出驱动的学习过程，即便有高质量的输入，其习得效率也很有限。（2）从职场英语需要出发，培养学生的说、写、译表达性技能比培养听、读等接受性技能更具社会功能，尤其是写作和口译、笔译技能。（3）从外语教学角度，以输出为导向的综合教学法比单项技能训练更富成效，更符合学生未来就业的需要。自此以后，文秋芳教授在教学实践的研究中不断完善该假设，于 2014 年提出了“输出驱动—输入促成假设”④理论，进一步界定了输入与输出的关系。新假设更关注针对中高

① Krashen, S. D. The input Hypothesis: Issues and Implication [M]. London: Longman, 1985: 2-14.

② Swain, M. The Output Hypothesis: Just speaking and writing aren't enough [J]. The Canadian Modern Language Review 5 (1993): 158-164.

③ 文秋芳. 输出驱动假设与英语专业技能课程改革 [J]. 外语界，2008 (2): 2-9.

④ 文秋芳. 输入驱动—输入促成假设：构建大学外语课堂教学理论的尝试 [J]. 中国外语教育，2014 (2): 3-12.

级外语学习者的大学英语课堂教学的效率问题，强调教学生用英语做事，关注学习者职业发展；指出语言技能的培养不再是单纯的“先输入后输出”的教学程序，而是通过以输出为驱动的最终目标，挖掘存在于学生大脑中的“惰性知识”，使输入更加积极，输出更加有效。输出被认定为既是语言习得的驱动力，又是语言习得的目标。输出被设置为学生学习的最终驱动力，输入成了为输出服务的手段，可当下、可阶段、可长远，但最终目标以有效输出为本。输入与输出相结合，学与用两个环节相互融合，体现了第二外语习得理论的新发展。

作为积极、开放的教学理念，“输出驱动－输入促成假设”凸显了语言的工具性和应用性，明确了语言知识与语言交际能力的关系，注重学生综合素养的提升，有助于将教学重点从习得接受性知识到英语的实际掌握上来，从而提高学生的综合素养。由此看来，“输出驱动—输入促成假设”理论符合高级英语课程的改革标准。

三、构建“输出驱动－输入促成假设”理念下的高级英语课堂教学模式

从 Tyler 的课程理论框架（教学目标、教学内容、教学组织、评估体系）出发，以“输出驱动－输入促成假设”理论为指导，本文提出构建创新的高级英语课堂教学模式：设立具体的输出目标，辅以充分的可理解的输入内容，促使学生在课堂内外进行知识储备和链接，最大程度鼓励学生以“用”带动“学”，学以致用。下面重点从教学总体目标、课堂具体目标、教学模式、评估方式等方面探讨如何创新高级英语课堂教学。

（一）课程总体目标

了解学生学习高级英语的动机，让学生明确该课程的教学目

标，并参与评价目标是否达成，是科学地进行高级英语课程设计的先决条件。作为英语专业高年级阶段的一门主干课程，高级英语的授课教师应在“输出驱动-输入促成假说”理论的指导下，要求学生能对各类作品的篇章结构、主题思想、写作风格、文体修辞等进行高层次的分析、鉴赏和评价，关注学生在英语学习高级阶段听、说、读、写、译等语言技能方面的提升，注重培养学生的实际英语交际能力。简而言之，应通过此课程激发学生的主观能动性，内化语言知识，夯实语言基本功，增强表达能力和思辨能力，促进有效的输出，从而获得显著的成就感，在未来的学业和职业发展中具备竞争力。

（二）课堂具体目标

课堂具体目标依据教材的单元拟定，不同的单元制定不同输出目标，并实现输入内容的连续性。以《新编英语教程》第五册第三单元为例，该单元为传记性描写文。课文一刻画科学巨人爱因斯坦，课文二塑造音乐怪神瓦格纳，单元课时为五课时。体现在每一课时的课堂具体目标为：（1）传记的要素、描述文的基本特点、人物描写的方法、文学作品中经典人物形象赏析、对班上某同学或老师的描写练习；（2）爱因斯坦作为科学家的科学成就、课文作者在塑造爱因斯坦人物形象时的聚焦；用第一课时的文体知识分析课文一的中心要点和拓展方式；（3）课文二的标题和主旨之间的关系、如何刻画一个怪物、课文作者是如何刻画怪物的；（4）语言形式与内容的统一和吻合，课文二的深入探索，课文一的回顾；（5）整理本单元人物描写的路径策略、积累本单元人物描写的语言表达、书面完成对家庭成员之一的人物描写小传、学会客观公正地对历史人物做出评价。以上为一个教学单元五个课时的课堂具体目标，彼此有延续性，强调以学生的口头输出和书面输出为驱动力，激活学生的“惰性输入”，转化为有效的语言产出。

（三）教学模式

输入促成在于课堂内外的有效结合。如何有效利用课堂时间促进学生在课堂内的高效学习和产出，在于课外的充分有效输入。教学模式遵循如下原则：把输入性的学习主要放在课前和课后；而输出性的学习主要安排在课堂内进行。具体说来，就是采用课堂教学和课外学生自主学习相结合的模式，形成教师引导、学生探究、师生互动、生生互助的良性循环。

课前准备：学生通过独立学习或小组讨论，主动发现问题并尝试解决问题。(1) 让学生阅读1～2篇导读文章（教师根据课文内容分发的课前阅读材料），熟悉本单元的话题。(2) 要求学生查阅各类工具书，学习本单元的生词，扫清课文阅读障碍。(3) 安排学生查找相关文献，准备课堂上的背景信息口头陈述。(4) 布置课前导入问题，使学生熟悉文章涉及的话题、内容，引导学生预测课堂的学习内容。

课内学习：以探究式的方式展开，随时兼顾学生的口笔头语言的产出。(1) 课前预习检查，可以限时口头作文、词汇测试、小组交叉讨论等方式开展。(2) 教师引导之下，学生探究学习，对课文精细分析和赏析。可通过问答、即兴表演、英文释义、小组讨论、辩论等方式展开。

课后拓展巩固：(1) 教师推荐相关单元读后英语材料，学生阅读、提炼观点并形成书面汇报。(2) 针对课文内容，撰写摘要或读后续写。 (3) 相关影片或音乐的欣赏和口笔头的反馈。(4) 根据单元主题，制作微电影。除此之外，还应鼓励学生积极参加与专业相关的各种社会实践活动。

总之，在有限的课堂教学中，教师应鼓励学生多说、多译、多写，力争让学生达到最大限度的语言输出。而在课外学习和实践中，教师担任引导和辅助的角色，有目的、有计划、有组织地培养学生的学习能力、语言综合运用能力、交际能力、合作能力、思维能力和创新能力。

（四）教学评估

基于“输出驱动—输入促成假设”理论的高级英语评估体系应关注学习者的学习过程和学习行为，在学生每次有目的的输出时及输出后，对其进行积极的评价，注重即时性和延续性。为使学生对英语学习保持持久的关注度，积极鼓励学生课堂“输出”，宜采用过程和结果并重，评估者多样化的多元评估考核模式。

具体而言，可结合随堂评估、单元产出任务评估和学期末闭卷测试等三种方式，构建立体的评估体系。学期百分制的综合成绩比例可分配为：出勤率5%、课后练习和单元测试25%、课堂回答和展示以及单元口试30%、期末考试40%。评价内容不限于课本知识，还应包括学生在课前课后的输入性阅读、学习日志、视频作业、创意写作、专业赛事等具体的语言实践活动的检查。评价标准要具体明晰，综合考虑课内外学生的口头陈述、问题回答、翻译以及写作的情况，具体每部分所占比例也应有明确的规定。并且，每部分的评价也要有一定客观的依据，如口头作文，可以依据流利度、词汇、语法、发音、时间控制等方面的情况给出评价；写作和视频作业则可依据话题引入、主旨、内容、连贯、语言表达等进行评估。评估结果可以百分制或等级制体现。评价参与者可根据具体输出任务采用教师评估、生生互评、学生自评、小组评估。这种立体评估模式的建立，要求授课教师在开学导入课以口头或书面的形式向学生展示本学期的评估方式、手段。同时，也要求教师要做好详细连贯的记载工作，才能确保过程评估的公平和实效。

（五）教学案例

下面以《新编英语教程》第六册第七单元中的课文，即苏珊·桑塔格所著的“*Beauty*”为例，阐述如何实施上述基于“输出驱动—输入促成”的高级英语课堂教学。

该文发表于1975年。20世纪60年代，受自由主义思潮的影响，美国女权主义者为推进妇女解放，争取平权，掀起了一场“新女权主义运动”。与此同时，一些妇女运动的反对势力也在迅速聚集，20世纪70年代在“新右翼”领导下形成反女权运动阵营。苏珊·桑塔格的这篇文章应景出炉，极大鼓舞了倍受打击的，争取平权的美国女权运动者们。

- 教学内容

《新编英语教程》Book VI，Unit 7　Tex tone：*Beauty*

- 教学重点

女性主义、写作风格

- 教学对象

四川外国语大学英语学院2014级8班

- 教学时段

3课时

- 教学步骤

课前预习：独立阅读性别歧视的两篇读材料，了解女性平权运动和语言中的性别歧视现象，为课堂两分钟的即席演讲准备素材；指定的小组查阅作者背景信息，准备课堂三分钟口头陈述；独立扫清课文生词障碍，根据课文内容提出问题；小组讨论提炼写作风格。

导入：热身问题回答。如1）你心目中的美女帅哥是什么样子？2）修饰两性外表的中英文形容词分别是什么？3）商业广告中流行的对女性和男性刻板印象是什么？反映了什么？4）社会对女性和男性在外貌和品质的要求有分别吗？这些说明了什么？通过这些热身问题的导入，学生基于自己的课前预习准备，能自然地进入课文的语境：女性主义视角对“beauty”一词的另类诠释，从而呼吁全社会的女性走出“beauty”的迷雾，实现自身价值。

课堂呈现：以教师讲授、学生的独立探索和协作学习等方式开展。桑塔格这篇文章视角独特，见微知著。论点提出的方式新颖、论证抽丝剥茧，逻辑缜密。就此，笔者要求学生独立思考以下问题，并用PPT等多媒体方式呈现独立的研究成果。

问题：桑塔格追溯“beauty”一词词源的用意何在？你能否用日常生活中的一个常用词汇的词义变迁，探讨语言背后深刻的社会文化问题？通过这种独立探索方式，学生在大量的资料研究中，对篇章理解愈发清晰和深刻，并能举一反三，有效进行语言输出。协作学习主要以小组为单位，按教师要求，在课堂上用全英语讨论“*Beauty*”这篇文章的意义框架的建构，作者如何提出话题，如何确立话题的中心点，如何支撑中心点，论证过程的论据来源是什么，论证方法有哪些，论证过程是否严密，有无逻辑谬误等。协作学习让学生的思想火花互相点燃，在同伴的鼓舞和支持下，学生可进一步提高语言的敏感度和运用能力。

- 课后拓展

1. 向学生推荐阅读桑塔格其他相关作品的选段，进一步了解其写作风格。2. 完成相关翻译练习。3. 寻找中文中的性别歧视词汇，尝试探讨其背后的两性问题。4. 以学习小组为单位，完成基于校园女性地位的社会调查，制作全英文视频作业，待赏析和评比。

- 评估方式

教师测评、生生互评、自评和小组评价的方式相结合。例如，课前预习的导读材料阅读情况由教师抽查测评，课堂两分钟的即席演讲由教师加学习小组评估，小组代表的口头陈述由其他学生评价和自评完成。

上述教学案例是“输出驱动-输入促成假设”理论为导向的高英课堂教学的尝试。需要注意的是，为保障学生的参与度，应采取全班轮流展示或志愿者展示加分鼓励等举措，为学生创造出尽可能多的语言输出机会，使学生在输出的驱动下，整合、吸收、内化所学的知识，从而提高阅读、写作、翻译能力，调动学生的学习积极性和主动性。另须注意的是，因各单元课文主题不同，每单元设计的教学活动应灵活多变。以上案例重点突出以输出为目的的教法，其他具体教学内容和方法从略。

四、结语

高级英语作为英语专业高年级的主干课程，在教学计划中占有较大的学时比例。其教学方法和教学手段的改革对外语人才的培养意义重大。“输出驱动-输入促成”理论为高级英语教学改革提供了重要的理论依据，在其指导下创新课堂教学，有机结合英语语言知识和综合实践产出，力求做到输入和输出并重。这一教学模式将势必推进该课程的教学改革并最终优化教学效果，值得进一步探索。

参考文献：

[1] Krashen，S. D. The Input Hypothesis：Issues and Implications [M]. London：Longman，1985.

[2] Swain，M. The Output Hypothesis：Just speaking and

writing aren'tenough [J]. The Canadian Modern Language Review 1993，(5)：158—164.
[3] Tyler R W. Basic Principles of Curriculum and Instruction [M]. Chicago：The University of Chicago Press，1949.
[4] 文秋芳. 输出驱动假设与英语专业技能课程改革 [J]. 外语界，2008 (2)：2—9.
[5] 文秋芳. 输出驱动假设在大学英语教学中的应用：思考与建议 [J]. 外语界，2013 (6)：14—21.
[6] 文秋芳. “输入驱动—输入促成假设”：构建大学外语课堂教学理论的尝试 [J]. 中国外语教育，2014 (2)：3—12.

作者简介：

李旭，女，1971 年生，硕士，讲师。主要研究方向：二语习得，认知语言学。

习近平总书记话语风格对思想政治理论课教学的启示[①]

刘海燕

（四川外国语大学马克思主义学院 重庆 400031）

摘要：党的十九大以来，习近平总书记发表了一系列重要讲话，不仅表现出了高超的领导艺术，而且凸显出了独特的语言表达魅力。其朴实清新之风，暖人心、折服人、鼓舞人，赢得点赞如潮。学习领悟习近平总书记话语风格，将习近平总书记的文风贯穿到思想政治理论课教育教学全过程，对高校思想政治理论课教学将起到实践引领的作用，有助于提高思想政治理论课的教学效果，使立德树人落到实处。

关键词：习总书记话语风格　思想政治理论课　实践引领　教学效果

党的十九大以来，习近平总书记在不同场合发表了大大小小百余次重要讲话，包括大量的批示、演讲、访谈等，以其独特的话语风格和语言艺术，使得讲话真正让听众听得进、记得住、传

---

① 本文系重庆市高等教育学会 2017－2018 年高等教育科学研究重点课题“大数据时代高校思想政治理论课教学实效性探究”（项目编号 CQGJ17019A）的阶段性成果。

得开、用得上，形成了强大的语言魅力。这对增进中国特色社会主义亲和力和感召力，增强中国特色社会主义道路自信、理论自信、制度自信和文化自信具有重要意义。高校思想政治理论课教师“要努力将习近平总书记的文风贯穿到思政课教育教学全过程，贯穿到教材建设、理论研究、课堂教学中，提高思政课的吸引力，感染力，使立德树人落到实处”。笔者认为，在思想政治理论课教学中，应学习习近平总书记的话语风格，真正将社会主义核心价值观入脑、入心、入言、入行。

一、以娓娓道来、触及心灵的风格增强吸引力

习总书记的讲话高屋建瓴，但不居高临下，他经常用一些近乎唠嗑、拉家常似的聊天、谈心式话语触及人的心灵，话语中充满着亲和、温和、随和以及平等、平易、平实的风格特点，一下子拉近了距离，让人倍感亲切、温暖和感动，讲话在不经意中感化人、教育人和引导人。令大家记忆犹新的是他在十八届中央政治局常委与中外记者见面时的讲话，一开口就说“让大家久等了”，接下来又说“大家很敬业、很专业、很辛苦”，言语中一股理解人、关心人的暖流悄然涌动，浸润心田。在与普通群众的交流中，他笑呵呵的一句“你比我大，我叫你大姐”温暖了无数人的心；在北京大学师生座谈会上一句“我想就社会主义核心价值观问题，同各位同学和老师交流交流想法”，瞬间拉近了师生间距离；在马来西亚访问时，他提到“马来西亚歌手梁静茹在中国广为人知，被许多中国歌迷认为是中国人”，赢得了在场听众一片掌声……这些细节体现了一个大国领导人的平等待人、平易近人的亲民风采，让人如沐春风、心有所动。

思想政治理论课不同于其他课程，具有极强的理论性、思想性、政治性，不仅仅是知识传授和技能训练，而且要提升大学生

的思想、净化灵魂，更要关注大学生的思想转变和道德践履。在实际教学中，个别教师在课堂教学中或搞“一言堂”，重“文本”，轻“人本”或者“照本宣科”，忽视教材语言向教学语言的转化或者天马行空，不着边际，以一种高高在上的“知识权威”霸占课堂话语权。以上种种忽视受教育者自身情感的孤芳自赏式空洞说教所导致的直接结果就是“言者谆谆，听者藐藐”，学生到课率，抬头率均不高的尴尬境地。高校思想政治教育的目的，在于用科学理论武装大学生的头脑。“进课堂、进教材”是必要的途径和手段，是外部的灌输；而“进头脑”才是根本的目的，这就是理论的“内化”。如在讲授“可持续发展观”时，可以以“寅吃卯粮”“杀鸡取卵”的故事折射粗放式发展的危害以彰显可持续发展的重要性；以描述“绿水青山”这一众人皆能看得见、摸得着的自然环境突出可持续发展的重要意义；以阐述“计划生育”与“二孩政策”的时代背景体现可持续发展的路径。这样，不仅能够让大学生理解“可持续发展观”的重要内涵，而且还能够以党和国家的重要“人口政策”强化大学生对“可持续发展观”路径的领悟，使教学内容切实地内化为学生的思想和行为。

因此，教师不能“坐而论道”，盛气凌人，自以为“知识的权威”“真理的代言人”，搞“一言堂”，而要从知心朋友的角度、长者的视角，以真诚、平和、商讨、询问的语气，与学生平等交流、沟通，营造宽松和谐的学习氛围，使教学建立在心灵交流的基础上，从而将教的激情与学的感受融为一体，让教学氛围处于“随风潜入夜，润物细无声”的最佳状态之中。

二、以动人心扉的情感语言营造感染力

无情未必真英雄，感人心者莫先乎情。任何一个讲话或一篇文稿，高低深浅在于字里行间有没有流淌着一种真情实感，无论

是个人情感抑或是家国情怀，有了感情在里面跃动，语言文字也就活了起来，就会充满了灵气，就有了一种“会说话”的生命力量。习近平曾长期在基层工作，对中国的国情有着深刻的了解，与人民群众有着密切的联系。他寄语各族群众特别是青年一代：“生活在我们伟大祖国和伟大时代的中国人民，共同享有人生出彩的机会，共同享有梦想成真的机会，共同享有同祖国和时代一起成长与进步的机会。有梦想，有机会，有奋斗，一切美好的东西都能够创造出来。”他用拉家常的方式与干部谈心，要求大家“少出去应酬，多回家吃饭”，好似邻家大哥、自家长辈；谈到城镇化建设，他要求：“要让居民望得见山、看得见水、记得住乡愁。”直抵百姓心坎，滋润群众心田。他在看望河北省正定县塔元庄村干部和乡亲们时，抑制不住重回故地的喜悦，对乡亲们说：“这里我很熟悉，当年下乡就骑自行车来。今天就是来听大家的，看看乡亲们，接接地气，充充电。”有道是“感人心者，莫先乎情。”习总书记指出：“感情是一个非常本质的东西，不带着感情去做接地气的动作，就是‘作秀’了。”习总书记系列重要讲话牢牢抓住大众最关心、最感兴趣的问题，设身处地从群众切身利益出发，时刻牵挂人民群众的安危冷暖，以满怀真挚的感情，聚焦百姓话题，体现了一种泥土的芬芳。

思想政治理论课要回归教育的本质，回归生活。“从本质上说，教育是以心灵感应心灵的过程，是心灵之间的高度默契”所以思想政治理论教育“应当回归到心灵深处”让大学生感受到你在乎他、关心他、真正理解他。思想政治理论课是一种“以人育人”的活动，思想政治理论课教师要以生命去影响生命，以心灵感应心灵，如果学生的心灵没有被感应到，一切的说教都是没有用的，“教育之道，道在心灵”[7]教师在教学中要善于运用感染性的语言激发学生强烈的求知欲，激励学生为国为民的爱国情感，让学生的理性思维在情感的烈火中得到升华。如在讲授“家庭美德”之“尊老爱幼”中我们可以让大学生观看一些央视的公益广告，如《常回家看看》。这个公益广告在情感上给我们很大的冲击和启示：就是父母特别是到他们晚年后需要的，不仅仅是物质的东西，他们更需要精神上的慰藉。另一则公益广告《我为妈妈洗脚》：当孩子看到妈妈为奶奶洗脚的情景时，他感到自己也应该为妈妈洗脚，于是就悄悄地端来一盆清水，朝着母亲边走边喊：“妈妈，洗脚。”这纯真的童音，这动人的画面，给人以强烈的感染和震撼。

作为思想政治理论课教师，在教学中要用情感去拨动学生心弦，使学生心灵深处受到强烈的震撼而产生共鸣，从而达到情理交融、以情动人、以情明理之目的。德国教育家第斯多惠说：“教学的艺术不在于传授的本领，而在于激励、唤醒和鼓舞。”只有真正关注大学生，以情感人，才能使学生的天性得以健康发展，才能使学生做一名懂得责任、懂得感恩的人，真正成为一个对社会有用的人。

三、用流行语言、网络语言引领时代气息

同世间万事万物一样，语言也是与时俱进地发展变化的。互联网的普及催生出许多新的词汇，尤为青年人所喜欢。习近平将一些网络热词用于正式讲话中，不仅反映出他对互联网发展的重视，也表明了他与青年一代心灵相通。习近平善于采用民间流行元素，真诚中不乏幽默感，言谈中一改领导人的神秘形象。2013年3月，习主席在访俄期间会见中国驻俄使馆工作人员和中资机构代表，谈及此次访俄之旅以及自己的时间去哪儿了的问题时，幽默地借用和改造了一个当今社会流行语：“我不是痛并快乐着，是累并快乐着。”以此表达他对待工作和生活的乐观主义精神。2013年7月22日上午，习近平视察武汉市民之家，在与市民郭

婷婷握手时，说了一句："美女，你好！"周围的人都笑了：没想到，总书记还真会聊天！原来习总书记如此"接地气"，和市民的生活语言如此贴近，展现了非常好的亲民风范。2015年新年贺词中引用刚刚流行起来的网络热词"蛮拼"和"点赞"，十分精炼又合乎潮流，令人倍感新鲜，倍受鼓舞。2015年1月12日，习近平在人民大会堂主持召开座谈会，同200余名中央党校第一期县委书记研修班学员畅谈交流"县委书记经"时，劝"年轻人不要总熬夜"。这段真情流露、自然而然的习总书记的语言被热烈转发，网友们纷纷表示被贴心和温暖的关怀感动。这些新话不只是几个新名词、新概念而已，更重要的是，它站在时代前列、引领改革创新、引领前进方向、具有强烈的时代气息，能够与人民心声吻合、与时代发展同步、与社会节奏合拍、与当下话语对接，不断地用新话，有新话。其实，使用具有时代感的鲜活语言，本来就是习总书记的一贯风格，而且他本人也可算流行语的创造者，比如"中国梦""新常态""人生的扣子""时间都去哪儿了"等，都因他而流行。民间家常话、新潮网络语乃至流行歌曲，都是习近平汲取语言营养的来源。

马克思主义不是僵死的教条。教师在课堂教学中，可以根据时代的特点，在思想政治教育中适当加入一些时代因素，也能引起学生的共鸣。而对于经常迟到的学生，若批评，伤其自尊，而且简单的批评也不会有效果，这时不妨引用一句流行语："晚上不睡是没有勇气结束这一天，早晨不起是没有勇气开始新的一天"，批评中略带着鼓励，可谓一箭双雕。因此教师可以使用一些当下较为流行的传递正能量的网络词语对某些内容进行讲解，既与时俱进，紧跟时代步伐，既关注当前社会焦点、热点，又汲取现实生活中生动活泼、流行广泛又富于表现力、与思政课教学任务相契合的时尚化语言，降低理论知识的枯燥性，恰如其分地使用大学生熟悉的网络语言，学生会有认同感，注意力也会被吸引，有助于调动课堂气氛，拉近师生之间的距离。

四、用大开大合，高度概括的语言提高实效性

习近平总书记的讲话站位高、立意高，思想深邃、思路开阔，既有很强的气场，又有很大的气势，这种气势首先表现在语言气势上。十九大报告指出，实现近代以来中华民族伟大复兴的梦想，必须进行“伟大斗争”、加强党的建设新的“伟大工程”、推进中国特色社会主义“伟大事业”。作为习近平新时代中国特色社会主义思想的主线灵魂，进行伟大斗争、建设伟大工程、推进伟大事业、实现伟大梦想这“四个伟大”囊括了新的历史条件下党的全部重大理论和实践问题，具有覆盖、指导、引领全局的重要地位和重大作用，蕴含着新时代中国特色社会主义的大格局、大战略和大逻辑。比如，他在参加“复兴之路”展览时，把中华民族的昨天、今天、明天用三句诗词做了高度凝练的描述和概括，昨天是“雄关漫道真如铁”，今天是“人间正道是沧桑”，明天是“长风破浪会有时”，大气磅礴、气势恢宏。这种气势还常常体现在对事物规律和本质的揭示和把握上，他用“国家好，民族好，大家才会好”这样朴实无华的话，来阐明每个人的前途命运与国家和民族的前途命运紧密相连；用“同样一桌饭，即使再丰盛，8 个人吃和 80 个人吃、800 个人吃是完全不一样的”，来讲述现实国情；通过讲述世界社会主义波澜壮阔的发展历史，深刻阐明开创中国特色社会主义道路不易。他还善于用一些高度凝练的几个字或关键词，把思想浓缩其中，让人能听懂、能明白、能记住。比如，他在讲到中非关系时，用了“真、实、亲、诚”四个字高度概括，精辟而深刻。总书记的讲话，总是以这种凝练、归纳和概括的大手笔，高屋建瓴，有很强的历史纵横感和现实深邃感。

高校思想政治理论课内容纷繁复杂、包罗万象，其性质和功能又决定了它往往抽象有余而形象不足，严肃有余而趣味不足，如果再加上教师单纯从原理到原理，观点到观点，概念到概念地呆板、枯燥地理论灌输，教学沉闷无趣，索然寡味。作为一个善于驾驭语言的教师，一定要注意在有效的课堂时间内，使用精炼而通俗的语言，言简意赅，提纲挈领。如讲“从诞生于上海到在北京执掌全国政权，中共整整奋斗了28年”时，可以用“日出东方”“星火燎原”“力挽狂澜”“灯塔指引”这些关键词高度概括中共在新民主主义革命时期的不朽业绩；讲述“党在过渡时期的总路线的主要内容”时，可以用“一体两翼”进行形象概括；讲“三个代表”重要思想形成的社会历史条件时，用“世情”“国情”和“党情”三个词准确概括；讲述“科学发展观的主要内容”时，可以用“以人为本”“全面协调”“统筹兼顾”进行形象概括；讲授“矛盾的同一性、斗争性”这两个概念时，可以“国共合作”的历史事实为例加以阐明，化抽象为具体。寥寥数语，化深奥为浅显，化抽象为具体，化难知为可知，只有这样才不至于让大学生以为思想政治教育的高深莫测、云遮雾罩而失去学习的信心和兴趣。

五、总结

综上所述，学习总书记讲话的语言风格和特点，更加增添语言魅力，避免当年毛泽东所说的“只有死板板的几条筋”，让自己的讲话真正说得上去、说得下去、说得进去，增强讲话的吸引力、感染力和说服力。

探究、总结习总书记讲话的语言风格及特点，切实转变话风，构建新的话语体系，对推进马克思主义大众化，增进中国特色社会主义亲和力和感召力，增强中国特色社会主义道路自信、理论自信、制度自信和文化自信具有重要意义。因此，在思想政治课教学中，应学习和领悟习近平总书记的话语风格，将习总书记的文风运用到思想政治理论课教学的全过程中，必将对思想政治理论课教学起着实践引领的作用，有助于提高思想政治理论课教育教学的实效性，使立德树人落到实处。

参考文献：

[1] 陈少远，却咏梅，刘博智.《平易近人——习近平的语言力量》出版座谈研讨会在京举行［N］. 中国教育报，2015-1-8.

[2] 张朝霞. 习近平的文风对高校思想政治理论课的启示——以《之江新语》为例［J］. 信阳师范学院学报（哲学社会科学版），2016，36（6）：10-12.

[3] 郑琼梅. 习近平总书记语言风格对思想政治理论课教学的启示［J］. 学校党建与思想教育. 2015（8）：69-70.

[4] 习近平赴河北听取最基层意见［EB/OL］. 2013-07-11，央视网.

[5] 林格. 教育是没有用的［M］. 北京：北京大学出版社，2009.

[6] 习近平. 决胜全面建成小康社会夺取新时代中国特色社会主义伟大胜利——在中国共产党第十九次全国代表大会上的报告［N］. 人民日报，2017-10-28.

作者简介：

刘海燕，女，1982 年生，讲师。主要研究方向：思想政治教育、马克思主义中国化的教学与研究。

高校思想政治理论课交互式范例语境下授课模式研究[1]

刘建锋

（四川外国语大学马克思主义学院 重庆 400031）

摘要：如今，要讲授好思想政治理论课，落到实处是学校，落到深处是课程，落到难处是课堂。所以，深入推进思想政治理论课的“入脑入心入学深透”，着力点在教师，立足点在课堂，初始点在课程。交互式范例语境下授课模式是时下较为盛行的一种授课形式和教学手段。运用交互式范例语境下授课模式和手段符合思想政治理论课的特性和功能诉求，符合授课效果满意度的需求，可以更好地达到实现其教学目标和效果的现实要求。实施交互式范例语境下授课，挑选范例需要把握针对性、实效性、方向性的原则。授课老师应当需要切实烘托出交互式授课的课堂氛围，并在实践中重点关注其对应关系的和谐和融合，以突出体现交互式范例语境下授课模式的特色和亮点。

关键词：思想政治理论课　交互式　范例授课

思想政治理论课（以下简称“思政课”）是教育部关于思想

---

① 本文系2016年重庆市高等教育教学改革研究项目“高校思想政治理论课‘一体两翼’教学模式研究与实践”（编号162029）的阶段性成果。

政治理论课建设标准“2005方案”的核心，在整个课程体系中有着根本性的作用。而习近平总书记讲“全党要关心和爱护青年，为他们实现人生出彩搭建舞台”①，也提到“充分发挥思想政治理论课的主渠道作用”②，怎样达到实现授课的效果，使课程在学生身上实现“心里扎根、眼中有物、脑中有智”“真学真信真用”，是刻不容缓、急需解决的重大课题。笔者结合专家同行以往在该项目研究成果，加上自身多年来从事教学的体会，认为交互式范例语境下授课模式强调了理论与实际相结合的教学规律，是培养和实现思政课“要坚持把立德树人作为中心环节，把思想政治工作贯穿教育教学全过程，实现全程育人、全方位育人，努力开创我国高等教育事业发展新局面”③ 的卓有成效的途径和手段。

一、思政课交互式范例语境下授课模式的重要性

交互式范例语境下授课模式是建立在教师着力强调“传道授业解惑”的自身引领示范作用下和学生“闻道学业求知”的主体功能的前提下，为达成一定的教学要求，结合范例进行审视和剖析、评价和探讨，强化领悟理论和形成体系化的学问，促进师生间、学生间实现心与心的沟通、学问阐释和践行协作的互动，进而推理、分析和总结出解决问题的见解，深化和掌握理论化和体系化的学识，从而推进学生学识、能力和素养共同进步的授课模式。多年的实践表明，交互式范例语境下授课模式是一种较为

① 习近平. 决胜全面建成小康社会 夺取新时代中国特色社会主义伟大胜利［N］. 人民日报，2017-10-19.

② 中共中央、国务院. 关于加强和改进新形势下高校思想政治工作的意见. 人民日报［N］. 2017-2-27.

③ 习近平. 在全国高校思想政治工作会议上强调把思想政治工作贯穿教育教学全过程 开创我国高等教育事业发展新局面. 人民日报［N］. 2016-12-9.

适合如今学生认知规律和心理需求的有效模式和方法，能帮助学生“增强道路自信、理论自信、制度自信、文化自信”[①]，让学生对思政课能“真心喜爱、终身受益、毕生难忘”。

（一）交互式范例语境下授课模式体现了思政课的特征和规律性

思政课具有鲜明的理论性、政治性和意识形态性。其教学目的和要求是“要教育引导学生正确认识世界和中国发展大势，从我们党探索中国特色社会主义历史发展和伟大实践中，认识和把握人类社会发展的历史必然性，认识和把握中国特色社会主义的历史必然性，不断树立为共产主义远大理想和中国特色社会主义共同理想而奋斗的信念和信心；正确认识中国特色和国际比较，全面客观认识当代中国、看待外部世界”[②]，依托于思想政治课的实际和规律，在授课过程中应全面激发师生双方的主动性，老师从“满堂灌”的主导者变成“同分享”的协作参与者，学生可以完全结合自身的思维、见识及实践加入其中，变“要我学”为“我要学”的求知模式。交互式范例语境下授课模式在实践中常常表现为从具体演绎为抽象，即运用范例的剖析和探讨来推演出具有一般性、普遍性的内在规律，从中得出一般性的理论。在讲授思政课时，交互式范例语境下授课模式可以较为有效地营造出轻松、踊跃的课堂氛围，充分地抓住学生的关注力，建立授课“语境”，便于教师有序地掌控课堂。老师以范例为“突破口”，将抽象的理论分解到一个个实际的范例中，恪守从具体到抽象的规律，以“层层推进”的方式，有助于学生以实际的范例为

① 习近平. 在全国高校思想政治工作会议上强调把思想政治工作贯穿教育教学全过程 开创我国高等教育事业发展新局面. 人民日报［N］. 2016-12-9.

② 习近平. 在全国高校思想政治工作会议上强调把思想政治工作贯穿教育教学全过程 开创我国高等教育事业发展新局面. 人民日报［N］. 2016-12-9.

抓手，最终达到对抽象理论的掌握和运用。而这种由“情境”到“情理”的转化，有助于实现学生的认识从感性很快上升到理性，达到“以情感人、以理服人、以学育人”的目标。

（二）交互式范例语境下授课模式体现了思政课的现实性和时效性

在思政课授课过程中，通常重言传、轻身教，重灌输、轻互动，显现出了传统的填鸭式、强压式的授课方式普遍隐含着的弊端，导致授课的效果和影响力严重不足，达不到教学的目的和要求。思政课是一门系统介绍马克思主义基本理论的课程，授课时需要涵盖和突出概念、范畴、原理等，这对一些理性不足、感性有余的学生来说，掌握起来还有一定的困难。在旧式的填鸭式和灌输式的授课方式中，老师关注的核心在于概念的解析和理论的掌握，很少把概念、理论与实践和学生关注的话题相联系和结合，课堂上充斥着概念、范畴和原理。如此刻板、空洞的授课方式让学生始终处于被动接受知识的境地，缺乏学习的积极性和主动性。在授课实践中，一贯坚持仔细听课的学生仅占一部分，不集中精力听课、甚至不听课的学生比比皆是，只不过程度有所差异，并且在某些老师的课堂中这种情况还十分严重。就总体来看，思政课课堂上学生的出勤率、关注度、认同度和成效性与教学要求还有一定的差距。

交互式范例语境下授课模式肯定会极大提升学生“学理论、信理论、用理论”的兴奋度和关注度，增强课程自身的亲和力、劝导力和感染力。授课老师应该将抽象的理论上升为富有感染力的范例，将深入透彻的观念思维融入清晰生动的明确范例中，帮助实现和培养学生参与范例研讨的常态化，让他们能够探幽寻胜、追根溯源、畅谈索求，通过在师生间、学生间提出分析和解决问题，不仅能够提升理论素养，而且又培养了学生的马克思主义理论中方法论思维。在此类授课模式中，学生由被动承受的客体转变为能动发挥的主体和授课行为的核心，极大地增强了学生研习抽象理论的参与度和认同感，学生由被动学习变为主动接受。并且，交互式范例语境下授课模式本身具有启示性和探究性的特点，可以帮助学生通过披沙拣金、由浅入深、循序渐进、铢积寸累的剖析，深挖细凿问题的根源，进而抓住事物的本质和规律，树立正确的世界观、人生观和价值观。

二、思政课范例选取的原则

悉心挑选适合授课要求的范例是思政课交互式范例语境下授课模式的重中之重。符合要求的范例应体现出课程中的焦点、重点、热点、难点，老师应指导学生结合自身拥有的理论和实践知识予以剖析和研讨。一个恰如其分的范例是一种有效的手段，凭借它了解学生理论的理解力和接收度。因此，思政课范例选取应遵循习近平总书记提出的“要因事而化、因时而进、因势而新”① 的原则。

（一）范例选取应坚持“因事而化”的原则

所谓因事而化，即思政课的范例选取必须坚持以中国特色社会主义伟大事业作为教育人、感化人、激励人、鼓舞人的根本出发点。范例要依据授课要求进行有目的性、时代性地比选和遴选，范例的内涵应符合实际授课各步骤和要求。范例的主旨要义各式各样、花样繁多，所涵盖的内容长短不一，外延和内涵大小不等，在范例中应把其产生的背景、揭示的问题、矛盾和冲突表达清楚。范例的遴选是一个持续比较辨别分析的过程，因此，遴

① 习近平. 在全国高校思想政治工作会议上强调把思想政治工作贯穿教育教学全过程 开创我国高等教育事业发展新局面. 人民日报［N］. 2016-12-9.

选出的范例应有“因事而化”的针对性和代表性。思政课须防止和避免注入空泛、单一的理论。遴选的范例要符合学生的思想实际，遴选出他们关注社会发展中的焦点和重点，引起他们在思考迷茫中的热点和难点。时下的学生是一个极具鲜明特质的社会群体，求真、务实、爱国、奉献、奋进构成了其思想和行为的主流。同时，不可避免地，他们的灵魂和内心深处也埋藏着某些迷茫和不解。选取的范例应充分放在学生面临的时代剧变，以及改革开放让我国社会主义现代化建设取得了卓著的成就这一背景下进行。因此，在讲述“改革开放的意义和成就”的时候，可以选取“农村家庭联产承包责任制——解决了绝大多数农民的温饱问题”“沿海发展战略——使东部地区先富起来”“一国两制——解决了香港、澳门的回归和平稳过渡”“社会主义市场经济——使市场在资源配置中起到基础性作用”“加入世界贸易组织——使中国充分参与国际经济活动及竞争”等范例。同时，范例的选取应力争与授课对象的科别相联系，理科与文科的侧重点要有所差异。理科选取经济军事相关的实例，文科选取政治文化相关的实例，实现马克思主义理论与不同专业学生特质的有效配合，并要在授课中将学生所学的知识和关注的重点上升到理论的高度加以剖析。因此，在阐释和剖析学生所学知识的重点时，也就运用和验证了马克思主义理论。

（二）范例选取应坚持“因时而进”的原则

所谓因时而进，即思政课的范例选取必须具备与时俱进、因时制宜的基本特征。马克思主义是发展的理论，我们选取的范例应立足现实，体现其实效性和发展性。在范例选取时，应结合当今科技发展潮流、全球化的进程、建设具有中国特色的社会主义的焦点、热点、重点、难点，以及将学生的所感所想所忧等内容融入教学实践中，从而体现出马克思主义理论的时代性、针对性和方向性。

当前世界的形势是："世界正处于大发展大变革大调整时期，和平与发展仍然是时代主题。"① "世界多极化、经济全球化、社会信息化、文化多样化深入发展，全球治理体系和国际秩序变革加速推进，各国相互联系和依存日益加深，国际力量对比更趋平衡，和平发展大势不可逆转。"② "中国人民的面貌、社会主义中国的面貌、中国共产党的面貌能发生如此深刻的变化，我国能在国际社会赢得举足轻重的地位，靠的就是坚持不懈推进改革开放。"③ "现在我国改革已经进入攻坚期和深水区，我们必须以更大的政治勇气和智慧，不失时机深化重要领域改革。"④ "具有中国特色社会主义现代化建设成效明显，但发展的道路上还有险滩和暗礁。"⑤ 授课时，老师可以选取符合我国实际、具有时代精神、贴近民生国计的范例来推进交互式授课。比如，针对"马克思主义理论永不过时"分析时，可以采用日常生活中的范例，来证明马克思主义理论永不过时，必将发扬光大。"刻舟求剑的故事"证明了"物质是运动的"，"印度狼孩卡马拉"证明了"意识是社会的产物"，"袁隆平研究出高产水稻"证明了"意识是物质的产物"，"城门失火，殃及池鱼"证明了"事物的普遍联系"，"天气预报的产生"证明了"必然性和偶然性"，"从古代幻想嫦娥奔月到神舟号飞船登月"证明了"现实性与可能性"，"居里夫人发现镭"证明了"世界是可以认识的"。也可以结合"苏联解

---

① 习近平. 决胜全面建成小康社会 夺取新时代中国特色社会主义伟大胜利［N］. 人民日报，2017－10－19.

② 习近平. 决胜全面建成小康社会 夺取新时代中国特色社会主义伟大胜利［N］. 人民日报，2017－10－19.

③ 中共中央文献研究室. 十八大以来重要文献选编（上）［M］. 北京：中央文献出版社，2014.

④ 习近平. 改革进入攻坚期和深水区［N］. 人民日报，2012－12－12.

⑤ 习近平. 改革进入攻坚期和深水区［N］. 人民日报，2012－12－12.

体”的范例，及中国特色社会主义现代化建设的突出成就的范例，所体现出的中国特色中国风格中国气派，让学生体会和理解社会主义的本质及产生发展的必然性。更可以选取事关社会主义根本立场、观点和方法的事例。结合这些重大问题实施交互式范例语境下的授课，对于加强思政课的教学效果，彰显其课程魅力具有积极正面的意义。

（三）范例选取应坚持“因势而新”的原则

所谓因势而新，即思政课的范例选取必须将社会发展的新趋势新变化作为创新体制机制的重要契机。思政课包含了丰富的马克思主义理论，必须紧跟时代潮流，贴近社会发展的新趋势，顺势而为。正因为思政课范例选取具有的“因势而新”的特点，必然强调老师在选取范例之时，必须把握“因势而新”的原则，选取的范例要达到吸引人、打动人、感染人和说服人的目的，必将与新技术、新趋势、新机遇实现无缝接轨，自如地引用全新的范例，让学生充分理解和认识丰富的马克思主义理论。例如，在讲授“互联网＋背景下的思政课”时，我们既要强调互联网的影响和作用，又要用马克思主义理论规划和占领思想领域的“高地”。因此，通过交互式范例语境下的授课，让学生来分析“互联网＋背景下的思政课”的思想内涵与价值取向。让学生明白，“纵观世界文明史，人类先后经历了农业革命、工业革命、信息革命。每一次产业技术革命，都给人类生产生活带来巨大而深刻的影响。”[①] 当前，“以信息技术为代表的新一轮科技和产业革命正在萌发，为经济社会发展注入了强劲动力，同时，互联网发展也给世界各国主权、安全、发展利益带来许多新的挑战。全球互联网

① 习近平. 在第二届世界互联网大会开幕式上的讲话［N］. 人民日报，2015—12—16.

治理体系变革进入关键时期，构建网络空间命运共同体日益成为国际社会的广泛共识”①。而据统计，“截至 2016 年，中国数字经济规模总量跃居全球第二，中国网民规模达 7.51 亿，互联网普及率达到 51.7%，超过全球平均水平 3.1 个百分点，居全球第一”②。其中，学生是主力军和参与者。但是，现代网络信息既具有多样、快速、迅捷、易吸收的优点，又存在单纯地追名逐利，不思进取，过于绝对化、片面化的弊端，特别是其弊端对主流意识形态产生了巨大的影响和冲击。因此，必然要求强调思想课的引导作用。据此，老师就能够引导学生将社会意识与社会存在、社会发展的动力及历史的创造者等原理结合起来学习。

三、思政课交互式范例语境下授课的布局和构架

在交互式范例语境下授课模式中，思政课强调用好课堂教学这个主渠道，要坚持改进中加强，提升思政教育的亲和力和针对性，满足学生成长发展需求和期许。因此，师生需要各司其职、各尽其责。老师不再是传统意义的传授者和指挥者，而是由台前展示逐步走向了幕后，其工作职责是对授课进行顶层设计、整体规划、全局把握，引导学生进行范例研究和探讨。学生不再是传统意义上的被动学习者和接受者，而是由幕后参与逐步走向了台前，其工作职责是主动参与、积极配合、沟通协调。在授课过程中，若想确保取得良好的教学效果，就务必按照厨师做菜一样，遵循一定的程序来布局课堂，构架各个环节。具体的环节是：“备料”——范例素材的选取、“调料”——选取素材的融合、“火候”——把握交互式讨论的节奏、“品菜”——评价和总结。

---

① 习近平. 致第四届世界互联网大会的贺信［N］. 人民日报，2017-12-4.

② 中国互联网络信息中心. 中国互联网络发展报告［N］. 人民日报，2017-12-4.

（一）“备料”——范例素材的选取

炒菜的首要程序就是“备料”，讲究“因菜选料，因料施烹”。交互式范例语境下授课模式要达到预期目标，首先也要做好课前的“备料”工作。教师“备料”是指应根据学生的特点和要求、授课的内容和目标来准备不同的材料，讲究材料的质量与数量、重点与一般等影响程度大小，选取范例材料。并且，教师要提前将需要讨论的范例以各种方式告知学生，让学生能提前熟悉范例，写出自己深刻的分析，便于在课堂上深入地交流。

除了教师的“有料”外，学生也应事先“备料”，这也是授课达到预期效果的关键点，否则效果平平。为此，学生必须在“备料”的阶段，了解每一种“料”的来源和历史背景，达到冯友兰先生提到的“精其选，解其言，知其意，明其理”的境界，便于更好地了解和讨论范例。了解和讨论范例可以运用英语课上常用的 skimming（略读）和 scanning（细读）的方法。通过 skimming（略读），主要把握历史背景及当前面临的热点、焦点、难点和重点。通过 scanning（细读），主要善于体验、分析、总结，在头脑中形成和勾勒出范例清楚的轮廓和剪影，达到司马迁所讲的“好学深思之士，心知其意”，达到“得意忘言”的境界。

（二）“调料”——选取素材的融合

“调料”是菜肴成熟的手艺枢纽之一，讲究“因料调味、因菜调味、因时调味、因人调味、因材调味”。老师需要引导学生从以下几方面进行“调料”：一调背景之料。无论什么范例都有其产生的一般性和特殊性。一般性是指任何范例都产生于一定的历史条件，具有时代性和实效性。特殊性是指任何范例都与当时的历史密时期和历史条件息息相关，具有自身的特征和本质。唯有针对范例的一般性和特殊性这一背景认真考察，才能深入了解和把握范例中所涉及的人和事，才能据此全面地总结和评价范例中的人的思想和行为。二调主题之料。针对范例的剖析，其核心部分就是主题。无论什么范例，我们都需要从范例中阐释和提炼出其中所蕴含着的马克思主义的基本原理，所呈现出的马克思主义的立场、观点和方法，从多维度剖析和把握范例所产生的显性和隐性的因素，用辩证唯物主义和历史唯物主义来理解和剖析范例所导致的结果，揭示出客观事物发生发展的内在规律，呈现出现象与本质之间必然的客观的内在联系，深入学习和领会理论，加强“真学、真懂、真信、真用理论”的能力。三调点拨和开导之料。用“拌主题之料”可以阐释和提炼范例所蕴含的基本原理，而“拌点拨和开导之料”可以引导学生运用基本原理结合自身的学识和才干，增强分析力和领悟力，避免认识上的误入歧途，实现溯流求源、正本清源、言传身教的目标。

（三）“火候”——把握讨论的节奏

烹调时如何掌控火候是一件难事，它决定了成品菜肴的可口与否。老师也需要以范例为媒介和手段来开展课堂讨论，而课堂讨论是交互式范例语境下授课模式取得实效的核心，就需要结合厨师把握火候的方法来予以把控和引导。

微火阶段：老师应把重点放在把马克思主义理论融入整个课堂讨论之中。在授课过程中，用小火慢炖的方法，慢慢地调节起讨论的情绪和基调，不要事先下定论，而应该关注于推导出论断的思辨方法和途径。范例所涵盖的疑问和不解都应该靠学生自行提出、分析、讨论和解决。这种授课模式取得的成效如何，主要依据学生的参与度、参与的效果、事前准备充分与否。讨论应以小组和班级为基础来进行。

中火阶段：学生是课堂讨论的“主角”，但老师却不能隔岸观火、事不关己高高挂起，而是要用各种方法引导学生独立思考。老师在全过程中要把握方向、掌控大局。在学生讨论过程中，老师精于聆听、长于启发，不能随意否决和推翻学生的观点和见解。

旺火阶段：教师需要掀起讨论的高潮，煽起旺火，掀起讨论的高潮，对学生在讨论中通过交互式范例语境下授课模式发表的意见和建议，既要予以正面的认可和完善，又要启发学生进行深入有效的推敲和研究，再用马克思主义理论的立场、观点和方法予以检验和考察。针对讨论中发现的一些见解不清、理论不明、看法谬误的苗头，老师切忌上纲上线、严加斥责，而是要抢抓机遇、顺势而为地引导学生深入考察和研究，最终将讨论纳入到正确的学习和理解上来，做到以情动人、以理服人、以学育人。

（四）“品菜”——做出详尽的评价和总结

针对烹调出的食物，我们往往用“色香味意形养”的标准来进行评价和总结。评价和总结是至关紧要的环节。为做好此项工作，教师在此过程中，也可以用以上的方法来进行逐一的分析。讲成色，要吸引学生的眼球，即老师在课前应充分研究和考察所需的范例及有关理论，确定选取范例的想法及最终形成的一致的定论。存香泽，要让学生印象深刻，即提前考虑和设想学生或许会提出的各类问题，一定要提前规划和设计，预设好回答的提纲骨架和理论支撑。留味觉，要让学生能回味和思考，交互式范例语境下授课模式针对不同的课程，必然产生不同的效果和特征，让学生可以深刻反思和体味。抓大意，要让学生领会其精神实质，即老师在规划和践行交互式范例语境下授课模式的过程中，学生在范例研究和阐释进程中，找到范例与授课要求和目标相融合的结合点，上升到理论的深度和广度。构形体，让学生把握课程的脉络、骨架和结构，促使学生全身心地参与讨论，更重要的是要在学生全身心讨论的基础上，老师提供给学生有益的、不可或缺的理论武装和思想武器，炼养分，让学生能够有所获益，形成理论联系实际的作风、让教师激发授课的魅力和活力、加强授课的成效性和针对性。思政课有别于其他课程的最大之处就是：社会学等其他课程范例授课的定论是多维度、多层次的，而思政课的范例授课必然要求授课的观念性、指导性及方向性。因此，老师的评价和总结需要针对学生的研究、讨论，进行抓住重点、简明扼要的评述，且应有相当的深度和广度。一语中的、鞭辟入里的评析，既能使讨论中呈现出的错漏和失误得以快速有效地更正，又可以依靠范例加强理论素养，有助于学生掌握了解世界、发现问题、处理矛盾的正确手段和措施。

四、思政课交互式范例语境下授课模式需要正确处理好几个关系

思政课作为一门必修的理论课，其范例授课方式与其他学科相比差异明显、各有特色，所以，在实际授课中应该重点强调正确处理好以下几个关系。

（一）坚持范例授课与言传身教相统一

思政课的课程特点使得我们完全照搬和借鉴其他课程范例授课的普通的方式方法行不通，必须配合思政课的教学目标和诉求，结合范例授课的示范性和感染力的长处和亮点，渗入言传授课自身的启发性、条理性和规范性的本质，分层次、有秩序地推进范例授课。交互式范例语境下授课模式有着其独有的优势，同时这种“身教”授课在思政课实践中通常容易为学生所接受，然而不能简单地将它理解为可以借此完全代替理论讲解，而需要统一协调两者之间的联系，防止产生言传身教与范例脱节失衡的现

象，是范例授课产生出完美的效应。马克思理论的研习，言传教育是不可或缺的，不可避免地会论述和阐释其基本思想和理论。但如今，在思政课讲授中，还在一定程度上存在着以下错误思维：觉得只需在授课时采用了范例授课，就可以取得研习理论、储备知识、演示方法、还原场景、提升水平的效果。所以，单方面地夸大范例授课讨论的效果，疏于言传授课，就无法达到范例授课指向的理论深度和广度。范例教学这种“身教”诚然对授课有着极其重大的影响，但是它必然会凭借一定的“言传”为根本。

（二）坚持范例授课与教书育人相统一

教书育人是授课的核心，而范例是授课的第一素材，授课是否达到效果，需要关注范例与教书育人的融合程度。但要协调好范例授课与教书育人二者的联系。一是全面深入地理解教书育人的需求和目标。教书育人提出了范例选取的范围和领域，全面深入地理解其内容才能找准和确定范例。二是范例选取不能与教书育人脱节。范例与教书育人脱节必然导致缺乏理论依托，研讨和评析的实践仅仅就流于形式和表面，就范例谈范例，难以为继，无法深挖细凿下去。三是范例不能取代教书育人。范例尽管直截了当、便于接受，但是教书育人强调的理论学习的方向性、原则性和条理性是范例所无法承担的，切忌反客为主、舍本逐末。所以，在范例授课的实践中，必须抓准、抓好、抓细、抓实教书育人的精神，牢牢抓住其焦点、热点、重点和难点来选取范例，并加以细致地剖析、调整和梳理，以披沙拣金、循序渐进为根本，从中分拣出极具代表性、说服力和体现授课要求的标准范例，体现出范例授课的效果。所以，在注重范例实用性的同时，更需要强调把教书育人的相关理论运用到范例分析实践中，依托针对范例的剖析和研讨，让学生更进一步熟悉理论和运用方法，将学生与教书育人纳入并行的轨道之中。

（三）坚持范例授课与关注社会相统一

关注社会是马克思主义理论授课重中之重的关键点，细致、高效地安排好与理论授课相结合的关注社会的活动，是取得授课效果的重要途径。为达到“理论与实践相结合”的要求，在授课过程中，交互式范例语境下授课模式应与关注社会这类实践授课环节密切地联系起来。如在讲授“马克思主义主要流派”时，需要引导学生预先用马克思主义理论的原则和方法分析这些流派产生的社会背景和起源，为授课打下良好的基础。又如在讲授“邓小平发展理论”时，需要引导学生预先了解和评析邓小平理论对于政治、经济、文化等各方面的作用，指明了方向、明确了目标，才能为课堂讨论打下良好的根基。依托于课堂交互式的授课模式，熟悉和升华此类理论后，老师要促进学生迈进社会，关注社会的实践之路，在其中加深和掌握马克思主义理论，而这恰恰是交互式范例语境下授课模式的核心和本质。

（四）坚持范例授课与现代科技相统一

范例授课所创设的授课场景，能借助图、文、声、像等现代科技达到完美融合，使授课材料一一鲜活地呈现，也使材料表现出形象性、创新性、丰富性及吸引力，也能够有效地提升学生研习的积极性和主动性，创造出学生生动活泼、全面参与的氛围。特别是图文声像能够直接、明了、生动地展现铺陈客观事实。它的形象性能有效地调动学生的专注力，激发学生的主动力，并且范例授课以灵活丰富的途径和方法刺激着学生的各种感官，为原本抽象的理论增添一抹鲜活形象靓丽的色彩。心理学研究表明，人类获取的信息83％来自视觉，11％来自听觉，3.5％来自嗅觉，1.5％来自触觉，1％来自味觉。人们一般能记住阅读内容的

10%，听到内容的20%，看到内容的30%，听到同时看到内容的50%，在交流过程中自己所说内容的70%。[①] 选取范例授课，便于学生在授课实践中能够依托于图文声像等现代科技来吸纳老师所释放的知识，因而确保知识传导和接受的效率。但是，思政课老师更应该关注课程内容，重视授课的方式方法和行事的作风。所以，选取现代科技是对范例授课有益的、必要的修正和充实，是一种辅助的方式，老师不能完全依靠现代科技，不能以表象取代实质，方式取代目的，缺失了授课的实质，就把自身变成了一名简单的幕后工作人员。

（五）坚持范例授课与教师主导、学生主体相统一

思政课与其他理论课的不同之处在于，它兼具时代性、思想性、针对性的特点。此三者的深度结合从根本上说是“马克思主义理论的科学性和意识形态性的统一”[②]。所以，在授课实践中，老师应把握好授课中的焦点、热点、重点和难点，全面体现、发挥和提升表率及示范引领作用，紧紧抓住课程的科学性与意识形态性相统一的这个“牛鼻子”不放松，并将此始终如一地融合于授课内容的提炼和升华之中，包括范例的遴选和剖析的筹划、讨论的安排以及归纳、点评、总结等多个环节。唯有如此，老师才可能充分展示和体现马克思主义理论的灵魂和核心，有助于让学生全面深入地理解马克思主义的精神和实质。交互式范例语境下授课模式的灵魂和核心是利用范例实现教学目标，改变以往以理论为纲，从抽象到抽象的“填鸭式”的授课方式，体现以学生为本，强调发挥和调动学生的积极性、主观能动性、好奇心、专注

---

① 王方明．现代教学模式下如何巧解美术教学问题［N］．中国美术教育，2014-7-22.

② 张立群．坚持理论研究的科学性与意识形态性的统一［J］．青海社会科学，2005（5）.

力、创造力等多方面相融合的开放式的授课模式和手段。换言之，对范例剖析解读的实践是学生自我充实、完善和提升的历程。并且，老师也需要想办法、出思路、查问题的方式激发和吸引学生广泛参与，创新和发展学生的思维空间，完善和提升交互式范例语境下授课模式，持续加强授课的效果和绩效。

参考文献：

[1] 曹德本. 中国政治思想史［M］. 北京：高等教育出版社，1999.

[2] 杨惠民. 高校思想政治理论课范例教学法研究［M］. 北京：高等教育出版社，2007.

[3] 洪晓楠，杨惠民. “马克思主义基本原理概论”课教学范例解析［M］. 北京：高等教育出版社，2007.

[4] 中共中央、国务院. 关于加强和改进新形势下高校思想政治工作的意见. 人民日报［N］. 2017－2－27.

[5] 习近平. 在全国高校思想政治工作会议上强调把思想政治工作贯穿教育教学全过程 开创我国高等教育事业发展新局面. 人民日报［N］. 2016－12－9.

[6] 中共中央文献研究室. 十八大以来重要文献选编（上）［M］. 北京：中央文献出版社，2014.

[7] 习近平. 改革进入攻坚期和深水区［N］. 人民日报，2012－12－12.

[8] 习近平. 决胜全面建成小康社会 夺取新时代中国特色社会主义伟大胜利［N］. 人民日报，2017－10－19.

作者简介：

刘建锋，男，1973 年生，副教授，博士。主要研究方向：马克思主义理论、思想政治教育。

商务英语专业实践教学体系的构建[①]

骆裴娅

（四川外国语大学商务英语学院 重庆 400031）

摘　要：我校商务英语专业的建设和发展应当在突出英语语言优势的同时，积极探索培养应用型人才的方法。相对其他语言专业而言，商务英语专业更应强调实践能力的培养，因此，实践教学就是我们在专业办学过程中尤其重视的教学环节。我们结合两年多的教学实践，将“商务英语专业实践教学系统的构建与应用研究”作为选题申请了学校及重庆市教委教学改革研究项目，现已取得初步的成果。本文主要从实践教学改革的目标定位、实践教学课程体系的设计和实践教学应用平台的构建等三个方面阐述了我们对商务英语专业实践教学的构想。

关键词：商务英语　实践教学体系　改革

实践教学是商务英语专业教学过程中的要旨和重要环节，是理论联系实际，培养学生实践能力的重要手段。因此，系统有效地探索实践教学在商务英语专业建设中的应用具有重大的理论意义和现实意义。

---

① 本文系重庆市高等教育教学改革研究项目“商务英语专业实践教学系统的构建与应用研究”，项目编号：153101。

一、实践教学改革的目标定位

我校是西部高校中最早设立商务英语专业的三所高校之一。在利用传统强大的语言教学优势培养商务英语专业人才方面已经取得了一定的经验，但作为一个全新的专业，商务英语绝不是传统英语和商务知识的简单相加，更不是单纯对学生的英语语言知识及能力的培养。如何在教学活动中将英语语言教学与商务知识传授有效结合起来，培养学生的实践应用能力，运用所学知识解决现实问题，是我们面临的首要问题。

我校商务英语专业是以培养理论基础扎实、专业素质过硬、实践能力和创新能力较强的高级应用型人才培养目标为导向的。因此，在打造专业特色上，首先，强调专业复合性。商务英语专业是英语专业与商科相关专业（应用经济学、工商管理学等）的交叉，要体现专业复合性，应加强英语语言教学与商务知识传授的高度复合。其次，突显多元化发展。商务英语专业是我校为适应社会发展对外语人才多元化需求而设立的专业，它体现了外语教学改革与社会经济发展的密切结合。本专业从学生的英语语言基础知识和语言运用能力出发，注重学生的多元化发展。最后，重视实践应用能力培养。商务英语专业以培养学生实践能力和创新精神为目的，重视语言应用能力、商务沟通能力以及跨文化交际能力培养，重视增强学生的创新能力、批判思维能力。在专业特色的建设过程中，我们方向明确，对于专业复合性和多元化发展的工作已经初见成效。但是，由于目前国内有关商务英语专业的实践教学的经验模式和理论研究还处于萌芽阶段，因此，探索商务英语专业的实践教学不仅是摆在我们面前的一项重要教学任务，而且也是一个教学改革的全新研究领域。

为了更好地开展我校商务英语专业的实践教学及其相关工

作，2015年我们将“商务英语专业实践教学系统的构建与应用研究”作为选题申请了学校及重庆市教委教学改革研究项目，现已取得初步的成果. 该项研究围绕经济发展对双创性商务实践人才的市场需求，结合重庆本地的商务和经济环境，通过课程设置和各个实践教学环节的有序配置，在促进就业的改革方向上，把实践教学的内容系统地引入课程体系，有效建设校内校外的实践教学的应用平台，突出专业人才培养模式下实践教学的特色，初步建立起与理论教学系统相辅相成的多层次、递进式的实践教学内容系统。

二、商务英语专业实践教学课程体系的设计

商务英语专业的教学突出知识的综合性和实用性，强调解决实际问题的能力，因此，我们认为，在专业实践教学课程体系的设计上，应当以提高学生商务专业技能、商务实践能力和创新能力三种能力为主线，贯穿专业课程系统、专业实践系统、毕业设计系统等三方面的浑然一体的课程体系的构建。

（一）以提高学生商务专业技能为中心的专业课程系统的构建

以提高学生商务专业技能为中心的专业课程体系的调整、合并、重组，首先要啃的硬骨头就是要打破传统课程设置中的语言知识与商务知识的条块分割。我们认为，要把语言知识与商务知识的两张皮糅合好，应当增强语言类课程与商务类课程之间的交叉渗透，在英语课程中融入商务知识，促使学生在语言学习过程中获得商务知识。由此，我院逐步建立起了以案例教学和实践教学为途径，贯通语言技能课程、商务知识课程和跨文化能力课程等三个模块，以专业基础课为面，以专业发展课为点，以实践教

学穿插，点面结合的课程体系。优化的商务英语的专业课程设置从偏重普通语言学习转向重视专业英语及专业知识的学习，侧重打好低年级的商务英语语言基础，着重对高年级学生在专业知识的广度和深度上的拓展和对商务实践技能的培养。将商务英语课程由以前的语言为主的传统教学模式转向以英语语言文学、应用经济学、工商管理学和国际商法相结合的整合模式。

（二）以商务实践能力为主导的实训、实践课程系统的构建

实践教学是商务英语专业教学过程中的要旨和重要环节，是理论联系实际，培养学生实践能力的重要手段。我们认为，专业实践系统应当自成一体，设置独立的实践教学环节。由此，应当将实践教学活动的各个环节——实验课程、课程设计、实训、毕业实习、毕业论文（设计）等，组成一个贯穿四年学习全过程、相互平行、融合交叉的理论实践教学体系，明确学时和学分，并纳入课程系统和培养方案。除此以外，还应当配套建立多元化的各个实习实训环节和项目学生成绩评定办法及考核方法。考核形式除了书面考核外，还可以包含上机考核、口头考核、实践作业评价、综合评定等方式。此外，考核注重实践过程而非实践结果。对含有实验和其他实践性教学内容的课程，加大实践性教学内容在整个课程考核成绩中的比重。

（三）以培养学生实践能力与创新能力的目标的毕业设计系统的构建

毕业设计是商务英语专业教学计划的重要组成部分，是培养学生分析问题和解决问题的能力的实践机会，是学生进一步走向社会的最后一课。要充分体现商务英语专业特色，以培养学生实践能力与创新能力为目标的毕业设计体系的改革势在必行。我们

认为，商务英语专业的毕业设计应当区别于传统英语专业的选题以外国语言文学为主的毕业论文的撰写方式。商务英语专业毕业生的毕业设计应当有效实现毕业论文多样化，拓展商务选题范围，鼓励毕业生撰写商务实践类报告、增强毕业论文选题及撰写的实践性、科学性和现实性，尤其是商务实践类报告（含调查报告、营销方案及企划书）的形式，对毕业生的研究能力、分析能力和创新能力更是全面的挑战和锻炼。在问卷设计、实地考察或访谈、数据收集及分析等过程中，学生既能充分运用所学知识，又能锻炼发现问题解决问题的实战能力，增强毕业论文的实践价值。

三、商务英语专业实践教学平台的构建

完成对专业实践课程体系的有机整合后，下一步就是为学生搭建系统的实践平台，让学生唱好戏、练好兵，从而实现教学内容与职业需求零距离贴近，实践教学与职业岗位零距离对接。实践教学平台是课堂教学内容的有益补充和深化，是大学生成长成才不可或缺的重要环节。课堂教学内容理论性较强，有时可能会脱离实际，需要进行较多的实践活动才能达到预期的教学目的。由于时间和空间的限制，再加上经费有限，在本专业的实践平台的构建过程中，我们主要探索搭建校内四个实践平台，把校外社会实践和毕业实习作为实践平台的校外延伸和补充，打造课内外结合，校内外结合的一体化应用平台。下面主要详述四位一体的校内实践教学平台的构建。

（一）以职业能力证书培训为依托的知识拓展实践平台

学生最关心的是自身的发展问题，在进校之初，我院就为每

一个班级都配备有一名专业课教师作为班导师，为学生描绘未来的专业发展蓝图，对学生选课、考证、考研、出国、就业、创业等方面给予路径方面的引导。利用已经学校建立起的班导师制度和商务英语学院于 2014 年和 2015 年在一年级学生中开设的 CIMA（The Chartered Institute of Management Accountants，英国特许管理会计师公会）实验教改班和美国“特许金融分析师”（Chartered Financial Analyst，CFA）专业财会教改班，结合学生的专业学习状况，就业市场的实际情况和区位特征，引导学生从入学开始就在学有余力的基础上考取各种语言能力和商务职业技能的行业证书来提升就业能力。经过两年的推广和实践，针对不同类别的证书考试，打造不同的平台、采用不同的方式的指导和引导，我们已经把考证打造成了学生拓展专业知识，锻炼自主学习能力，增加职场砝码的比较系统的专业实践平台之一提升就业能力的职业能力证书见表 1。

表 1　提升就业能力的职业能力证书

证书分类	获取阶段	证书名称	获取方式
语言类	大二、大四	专业英语四级、八级证书	课程学习、考前讲座
技能类	大二	BEC 中级证书、计算机二级证书	课外培训
金融财会类	大三	CIMA、CFA 证书、	教改实验班
外贸类	大三	外贸报关员、外贸单证证书	课外培训、仿真实训

（二）以大赛为载体，以赛促学的知识应用实践平台

我们利用商务英语学院开办的“第二课堂”活动中的各级各类专业技能大赛，经过两年的摸索、整合和细化，把各级各类大

赛打造成了内容广泛 、形式多样、自成体系，成熟有序，特色鲜明，全面提升学生综合素质的重要载体和实践平台。各个比赛紧紧围绕第一课堂的教学时间和课程计划开展，大一启蒙阶段的综合技能大赛，大二引导阶段的商务实践大赛，大三培育阶段的商务谈判大赛，大四实施阶段的创新创业大赛，每一个年级、每一个比赛都有基本固定的专业教师团队和企业精英人士的指导、支持与参与，每一个比赛都精确定位好培养和检验的专业实践技能。在每学期的教学实践周，以大赛的准备和开展为中心，无论是老师，还是学生，都走出课堂，把理论应用于实际，大胆实践、独立思考，团队合作，发现商务问题，解决商务问题，专业知识和专业技能都得到了一次全新的提升。第二课堂专业实践活动平台见表 2。

表 2　第二课堂专业实践活动平台

比赛名称	实施阶段	实践技能培养定位	指导团队	企业参与
综合技能大赛	大一 启蒙阶段	基础商务语言技能	低年级教研室	无
商务实践大赛	大二 引导阶段	企业调查、信息收集、案例研究、团队协作	商务教研室	有
商务谈判大赛（原创）	大三 培育阶段	案例分析、交流谈判、角色配合、团队协作	高年级教研室	有
创新创业大赛	大四 实施阶段	职业素养、创新能力	毕业设计团队	有

（三）仿真技能演练平台——“四室一体”的多元互动沉浸式商务英语综合实训中心

2016 年我院获得了中央财政支持地方高校发展专项资金，现已初步建成了多元互动浸入式商务英语综合实训中心，并已完成了教师培训，并已开始投入使用。该实训中心搭建了“四室一体”的多元互动沉浸式商务英语综合实训中心，即商务英语综合训练实验室、商务实战模拟实验室、商务英语自主学习和资源开发与应用实验室、商务英语水平测试与分析实验室，融语言训练、实战模拟、自主学习和资源开发以及测试分析为一体，成为商务专业教师的教研和教改重要平台，在校学生商务实践能力培养的重要园地。专业实训在商务实训室等模拟仿真教学环境中操练外贸、金融、财务、营销、法律等实务流程完善校内实训体系，强化实践，增强商务英语学生的综合实力，具体见表 3。

表 3　多元互动浸入式商务英语综合实训中心一览表

实验室名称	软件资源	实践能力培养
商务英语综合训练实验室	1. 商务英语听说读写训练课程 2. 行业英语课程 3. 剑桥商务英语（BEC）考试课程	商务英语语言技能
商务实战模拟实验室	1. 英语商务能力模拟实训模块 2. 商务英语职业技能拓展应用模块	国际贸易、商务谈判、商务礼仪、商务函电等实战能力
商务英语自主学习和资源开发与应用实验室	1. 学生商务英语自主学习平台 2. 教师商务英语课程资源库开发与应用平台	自主学习能力
商务英语水平测试及分析实验室	1. 专业 4 级测试、评分 2. 专业 8 级测试、评分	应试能力

（四）以荣英论坛为基础的职业文化素养培养平台

我院开创的荣英论坛是融教学理论和实践、学科建设与科学研究为一体，师生之间、学校和企业之间、商务英语专业与其他相关商科专业之间、商务英语学院与国内外相关教育、科研机构之间构建交流互动的平台。该论坛每学期举办 2～3 次，以论坛讲座为主要活动形式、包括企业人士讲座、教授讲堂、专业发展路径展望等。荣英论坛采用把企业人员请进来的方式，让学生近距离感受商业人士风采，部分嘉宾来自国际贸易、制造业和金融业等主要商务领域。在论坛中，他们分享自己的从商经历，加深了学生对商业理论知识的理解度，激发了他们进行商务实践活动的积极性，也让学生更早地对自己未来的职业生涯进行合理规划，为培育学生的创新能力开阔视野。同时，论坛也为我院教师提供了一个与教育同行、实业人士交流和学习的机会，为我院教师的教学和科研扩展了视野，对我院教师加强商务英语专业课程的建设和培养复合型专业人才提供了有力支持。目前，荣英论坛已经成为我院开拓师生视野，近距离地接触商业精英，培养师生专业精神和职业素养，营造积极向上的学院文化氛围的专业学科特色实践平台。

在上述四个校内平台的实践活动中，学生不再是被动的接受者，老师也不再是无奈的灌输者。丰富多彩的实践活动，为学生提供了一种全新的学习方式。学生由被动学习变为自主学习。学习过程中由学生自己发现问题，自己想办法来解决问题。大大激发了学生的学习兴趣，从而形成一种良性循环的探索式学习。再者，实践平台为加强师生交流、学校和企业的了解也提供了有效的途径，进一步促进了产学研的一体化。在有限的条件下，充分利用校园的各种资源构建校内的实践平台，覆盖受益的学生范围更加广泛，组织形式更加灵活多样，从学生一进校就营造浓厚的校内实践创新氛围，使学生在四年的专业学习中边学、边练、边实践，不断提高其实践技能和创新素质。

尽管项目的研究和建设使商务英语专业的实践教学改革取得了一定的成果，但是在未来的实践活动中还存在着不少尚待研究的问题，需要在实践中逐步解决。

1. 现行的《四川外国语大学商务英语专业人才培养方案》虽然已经把实践教学的内容系统地引入课程体系，有效建设起了校内校外的实践教学的应用平台，但仍然需要建立实践教学质量监控体系。制定和完善实验、实训、实习、课程设计和毕业设计等主要实践性教学环节的工作规范，加强对实验、实训、实习、课程设计和毕业设计等实践教学环节的检查和考核。把教师开展实践教学的情况作为主要内容纳入教师教学考核的范围内。

2. 加强教师实践教学的指导能力，提高指导教师的专业素质。一方面要立足校内师资，利用企业和社会资源，为教师提供多种提升自身素质的途径。另一方面，要建立一支高水平的兼职教师队伍，从行业聘请既有丰富经验又有相关理论水平的人员担任实践教学指导教师。通过兼职教师收集、反映用人单位信息，及时调整课程结构，以达到专业建设要求。

参考文献：

[1] 对外经济贸易大学商务英语理论研究小组. 论商务英语的学科定位、研究对象和发展方向 [J]. 中国外语，2006 (5)：4.

[2] 商珍，刘杰英. 区域经济背景下的高职商务英语专业建设初探 [J]. 南昌教育学院学报，2011 (12).

[3] 于波. 商务英语专业人才培养模式与教学改革 [J]. 中国人才，2011 (14).

[4] 张武保. 商务英语专业本源论及动态模式 [J]. 华北水利水电学院学报 (社科版)，2011 (3).

[5] 周燕. 应用型商务英语人才培养之我见 [J]. 中国人才，2011 (14).

[6] 王立非，李琳. 我国商务英语研究十年现状分析 (2002－2011) [J]. 外语界，2013 (4).

[7] 曹德春. 基于国际商务沟通的商务英语理论体系 [J]. 中国外语，2012 (3)：10－15.
[8] 陈建平，聂利亚. 从目前的研究看商务英语学科体系的构建 [J]. 外语教学，2009 (5)：30.
[9] 王立非，陈香兰，葛海玲. 论商务英语语言学的理论体系 [J]. 当代外语研究，2013 (5).

作者简介：

骆裴娅，女，1971 年生，副教授，主要研究方向：ESP 理论与实践、法律英语语言与文化等方面的研究。

党的十九大精神进思想政治理论课课堂之路径探析①

彭雪容

（四川外国语大学马克思主义学院 重庆 400031）

摘要：大学生是实现中华民族伟大复兴中国梦和构建人类命运共同体的重要力量。作为思想政治理论课教师，要坚持“学研结合”“教传结合”“实干结合”，主动将党的十九大精神融入思想政治理论课堂，引导青年大学生牢固树立“四个意识”、增强“四个自信”。大学生学习党的十九大精神要做到“学懂”“弄通”“做实”，坚定理想信念，当好党和国家事业发展的建设者和接班人。

关键词：党的十九大精神　思想政治理论课　立德树人

一、问题的提出

中国共产党第十九次全国代表大会是在全面建成小康社会决

① 本文系重庆市高等教育学会 2017－2018 年高等教育科学研究重点课题“大数据时代高校思想政治理论课教学实效性探究”（项目编号 CQGJ17019A）和 2017 年四川外国语大学教改项目“新媒体时代高校思想政治理论课实践教学模式创新研究”（编号 JY176043）的阶段性成果。

胜阶段、中国特色社会主义进入新时代的关键时期召开的一次十分重要的大会，进一步凝聚了人心，增强了国人的自信心和民族自豪感。习近平总书记代表第十八届中央委员会作的十九大报告令国人振奋、让世界瞩目。在党的十九大报告中明确指出："建设教育强国是中华民族伟大复兴的基础工程……落实立德树人根本任务，发展素质教育，推进教育公平，培养德智体美全面发展的社会主义建设者和接班人。"① 为教育事业的发展指明了方向。

习近平总书记在2016年全国高校思想政治工作会议上强调："高校思想政治教育工作关系高校培养什么样的人、如何培养人以及为谁培养人这个根本问题。"② 思想政治理论课作为高校思想政治教育工作的主阵地，承担着将中央的文件精神和最新理论成果带入课堂的基本任务。党的十九大的胜利召开，对我们提出的第一个任务要求，便是如何尽快地将党的十九大精神贯彻进思想政治理论课课堂，引导和带领大学生认真研读党的十九大报告和党章，学习习近平总书记在党的十九届一中全会上的重要讲话精神等内容，让学生及时了解、掌握新时代中国特色社会主义发展新动态。

对此，我们力图回答和解决的问题是：在思想政治理论课课堂之中，应采取何种行之有效的方法宣传党的十九大精神，进一步落实好立德树人根本任务，将大学生培养成德智体美全面发展的社会主义合格建设者和可靠接班人。

---

① 习近平同志2017年10月18日在中国共产党第十九次全国代表大会上所做的报告《决胜全面建成小康社会 夺取新时代中国特色社会主义伟大胜利》[R]. 2017.

② 习近平在全国高校思想政治工作会议上强调：把思想政治工作贯穿教育教学全过程 开创我国高等教育事业发展新局面 [N]. 人民日报，2016−12−9.

二、党的十九大精神进思想政治理论课课堂的意义

《中共中央关于认真学习宣传贯彻党的十九大精神的决定》强调："认真学习宣传贯彻党的十九大精神，事关党和国家工作全局，事关中国特色社会主义事业长远发展，事关最广大人民根本利益……为决胜全面建成小康社会、夺取新时代中国特色社会主义伟大胜利、实现中华民族伟大复兴的中国梦、实现人民对美好生活的向往继续奋斗，具有重大现实意义和深远历史意义。"① 习近平总书记在党的十九大报告中明确指出："青年兴则国家兴，青年强则国家强。青年一代有理想、有本领、有担当，国家就有前途，民族就有希望……中华民族伟大复兴的中国梦将在一代代青年的不懈奋斗中变为现实。"②

习近平总书记强调："教师是人类灵魂的工程师，承担着神圣使命，是大学生健康成长路上的指导者和引路人。"③ 可以说，"教师是上好思想政治理论课的关键所在"④。通过思想政治理论课课堂，引导大学生全面深刻学习贯彻党的十九大精神，思想政治理论课教师责无旁贷。着力推动党的十九大精神进思想政治理论课课堂，引导大学生读原著、学原文、悟原理，深刻领会习近平新时代中国特色社会主义思想的历史地位和丰富内涵、我国社会主要矛盾的变化、新时代中国共产党的历史使命、坚定不移全

① 中共中央关于认真学习宣传贯彻党的十九大精神的决定［EB/OL］. http：//cpc. people. com. cn/nl/2017/1102/c64387－29624076.

② 习近平同志2017年10月18日在中国共产党第十九次全国代表大会上所做的报告《决胜全面建成小康社会 夺取新时代中国特色社会主义伟大胜利》［R］. 2017.

③ 习近平在全国高校思想政治工作会议上强调：把思想政治工作贯穿教育教学全过程 开创我国高等教育事业发展新局面［N］. 人民日报，2016－12－9.

④ 王炳林. 教师是上好思想政治理论课的关键所在［J］. 思想理论教育导刊，2017（1）：14.

面从严治党的重大部署等内容，全面准确学习把握精神实质。这有助于加强对大学生的思想政治引领，帮助他们牢固树立“政治意识、大局意识、核心意识、看齐意识”，切实增强“道路自信、理论自信、制度自信、文化自信”，坚定理想信念；为党和国家的工作全局，实现中华民族伟大复兴中国梦提供强有力的人才支持和智力支撑。

三、党的十九大精神进思想政治理论课课堂的路径选择

思想政治理论课教学是教师与学生双向互动的过程。推动党的十九大精神进课堂，让大学生真正学有所获，既需要教师讲起来，也要求大学生在实践中做起来。

（一）思想政治理论课教师在教学过程中要做到“三个结合”

在教育部直属系统传达学习党的十九大精神大会上，陈宝生部长提出要从“学起来、教起来、传起来、研起来、干起来、实起来”六个方面深入学习宣传贯彻党的十九大精神。思想政治理论课教师要将党的十九大精神融入教学课堂，应做到“三个结合”，即学研结合、教传结合、实干结合。

1. 深刻领会党的十九大精神内容，做到学研结合

“师者，所以传道授业解惑也。”① 传道者自己首先要明道、信道。思想政治理论课教师作为传道者，第一步是要学起来。在备课环节，先要仔细研读、领会党的十九大精神，尤其是我们党关于共产党执政规律、社会主义建设规律、人类社会发展规律进

① 韩愈. 韩昌黎文集校注（卷 1）［M］. 马其昶，校注，上海：上海古籍出版社，1987：42.

一步深化的内容。借助集体备课方式，凝聚众人智慧，在教学中引入党的十九大精神内容。着重将习近平新时代中国特色社会主义思想的历史地位和丰富内涵，党的十八大以来党和国家事业发生的历史性变革，中国特色社会主义进入新时代，我国社会主要矛盾的变化，新时代中国共产党的历史使命，社会主义经济建设、政治建设、文化建设、社会建设、生态文明建设等方面的重大部署等知识点融入备课内容之中，将经典马克思主义和当代马克思主义相融合。为在教学中讲好党的十九大精神奠定坚实基础。

同时，科学研究能力的提升将有利于进一步提升思想政治理论课的教学实效性。[①] 习近平总书记在全国高校思想政治工作会议上指出："教师要坚持潜心问道和关注社会相统一。"[②] 潜心问道，实质就是要求教师除了教学，还要静下心来扎扎实实做学问。思想政治理论课教师只有认真研究了党的十九大精神，才能更为全面和透彻地理解教学内容，在课堂上把精神讲深、讲清，进而做到深入浅出，切实增强课程的说服力和吸引力。例如，北京市扎实推动党的十九大精神进高校思想政治理论课，以北京高校思想政治理论课高精尖创新中心和中国特色社会主义理论研究协同创新中心为依托，组织马克思主义理论研究专家研究解读党的十九大精神。[③] 这就为在思想政治理论课课堂学习贯彻党的十九大精神奠定了坚实基础。

---

① 刘建军. 谈思想政治理论课教师怎样做科研 [J]. 思想理论教育导刊，2014 (1)：62.

② 习近平在全国高校思想政治工作会议上强调：把思想政治工作贯穿教育教学全过程 开创我国高等教育事业发展新局面 [N]. 人民日报，2016-12-9.

③ 北京市扎实推动党的十九大精神进高校思想政治理论课 [EB/OL]. http://www. moe. gov. cn/jyb_xwfb/s3165/201711/t20171113_319010. html.

2. 开展十九大精神教学宣传活动，做到教传结合

思想政治理论课教师要善于运用联系和发展的哲学思维，力求“因事而化”“因时而进”“因势而新”，推动党的十九大精神“进教材、进课堂、进头脑”。教学过程中，借助“客户思维”摸透大学生的学习心理和需求，并辅以丰富多样的课堂形式，以此激发大学生的学习兴趣。这样，相对枯燥的理论知识就易被讲活，并为大学生所接受。目前，常见且效果较好的教学形式有PPT 教学、视频教学、互动交流等。

运用 PPT 教学时，PPT 内容设计要精巧，在引出知识框架的同时，要阐述社会背景并辅以生活中的案例，让大学生不仅知其“然”，还知其“所以然”。例如，“马克思主义基本原理概况”这门课程，在讲解唯物辩证法的矛盾规律时，可通过 PPT 展示中华人民共和国成立以后我们党对我国社会主要矛盾认识的变化，进而导入党的十九大提出的新时代我国社会主要矛盾的内容。视频教学也是目前比较普遍的教学形式。在教学中，要运用好《将改革进行到底》《法治中国》《大国外交》《巡视利剑》《辉煌中国》《强军》《不忘初心、继续前进》等[①]与课程内容相联系的专题片。此外，使用的视频素材最好能引起大学生内心的共鸣、震撼以及思考。例如，在讲到党的十九大报告中关于“四个自信”的内容时，可播放名为《利比亚撤侨亲历者上〈演说家〉还原〈战狼 2〉》的视频，点燃大学生心中的民族自信心、自豪感和爱国主义情感。

引导大学生学习领会党的十九大精神，仅仅依靠传统的课堂教学远远不够。还要充分用好网络手段，通过网络直播、网络视

① 中共中央关于认真学习宣传贯彻党的十九大精神的决定［EB/OL］. http：//cpc. people. com. cn/nl/2017/1102/c64387－29624076. html.

频、网上交流等形式，做到全网跟进。[①] 既能积极关注大学生的思想动态和回应他们的关切，又能以鲜活生动的形式展开宣传，增强时代感和吸引力，使党的十九大精神深深根植于大学生思想。据第40次《中国互联网络发展状况统计报告》显示，我国20～29岁年龄段的网民占比最高，中国网民中学生群体占比最高，达24.8%。这为运用网络向大学生宣传党的十九大精神提供了载体。思想政治理论课教师可以运用互联网在社交媒体上开"课堂"，作为传统课堂教学的延伸与补充。一方面在社交媒体上分享新华社、人民日报等主流媒体关于党的十九大精神的相关评论和报道，供学生在课后阅读学习；另一方面，积极关注学生主动转发的关于党的十九大的相关内容，做评论并加以引导。这种密切关注大学生思想动态和兴趣点并及时加以鼓励引导的教育方式，有时收到的教学效果能事半功倍。

3. 提升思想政治理论课教学效果，做到实干结合

习近平总书记在全国高校思想政治工作会议上指出："要遵循教书育人规律、遵循学生成长规律，必须围绕学生、关照学生、服务学生。"[②] "思想政治理论课本质上在于对大学生进行马克思主义理论教育，用马克思主义的科学理论来武装他们的头脑，引领大学生人生发展的正确方向。"[③] 这就需要思想政治理论课教师在每次课课后及时总结经验，反思问题，并寻找提升的突破口。同时，教学相长，也要做好大学生的课堂反馈记录，听取他们对党的十九大精神进入思想政治理论课的相关建议。基于

① 中共中央关于认真学习宣传贯彻党的十九大精神的决定［EB/OL］. http：//cpc. people. com. cn/nl/2017/1102/c64387－29624076. html.

② 习近平在全国高校思想政治工作会议上强调：把思想政治工作贯穿教育教学全过程 开创我国高等教育事业发展新局面［N］. 人民日报，2016－12－9.

③ 白显良. 论高校思想政治理论课教学亲和力的逻辑生成［J］. 思想理论教育导刊，2017（4）：93.

反馈结果，结合实际在教学中不断改进工作、提升教学能力和水平，增强思想政治理论课的实际效果，使这门课能够让学生真心喜爱、终身受益、毕生难忘。

（二）大学生在学习生活中要做到“学懂”“弄通”“做实”

习近平总书记在十九届中央政治局第一次集体学习时强调：“学习贯彻党的十九大精神，要在学懂、弄通和做实三个方面下功夫。”① 引导学生学习领会党的十九大精神，除了教师在课堂上讲起来，也必须要求学生在实际的学习、生活中围绕“学懂、弄通和做实”做起来，作为课堂教学的延伸。

1. 大学生要着力“学懂”和“弄通”，为“做实”打好基础

党的十九大提出了许多新概念、新论断，做出许多新部署，确立了许多新任务等。大学生要自觉学习十九大报告原文和党章，听取相关的辅导报告，关注主流媒体关于党的十九大精神的解读，学懂基本内容。同时，主动观摩学校、院系举办的党的十九大精神微课教学大赛，积极参加党的十九大精神文献翻译大赛、经典阅读征文大赛等活动，做到学以致用，以用促学。

党的十九大报告指出：“文化是一个国家、一个民族的灵魂。中国特色社会主义文化，源自于中华民族五千多年文明历史所孕育的中华优秀传统文化，熔铸于党领导人民在革命、建设、改革中创造的革命文化和社会主义先进文化。”② 习近平总书记指出，无数革命先烈留下的优良传统是永远激励我们前进的宝贵财富，

---

① 习近平在中共中央政治局第一次集体学习时强调：切实学懂弄通做实党的十九大精神 努力在新时代开启新征程续写新篇章［N］. 人民日报，2017-10-29.

② 习近平同志2017年10月18日在中国共产党第十九次全国代表大会上所做的报告《决胜全面建成小康社会 夺取新时代中国特色社会主义伟大胜利》［R］. 2017.

任何时候都不能丢。大学生还要主动走出校园，走访、参观红色文化旅游景点，去实地感悟共产党人和革命志士的崇高思想境界与坚定理想信念，自觉接受理想信念教育和爱国主义教育。借用这些方式，助力大学生在学懂的基础上弄通党的十九大精神的深刻内涵。

2. 大学生要着力于“做实”，积极创新、实践

习近平总书记指出：“道不可坐论，德不可空谈。”[①] 大学生还应积极将党的十九大精神贯彻于能力和思想政治素养提升的实践之中，在“学懂”和“弄通”的基础上“做实”。

一方面，要善于观察、发现问题，积极参加各类科技创新、学术研究、创新创业等活动，培育创新意识和创新能力；要发扬敬老爱幼、友爱互助的中华优秀传统文化，践行社会主义核心价值观，加强思想道德修养，坚决抵制腐朽落后文化的侵蚀；积极参加各项志愿者公益服务活动，强化责任意识和奉献精神。

另一方面，积极参加学校党的十九大精神宣讲社团组织，主动做起来。大学生宣讲员通过走进课堂、宿舍，通过读书会、研讨会、讲座等形式，既能检验自身掌握党的十九大精神的情况，又能为学校其他学生及周围居民宣传，一举多得。例如，北京市全面启动首都高校大学生“百校千组学讲行”基层宣讲活动，以学生党支部、班团组织和理论社团为基础单元，广泛组建“学习小组”，在思想政治理论课教师指导下进行学习宣讲，实现大学生学习十九大精神全覆盖。[②] 西南政法大学的“习近平新时代中

① 习近平. 习近平谈治国理政［M］. 北京：外文出版社，2014：173.

② 北京市扎实推动党的十九大精神进高校思想政治理论课［EB/OL］. 教育部简报，2017（36），http://www.moe.gov.cn/jyb_xwfb/s3165/201711/t20171113_319010.html.

国特色社会主义思想大学生讲习所”①，是重庆市首个以大学生为主体的宣讲学习十九大精神的社团组织，在大学生群体中反响热烈，已举办多次学生集中宣讲会，成效明显，值得借鉴。

参考文献：

［1］习近平．习近平谈治国理政［M］．北京：外文出版社，2014.
［2］习近平．习近平谈治国理政（第二卷）［M］．北京：外文出版社，2017.
［3］中共中央宣传部．习近平总书记系列重要讲话读本［M］．北京：学习出版社，人民出版社，2016.
［4］习近平同志2017年10月18日在中国共产党第十九次全国代表大会上所做的报告《决胜全面建成小康社会 夺取新时代中国特色社会主义伟大胜利》［R］．2017.
［5］白显良．论高校思想政治理论课教学亲和力的逻辑生成［J］．思想理论教育导刊，2017（4）：93.
［6］王炳林．教师是上好思想政治理论课的关键所在［J］．思想理论教育导刊，2017（1）：14.

作者简介：

彭雪容，女，1991年生，硕士。主要研究方向：思想政治教育理论与实践。

---

① 李星婷、颜安．我市首个大学生宣讲十九大精神讲习所成立［N］．重庆日报，2017－11－9.

“一带一路”倡议背景下商务意大利语专业复合人才培养对策探索

——以经贸意大利语教学为例

秦昕婕

（四川外国语大学法意语系 重庆 400031）

摘要：“一带一路”倡议构想的提出和逐步实施将中国与世界各国更紧密地联系在了一起。外语人才，特别是小语种人才在中国与世界各国各个领域的合作中将发挥着无可替代的重要作用。培养复合型小语种人才已经成为国家发展的战略需求，具有重要性、必要性和迫切性。意大利是地中海的交通枢纽，既是“古丝绸之路”的终点，又是“丝绸之路经济带”与“海上丝绸之路”的交汇点。如今中意两国之间日益密切的贸易往来将会大大促进意大利语专业人才市场的需求，意大利语高级翻译人才特别是商务意大利语专业人才必然会出现稀缺。本文将结合自身教学经验分析经贸意大利语教学中存在的问题和面临的挑战，探讨培养专业商务意大利语人才新的教学模式和教学方法，提出“意大利语语言能力培养、跨文化商务交际能力培养以及学生实践能力培养并重”的思路，为经贸意大利语教学的发展出谋划策。

关键词：复合型　小语种　经贸意大利语　教学模式

一、“一带一路”倡议背景下商务意大利语专业复合人才培养的重要性以及此类人才的需求特点

2013年9月和10月，中国国家主席习近平在访问哈萨克斯坦和印度尼西亚时分别提出建设“丝绸之路经济带”和“21世纪海上丝绸之路”（简称“一带一路”）的倡议，得到国际社会的高度关注。意大利是欧洲重要的工业国之一，自古以来就是地中海的交通枢纽，是古丝绸之路的终点，也是“丝绸之路经济带”与“海上丝绸之路”的交汇点。当下“一带一路”的架构，为中意的共同发展缔造了新的发展机遇。作为中国在欧盟的重要朋友和贸易伙伴，意大利拥有一批具有国际竞争力的中小企业，与中国经济未来转方式、调结构的要求形成有力互补。两国在高端制造、节能环保、现代农业、文物保护、中小企业发展和可持续城镇化建设等领域的合作具有良好基础和广阔前景。[①] 2015年7月意大利总统尔焦·马塔雷拉表示，支持中国国家主席习近平倡导的“一带一路”伟大构想，愿发挥独持优势，积极参与“一带一路”建设，欢迎中资企业来意投资兴业。现代丝绸之路的复兴，对中意两国关系有着更加特殊的意义。[②] 近年来，伴随“一带一路”倡议的实施，我国与意大利的贸易迎来了快速发展的新时期。2015年中国向意大利出口278.4亿元，从意大利进口168.5亿元，实现贸易额446.9亿元。国内越来越多的企业愿意走出国门与意大利企业展开合作，意大利的很多中小型企业也纷纷向中国企业递出了橄榄枝。

---

① 访中国驻意大利大使李瑞宇：“一带一路”连接中意未来［N］. 光明日报，2014-9-17.

② 意大利总统表示支持“一带一路”建设［EB/OL］. http：//www.xinhuawet. com/world/2015-07/24/c-1116030250. htm.

语言是两国经贸交流的重要工具，中意两国合作的全面展开必然离不开大量的意大利语人才。长期以来我国一直注重意大利语人才的培养，但仅仅专注语言本身的传统模式已不能适应“一带一路”对涉外人才的复合性要求。随着战略不断获得实质推进，复合型意大利语人才的缺乏对中意经贸的发展瓶颈作用已经凸显。从近几年我校毕业生招聘情况可以看出用人单位需要的不再是懂意大利语的翻译而是“语言+技能”的复合型意大利语人才以及“创新型”的专业化意大利语人才。

传统语言人才的培养模式更多的专注于语言本身，但当前的国际交流与商务对纯语言人才的需求呈下降趋势。商贸之间的交流畅通的语言沟通是基础，但是在具体的业务推进过程中，仅仅具备语言能力是不够的，而必须同时具备较高的综合能力和素养。“一带一路”倡议背景下的意大利语人才不仅需要具备熟练的语言能力和熟知两国文化背景，更需要能处理国际事务的专业知识和技能，还需要对中意两国国情基于“一带一路”倡议的框架有所把握。中国与意大利的“一带一路”建设必定会带来在高端制造、节能环保、现代农业能诸多领域工程技术人员、法律人员、经贸人员的跨国工作，因此同时具备意大利语与这些专业技能的复合型人才是“一带一路”倡议给意大利语人才培养提出的新要求：不仅能够与外国合作人员进行流畅的语言交流，而且能够深度参与具体的业务层面的合作，具备在业务操作、管理、信息整合等某一领域或者多个领域具有较高的综合素养，遇到紧急发生的问题能够及时解决的能力，具有较高的工作效率和职业素养。另外，行业的不断创新也要求意大利语人才在具备扎实的意大利语语言文化知识技能的同时能跟上法律、金融、商务管理、计算机操作和通信等领域不断革新的节奏，以适应新的商业模式，掌握更广泛的复合化的知识结构，培养自己更有创造性的思维和人格。

二、当前经贸意大利语教学中的问题与挑战

“一带一路”背景下，随着中国与意大利双边贸易的快速发展，中意两国企业之间的合作更加密切，两国企业之间互设常驻机构大量增加，跨国员工雇佣需求大量增加。经贸意大利语作为一门重要语言与专业复合的课程，在本科意大利语专业教学中具有重要的作用。但传统的语言教学的改革滞后于业界对人才的需求，存在着诸多问题。

（一）教学资源缺乏系统化建设

目前，国内很多高校的意大利语专业都开设了经贸意大利语这门课程。笔者对国内经贸意大利语教材进行了统计。调查发现经贸意大利语教材非常丰富，教师有很多选择，但是教材雷同现象严重，且存在与时代脱节问题，部分内容陈旧，而且多数教材侧重语言知识的传授和读写能力的训练，但在经贸知识、语言交际能力、跨文化意识以及学生的思维创新能力的培养方面较为薄弱。已经不能满足当下国际贸易情景下经贸意大利语的教学。由于课程安排缺乏系统性安排和教师之间缺乏沟通，课程内容、教材的选择和编写各自为政，造成相关课程部分内容的重复。课程内容的更新主要通过教材更新来实现。个别教材缺乏译文或者课后练习评判标准，对学生课后自学造成一定困难。由于各大高校对经贸意大利语课程设置情况不同，教材的选择也存在很大的区别。作为一门实践性非常强的学科，在教材建设上我们应该符合学生的语言知识水平和课程进度安排，比如出版一个完整的有水平区分的教材系列。还可以适当选择意大利文原版教材，让学生多了解最新的经贸意大利语业务知识和原汁原味的国际经贸理论知识。此外我们还可以尽量多地利用现代化的教学手段，比如能

建立一个系统化的教学资源库，课程将会收到更好的教学效果。目前，经贸意在利语教材使用情况见表 1。

表 1　经贸意大利语教材使用情况表

教材名称	编著人	出版社	出版时间
《意大利语经贸应用文》	张宇靖 刘晓丽	对外经济贸易大学出版社	2009 年
《经贸意大利语》	张海虹	武汉大学出版社	2008 年
《意大利语经贸文章选读》	张宇靖　周咏红	对外经济贸易大学出版社	2011 年
《意大利语高级经贸口译》	张宓	对外经济贸易大学出版社	1999 年
《意大利语外事经贸应用文》	张宓	对外经济贸易大学出版社	1997 年
《意大利语经贸谈判与口译》	周莉莉	中国宇航出版社	2003 年
《意大利语经贸口译》	张密 潘源文	对外经济贸易大学出版社	2013 年
《经贸意大利语口语》	张海虹 菲德莉卡·布雷西 (Federica Blesi)	对外经济贸易大学出版社	2014 年
L'italiano in azienda	Giovanna Pelizza Marco Mezzadri	Guerra Edizioni	2003 年
L'italiano al lavoro	FrancescaParizzi Stefania Rocco.	Guerra Edizioni	2008 年

（二）课程设置不合理

在外语院校传统的意大利语教学中，开设的主要课程为：精读、语法、视听说、写作、翻译、文学、语言学等，目的在于培养学生听、说、读、写的语言基本能力。为了使学生在毕业后能更快、更好地投入工作，很多高校都开设了一些专业性、综合性较高的课程作为专业选修课，比如说：旅游意大利语，经贸意大利语。一些高校在三、四年级开设经贸意大利语课程，课程定位是用意大利语讲授专业课程。学生在此之前已经学习了两年大学英语课程，大多数学生具备了一定了意大利语基础，但是在课程设置上我们可以看到，这些综合性很强的课程大都只在大学四年级上学期开设一个学期，而且每周只有 2 个学时，一共 36 个学时。经贸意大利语作为一门综合学科，既需要学生具备扎实的语言基础，又需要学习商务的基本知识，36 个课时的设置是不科学的。经贸意大利语教学的知识点需要宏观经济学和微观经济学等专业基础，但很多高校并没有开设相应专业课。意大利语专业的学生普遍为文科背景，缺少对对外贸易知识的了解，缺乏对国际贸易实际操作能力。在缺少专业基础课程的情况下，直接切入经贸意大利语的学习，对学生而言存在相当的学习难度，课程教学难以深度展开，很容易沦为专业术语的语言教学。

（三）复合型师资缺乏

复合型意大利语人才的培养，对师资队伍提出了更高的要求。经贸意大利语课程师资，除了具备丰富的外语语言知识，还要具备经贸领域的专业知识，不仅要有理论知识，更要有实践经验。目前我国高校意大利语专业的外语教师的专业知识水平总的来说普遍较高，但其知识结构方面还比较单一，与复合型外语人才培养的要求存在一定差距。目前国内高校教授经贸意大利语课程的教师基本上都是由基础意大利语老师担任的。这类老师虽然有非常良好的意大利语语言基础，但是商贸知识不足。而且国内尚未有一个平台可以为相关教师队伍提供经贸方面知识的系统学习与培训。在实际授课时，教师仅仅凭借课前的大量准备，很难避免出现重理论知识传授，轻实践能力的培养的现象，因此也很难收到良好的教学效果。外语教师的专业缺失性是复合型人才培养的致命束缚。因此，培养复合型外语师资是培养复合型外语人才的先决条件。[①]

（四）学生课堂习得与实践相对脱节

经贸意大利语课程的特殊性在于它是一门实践性非常强的课程。实践教学对于经贸意大利语课程的教学具有重要意义。然而由于课程设置的不合理性，在有限的课堂时间内，教学的开展主要通过商贸理论简介、重要句型讲解分析以及翻译来展开。学生除了能参与到案例的翻译中，很难有更多机会去实践自己的习得。在这种较为僵化的教学模式下，教师如果不能创新其教学形式和内容，就很有可能挫伤学生的学习积极性，收不到良好的教学效果。同时，在这种课堂与实践相对脱节的情况下，大多数学生由于实践能力不强，毕业后由于对技能性知识及其他行业文化知之甚少，无法很快融入工作环境，不能满足企业现阶段发展需求。意大利企业在招聘后还须花费大量的时间与精力对其进行二次培训，经过一个较长的磨合期之后，学生才能将课堂所学的内容用于实际工作中。

三、复合型商务意大利语人才培养途径及教学模式构建策略

如何基于人才的需求，在课程设计和教学中培养学生的复合创新型的意大利语人才，是亟待解决的问题。为了能培养出“语言+技能”的复合型经贸意大利语人才，我们需要深入的探讨新的教学模式和教学方法，既重视学生意大利语语言能力的基本培养，也重视对学生跨文化商务交际能力的培养，同时要积极为学

---

① 文秋芳，周燕. 评述外语专业学生思维能力的发展［J］. 外语教学与研究，2006（5）：76－78.

生创造实践平台，提升其在商务背景下的实际操作能力。简而言之就是“意大利语语言能力培养、跨文化商务交际能力培养以及学生实践能力培养并重”的人才培养思路。

（一）建设系统化的教学资源库

针对经贸意大利语教学资源现状，笔者认为全国各大外语院校可以以合作的方式共同构建一个教学资源库，需要充分利用现有的通信信息技术辅助完成系统化、立体化的资源建设，使之不仅可以用于课堂教学，也可以应用于网络教学，提高教学资源的利用率。例如：开设意大利语本科专业的各大外语院校可以联手，通过微博，微信公众号等网络平台介绍经贸意大利语相关知识，共享教程及教学资料，推送微课程视频，使学生可以更为便利地获取教学资源。另外，在立体化、系统化教学资源的基础上，可以出版发行有完整视频音频配套的系列教材，以满足课堂教学以及课后学生自学的需要。目前经贸意大利语的教程相对其他语种而言还比较匮乏陈旧，需要任课教师扩充吸收新的内容，编写新的教程。除此以外，还应适当引进最新的意大利文原版教材，并且根据商务环境和现状对其加以改编，加入中意文对照，让学生多了解最新的经贸意大利业务知识和原汁原味的国际经贸理论知识。

（二）优化培养方案改进教学模式

在专业课程设置方面，各外语院校都对开设的意大利语专业课程设置进行了相关文件的规定，比如在我校意大利语专业的培养方案中，规定经贸意大利语课程开设时间为大学四年级上学期，每周 2 个课时，共计 36 个课时。但是作为一门实践性课程，课程存在开设时间太晚，课时过少的问题。可以考虑增加课时量，同时增设实践课程环节帮助提升课程授课将大大有助于提高教学质量。教材的使用方面，除了意大利文教材外，借助一些有关国际贸易实务的中文资料来补充学生欠缺的外贸知识，并提醒学生自己在课前补充所涉及的外贸实务内容，比如相关术语、谈判流程、国际公约和惯例等。在教学方法上，教师的课程设置宜多元化，灵活化，将实践环节贯穿于经贸意大利语教学中。比如情景教学法，设定情景培养学生的专业语言能力，让学生分组扮演销售、经理、总裁等角色，模拟商务谈判现场，融入商务礼仪和文化，训练学生的实战能力；借助视频和音频材料让学生完全融入全新的学习环境；开展讲座，邀请涉外商务人士或者意大利商会相关人士到校和学生进行交流活动，让学生近距离感受到意大利语在商务环境中的运用。除了在课堂上创新教学形式与内容，设置实践环节之外，教师还应该带领学生走出课堂，通过真实商务工作环境中的笔译、口译等过程掌握真正的商务意大利语技能。目前本专业已和意大利驻重庆总领事馆商务处达成合作，根据需要，向该处派遣实习生，并且在每学期的教学实践周邀请商务处相关工作人员到校开办讲座，让学生能真正感受到意大利语在实际商务工作中的使用。

（三）注重培养学生的跨文化交际能力

学习语言的学生，一方面需要学习掌握外语，另一方面，需要清楚的了解本国和语言国民族在文化传统、生活习惯、思维模式、道德价值观的不同。国际商务外语人才的培养，更是需要对两国的商务文化有所认识。普遍而言，意大利语专业的学生缺少对外贸易知识系统的了解，也缺乏对国际贸易实际操作能力。因此培养学生的跨文化交际能力已经成为教师组织商务意大利语教学活动的一项重要任务。跨文化交际能力的培养需要让学生从深刻理解中国传统商业文化和意大利文化背景入手，除了介绍国际商务知识和商务技能，还应该在课程设置中加入涉及中意文化比较的相关内容，引导学生熟悉中国古典文化知识、习俗传统以及意大利在西方文明史上独特的文化传承。应该向学生介绍中意两国历史发展、社会现状、国情政治。在此同时，应该适当地引入意大利的人文风情、艺术音乐等内容目的在于从理论和实践方面提高学生的跨文化交际意识，培养跨文化商务交际能力。在课程设置中，还应适当介绍中意两国在商务社交礼仪和饮食文化习惯方面的区别，让学生更好地了解商务交际环境。

（四）培养“复合双师型”教师 打造校企合作平台

针对意大利语教师普遍缺乏商务专业性培训的情况，采取通过校内对本校教师进行加强培养的方式为教师提供国内或者国外进修培训的机会，让任课教师学习扩充经贸方面的知识，完成由单一的“专业型”向“专业+语言型”的转变。各外语院校还可以进行跨学院与跨系的合作，通过讲座或者教学交流的形式实现外语水平高的教师和专业知识丰富的教师之间的合作，使得外语与多学科专业的协同发展。我校开设的“教师发展中心”就是一个很好的平台，教师可以通过这个平台实现跨专业的培训学习，共享跨专业的教学资源，交流教学经验。此外，学校要加强和企业的合作，积极为学生搭建学校和意大利企业的合作平台，为学生提供校外实习机会，保证学生能有一个实战训练的基地。只有在真实的工作环境下，学生才能得到充分的锻炼，提升自己的个性综合能力，为自己的就业做好充分的前期准备。目前我专业学生已经和西南地区包括菲亚特在内多家意大利大中小型企业建立了长期的合作关系，为学生创造了大量实习就业的机会，取得了良好的效果。

四、结束语

培养熟练掌握意大利语语言，熟悉国际商务规则的复合型外语人才，对"一带一路"倡议实施具有重要的战略意义和价值。复合型商务意大利语人才交际能力的构成必须以语言、文化、交际和商务等多个层面去构建。在教学实践中，要以跨文化商务沟通为核心课程，培养学生的意大利语语言能力、跨文化商务交际能力及实践能力。意大利语专业复合人才培养还须同行们广泛研讨、共同探索，合力为经贸意大利语教学的发展出谋划策。

参考文献：

[1] 习近平. 弘扬人民友谊 共创美好未来 [Z]. http：//paper.people. com. cn/rmrb/html/2013－09/08/nw. D110000renmrb_20130908_2－01. htm.

[2] 马赛，周龙. 访中国驻意大利大使李瑞宇："一带一路"连接中意未来 [N]. 光明日报，2014－9－17.

[3] 新华网. 意大利总统表示支持"一带一路"建设 [EB/OL]. http：//www. xinhuanet. com/world/2015－07/24/c_1116030250. htm.

[4] 商务部. 中国对外贸易形势报告（2016 年秋季）[EB/OL]. http：//www. gov. cn/xinwen/2016－11/02/content_5127560. htm.

[5] 林崇德. 创新人才与教育创新研究 [M]. 北京：经济科学出版社，2009.

[6] 文秋芳，周燕. 评述外语专业学生思维能力的发展 [J]. 外语教学与研究，2006（9）.

作者简介：

秦昕婕，女，1983 年生，硕士，讲师。主要研究方向：意大利文学。

从“内容为本”到“成果为本”

——高校基础写作课程教学改革路径探究

阮丽萍

（四川外国语大学新闻传播学院 重庆 400031）

摘要：在信息开放、高效传播时代，写作作为一种信息处理方式，在信息传递系统中的重要性日益凸显。高校基础写作课程是一门旨在提高学生写作能力素养的传统课程，虽然高等教育一再强调该课程的基础性地位，然而从学生的教学信息反馈来看，教学成果并不理想。本文着眼于近年来高校基础写作课程教学现状的调研，从教学理念、教学模式、教学方法、评核方式等方面思考影响教学成果诸多因素，认为基础写作课程教学改革的关键在于教学理念的转变，从传统的“内容为本”转向“成果为本”，在成果导向下，调整教学目标，改变教学模式，改进教学方法等，一切的教学活动共同指向学生理想学习成果的达成。

关键词：内容为本　成果为本　基础写作　教学改革

在高校课程体系中，基础写作是一门传统延续性较强的课程。由于写作在现代信息社会的重要性，决定了高校基础写作课程在各专业课程体系中的基础性地位。信息时代，几乎所有的人都进入了信息传递系统，承担着信息的生成与传播角色。作为一种信息处理方式，写作与社会成员个人的生存与发展休戚相关。

美国社会预测学家约翰·奈斯比特（John Naisbitt）在他的《大趋势：改造人类生活的十个新方向》（*Megatrends. Ten New Directions Transforming Our Lives*）一书中指出：“在这个文字密集的社会里，我们首先比以往任何时候更需要具备最基本的阅读和写作技能。”[①] 中国高校几乎所有的文科专业都开设有基础写作课；在国外，除文科院校外，很多知名的理工大学也都开设有该课程，如美国麻省理工学院，作为世界顶尖的理工类院校也为在校生开设了写作课程；其他如法国、俄罗斯、日本、韩国等国的理工院校也有开设写作课程。日本一位研究生院院长在著作中写道：“经过调查，许多理工科毕业生认为，对他们最有用且需要进一步加强的课程，一是代数，二是物理，三是作文。”[②] 国际高校对写作课程的高度认可，无可辩驳地奠定了该课程在高校教育课程体系中的基础性地位。然而，从现实的教学实践与效果来看，写作课的教学目标与教学效果之间发生了偏离：《中国青年报》曾载文指出当今大学生写作能力与水平低下，提到某商学院的逃课学生“连请假条都能写成不及格”“有的学生连通知都写不好”[③] 笔者曾经对参选并已完成该门课程的本学院学生进行课间随机走访，学生们反映出一些普遍性问题：“我学××专业的，为什么学院要给我们开基础写作课?”“学这门课有什么用?”“我们不知道有什么用，因此不感兴趣”，等等。

一方面，教育教学改革中强调学生的素质培养，将学生的写作能力的提高作为衡量“素质教育”成效的重要指标，强调该门课程在大学课程体系中的重要地位；为此，基础写作课程教师根

① 约翰·奈斯比特. 大趋势——改造人类生活的十个新方向［M］. 詹宏志，译. 北京：长河出版社，1985.

② 尹均生. 写作学概论［M］. 武汉：湖北教育出版社，1987.

③ 张国. 大学语文鸡肋化日趋严重，贫血背后是精神贫血［N］. 中国青年报，2008-7-25.

据整体的培养目标，制定了本课程较为完善的教学目标，并在授课实践中认真执行。另一方面，我们看到学生对该门课程价值认可的缺失，普遍存在着学习效果与教学培养目标严重偏离，教学成果不理想，高校基础写作课程教学改革势在必行。

一、问题的提出：教学改革焦点所在

为了说明问题，笔者调查了重庆市三所具有代表性的高校基础写作课程的教学现状，分别选取了一所综合性大学（西南大学）、一所理工类大学（重庆邮电大学）、一所语言类高校（四川外国语大学）作为研究对象。调研的对象是这三所高校担任基础写作课程教学工作的专业教师，笔者通过实地走访、远程通信等交流方式，调查了上述三所高校教师为该门课制定的教学大纲、教案、课件、教材、教学任务书、考试（查）试卷等多项内容，之后对这些数据进行分类整理，该门课程教学中一些带有共性的问题逐渐凸显出来。

（一）教师为主

教学大纲反映出的教学理念。笔者对比了以上三所高校十多位基础写作课程专任教师编写近20份教学大纲，发现相似度极高。在大纲“教学任务”“教学要求”一栏，教师们填写该栏所据的预设问题是：“作为任课教师，我该教什么?”所以，大多数大纲编写中，遵循这样的句式：“讲授……（内容），使学生……了解、掌握、领会……”“介绍……（知识点、理论），让学生认识……现象、技巧、方法、规律……”等，从教师所用“讲授”“介绍”“评讲”“演示”等关键词来看，反映出教师对于该门课教学理念，这种传统的教学理念基于这样一个假设：教师教什么，学生学什么，并且还能学会。国外曾经有这样一幅漫画说明

“教师教了≠学生学了”的道理：两个人（甲、乙）和一条狗(Strip)，甲说：“I taught Strip how to whistle.”（我教了 Strip 吹口哨）；乙说：“I don't hear him whistling.”（可我没听见它吹口哨呀）；甲说：“I said I taught him, but I didn't say he learned it.”（我说我教它了，并没有说它学会了呀）。也就是说，传统教学模式下的课程教学，以教师为主，片面强调教师授课的主体作用，将学生理想的学习效果的达成，依托教师教学任务、教学要求、教学目标的制定与严格执行。

在现行的教学质量评估体系中，对教师的评估，其中很重要的一项就是检查教学大纲，某位教师对一门课程教学任务与内容的确定、教学进度的安排是教学质量评估的重点。在这种传统理念下，教学实践中“教”与“学”双方无疑将重心向“教”倾斜了。在笔者收集到的二十份基础写作课程教学大纲中，教师们确定自己的教学任务均包括传统的“八大块”，以文章构成要素为主，分课时为学生讲述“绪论”“题材”“主题”“结构”“表达”“语言”“修改”“文风”八个方面的内容，是为表态地研究写作成员，向学生阐明写作原理。此外，还包括写作“文体”部分，从新闻文体开始，讲述文学文体、日常事务文书、行政公务文书、科技论文等共计五个大类三十余种文体，仅行政公文就有十三个文种，教学任务设定追求内容的“全”，细大不捐。教师的初衷在于向学生展示全部的写作原理、教会学生实用文体的写作，期待学生在将来的学习与工作中学有所用。实际情形又如何呢？从教学效果上看，学生对该门课程价值的“不认同”、缺乏学习积极性、具体文种写作能力缺乏的现象在笔者所调研的三所高校学生中同样存在。这里反映出一个问题：从教师的角度来确定“教师计划做什么”，无视学生的预期学习效果是否达成，是一种单向的、传统的思考范式，造成“教”与“学”的脱节。教师为主，但不应该教师是主体，而应该在教学双向互动中发挥主导作用，传统的以教师为主体的教学理念亟待更正。

（二）教学目标总体定位高，流于空泛

教学大纲中“教学目标”一项，基础写作课程任课教师普遍将总体目标制定得较高。笔者所见的该课程教学大纲编写者有一个共识：“提高学生的写作能力（水平）、提高学生综合素质与能力。”这一目标失于空泛，往往在教学过程中无法具体操作。写作水平的提高是一个漫长而潜在的过程，需要配合多学科的综合发展，绝不是一个学期或一门课就可以达成的。基础写作课程的直接目的不是为了培养专门的作家，而是系统地、科学地培养基础层面上的写作意识，从这个角度看，该课程命名为“公民写作”更为贴切，即为培养现代社会的合格公民而进行的写作教育。笔者认为，基础写作课程教学目的应该具体细化，首要的教学目标，应该是对学生“公民写作”意识的培养，认识到写作与学业成败、职业选择、生活实践的重要关联，这才是学生对该门课重要性认同感的来源。“读名著—学写作—懂人生”的教学理念应该贯穿于整个基础写作教学的全过程，我们的首要教学目标应该是建立上述三者普遍存在的客观联系，联系培养学生对写作重要性的普遍认同，而传统的基础写作课程教学从写作原理开始，静态地研究写作成品，按照课程进度安排文章构成要素的讲授，期待达到提高学生写作能力（水平）的教学目标，结果事与愿违。

此外，教师在教学目标中总希望通过一个学期的课程学习，使学生能熟悉、了解，甚至运用写作原理，熟练掌握各种文体的写作要素与写作技巧，并能合理运用。在教学实践中，从学生的学习成果反馈来看，这一目标定位过高，一个学期的课程学习远远不能达到。实际的情况是：学生对教师授课中反复强调的、与本专业关系最密切的几个文种掌握程度较高；而与本专业存在着

"隐性"关联、实用性较强的大量文种却无暇顾及。所以，基础写作课程必须调整教学目标，至少在写作文体论部分，应该细化目标，根据写作作为"应用中文"的要求，制定大学四年的写作训练，分层级、分阶段实现教学目标，阶梯式分级教学方法容后再述。

（三）教学内容重"知识"，轻技能

现行的高校基础写作课程教学大纲中，任课教师编写大纲、课程讲授所依据教材均有不同，但是教学内容的设定却大同小异，教学重点倾向于本课程基础知识的传授。设定教学内容之前，教师们基于这样一个心理假设：学生们需要这些知识。所以，在大纲编写中，教师对"教学内容"的描述常用"认识""理解""了解""掌握"等语词。实用文体部分，"行政公文"章节在各高校基础写作教学内容中均纳入必讲内容，课时量安排在6～8课时，笔者横向比较了各任课教师对此章节教学内容的设定，表达如下："掌握国标党政机关行政公文处理的条例规范""掌握行政公文的性质和规范体式""理解行政公文的特点作用""弄清报告与请示、会议纪要与会议记录的区别""了解函的适用范围""掌握本章所列常用13种公文的写法并能实际撰写"，等等。从各位教师习用的关键词来看，教学内容重"知识"的传授，默认为学生需要这些知识。在有限的课时内，"知识"的传授几乎占用了所有的课时，真正需要实训的部分，却不得不草草收场。

以上三个方面的问题，反映出基础写作课堂教学中一个核心的问题，即教学任务、目标、内容的设定是从教师的角度出发，而非从学生的角度去思考参与该门课程学习的学生实际需要是什么；这种教学实践，是传统的"以教师为主体"的教学理念的延续，至此，"教"与"学"的矛盾无可避免地凸显出来。这种理念指导教学实践，一个重要的特征便是教学活动中重视学科内

容，是为“内容为本”；与之配套的评估体系中，极为重视对任课教师教学任务、目标、内容、教学方法的评核。针对“以教师为主体”教学理念的弊端，美国的教育家于20世纪90代最早提出“成果为本”的教育理念，以此消解传统教学“内容为本”的教育理念带来的种种缺失。笔者拟引用该理论，对高校基础写作教学改革路径做初步的探讨。

二、成果为本：教学改革模式探究

“成果为本”的教育理念，或称之为“成果导向教育”（Outcome-based Education，OBE）是20世纪90年代开始兴起的一种教育改革模式。它的前身是60年代欧美国家提出的“能力导向教育”（Competency-based Education，CBE）；OBE最早由美国教育家提出，得到美国教育认证协会的认可，并在全美范围内将其作为工程教育认证标准，贯穿于美国教育体系的始终。随后几年，逐渐成为一种国际性的趋势：澳大利亚、新西兰、英国等国家也将该理念引入本国高等教育中，促使多所世界一流大学纷纷成立专门的教师促进机构，思考成果导向教育改革问题。21世纪第一个十年，这种理念走出欧美，进入其他的经合组织国家与地区。中国教育界开始关注OBE是在2007年前后，首先在香港高校中引入，2007年4月，香港成立质量保证局对香港各高等院校展开质量核证（audit），类似于内地高校教学质量评估。在该轮评估中，质量保证局首先引入“成果为本”教学理念，强调教育应该为学生的学习成果负责，关注的教学质量，鼓励大学采用“成果为本”教学理念，帮助学生成为具有学习能力的终生学习者。其后，OBE引起了北京、上海等地多所知名大学的关注，如首都经济经贸大学于2007年12月率先成立了中国高校首批教师促进办公室，随后，国内高校秉承“成果为本”的教育理念，纷纷成立了“教师发展中心”。

成果为本教学模式，促使我们再次思考和检视教育的价值和教育资源的分配，将教学由过去重视学科内容，转向为培养学生未来生活技能与角色表现。OBE 的含义，欧美教育家普遍认可 William G. Spadyr 的表述：“在一个教育系统中，任何事情都应该围绕着使所有学生在整个学习体验结束时能够成功地完成一些必须完成的事情。这意味着教育开始的时候应该有一个清晰的规划，即为了学生能够成功完成这些事情，需要确定什么才是重要的；然后据此组织课程、教学，并通过评估以确信产生这样的学习成果。”① 按照 William G. Spadyr 的说法，成果为本教学模式的实现，首先需要明确各专业（课程）学生学习成果，也就是说，这个“成果”，不是学生通过课程学习之后自然获得的，而是在课程开始之初，教师预先设定的、并坚信通过教学活动能够达到的“成果”。这一理念中，“理想的学习成果”是核心，围绕这一教学总体目标，需要合理完善的“成果评估”设计和“课程教学设计”来配合，各要素间关系如图 1 所示：

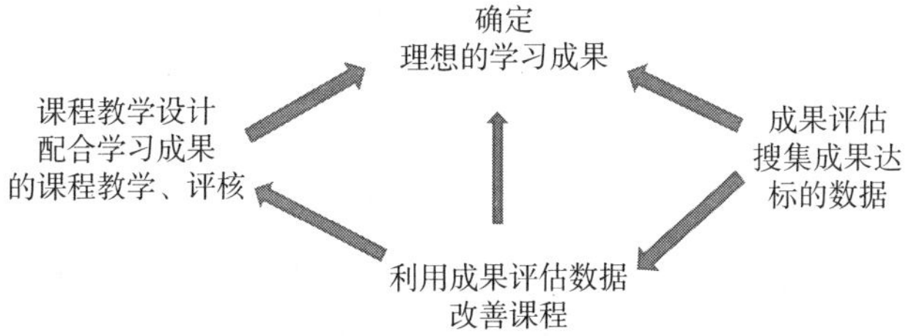

图 1　OBE 教育理念各元素关系示意图

说明：图据香港理工大学“‘成果为本’教学，提升学生学习能力”主题工作坊学习材料，有改动。

① William G. Spady, Anita F. Wiley. Outcome Based Education: Critical Issues And Answers [M]. Arlington, Va: American Association of School Administrations, 1994: 1-2.

据以上研究成果，重新审视高校基础写作课程教学，发现教学实践中“教”与“学”严重对立，正是“内容为本”传统教学模式的产物。“教”的一方，教师扎实的专业素养、完备的教学大纲、充足的课前准备、认真严谨的课堂教学等一切的努力，共同指向学生知识水平的提高；而“学”的一方，学生只是“学了”，而不是“学会了”。基础写作课程“教”“学”双方共同反映出的诸多问题的解决，应当回到以下两点。

（一）清晰地定义学习成果

教学系统的各个部分都应围绕教学成果。具体而言，教师的教学目标中应当有明确的学习成果设定。“内容为主”教学模式下教学目标的设定大而无当，在实际教学中很难实现，这是其一；其二，在“作为教师，我应该教什么”这个问题的指引下，教师的教学目标设定在知识的传播，而忽略实际的传播效果，“重知识”是“内容为主”教学模式的一大特征。在“成果为本”教育模式下，教学目标的设定应当转变思考方式，从“教师的角度”转向“学生的角度”，也就是说，教学目标要明确学生需要有哪些学习成果（能力）来验证任课教师的课程设定、课堂教学的有效性。教学目标的设定，不再着力于“学生会”，而是“学生能”。基础写作课程是一门实用性极强的应用型课程，教师在设定教学目标时，应淡化“知识（写作原理论）”的传授，而重点思考学生如何正确运用基本原理、把握标准，用以指导写作实训。以上述“行政公文”章节为例，教学目标设定目标不应局限于“掌握”“理解”“弄清”“了解”知识，而是应该思考“学生需要这些知识来做什么?”，在这一理念下，教学目标的表述应当为：“学生能遵循格式标准，完成××（文种）写作”“学生能综合运用和文种的格式特点，区分××（文种）与××（文种）”“学生能根据××（文种）的规范体式，对他人撰写的该类公文进行纠错”，等等。其他部分的“教学目标”设定也应遵循上述方式，将目标的制定与学生学习成果的达成紧密联系起来，现行大纲教学目标设定为“全面提高学生的写作技能与素养”，并不具有可操作性，不能保证学生达到理想的学习成果。按照“成果为本”的理念，应当将这一整体目标细化，分层级、分阶段完成，将基础写作课堂教学与课后学生的自主学习联系起来，建立写作档案，以大学四年为期，教师监测、追踪评估学生的学习成果。将写作能力素养提高的整体目标细化为三个阶段：“教学型学作”，基本写作原理与常识，认识常用文体，模仿范文尝试写作，这一目标在大学一年级完成；“采集型写作”，指导学生在阅读、实地调查研究的基础上写作，在社会调查、专题采访的实践基础上，进行应用文体实训，这一阶段持续时间较长，在大二、大三阶段完成；“研究型写作”，在老师的指导下写作毕业论文，这一目标在大四完成。采取阶梯式训练，循序渐进。唯有如此，我们的教学目标设定才有实践意义，保障预期的学习成果的达成。

对于“学习成果”的描述，需要有教师团队系统性地收集学习成果的信息，监测学生学习进度，建立学生学习成果持续改进机制，而这一点，正是传统的基础写作课程教学中缺乏的。

（二）“成果为本”理念的实施原则，根本在于回归基本的课程设计

根据教学要素关系图，“课程设计”直接对“理想的学习成果”负责。课程设计需要配合学习成果，即“成果导向”；利用成果评估数据改善课程，可以保障理想学习成果的达成。所以，上述四要素中，“课程设计”处于核心地位。课程设计是某一门课程的综合性实践教学环节，是一个有目的、有计划、有结构地产生教学计划、教学大纲以及教科书、教学考核等的系统活动。

任课教师（课程组）在授课前应制定“基于成果为本的教学设计表”，将学习目标、教学成果形式、教学方法、考核形式统一起来，设计主要的学习与教学活动，内容包括选用教学资源（如教材、参考书目）、设计教学活动来实现预期的教学成果，并且要对每项课程活动进行简要的解释。

实施“成果为本”的教育理念，教师的课程设计应对学生的学习成果负责。在此有两个焦点问题需要突破：一是“教师主体”向“学生主体”的转变。教师的角色定位，应转向为学生创造条件和机会，激励学生实现课程教学目标设定的，必须达到的学习成果。教师设计课程教学，应以合作式学习、角色扮演、调查研究、项目实践、阶段性成果交流汇报、课间师生互相提问等形式，体现教师的主导作用。二是对学习成果的检验，应摒弃传统的集中笔试的形式，不同的学习成果，需要不同的评估方法。基础写作课程内容的多层次性，决定了对学生学习成果评核方式上不能搞“一刀切”。例如，属于低层次识记、理解型的知识，可用传统的“选择题”的形式进行考试；属于高层次理解层次的要点，可以用开卷考试、家庭作业的形式检验；属于“能力”考核的学习成果，可以灵活使用项目、实习、工作现场评估、作品等形式评核；属于“素质”层次的学习成果，则需要学生用日志、反思写作的方式记录，教师检验学生的记录数据，并进行评核。

三、教学方法：教学改革路径探讨

成果导向教学理念下的课程设计是建构性配合“理想学习成果”而设定的。如上所言，课程设计是“成果为本”实施的核心，保障学生“预期的理想学习成果”的实现。在课程设计系统活动中，课堂教学是重中之重，教学改革的焦点往往也集中在课堂教学模式及教学方法上。按照“成果为本”的教学理念，结合高校基础写作课程课堂教学现状，反思包括笔者在内的写作课程任课教师在教学方法上存在的问题，笔者提出几点改进意见，作为该门课程教学方法改革的路径探讨，以求教于同行。

（一）课堂教学以“话题”为中心，“主持人”式的教学法

这种教学方法在教学实践中表现为以专题讲座的方式授课，改变传统课堂教学中教师对“知识要点”进行“满堂灌”的方式。“成果为本”理念强调从学生需要的角度思考教学，教师需要考虑学生需要这些知识来做什么。所以，以话题为中心，以讲座的形式组织教学内容，在很大程度上是对上述无视学习成果问题的消解。以基础与作课程通用教材为例，教学内容整体性分三大块：写作原理、文体与写作技巧、阅读与写作实训。传统教学方法是按照教材编写的先后顺序循序渐进，这种做法有两大弊端：一是有限课时与授课内容庞杂之间的矛盾突出，据笔者调查，该门课程中最重要的“写作实训”囿于课时安排，或弃而不讲，或草草收场；二是写作原理与写作严重脱节，学生识记的原理在写作实训中派不上用场。“话题”或讲座的授课方式正可消解上述矛盾，将原理、阅读、写作有机结合起来。以“想象与联想”专题的讲授为例，课前布置学生准备几部自己印象最深的，“想象”成分最多的小说、电影、电视剧等作品，并熟悉作品中“想象”的情节。课堂上，教师在讲座的前十五分钟，讲授“想象”作为写作行为过程中重要的环节和在写作构思中的重要作用。然后引导学生课堂发言，以自己最熟悉的“想象”型构思的作品为例，体会“想象”与作品成功的重要关系。在笔者的课堂上，学生饶有兴趣地举出了许多经典案例。在讲座结束之前，教师点评，内容包括以上成功案例中的作家如何具有丰富的想象力

（通过阅读）、学生的表述中存在的问题，激励学生读名著、学写作、懂人生。最后布置课外作业：根据教师选取的一句具体的话，展开合理的想象而进行续写。“主持人”式的教学法，正是成果导向教学改革所要求的由“教师主体”向“学生主体”的转变方式，是课堂教学可资借鉴的有效方式。

（二）分组与分散教学模式

成果导向的教学理念对传统教学模式中“内容为本”的做法进行了修正。传统课堂重知识系统化，注重授课内容“全”的一面，但是，教师忽略了一个问题：教学内容的“全”不等于学生知识能力的“全”。对于基础写作课程而言，写作原理论有“八大块”，成果导向下教学方法的改革应打破传统教学中强调八大要素系统性的做法，淡化体系意识，实行原理论的分散教学。课堂上可以尝试浓缩理论阐述，减少教师的讲解。每一要素的理论讲授之后，应当设置有效的课内外实训项目，确保理论有实践意义。例如，讲述“使用说明书”的写作，教师的课堂设计中原理讲述应当控制在十分钟之内，重要的是设置学生能接受的实训项目。具体教学中，可将学生分成四个小组，分别承担四种说明书写作的要点阐述：如复印机使用方法说明、PPT 制作方法说明、扫描机使用方法说明、空乘人员坐姿、站姿要求说明。每一小组需要向其他小组阐述本小组所承担的“说明书”的写作要点，4 个组阐述完毕后，教师组织各小组间进行任务交换，用口头作文的形式完成其他小组的“说明书”任务，其余小组进行点评。

分组教学模式建议贯穿基础写作课程教学的始终。课程之初，教师布置分组，每个班 4～5 个小组，集体完成教师组织的课内外实训项目。以“调查报告”写作章节的教学为例，应当摒弃传统的从写作要素出发开始讲授的做法，而是应该淡化理论，设置学生们感兴趣的、又有能力完成的选题，让学生在约定的时间内课外完成，课堂上教师以“主持人”的角色组织各小组集中评讲。教师以组为单位，分配10个左右学生们感兴趣的选题，如“大学生消费情况调查”“大学生周末生活调查”“大学生手机使用情况调查”“大学生择业观调查”“纸质报纸的现状调查”“报刊亭的现状调查”“××地农民工子女教育现状调查”等。选题布置之后，指导学生在问卷制作、实地调查、报告撰写等方面遇到的问题，可参照教材的说明，用于指导实训；此外，教师还应为各组学生提供调查报告文体的经典范本，提示学生调查数据完成后、报告撰写之前细读范文，对照原理，理清该文体各要素在经典范文中是如何体现的，指导学生模仿、实训。

“O－图表”在课堂上的使用。“O－图表”作为一种嵌入式的学习方式，是由香港理工大学教学发展中心提出的，并在教学实践中，将学生的“O－图表”报告作为学习成果评核的依据。它既是成果导向下强调学习效果的一种学习方式，也是一种对“教”的一方深有启发的教学方法。香港理工大学作为理工院校，教改专家们思考传统的“线性教学”存在着理论脱离实际、学生预期学习效果很难达成的困境。笔者认为“O－图表”适用于所有需要理论联系实际的学习活动，它有助于学生辨认理论和实践之间的关系，探究实例中对理论的应用，培养学生的批判性思维。如上所述，基础写作课程的教学内容既涉及写作原理，又涉及写作实训，传统课堂对写作原理的“线性”讲授造成了理论与写作实践的脱节，改革势在必行。“O－图表”强调理论与实践的联系，“O”可视为理论，也可视为具体的观察对象。联系基础写作课程教学，“O”视为理论，可广泛运用于写作原理论的教学。如讲述“主题”章节，将“主题”的原理论置于“O—图表”的中心，理论中对“主题”的选取有若干要点与规定性，可以一并填入“O”图形中心位置；然后，以原理为中心，教师将与“主题”有关的经典范文分散环绕于“O”四周，并引导学生将经典范文中很好地体现了“主题”写作规范与要素用线联结起来，展示“主题”的选取，确定原理在写作实例中是如何体现的。这一过程有可逆性。亦可将教师选取的经典范文、学生习作置于“O－图表”中“O”的位置，作为师生观察、研究的中心；教师引导学生从“O”框定的文章中分解若干写作要素，如哪个部分是“主题”？哪个部分是巧妙“构思”？哪个部分体现出“表达技巧”？等等。“O－图表”教学方法还特别适用于写作要素繁复的行政公文教学，有利于学生将纷繁复杂的写作要素有机地统一起来，限于篇幅，不一一赘述。

教学改革是系统工程，从观念的转变到教学方法的改进，无不渗透着教学从业人员对教学实践活动的探索与发现。“成果为本”的教学理念，为基础写作课程教学改革提出了明确的思路，成果导向是一切教学活动的出发点与立足点，有助于教师思考课程教学如何帮助学生达到预期的、理想的学习成果，思考教学实践中存在的与“成果为本”理念相悖的做法，积极探索直接为学生学习成果负责的教学方法，这也是“成果为本”教育理念对当前教育教学改革的重大贡献，有着深远的实践意义。

参考文献：

［1］William G. Spady，Anita F. Wiley. Outcome Based Education：Critical Issues And Answers［M］. Arlington，Va：American Association of School Administrations，1994：1－2.

［2］约翰·奈斯比特. 大趋势——改造人类生活的十个新方向［M］. 詹宏志，译. 北京：长河出版社，1985.

［3］尹均生. 写作学概论［M］. 武汉：湖北教育出版社，1987.

［4］张国. 大学语文鸡肋化日趋严重，贫血背后是精神贫血［N］. 中国青年报，2008－7－25.

作者简介：

阮丽萍，女，1978年生，硕士，讲师。主要研究方向：文学传播学。

外语院校女性学课程体系设置

——以四川外国语大学为例①

谭　霞

（四川外国语大学社会学系 重庆 400031）

摘要：本文通过对国内女性学课程研究现状的评述，阐述在外语院校开设女性学课程的重要意义，并以四川外国语大学为例，从教学内容、教学方法、教学形式和考查方式四个方面对女性学课程进行试点设置，可为女性学课程设置以及学科发展提供实践经验并有效促进对大学生的优质培养。

关键词：女性学　课程设置　性别平等

随着高等教育的蓬勃发展，高校中女大学生的比例越来越高。据教育部网站数据统计，2009 年，全国在校普通本专科人数达到 2144 万余人，女生占到 50.48%，比男生多 20 余万人，全国女大学生人数第一次超过男生，自此之后，全国女大学生人数每年都超过男生，相关的外语类高校男生更是“熊猫”般稀少，以四川外国语大学为例，据 2015 年全国高校男女比例排行榜显示，该校女生比例已达 81%，其余七所传统的外语院校女

① 本项目是四川外国语大学 2016 年校级教改项目“语言类高校女性学/性别社会学课程体系设置研究”（GY164629）阶段性成果。

生比例也高达70%以上。外语院校中庞大的女生群体，其正确的女性意识、男女平等意识不仅影响其自身正确的世界观、人生观和价值观的形成，对国民素质的发展以及对中国政治、经济、文化、教育等各方面都发挥着重要的力量和作用。因此，在高校中，特别是外语院校中开设女性学课程具有十分重要的意义。

一、国内女性学课程研究现状评述

通过女性学课程相关内容的查找，发现国内有关“女性学课程设置”的资料不多。其研究主要集中于对女性学课程的学科发展、课程体系、课程内容、课程定位等方面，具体内容如下。

（一）女性学课程发展由西方化到本土化

女性学课程作为西方的舶来品，其理论对中国女性学的发展起着非常重要的影响，但是女性学要在中国得以不断强大和发展，必须结合我国的具体国情，扎根本土。如有学者认为中国女性社会学的探索不仅仅是对以往女性社会学本土知识建构的历史累积，还包括对中国女性社会学本土知识建构的反思；王金玲教授认为，中国女性有着自己的历史、现在和未来，因此中国的女性社会学也应该和必须是本土化的女性社会学，而不应成为西方的追随者或“翻版”；丁娟等人指出：“建设中国特色社会主义妇女理论，应尊重理论多样化发展的特点，在思维方式上，应正视和承认各种理论中的矛盾和不完备，尊重和吸收其他有益于自身理论体系完善和发展的观点。在叙事方式上，应建立自己的言说规则。”①

① 中国特色社会主义妇女解放理论课题组（丁娟、马焱、黄桂霞）. 社会主义初级阶段男女平等理论研讨会观点综述［J］. 妇女研究论丛，2004（1）：62-66.

（二）女性学课程体系从跨学科性到专业性

女性学课程最初在中华人民共和国的萌芽，是由全国妇联开始的，他们将妇女研究和教学的工作放在其隶属的妇女干部学校和妇联机构之中，随后女性学课程借助“外教”和留学归国的教师开始在高校中开始推广。但女性学课程在最初发展时，因师资、学科、经费等限制，不得不依附于其他学科一同开展，或是融入其他专业或学科进行传播。如由妇女/社会性别学学科发展网络自主的厦门大学精品课程——普米族性别文化与汉族性别文化比较，就将少数民族的民俗文化与女性学相关的知识结合起来进行教学；另外湖南工程学院开设的“性别与女生体育”课程、黑龙江中医药大学开设的“女性健康管理概论”、广西医科大学开设的“医学生与社会性别学”课程等，将女性学与体育、医药、管理等学科结合起来。直到 2006 年，教育部将“女性学”列入新设的本科专业，该课程开始朝专业化路线发展，中华女子学院女性学系为女性学专业本科生开设了较为完整的专业课，同时有关女性学课程的教材开始如雨后春笋般不断涌现。如祝平燕，周天枢，宋岩的《女性学导论》，骆晓戈的《女性学》，王宏维编的《女性学导论》等，为女性学课程的专业化发展奠定了必要的基础。

（三）女性学课程内容的多样性与特色性并存

不同的学者、老师对女性学课程内容的设置的侧重点有所不同，如王金玲教授从妇女与本土视野下的女性社会学、女性主义文化、国外女性主义的挑战、女性与社会分层、家庭、女性社会学研究方法等方面进行阐述；李喜荣从女性学概论、女性主义流派、中国女性的社会地位、性别角色社会化、女性与大众传媒、女性与美、女性心理与成功等方面对女性学课程的内容进行思考；祝平燕等从女性学的理论流派，女性的发展历史，性别在教育、家庭、劳动与就业、政治参与等方面的差异等方面进行研究。但在不同高校，女性学课程内容设置的一个较大特色就是结合本校的具体情况来进行开设。如专门面向理工科学生专门开设性别课程（梁红等，2009），专门面向师范院校开设的女性学课程（牧新义，2001），以及在体育院校开设女性学课程等（马国义、易学，2003），由此可见，关于女性学课程的内容，不同性质和类型的高校以及不同的学者对其内容的界定各有千秋，呈现出百花齐放的局面。

（四）女性学课程定位的批判性与实用性之争

针对高校女大学生数量的不断攀升，不少高校认为设置女性学的目的主要是为了对高校女生进行人生与学业方面的指导，部分学者从帮助两性了解自身的性别历史及现状，为两性提供正确的性别观念和知识，改变传统刻板的性别观念和性别偏见，培养学生的性别意识及性别分析能力等方面对女性学课程的意义进行分析，再者如李喜荣从现实需要、女性人格培养、高校人才培养、性别理念的传播等方面阐述了女性学在高校中开设的现实意义。但从女性学课程名称的不统一即可看出对该门课程设置的批判性之争。如王金玲认为："在中国有'妇女学''女性学'等不同命名。鉴于'女性学'的命名有性别本质主义的嫌疑"，因此坚持使用"妇女学"的命名。在课程教学过程中，有学者认为，女性学"这些实用性课程，大都具有较强的'本质''整体'的趋势，是从本质主义、整体主义立场理解'性别身份'的，在使学生获取了'有用'知识的同时，也使作为女性学/社会性别研究课程精髓的批判精神，面临着被稀释、被模糊、被曲解的危险。”① 沿用的也是男权中心主义的理念。

综上所述，关于高校中女性学课程的研究文献不多，同时，各个高校由于自身发展目标、专业特色、学科建设等差异，在女性学课程设置上也各有不同。因此，在语言类院校专门开设女性学课程，对女性学课程的完善以及有针对性地培养学生有着特别重要的功能。

二、外语院校开设女性学课程的意义

女性学是西方女性解放运动的产物，在社会性别意识传播、男女平等方面发挥着重要作用，在其自身发展和完善中有着完善的课程体系和高度的社会认可度，被广泛地应用于人文社会科学领域中。但目前还没有外语院校开设女性学专业课程，一般将其作为选修课进行教学，如上海外国语大学就将女性学作为通识教育选修课，更多外语院校甚至没有女性学相关的课程设置。四川外国语大学针对外语院校女生人数远远大于男生人数的客观现实，以及外语院校女生独特的特点，在外语院校开设女性学课程，将对女性学课程发展，男女两性性别平等、正确的恋爱观念、自我信心的树立等有着重要的意义。

（一）提高女性学课程普及程度

我国在党和国家领导人的大力关注下，在社会各界的共同努力下，女性学学科取得了长足的发展，2006 年，教育部将“女性学”列入新设的本科专业；2007 年 9 月，“中国社会学学会女性/性别社会学专业委员会理事会”成立，标志着这一学科走向

① 王宏维．对高校女性学/社会性别研究课程及其教学的五点看法［J］．山西师大学报（社会科学版），2007（34）：42－51．

了主流社会学界；2011 年，《中国妇女发展纲要（2011－2020 年）》指出“教育工作者全面贯彻性别平等原则，高校学校女性学课程普及程度提高，使性别平等的原则和理念在教育课程标准及教学过程中得到充分体现”，鼓励高等学校开设女性学课程。但总体而言，我国女性学专业发展缓慢，据相关资料显示，截至 2011 年底，我国仅有 24 所院校开设了女性学相关课程。因此，在外语院校开设女性学课程，可以提高女性学课程的普及程度。

（二）传播正确性别理念的重要途径

一提到外语院校，人们除了盛赞其美女学生如云以外，还将目光投向学生的性别角色上。因此，通过在外语院校开设女性学课程，可以让学生了解女性学的缘起、内涵、女性主义流派、性别角色社会化等专业知识，帮助学生了解性别历史，消除性别偏见，树立正确的性别观念，促进性别平等意识的提高。

（三）担负学生人生指导的功能

随着社会的发展、观念的开放，社会上未婚先孕的现象比比皆是，高校中男女学生恋爱、同居的现象也比较常见。但部分男女学生对人体生理结构、恋爱关系、性行为常识等知识较为缺乏，一些女生意外产子、流产，妇科疾病时有发生以及高校艾滋病发生的比例也在不断增长，这些现象引起社会的极大关注。同时，外语院校庞大的女生群体在就业问题上，却没有相应的大量就业岗位与平等的就业机会，导致部分女生认为“学的好不如嫁得好”。在择偶方面，一些人视金钱为首要目标，沦为金钱的奴隶。因此，外语院校甚至所有高校，都有必要开设女性学课程，这样可以让学生了解正确的恋爱关系，掌握基本的性行为知识，端正就业态度，帮助女生健康成长与发展。

（四）培养时代要求的国际化人才

随着经济全球化的深入发展，“一带一路”倡议的不断推进，国际竞争日趋激烈，对我国高等教育人才培养提出了新的更高的要求。《国家中长期教育改革和发展规划纲要（2010—2020）》指出，要扩大教育开放，“适应国家经济社会对外开放的要求，培养大批具有国际视野、通晓国际规则、能够参与国际事务和国际竞争的国际化人才”。外语院校因其专业设置的特殊性、国际化，在教育开放和国际化人才培养方面具有得天独厚的优势。因此，在外语院校开设女性学，可以让学生了解国际上的女性为推动世界男女平等所做出的努力与奋斗，提高其社会适应力和国际竞争力，培养她们成为具备国际视野，参与国际事务与竞争的国际化人才。

三、外语院校女性学课程的教学实践

目前我国除了传统的八大外语院校外，许多综合性大学都设置了外语学院。语言类的高校与院系其中最显著的一个特点就是女生较多，女生云集的院校在学习、就业以及择偶等方面有着与其他类型的院校不同的特点，更需要性别平等意识的培养、女性自信力的提升以及职业生涯规划的指导。为更好地对外语院校设置女性学课程展开研究，本文以位于西部地区的四川外国语大学为例，对女性学课程的开设展开探讨。

四川外国语大学是西南地区外语和涉外人才培养中心以及外国语言文化、对外经济贸易、国际问题研究的重要基地。该校在2015年女生总数已占比81%，但暂时未开设女性学课程，在相关院系和教师的争取下，拟进行女性学课程的试点。该试点由社会学系推行，以选修课的形式进行开设，具体设置如下。

（一）教学内容注重理论知识与思维方式的培养

在女性学课程教学小组的协调与配合下，四川外国语大学女性学课程集体备课，分工协作，构建起女性学课程的内容框架，具体内容分为三部分，第一部分是理论研究部分，该部分主要以介绍女性学专业基础知识为主，介绍女性学的内涵，了解女性学的缘起与发展；介绍女性主义的流派，如自由主义女性主义、激进女性主义、社会主义女性主义、马克思主义女性主义、后现代女性主义、文化女性主义以及生态女性主义；介绍性别社会化的理论等。该部分内容主要由社会学系教师进行授课。第二部分是学术讲座系列，该部分结合女性学在各个领域以及与各学科的结合，邀请四川外国语大学相关学者与专家进行讲座，让学生了解我们日常生活中的女性学知识。目前拟开展以下学术讲座：中国女性的发展历史、文学中的社会性别，大众传媒里的社会性别、国外政坛上的女性人物分析以及女性与未来。第三部分是课程的最后一部分即影片鉴赏，该部分选取《蒙娜丽莎的微笑》这部影片让学生观看，该影片作为一部以女性为核心的经典电影，反映了20世纪50年代美国女性追求自我意识与价值的历史。影片描述的是1953年，在女权主义已经萌芽的美国社会，女性的地位还没有得到根本改变，一位年轻漂亮，又满怀改革理想以及先进理念的女性凯瑟琳·沃森，前往被誉为“没有男子的常青藤”——卫斯理女子学院教授艺术史，用自己的行动挑战传统的教育理念与方法，引导学生敢于向传统发起挑战，唤醒学生的女性意识，鼓励学生勇于追求自己的人生目标。通过对该影片的鉴赏，可以让学生明白我国正处在男女平等发展的关键时期，尽管社会上有许多不平等性别文化的存在，但只要自己坚定理想信念，勇于追求男女平等，就一定会实现自我真正价值与男女平等和谐。

（二）教学方法实行“互动式”与“互换式”并存

结合四川外国语大学男女生比例的特点，女性学课程实行“互动式”与“互换式”教学方法。所谓互动式，即改变传统的“填鸭式”教学，采用时下先进的“雨课堂”模式，不仅强调课堂上师生双方、学生之间的互动，而且关注课堂外师生之间交心互动。在课堂上，师生可以对案例进行分析、分享，学生之间可以对相关情景展开模拟互动。课堂外，学生可以对老师的课堂教学内容、计划、案例等提出自己的看法，也可以针对自己在生活中面临的情感、恋爱、就业等方面的问题与老师展开互动，促进师生关系的和谐发展。所谓“互换式”是指针对很多班级男生少，女生多的情况，在部分内容讲授的过程中，请男生女生互换身份和角色，站在对方的性别角色中去理解对方、看待问题、解决问题，让性别平等的观念深入男女学生心中。

（三）教学形式注重实践性的应用

该课程的设置，除了课堂理论知识的讲授和相关讲座的开设，还注重实践性的应用。在教学过程中，任课教师通过设置相关实践课程，让学生走出课堂，深入学校、社区和组织开展实践。在具体实践中，主要选取四川外国语大学学生对社会性别的认识、某社区家庭中的性别责任承担以及参观某招聘会并对男女要求进行统计分析三类主题展开实践，设计问卷和访谈提纲，了解女性学在我们日常生活中的应用情况，最后以社会实践报告的形式进行检验，以培养学生的运用能力。

（四）考查方式允许多种形式自选

在女性学课程考查方式上，不拘泥于形式，学生可结合教学内容，选择自己感兴趣的内容采用撰写论文、调查报告、心得体会作为考查形式，三者选其一。所谓撰写论文，也即是学生通过课堂理论的教学与学术讲座，撰写一篇与女性学相关的论文；所谓调查报告，是指学生通过在校内校外的情景体验，撰写与女性学相关的调查报告；所谓心得体会，是指学生通过相关讲座的开设以及对影片的鉴赏，结合自身的特点，撰写自己的心得体会。通过多样的考查方式，吸引学生的关注，真正让女性学的内涵融入学生头脑中。

四、小结与反思

经过一年的努力，女性学课程在经过重重困难之后，终于得以实施。根据学生选修女性学课程后的反馈，该课程取得了如下的成果：学生基本掌握了女性学课程的基本理论知识，对女性学的前沿研究成果有了进一步的认识和了解，性别观念有了较大的改变，能以积极的态度面对社会生活中的性别文化。但该课程要在全校进行推广与实施，还面临着诸多困难，如学科建设、学分设置、人才培养等一系列复杂的问题。由此可见，四川外国语大学在设置了社会学专业的前提下开设女性学课程之路如此艰辛，其他外语院校的情况就可想而知。同时，现实社会中性别歧视、职业歧视等不平等现象的存在，使得课程在理论倡导与现实生活中的遭遇两难。但不可否认，女性学课程在外语院校这样一种男女比例严重失衡的院校具有非凡的意义。因此，要真正地实现男女平等，不仅仅须在高校课程上进行设置，做到国家男女平等政策的有效贯彻落实、在社会生活中倡导男女平等观念等也是至关重要的表现。

参考文献：

[1] 石彤. 中国女性社会学学科化本土知识构建的历程 [J]. 云

南民族大学学报（哲学社会科学版）2010，27（6）：47－53.
[2] 王金玲. 从边缘走向主流：女性/性别社会学的发展（2001－2005）[J]. 浙江学刊，2006（6）：195－205.
[3] 中国特色社会主义妇女解放理论课题组（丁娟、马焱、黄桂霞）. 社会主义初级阶段男女平等理论研讨会观点综述 [J]. 妇女研究论丛，2004（1）：62－66.
[4] 魏国英. 从女性研究到女性学学科建设——高校女性学发展脉络 [J]. 山东女子学院学报，2016（6）：72－96.
[5] 王金玲. 女性社会学的 [M]. 北京：高等教育出版社，2005.
[6] 李喜荣. 高校女性学课程设置的意义及教学实践 [J]. 现代企业教育，2013（22）：103－104.
[7] 祝平燕，周天枢，宋岩. 女性学导论 [M]. 武汉：武汉大学出版社，2007.
[8] 袁翠清. 普通高校开设性别课程的必要性及可行性研究 [J]. 山西大同大学学报（社会科学版），2014.
[9] 王金玲，王平. 从意识觉醒到社会关照：中国妇女学的发展（1995－2011）[J]. 云南民族大学学报（哲学社会科学版），2012（6）：46－55.
[10] 王宏维. 对高校女性学/社会性别研究课程 及其教学的五点看法 [J] 山西师大学报（社会科学版），2007（34）：42－51.

作者简介：

谭霞，女，1985 年生，硕士，讲师。主要研究方向：城市社会学、性别研究。

汉语、西班牙语语法对比与汉语教学问题

——以“是+形容词”为例

申义兵　李　明

（四川外国语大学西葡语系 四川外国语大学国际商学院 重庆 400031）

摘要：西班牙语语法与汉语语法有着很大的差别，因此，西班牙语国家的学生学习汉语会有一些特殊的难点。本文以汉语的“是+形容词”为例，除了分析讨论西班牙语句子的汉译问题之外，也讨论了汉语语法中的“的”字结构等以及形容词名词化的问题，希望从中理清“是+形容词”的种种规律，并应用此规律帮助西班牙语国家的学生更好地了解汉语语法。

关键词：汉语　西班牙语　语法

一、前沿

任何人学外语最自然、最容易做的事就是把自己母语的习惯套在外语上，有时套对了，有时又套错了。那些外语和母语不同的地方就一定会套错。

西班牙语语法与现代汉语语法的差别比英语与汉语的差别还要大，因此，西班牙语国家的学生学习汉语也有一些特殊的难

点。笔者曾经在哥伦比亚安蒂奥基亚大学教授过两年的汉语课程，在初级阶段的语法方面，西班牙语系动词“ser”（是）后边接形容词的情况非常普遍，因此，哥伦比亚学生在说、写汉语时，也就很自然地，或是说习惯性地套上了这个西班牙语句型，造成了在学习汉语上许多难以改正的偏误。而这一错误并不仅仅存在于哥伦比亚的学生身上，由于西班牙语国家众多，因此，其余的西班牙语国家学生在学习汉语时也会犯同样的错误。

一般来说，汉语基本上在“是”字后面是不能紧接形容词的，或者至少可以说它有很多限制。例如：“我的学校是好”是不能成立的，必须说成：“我的学校很好。”此外，像“这辆汽车是新的”，为什么在形容词后有了“的”字，句子就可以成立呢？说汉语的人一般情况下都是“知其然”，而“知其所以然”的恐怕就不是很多了。因此，笔者试图对这个问题做一个初步的探讨；或者更准确地说，想借此引起国内学者专家的注意，为汉语中“是+形容词”这个问题理出一条能够言之成理且简洁明了的规则来。

本文除了分析带 ser 的西班牙语句子的汉译之外，为讨论这类句子的汉译问题，也会用一定的篇幅来讨论现代汉语语法中的“的”字结构（包含“是”字句和“是……的”的句子等）和形容词名词化的问题，希望从中可以得出“是+形容词”的种种规律，应用此规律帮助西班牙语国家的学生以及在华西语国家留学生更好地了解汉语语法。

二、西班牙语“ser+形容词”句的汉译

（一）西班牙语“ser+形容词”句汉译的分析

按照西班牙语语法要求，形容词前边通常都是可以紧接系动

词的，其中最主要系动词有两个：ser 和 estar。为了集中论点，本文只以“ser + 形容词”为例进行讨论。Ser 是系动词“是”的原形，相当于英语动词“be”。下面我们举一些西班牙语国家学生普遍发生的偏误句子为例加以介绍：

（1）Tú eres guapo.（你很帅气。）

因为句中有“eres”（动词“ser”的第二人称单数变位），因此学生通常直译为“你是很帅气。”同样的情况如：

（2）Mi universidad es buena.（我的学校很好。）

学生通常将其译成“我的学校是好。”

这一类“ser+形容词”的句子在译成现代汉语时，ser 都能不译成“是”。针对这一部分，通常我们除了会告诉学生：在 ser 的位置上译成“很”；并且会做特别说明：这个“很”字并没有强调程度高的意思，它只是一个语法功能而已。[①] 但是，事实上，这个“很”字又是西班牙语国家学生另一个感到困惑的难题。因为根据他们母语的习惯，再加上有限的汉语能力和汉语语法知识，自然会把“很”理解为表示程度高或强烈的副词，相当于西班牙语副词“muy”或英语的“very”。因此，这一类句子对西班牙语国家的学生造成了“双重偏误”：一是西班牙语译成汉语时滥用动词“是”，二是汉语译成西班牙语或用中文造句时，又常误用了“很”或不敢用“很”。例如：

（3）Este coche es bonito.（这辆汽车很漂亮。）

---

① 关于汉语形容词前面的“是”字，邢福义教授说：“‘是’有的单独用在动词或形容词前边，表示肯定语气，又有强调作用。……这样的‘是’可以认为是句子结构中的辅助材料。”我们认为这个“句子结构中的辅助材料”的提法，也可以用来解释由西班牙语形容词前面那个动词 ser 翻译过来的“很”字。也就是说，那个“很”字也是“句子结构中的辅助材料”，只具有句法功能而没有原来副词表示强烈的意思。

不是译成“这辆汽车是漂亮”，就是译成“这辆汽车漂亮”；学生们的理由是：这辆汽车只是“还行”，不是“很漂亮”。

（二）“是 ＋ 形容词”与“的”字结构的问题

西班牙语“是＋形容词”句译成汉语时可以有两种形式，一种是“很＋形容词”，例如：

（4）Este coche es bonito. 译成：“这辆汽车很漂亮。”

另一种是“是＋形容词＋的”，例如：

（5）Este coche es nuevo. 译成：“这辆汽车是新的。”

所以，“是＋形容词”句除了译成“很”会对西班牙语国家学生造成困扰，如前所述，像“这辆汽车是新的”句中的“是新的”这一表述，究竟是“的”字结构还是“是……的”句或“是”字句，则是另一个困扰。汉语语法书中对这个问题的确也有着不同的理解。李德津和程美珍合编的《外国人实用汉语语法》（2008）、陆仁昌的《现代汉语教程》（1992）都是用“的”字结构来处理“是＋形容词”这一问题的。而在刘月华、潘文娱和故韡三人合编的《实用现代汉语语法》（增订版，2001）中虽然没有提到“的”字这一结构，但是在“‘是……的’句（二）”中的一个例子却是：“他心里是透亮的。”显然这是把“是透亮的”这一形式当作“是……的”句来处理的。汤廷池在《国语语法研究论文集》（1985）中则将这个问题作为“是”字句来处理。

由于“的”字结构、“是……的”句和“是”字句的形似，容易造成混淆，学者尚且有不同的看法，我们就更难要求西班牙语国家的学生很好地了解并正确使用这些表达方式了。所以，要以这样复杂的一个规则来说明“是＋形容词”的问题，只能是越说越乱，越说越理不清。因此，我们认为，在对外汉语的教学上，汉语词组或者是短语的处理，似乎都还有再大加简化的必要。

此外，“是+形容词+名词”结构是另一个与“是+形容词+的”结构形似的结构，例如：“她是好老师。”用形容词“好”来修饰中心语“老师”；在形容词与名词之间没有“的”字。而“小王是瘦高个儿。”在“是”之后紧接形容词“瘦高”，但形容词后面也没有“的”字，而是在“瘦高”后面用了个名词“个儿”。正是因为这个名词性偏正词组使得“瘦高个儿”这个表达“名词化”，并因此可以在形容词之前用上“是”字。换句话说也就是，“形容词+的”和“形容词+名词”的前面都可以用上动词“是”；但需要值得注意的是，“形容词+的”的后面不需要再加上名词，而在“形容词+名词”句中，形容词和名词之间是不是需要加上“的”字，则取决于这个形容词和名词是单音节词还是双音节词。

三、“是 + 形容词”句与名词化问题

（一）名词化问题

用“形容词名词化”这个提法来解释“是”后边的那个形容词，赵元任教授也许是第一人。在他撰写的《中国话的文法》（2011）一书中“用在谓语位置的形容词”这一章节谈到形容词之前“是”的用法时说：

> 因为中国话的形容词主要都是动词，所以并不需要再用“是”作谓语。但就像别的动词一样，形容词前面也可以加“是”，用法如下：
>
> （a）在形容词后头加上“的”字名词化了的时候，这个“形～‘的’字结构”前头往往可以加上“是”字…

正如我们在第二部分中提到的，用“的”字结构等来处理

“是+形容词”句似乎有点儿过于复杂，所以“名词化”应该是比较简洁的。对于赵元任所提的形容词后面的那个“的”字，黄宣范把它叫作“名词化记号”。笔者为了方便西班牙语国家学生理解，课堂上经常使用“名词化标志”一词来解释，甚至还自己“杜撰”了“汉语形容词后缀”一说。

但是，如果再进一步分析，我们对“的”作为名词化的记号或标志这个提法还是有很多疑问的。因为我们注意到，在西汉字典中，绝大多数的形容词在被译成汉语时，后边差不多都会带有“的”字[①]；也就是说，“的”字几乎可以被看作是形容词的“后缀”了。按照此说法，“形容词+的”仍然是形容词，它的前边就不能紧接动词“是”；反之，我们如果把它看作“名词化”或是“的”字结构，那么，它就应该是名词了，它的前边也就可以紧接动词“是”。因此，形容词和“名词化”（或“的”字结构）这两者都是可以带“的”字的。要西班牙语国家的学生对这样的结构做出正确判断，是很有难度的。这的确是个值得思考的问题。

（二）“形容词 a”与“形容词 b”——一个“假设”

由于汉语词性的转类不像西班牙语或其他西方语言那么明显，要西班牙语国家的学生来确定汉语的词性就不是很容易了。笔者曾在一本语法书上看到过这样一个例子：“他的特点是谦虚。”作者在句末括弧中注明“谦虚”是形容词”。而对于这个句子里的“谦虚”到底是不是形容词，我们必须存疑。下面我们试以“谦虚”这个词造几个句子，并用汉语、西班牙语、英语对

① 笔者从商务印书馆出版的，由孙义桢教授编写的《新时代西汉大词典》（2010）中抽取了500个西班牙语形容词做了一个统计，汉译时有495个带有“的”后缀，带“的”率高达99%。

译，以便说明问题之所在：

（6）谦虚是一种美德。La modestia es una virtud. / The modesty is a virtue.

（7）小王的优点是谦虚。La ventaja de Xiao Wang es la modestia. / Xiao Wang's attribute is modesty.

（8）小刘很谦虚。Xiao Liu es muy modesta. / Xiao Liu is modest.

按照西班牙语和英语的译文：例（6）和例（7）中的“谦虚”都是名词，例（8）中的“谦虚”是形容词。汉语在例（7）中的“谦虚”前面用上了动词“是”，而例（8）中的“谦虚”前边没用动词“是”，而是用了副词“很”。反之，在西班牙语和英语中，“谦虚”分别写成：modestia / modesty（名词），modesto（a）/ modest（形容词）；而且，不论是名词还是形容词都加上了动词“是”（es / is）。

由于汉语没有词形变化，名词、动词、形容词可以是“一个样儿”，如果我们光凭感觉去判断句子中的每一个词的词性，那么诸如“漂亮”“谦虚”等当然“都是形容词”了。

因此，我们试想一下，是不是可以从另一个角度来思考呢？例如，把形容词一分为二：带后缀“的”字的形容词，我们可以把它叫作“形容词 a”；不带后缀“的”字的形容词，我们把它叫作“形容词 b”，而且只有“形容词 a”的前边可以用上动词“是”。我们认为如果这个“形容词 a”和“形容词 b”的“假设”可以成立的话，也就能够更加直截了当地回答“是+形容词”的问题了。换言之，汉语“是+形容词 a”的句子是可以成立的。但是，我们必须特别说明的是，这个“假设”主要是针对“是+形容词”的问题而提出来的。我们知道汉语形容词的分类问题截至目前还存在许多争议，还有待学者专家的继续探讨。

四、结语

关于西班牙语“是+形容词”句的汉译理解问题，我们通过对“的”字结构和“形容词名词化”等的探讨，可以得出一个初步的认识。

第一，在“是+形容词”的句子中，形容词后面必须附有“的”字，使它具有名词性质，即“名词化了的形容词”。

第二，形容词后面不附带有“的”字的，如果在形容词后面加上名词也是一个名词性短语，它前边也就可以用上动词“是”。

但是，由于汉语缺少词性的变化，仅凭一个后缀“的”字来判断名词和形容词的词性，仍不够明确，特别是对西班牙语国家学生来说难度更高。因此，启发了我们将形容词分为带“的”字和不带“的”字两种类型的“假设”。我们的目的是要探索出一条在教学上更为直接、简明的规则来处理“是+形容词”这个语法问题。我们相信，简化的汉语语法规则会更有利于对外汉语的教学。

参考文献：

[1] Moliner，María. Diccionario de uso del español [M]. Madrid：Editorial Gredos，2007.

[2] Real Academia Española，Asociación de Academias Americanas [M] //Nueva gramática de la lengua española：manual. Madrid：Editorial Espasa，2010.

[3] 常福良. 西班牙语语法新编 [M]. 北京：北京大学出版社，2004.

[4] 崔永华. 汉语形容词分类的现状和问题 [J]. 新视角汉语语法研究，1998.

[5] 李德津，程美珍．外国人实用汉语语法［M］．北京：北京语言大学出版社，2008.
[6] 黄伯荣，廖序东．现代汉语（增订五版）［M］．北京：高等教育出版社，2011.
[7] 刘格非．通过汉、西、日三语的比较来研究汉语形容词——关于汉语性质形容词与状态形容词的研究［M］//学行堂语言文字论丛，成都：四川大学出版社，2013.
[8] 刘月华，潘文娱，故韡．实用现代汉语语法（增订本）［M］．北京：商务印书馆，2001.
[9] 陆仁昌．现代汉语教程［M］．长春：东北师范大学出版社，1992.
[10] 孙义桢．新时代西汉大词典［M］．北京：商务印书馆，2010.
[11] 汤廷池．国语语法研究论文集［M］．中国台北：学生书局，1985.
[12] 邢福义，汪国胜．现代汉语［M］．武汉：华中师范大学出版社，2006.
[13] 赵永新．汉外语言文化对比与对外汉语教学［M］．北京：北京语言大学出版社，1998.
[14] 赵元任．中国话的文法［M］．北京：商务印书馆，2011.

作者简介：

申义兵，1981 年生，硕士，副教授。主要研究方向：西班牙语翻译与汉西对比。

李明，1979 年生，硕士，讲师。主要研究方向：汉语言文字学。

高校军事课对大学生素质的提升功能研究①

王　薇
（四川外国语大学中文系 重庆 400031）

摘要：高校军事课由于其教育内容的思想性，教育行为的划一性，教育过程的艰苦性等特征，对大学生各方面素质是有提升功能的。其对大学生素质提升作用涵盖了大学生德智体和心理素质等各方面，本文对此进行了简要的分析。而军事课自身，普遍没有注重挖掘自己强大的人文教育功能，本文就高校军事课与人文教育融合做了思考，高校军事课如何有效地将人文教育融合其中做了一些探索。

关键词：高校　军事课　大学生素质

高校军事课由于其教育内容的思想性，教育行为的划一性，教育过程的艰苦性等特征，对大学生各方面素质是有提升功能的。军事课对大学生素质提升作用涵盖大学生德智体和心理素质等各方面。

---

① 本文为四川外国语大学2015年校级教学改革研究项目“将人文教育纳入高校军事课程体系探索与实践”研究成果之一。

一、军事课对大学生素质的提升功能

（一）军事课对大学生思想道德素质的提升

军事课在坚持学习以军事理论、军事技能为主要内容的教育活动中，始终将爱国主义、集体主义、社会主义价值观贯穿于教育活动全过程。《普通高等学校军事课教学大纲》规定：军事理论课教学除了进行基本的军事知识和技能训练外，更重要的是学习军事思想，接受马克思主义战争观，树立为国家、民族生存与发展的责任感和使命感；学习解放军全心全意为人民服务的品质，以及通过严格的军人生活的体验，使他们在思想、品质、意志等得到全面锻炼。由此可见，军事课程的内容不仅与高校德育目标一致，而且将德育内容寓于军训之中，是把德育的理论转化为具体实践的过程。因此，军事理论课和军事技能训练都能对大学生思想道德素质起到提升作用。

（二）军事课对大学生人文科学素质的提升

当年钱学森回到中国时，美国海军次长痛心疾首地说："钱学森无论到哪里，他都能抵得上5个师。"钱学森指出："一个完整的人应该具备一些军事方面的知识。"① 这句简短的话语蕴含的深意值得我们深思。

"创新意识"与"创新能力"是新时代大学生应当具备的非常重要的素质，它能让大学生在学习、工作中跟上时代的要求，取得竞争力的优势。军事课对于推进大学生"创新意识"与"创新能力"的工作具有重要作用。它所依托的学科体系是军事科

① 陆华．中国三代领导集体国防教育思想的历史探索［J］．东南大学学报（哲学社会科学版），2002（2）：16.

学。军事斗争的“敌对性”“残酷性”和“复杂性”，孕育了军事思维的“创造性”特征，即所谓“胜战不复”就是这个道理。而创造思维正是“创新意识”和“创新能力”的源泉和动力。学习军事科学知识，不仅要了解军事高新技术，而且要拓宽思维空间，进一步提高创造能力和综合思维能力，这样也有助于对其他学科的学习和掌握。军事课本身也是人文社会科学，学习军事科学丰富了学生的人文素养。军事教育能够激发学生独立思考和创新的意识，培养学生的创新能力，对普遍提高学生的人文素养和科学素养，具有重要的提升功能。

（三）军事课对大学生身心素质的提升

军事技能训练，既是国防建设的需要，也是学校建设和发展的需要，更对大学生个人的成长和个人素质的提高具有积极影响，在培养和提高学生素质方面发挥着其他教育形式不可替代的作用。军训是一种以实际训练为主的教学环节，它通过一系列的实践活动，使大学生的认识水平向高层次发展，又把技能变为技巧。在军训中对大学生进行纪律条令、队列条令、内务条令三大条令教育，才能真正让每位大学生认识到人民解放军正因为有铁的纪律，所以战无不胜。学生在这种强制的力量下，每天进行长达 8～10 小时的训练，为锻炼体魄、增强体质打下良好基础，有利于学生培养百折不挠的意志、坚忍不拔的毅力和不畏艰难的精神。军事课通过军训方式来提升大学生的素质。军训一开始就要求着装统一军服，并进行着装仪容教育，要求学生做到谈吐举止端庄。大学生穿上统一的军装，潜移默化地推动他们逐步养成遵守军容风纪的良好习惯。通过军姿训练，树立纪律意识。通过内务检查，逐步养成大学生良好的生活作风和卫生习惯，增强他们的组织性和纪律性。军训中的立正、稍息、齐步走、立定等每一个动作，反复地标准化训练，能逐步增强大学生体魄，同时严格的纪律和能促进他们的心理健康。通过军训，在体质上，大多数学生的身体适应能力有了较大增强，体格健康水平有了较大提高。在心理上，军训对学生心理品质的磨炼起到积极的作用：有助于增强自律意识，完善自身人格，缓解紧张情绪，提高适应能力。正因为军训的强制性特点，其对大学生身心素质的培养和提高，尤其是增强意志品质的作用是最直接的，效果是明显的。所以，军训可以对大学生身心素质方面的弱项起到明显的提升作用。

二、高校军事课与人文教育融合的途径

《普通高等学校军事课教学大纲》强调指出："军事课程是高等学校本、专科学生的一门必修课。"我国高校的国防教育已经取得了长足的发展，但是许多高校还存在重视不够、认识不到位等问题。出现这些现象的原因是多方面的，其中一个重要的原因就是高校国防教育自身没有注重挖掘自己强大的人文教育功能，一味空洞说教。高校军事课要走出目前这种困境，必须在挖掘人文教育功能上下功夫，才能发挥其综合育人功能。

（一）在高校军事课中树立人文教育的教育理念

人文教育理念是以培育人文精神为主旨。人文精神是一种对人的反思，它要求关怀人生的终极意义，弘扬道德价值和审美价值，培养健全的人格和高尚的时代风尚。我们当前的军事课，不仅要着眼于增强大学生的国防观念和提高他们的基本军事技能，更要注重用马克思主义的基本原理和中华民族悠久历史传统文化，进行基本国情教育，培养他们深厚的爱国主义热情与高度的国家认同感，培养他们爱祖国，爱人民，为祖国献身的精神。

目前高校军事课在不同程度上存在着"空洞说教"的弊端，

根据人文教育理念的启示，高校军事课教师应重视学生的不同声音，教学相长，不断解决新问题。课堂教学中要注重启发学生的学习兴趣与学习需要，激发学生的求知欲望，引导学生自主学习，并留出充分的思考分析空间，鼓励学生多层次、多角度提出问题、分析问题和解决问题。最终实现课程教学从经验性知识传授向方法性智能传授的转变，使学生爱上学习，这也正是人文教育理念的终极关怀。

（二）注重挖掘高校军事课教学内容的人文性

高校军事课主要包括军事理论和军事技能两方面的教育。其内容广泛，很多内容本身就具有很强的人文性，这就要求教师在备课以及教学过程中，注重从哲学、文学、历史等人文核心课程的角度进行挖掘。

1. 以哲学的睿智开启心智

首先，高校军事课应充分挖掘自身所包含的辩证唯物主义和历史唯物主义的哲学观点，如在毛泽东军事思想的教学过程中，不仅要介绍毛泽东军事思想，而且要运用辩证唯物主义和历史唯物主义的观点去分析，从而使大学生能深刻地把握中国革命的发展历史和客观规律，了解无产阶级的战争观和世界观，使学生学会用马克思主义的立场、观点和方法看待问题和处理问题，运用辩证唯物主义和历史唯物主义的哲学原理去分析问题、解决问题。

其次，高校军事课应高扬爱国主义精神。通过讲述中华民族的灿烂文化和光荣历史，以及五千年历史长河中那些灿若繁星的爱国主义人物，激发学生的爱国热情和民族自豪感，唤起大学生强烈的爱国主义精神，内化为他们为民族复兴而努力学习的强大精神动力。

第三，还应注重培养大学生的集体意识、协作精神，激发集体荣誉感，强化集体主义精神。除此之外，军事课还闪烁着哲学的睿智光芒，需要每一位军事课教学者在教学过程中去探究和挖掘，以此启迪大学生的心智。

2. 以文学的审美夯实底蕴

教师在教学过程中，要注重用文学特有的魅力去感染学生，既可以促成大学生人文精神的形成，又夯实了大学生的人文底蕴。如一些仁人志士的诗篇、名言、警句等，凝聚了作者强烈的爱国主义思想光芒，给人以智慧和力量，催人奋起。如陆游的“死去元知万事空，但悲不见九州同”；文天祥的“人生自古谁无死，留取丹心照汗青”；王昌龄的“黄沙百战穿金甲，不破楼兰终不还”；曹植的“捐躯赴国难，视死忽如归”；王翰的“醉卧沙场君莫笑，古来征战几人回”；林则徐的“苟利国家生死以，岂因祸福避趋之”；谭嗣同的“我自横刀向天笑，去留肝胆两昆仑”；秋瑾的“粉身碎骨寻常事，但愿牺牲报国家”等。正是这些言简意赅的豪言壮语，才有中华民族五千年历史中无数热血儿女，疆场赴命，壮怀激烈的感人场景。

3. 以历史的深邃教化人格

从公元前21世纪到现在四千多年的军事历史，可以说是由一桩桩生动而又深邃的历史事件构成的，它们从不同角度给我们以启迪和教化。高校军事课也要充分挖掘历史的人文教育功能，运用历史唯物主义的观点去传承中华民族的优秀思想，最终形成学生的历史人文素养。如在进行爱国主义教育时，就要提到苏武牧羊，卫青、霍去病大破匈奴，张骞出使西域，岳飞抗金，戚继光抗倭，于谦保卫北京，郑成功收复台湾，袁崇焕、史可法抗清，以及近代中国人民在中国共产党领导下展开的一系列革命斗争历史，了解其中的知名人物，如狼牙山五壮士、董存瑞、邱少云、黄继光，等等。在教学过程中不仅要注重提炼这些历史素材，更要注重构成爱国主义教育系统，从而确保爱国主义在学生心中生根、发芽、开花、结果，最后内化为人格。

参考文献：

[1] 杜时忠．人文教育论［M］．南京：江苏教育出版社，1999．
[2] 杨德广．加强人文教育，提高人的素质［J］．教育研究，1999（2）．
[3] 高瑞全，袁进．人文精神寻思录［M］．上海：文汇出版社，1996．
[4] 张新颜．人文教育的含义和基本要求［J］．北京青年政治学院学报，2003（4）．
[5] 张应强．文化视野中的高等教育［M］．南京：南京师范大学出版社，1999．

作者简介：

王薇，女，1981 年生，硕士研究生，讲师。主要研究方向：思想政治教育。

略论课堂讨论在高校思想政治理论课中的运用[①]

——以“中国近现代史纲要”课为例

王　毅

（四川外国语大学马克思主义学院 重庆 400031）

摘要：课堂讨论是启迪式教学的基本模式，通过教师主导作用的发挥，主要依靠学生自身的学习来实现教学目标。本文主要以“中国近现代史纲要”课为例，探讨课堂讨论在高校思想政治理论课中的运用。

关键词：课堂讨论　思想政治理论课　爱国主义教育　运用

课堂讨论是课堂教学的一种方式。课堂讨论的优势在于它是知识信息交流的重要形式，改变了由教师或个人自学单通道输入知识信息所产生的“独学”“孤陋寡闻”的弊端，形成了学生与教师、学生与学生、学生与文献资料（网络）等多通道的知识信息传递与交流的“立体式”教学状态，这就大大加快了学生获取知识信息的速度。[②]

---

① 2017年四川外国语大学年度科研项目“三线建设与重庆现代工业体系构建研究”（SISU 201768）；2016年重庆市社科规划一般项目“三线建设与重庆城市发展研究”（2016YBLS106）。

② 王美才．大学教学论［M］．上海：上海社会科学出版社，1989：138.

一、课堂讨论内容的选择——以“中国近现代史纲要”课为例

“中国近现代史纲要”课作为高校思想政治理论课，是学习研究宣传马克思主义的主课堂。教师在该课堂上组织学生进行讨论时应结合教学内容以社会热点问题为主。社会热点问题是指一定时期内被人们广泛关注、主动评议，被各种途径广泛传播后，对人们的思想观念和社会生活造成重大影响的事件或社会现象，涉及政治、经济、文化、军事等多方面内容，具有大众性、尖锐性、复杂性和多元性的特征①。网络时代的大学生思想活跃，社会热点问题容易引起他们的兴趣。

以“中国近现代史纲要”课中的“导论”为例，因课程的教授对象是大学一年级学生，这批学生在中学就已学过了“中国近现代史”。他们难以理解，“中国近现代史纲要”在大学为何属于思想政治理论课，大学历史与中学历史究竟有什么区别。据此首先要讲述清楚大学历史与中学历史的区别，即：“中学侧重于历史知识，而大学侧重于历史理论。中学阶段学生对中国近现代历史已经有了基本的了解，但对历史发展的规律性和主要经验还不能准确理解。”其次，要让学生明白在大学学习历史和他们自身的关系，即：“学习历史关乎每个人的健康成长。”在讲述时就可运用社会热点问题提出讨论话题，如：“赵薇军旗事件”。

赵薇军旗事件

《时装》杂志2001年第9期赫然刊登赵薇身穿以日本军旗为内容的时装照。这本杂志刊发后，在2001年12月5

① 安雅丽. 社会热点问题在高校思想政治理论课中的运用研究［J］. 改革与开放，2016（1）：116.

日，部分南京大屠杀的幸存者也代表尚健在的1000多名幸存者联名给赵薇发出了一封公开信，要求赵薇正视自己的错误，并勇于道歉。在“军旗事件”以前，我们一直认为你是能够用自己的言行影响青少年一代的楷模，是少年才俊的精英，但令我们始料不及的是，你却公然把日本军旗图案的衣服穿在身上，你的这种行为不仅是对我们这些当年受过侵华日军蹂躏的幸存者的羞辱，更是对整个华夏民族的背叛。

2001年12月19日赵薇向全国人民发表致歉信，她说：我想再给大家重申一下我的道歉信。因为我首先我得承认，我对历史知识的缺乏，以及对这段惨痛历史的敏感（不够）。

我觉得通过这件事情对我来说，未尝不是一个很好的教训，而且我觉得对于很多不了解这段历史，或者是对于很多更加年轻一些的年轻人来说，这也是一个很好的例子，让大家比较深刻地认识到这段历史。

赵薇有没有犯错？若错了，思考其犯错误的原因。

在大数据时代背景下，学生在网络环境中极易接受西方的思想，尤其是一些偏激思潮的影响，部分学生的价值观就会在不知不觉中随之改变。从娱乐视角选择“赵薇军旗事件”这种社会热点作为课堂谈论的主题，既有利于理论联系实际，提高学生的参与度，又可通过讨论对学生进行爱国主义教育。

二、课堂讨论的实施——以四川外国语大学2015级本科生为例

以“导论”中的讨论话题“赵薇军旗事件”为例，通过对四川外国语大学2015级本科生讨论参与度的调查以及讨论发言稿的整理，可以看出，在此次讨论中，学生的参与度非常高，这个话题极大地引起了他们的兴趣。从学生们讨论发言稿的统计来

看，主要形成三派：肯定赵薇的行为，否定赵薇的行为，位于肯定与否定之间（赵薇的行为没有明确的对与错）。现以四川外国语大学商务英语学院2015级12班和中文系2015级1班的学生讨论发言为例。

2015级中文系1班的肖×认为赵薇的行为有错，是不爱国的表现，其论述如下：

面对当前不论是穿日本军服哗众取宠，还是为取悦投资商而穿绘有日本军旗的衣服，抑或是大发军国主义的媚日言论，我们都不应该置之不理。日本人在面对所有人谴责时还会去哀悼死去的先遣队成员，而我们作为正义与受屈辱的一方，为何还能以玩笑的态度面对历史？面对先烈？

个人认为出现这种事情有以下两个原因。

一、大局观。在当代虽然网络技术发达，但愿意用这些技术来关注世界、关注国情的并不多。他们对历史不够严肃，大局观不够，对什么都抱着玩一玩的态度，也许在我们眼中是卖国，是汉奸，但在他们那儿只是"一件衣服"的小事。他们会认为他们有穿衣的自由，穿哪件衣服只是一个无关紧要的问题，却不知道他们穿的是什么，很可能在别人眼里，就是中国人穿什么，没有大局观，根本就是在历史的伤口上一次次撒盐。

二、个人主义。曾经在一本小说上就看到一个家族的领头人说："他们打进来了又怎样？亡了国也不会亡了我张家。"相信现实社会中也不乏这样的人，他们有钱、有权、有国际影响力，在他们看来，个人的安危已经不需要寄托于国家了。还有一些人为了成为这样的人而忘记了自己，忘记了历史，忘记了所有的耻辱和伤害。他们只讲个人主义，只追求个人利益，为了金钱，可以不要人格，不分是非，这一点是最值得唾弃的。

面对这些现象，我们应该积极采取措施，从小培养正确的历史观，学校等团体应该多组织一些宣传爱国的活动，带领学生参观一些革命纪念地，加强爱国教育。

2015 **级商务英语学院** 12 **班的周××认为赵薇的行为无错，其论述如下：**

首先，我认为既然是时尚杂志那必定有时尚元素的存在，也许是日本军旗上的某些元素吸引住时尚界人的眼光，继而让艺人穿上，代表的是时尚的眼光。也许艺人的穿衣不一定是艺人本身的意识，所以，我认为不能将赵薇身着日本军旗这件事当作批评赵薇不爱国的资本。纵观当下，很多国家都允许自己的国旗作为元素并将运用到生活中去，例如英国美国。因此，并不是身上有着别的国家的国旗就是不热爱自己的国家。这跟我今天觉得这家店的粥好喝，明天却表扬那一家好喝，不是我不喜欢第一家的粥，我也没有批评第一家的粥不好喝，无非是发现了个新鲜的东西换个口味罢了。所以我认为不必因为这些小事就引起过大争论，无非是因为她是公众人物，才有这么大的波澜。

2015 **级商务英语学院** 12 **班的唐×认为赵薇的行为没有明确的对与错，其论述如下：**

首先，改革开放后的中国是一个民主与法制并存的国家。中国法律没有明确规定不能穿哪些衣服等，所以图片中的那些国人在法律层面上来讲是没有什么错的。但是，每当我们看到一些国人的这些行为，我们心里也会有一定谴责和气愤，这是从我们整个社会的思想道德层面上来看的。因此，这些行为在法律上是无可厚非的，但在我们民众的道德层面上来讲是不对的。

其次，我们现在应有的态度是：勿忘国耻，铭记历史，展望未来。对于日本对我们国家造成的伤害以及他们政府的态度，我们是坚决不包容的。但是，大部分百姓是无辜的。我们不能以偏概全，因为日本军国主义的行为就过激地抵制日本。比如砸国人辛苦挣钱买来的日本汽车，疯狂的抢购所谓的“日本大米”，坚决抵制日货……这些都是极端的行为，都是不对的。我们应该做的是在自力更生，自主创新的大前提下借鉴学习日本的优点，强大我们的祖国！抵制日货也要合理合法。

第三，虽然当今社会大部分人对日本侵华历史还是有一点了解，但仍然不够。所以我觉得国家、教育机构等还应该大力弘扬爱国精神，让社会上更多的人去了解这一段历史，让更多的人从历史中得到经验和教训，让更多的人热爱我们的祖国，从而更好地展望未来。

从以上学生的讨论发言中可以看出，周××和唐×对“赵薇军旗事件”的观点有很多错误之处：日本军旗图案不是时尚元素，军旗和国旗所象征的意义完全不同，国旗图案可以作为元素运用到生活中，代表着一个国家，而日本军旗代表着日本的军国主义，因此日本军旗图案是不能作为时尚元素运用于生活中的。针对学生讨论中出现的诸如此类的错误观点，教师要积极引导学生，对其进行爱国主义教育，让学生明白：作为一个中国人，首先要爱国，爱国的前提就是你要知道自己祖国的历史，维护国家的尊严。赵薇在2001年的《时装》杂志上身穿印着日本军旗的服装，这就背叛了历史也背叛了自己的国家。要让学生深知：学习历史可以让我们了解过去发生的事情，从中认识到祖国独立的重要性，体会民族的自豪感。

三、结语

综合发挥各种教学方式的长处与优势，充分调动学生的学习积极性、主动性和创造性，努力提高课堂教学的质量与水平，是深化大学教学改革的重要内容。① 课堂讨论运用于高校思想政治理论课时要注意讨论话题的选择和学生思维的引导。讨论式教学并不适用大学课程的所有内容，应根据不同专业学生的兴趣与思想状况选择不同话题进行讨论。现实问题更能吸引学生的注意，挑起学生的讨论热情，因此在讨论时多选择一些现实性主题，如“赵薇军旗事件”。选择这种社会热点话题进行讨论，既可以培养学生科学的历史观和方法论，又能提高学生的思想政治素质。在高校思想政治理论课堂上进行讨论时，教师要创造条件消除学生的种种顾虑，使之勇于讨论，乐于讨论。当学生意见有误时，教师要及时纠正，积极引导，不能出现伤害学生自尊心的言语或表情。在讨论的过程中，教师不应以权威者自居，要走下讲坛，参与讨论，给予指导，要善于通过语言、动作、表情传递给学生亲切、鼓励、信任。教师在进行最后的讨论总结时，对于积极参与讨论的学生要给予表扬，对于胆小、缺乏信心的同学应给予鼓励，或适当的激励，让他们有勇气参与到讨论中来。

参考文献：

［1］王美才. 大学教学论［M］. 上海：上海社会科学出版社，1989.

［2］安雅丽. 社会热点问题在高校思想政治理论课中的运用研究［J］. 改革与开放，2016（1）.

［3］代小舟. 网络热点问题对大学生思想行为影响的实证研究［J］. 吉林省教育学院学报，2014（1）.

［4］孟祥栋，吴铭. 社会热点问题的新特征及其与高校思想政治

① 教育部. 关于进一步深化本科教学改革全面提高教学质量的若干意见［Z］. 2007—2—17.

教育的互动——基于《新闻刊》年度关键词的考察［J］．思想理论教育，2015（1）．
［5］黄彬，王德清．课堂讨论教学模式的功能与构建［J］．教学与管理，2007（6）．
［6］谢同祥，沈书生，牛玉霞，刘强．有效课堂讨论的原理［J］．教育科学，2007（3）．
［7］王耀文，陈丽霞．课堂讨论教学方式的实践与认识［J］．中国电力教育，2010（1）．
［8］教育部办公厅．关于加强高等学校马列主义理论教育的意见［Z］．1978．
［9］教育部．关于进一步深化本科教学改革全面提高教学质量的若干意见［Z］．2007．
［10］中共中央，国务院．关于进一步加强和改进大学生思想政治教育的意见［Z］．2004．
［11］王毅，王正宇．高校思想政治理论课实践教学模式探析［J］．长江丛刊·理论研究，2016（5）．
［12］王芳，刘伟民，殷雪．课堂讨论：价值、问题和策略［J］．牡丹江师范学院学报，2011（2）．

作者简介：

王毅，女，1987年生，博士，教授。主要研究方向：思想政治教育、中共党史。

基于平行文本的实用文体翻译模式探索[①]

王祖华　张菊琴　朱　斌

（四川外国语大学英语学院 重庆 400031；

重庆市第七中学校 重庆 400030；

四川外国语大学研究生院 重庆 400031）

摘要：平行文本是目的语中与待译文本在主题和/或文类上具有相关性的任何文本。基于平行文本的实用文体翻译模式利用平行文本进行实用文体翻译训练，可以有效弥补受训者缺乏相关领域词汇储备、对相关文类的句法特征和语篇缺乏感性认识等方面的不足。将平行文本引入文体翻译教材，不仅可以凸现语言能力，提升和笔译译前准备的重要性，而且也有助于深化学生对翻译本质的认识。

关键词：实用文体　平行文本　翻译训练　翻译教材

①　本文为重庆市高等教育教学改革研究项目“基于平行文本的英汉-汉英实用文体翻译教学模式探索”（项目编号：1203011）及四川外国语大学教学立项（项目编号：123201）的部分研究成果。重庆市高等教育学会 2017—2018 年高等教育科学研究课题：“服务‘一带一路’的复合型翻译人才培养研究”（CQGJ17092B）。

一、引言

我国社会实践对翻译专门人才日益增长的需求使得实用文体的翻译越来越受到重视。当前，不仅 MTI 专业开设有专门的文体翻译课程，翻译专业的本科阶段，甚至有些非翻译专业的高年级，也开设了文体翻译课程。文体翻译在本硕阶段的普遍开设，对如何有效开展文体翻译教学提出了现实要求。从笔者多年的翻译教学实践看，教师在对学生进行文体翻译训练时，遇到的最大障碍是学生对不同文体在英汉双语中的文体特征缺乏感性认识，对文体翻译所需要的领域背景知识和词汇储备几乎为零。这样一种状况往往使文体翻译训练困难重重。如何帮助学生克服这些困难成为文体翻译训练成败的关键。然而，从我国目前使用较多的几本文体翻译教材来看，这些问题并没有受到足够重视，更不用说提出有效的解决办法了。大多数文体翻译教材，如刘宓庆编著的《文体与翻译》，陈新主编的《英汉文体翻译教程》，刘其中编著的《英汉新闻翻译》和《汉英新闻翻译》，翻译专业本科生系列教材《英汉—汉英应用翻译综合教程》《新闻翻译教程》与《科技翻译教程》等均对相关文体的文体特点和翻译方法或技巧有精深的研究和详细的讲解，但却对学生进行此类材料翻译训练时可能遇到的现实困难估计不足。这些教材几乎全是居高临下式的讲解和分析，很少考虑如何让学生通过自己的阅读来弥补背景知识和专门术语的不足，也没有采取合理的方式帮助学生形成对不同文类的文体特征的感性认识。这些教材多是某一位或某几位翻译专家多年研究和实践积累的结果，要让学生在有限的时间内学会不同的文类翻译并达到理想的翻译效果显然很不实际。有没有可能在较短时间内既帮助学生解决上述问题，又教会他们终身可以用来翻译不同文体材料的办法呢？本课题组经过多年的翻译实践和教学实验，发现基于平行文本的实用文体翻译模式有望实现这个目标。按照该模式的翻译训练程序，任何稍有翻译基础的译者差不多都可以学会翻译除文学体裁以外任何文体的语言材料，并能取得较为理想的翻译效果。

二、“平行文本”的概念

基于平行文本的实用文体翻译模式的核心是“平行文本”。对于这个术语，很多人以为就是平行语料库（parallel corpora）。这其实是一种误解。平行语料库指的是两种或多种语言在句子乃至单词短语层面上实现同步对译的互动语料库，如英汉语平行语料库①。我们知道，这种意义上的平行语料库往往库容超大，建库时间特别长，对资金和技术的要求非常高，使用起来也很受限。因此，目前国内外的大型语料库往往只供少数专门人士研究使用，并没有在教学实践中普遍运用。“平行文本”既吸收了平行语料库的部分理念，又克服了大型语料库的上述缺点。

早在 20 世纪 50 年代，“平行文本”就被加拿大翻译学者 Jean-Paul Vinay 用于译员培训，50 年代后期开始被欧洲的口译培训机构广为采纳②。到了 20 世纪 80 年代，国际著名的词典学专家 R. R. K. Hartmann 深入研究了平行文本并对其进行了分类。他把平行文本分为三类：A 类为形式上非常一致的译文及原文，在语义上对等，在形式上尽可能多地保留原文的某些特色；B 类为形式上不完全一致，但功能对等的译文及原文，又称为改写对应语料库，即同一信息用两种不同的语言来表达所得到

① 何安平．语料库语言学与英语教学［M］．北京：外语教学与研究出版社，2004：4．

② Hartmann，R. R. K. Contrastive Textology：Comparative Discourse Analysis in Applied Linguistics［M］．Heidelberg：Julius Groos Verlag，1980：37．

的对应语料库；C 类为语域对应语料库，这类对应语料库不再具有语义上的对应性，而只是在篇章的题材、风格、使用场合、使用对象等某方面具有某种一致性①。A. Newbert 认为“平行文本”指的是在差不多相似的交际情境中产生的，具有类似信息的不同语言的文本②。Harold L. Somers 和 D. Jones 将“平行文本”进入翻译研究并加以改造，他们认为“平行文本”是“（原文在）其他语言中的关联文本，这些文本既不同于原文又不是原文的翻译”③。C. K. Quah 则将“平行文本”窄化为“原文及其翻译文本”④。近年来，“平行文本”也引起了我国翻译研究者的注意⑤。李正栓在《非文学翻译》中正式引入了“平行文本”的概念。他指出，“平行文本”是一个借自语料库语言学的术语，狭义的“平行文本”指的是“与原文内容相关（平行）的译入语参考资料。这些资料可以是专题性的文章，也可以是百科全书中的词条，甚至包括词典中的解释和例句”。广义的“平行文本”也包括与原文内容相似的译出语资料。简单地说，“平行文本”就是“与原文内容接近的任何参考资料”⑥。

我们在翻译教学和实践过程中，对“平行文本”的概念进一

---

① 转引自梁君华．平行文本与网络旅游广告英译［J］．上海翻译，2012（2）：70.

② A. Newbert. Text and Translation ［M］. Leipzig：Enzyklopadie，1985：75.

③ 转引自 Mona Baker ed. Routledge Encyclopedia of Translation Studies ［M］. Shanghai：Shanghai Foreign Language Education Press，2004：139.

④ C. K. Quah. Translation and Technology ［M］. Shanghai：Shanghai Foreign Language Education Press，2008：100.

⑤ 相关研究参见龙明慧．实用文体翻译的平行文本比较模式［J］．山东外语教学，2009（6）：78－83；梁君华．平行文本与网络旅游广告英译［J］．上海翻译，2012（2）：69－73；王卫红．基于平行文本比较模式的企业外宣翻译［J］．现代语文，2013（10）：122－126；刘安洪．平行文本比较对中国博物馆概括英译的启示［J］．外国语文，2013（6）：128－132.

⑥ 李正栓．非文学翻译［M］．北京：外语教学与研究出版社，2009：91.

步做了改造，认为从翻译教学和实践的角度看，“平行文本”既可以包括与原文相关性较高的对应翻译文本，也可以包括与原文主题相关但不是翻译关系的目的语相关创作文本，还可以包括与原文主题不相关但文类相同的目的语创作文本。平行文本内涵示意见图1。

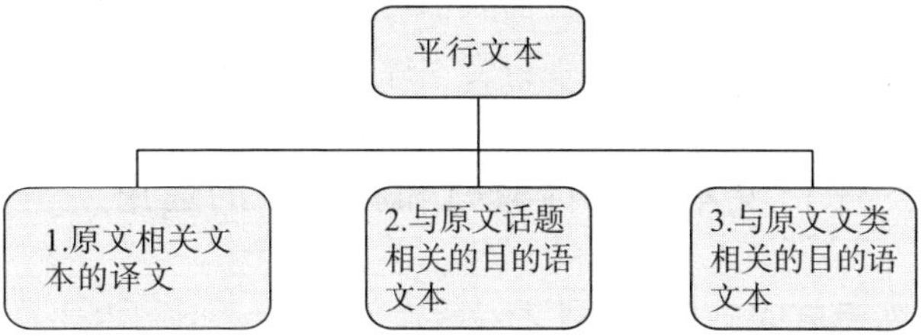

图1　平行文本内涵示意图

其中，第一类平行文本是目的语中的翻译文本。但这类平行文本实际上并不是待译文本的翻译（否则就没有再翻译的必要了），而是与待译文本话题相关的其他文本的翻译。这类平行文本可为待译文本的翻译提供从词汇到语篇各个方面的参考。第二类和第三类平行文本类似语料库语言学中的可比语料，它们与待译文本只有话题和/或文类相关性。通过阅读第二类平行文本，译者可解决部分术语和表达对应的问题，也可使译文在句法和语篇等方面更加接近目的语的同类语篇。但有时候可能无法找到与待译文本主题相关性很大的平行文本，这时译者还可通过研读第三类平行文本（即只与待译文本有文类相关性的语篇）来了解目的语同类语篇的句法和语篇特点。从功能上看，这三类平行文本对译者的帮助呈递降趋势，即平行文本与待译文本在词汇和主题方面的相关性越大，其对译者的帮助就越大。

可见，本翻译模式中的“平行文本”指的是待译文本在目的语中的关联文本的人为集合，既包括具有翻译关系的平行语料，也包括与待译文本具有主题相关和/或文类相关的可比语料

(comparative texts)。由这样的平行文本形成的平行文本库既不需要标注，库容也不要求很大。一般来说，10～20 篇左右的文本即可构成一个微型的平行文本库。这样一个文本库的主要作用是为译者提供术语选择和文体特征参考。与平行语料库相比，平行文本库具有建库时间短、几乎不需要资金和技术、携带和使用均很方便等优点。因此，任何人都可以根据自己的翻译需要，随时建立任何文类或主题的平行文本库供自己使用。

三、平行文本在翻译教材和教学中的运用

虽然没有明确提出“平行文本”的概念，但国内还是有少数翻译教材运用了类似于平行文本的方式进行文体翻译训练。庄绎传在其编著的《英汉翻译教程》中，以故事、历史、地理、经济等 10 个主题来组织教材。每个话题构成一个训练单元，在每个单元内收集有 3～4 篇文章。英汉翻译训练时，先让学生研读英汉对照范文，然后再让学生把相关话题的英语文章翻译成汉语，汉英训练也遵循同样的方式①。据笔者多年使用该教材的经验，发现这种以语篇为主，英汉翻译互参互照、先研读相关话题范文再进行模仿性翻译的训练方式，非常有利于培养学生的文体翻译意识，也比较容易降低学生文体翻译的词汇困难。还有一个有趣的现象，就是越是学生陌生的领域，采取这种训练方法效果越明显。刘士聪在其编著的《汉英·英汉美文翻译与鉴赏》一书中也在无意识中运用了平行文本来指导读者进行散文翻译。该书共分为四编，依次是“散文鉴赏”“散文汉译”“散文英译”和“小说英译”。② 其中“散文鉴赏”部分的英文原创散文可视为“散文英译”部分的平行文本，“散文英译”部分的汉语原创散文亦可

① 参见庄绎传．英汉翻译教程［M］．北京：外语教学与研究出版社，1999.

② 参见刘士聪．汉英·英汉美文翻译与鉴赏［M］．南京：译林出版社，2002.

视为“散文汉译”部分的平行文本。尽管它们在内容上可能毫无关联，但由于同属于散文在另一语言中的对应文本，因而在散文的要素和特点上具有关联性。研读这两部分的平行文本，显然有利于训练者更好把握目的语散文的词汇、句法、语篇等特征。由王颖、吕和发主编的《公示语汉英翻译》和李克兴撰写的《广告翻译理论与实践》也在一定程度上运用了平行文本进行专门文体的翻译训练。《公示语汉英翻译》收集了大量的从国外实地拍摄的公示语，并按导向标志、中餐菜单、标语口号、会展横幅等24单元进行展示与解说①。笔者认为，该书所收集的国外公示语，是我国公示语译者进行汉语公示语英译最好的平行文本，对于译者认识英语公示的语言规范、措辞倾向、行文特点、图文配合等具有很大的参考价值。《广告翻译理论与实践》收集了大量的国内外广告文本，包括广告标题、广告标语和广告正文，并从大量的广告素材中分析、总结出广告翻译的原则、策略、评估标准、理论模式、句型特点、修辞特点和地域差异等②。该书收集的大量真实广告语料，无疑是广告译者最好的参考资料，是进行广告翻译的极好平行文本。该书基于广告平行文本所做的特点分析和理论概括，很好地展示了文体分析的方法，具有较强的示范性。

以上这些著述在如何利用平行文本进行文体翻译训练等方面做了非常有益的探索，但由于这些编撰者对平行文本并没有清醒的认识，他们的探索主要还是一种自发的经验总结，因此还没有将平行文本的思想贯彻到教材编写的全过程，对于利用平行文本进行文体翻译训练的优势还缺乏清醒的认识。受上述翻译教材的

---

① 参见王颖，吕和发. 公示语汉英翻译［M］. 北京：中国对外翻译出版公司，2007.

② 参见李克兴. 广告翻译理论与实践［M］. 北京：北京大学出版社，2010.

启发，本课题组通过多年的翻译实践探索和教改实验，发现在文体翻译训练时引入“平行文本”的思想，往往会产生意料不到的训练效果。我们还发现，越是实用性的文本，效果越明显。为此，我们建构了一套基于平行文本的实用文体课堂翻译训练模式和学生自主翻译训练模式。基于平行文本的实用文体课堂翻译训练模式的基本做法是：在进行某一文本类型的语篇翻译教学时，不是直接告诉学生该如何翻译，或者在学生完成翻译任务后通过译文讲评告诉他们应该如何翻译；而是在他们动手翻译之前，引导他们阅读待译文本在目的语中的平行文本若干篇，并与学生一起分析该类文体在词汇、句法、语篇等方面的特点。在学生对该文类的文体特点有了直观的感性认识后，再让他们动手翻译。基于平行文本的课堂文体翻译训练流程如图 2 所示：

图 2　基于平行文本的课堂文体翻译训练流程图

基于平行文本的学生在课外自主文体翻译训练时的流程如图 3 所示：

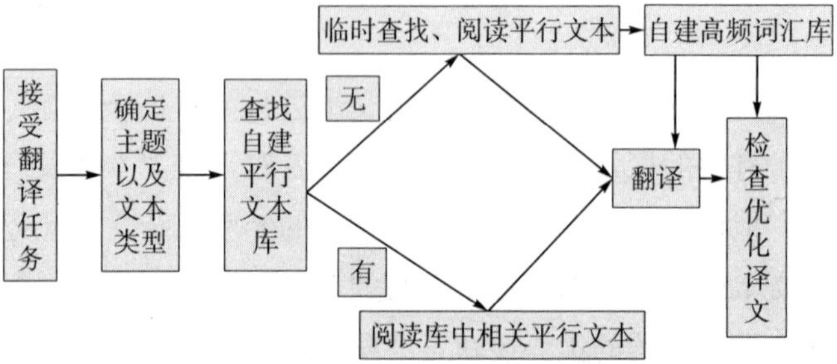

图 3　基于平行文本的学生课外自主文体翻译训练流程图

这个模式中的“查找自建平行文本库”，是指学生查找自己在教师指导下平时收集的特定文本库（如旅游景点说明文本库、公司介绍文本库、商务信函文本库等），看其中是否有与待译文本相关的平行文本。如果有，就直接调出库中的语料进行研读，通过研读熟悉该领域常见的术语表达、句法特点和语篇特点，然后着手进行翻译；如果没有，就利用网络或其他渠道临时去查找相关平行文本，再进行研读和分析。其中的“自建高频词汇库”是指平时学生在教师指导下自主建立的特定领域高频词汇库。该库词汇最好以双语对照的方式，通过便于检索的组织方式形成词库。译者在翻译时可参考该库的词汇储备进行术语和词汇翻译，也可以在检查译文阶段利用该库评估术语翻译的准确性和规范性。

四、平行文本在翻译训练中的作用

康宁通过对两篇英汉平行旅游语篇的功能比较，探索了汉语旅游语篇的英译策略。他的研究表明，利用平行文本进行双语语篇比较，可以帮助译者更好认识某一文体在双语中的语义、句法、衔接与连贯模式、语篇结构等方面的差异①。李正栓认为，平行文本在翻译中有两个基本作用：一是帮助译者理解原文，二是帮助译者找到适当的表达方式。② 他将这两个基本作用进一步细化为四个用途：获取专业知识、学习专业术语、借鉴表达方法、模仿写作风格。③ 李德超、王克非通过对比英汉酒店文宣文本在外部制约因素和内部构成因素（包括开头、顺序形式、文本结构、文本单位和结尾）的异同，认为“平行文本比较模式能让

① 康宁. 从语篇功能看汉语旅游语篇的翻译［J］. 中国翻译，2005（3）：85－89.

② 李正栓. 非文学翻译［M］. 北京：外语教学与研究出版社，2009：111.

③ 李正栓. 非文学翻译［M］. 北京：外语教学与研究出版社，2009：93－106.

译者不再纠缠于一字或一句的得失，而改从翻译文本全篇的组织策略上考虑文本的可接受性，令译者具有更大的能动性”①。

综合上述研究，我们认为，通过在翻译训练中引入“平行文本”，至少在下述三个层面会对译者发挥积极作用。

1. 术语

“隔行如隔山”，这句话既指出了文体翻译训练的难点，也点出了文体翻译的基本要求：文体翻译的质量往往取决于译文是否遵循了该文体的行业表达习惯。具体来说，就是译文是否体现了该领域的用词习惯、句法习惯和语篇习惯，其中用词习惯是最表层、最明显的表征，也是判断实用文体翻译是否适切的重要指标。由于大多数学生在进行专门文体翻译训练前接受的主要是文学题材和一般性话题文本的翻译，对于专门文体所牵涉的背景知识、该领域的措辞习惯和行文习惯等往往缺乏感性的认识。即使翻译教师按照大多数文体翻译教材的编排体系进行专门文体的特点介绍和讲解，学生的认识也往往是抽象的、空洞的和不全面的。此外，实用文体涵盖的知识领域和次级类型极其繁多，翻译教师受课时的限制，往往只能按照科技、经贸、新闻、广告、旅游等方式进行笼统介绍和训练。这种方式或许可以帮助学生认识一些文体的总体的、典型的特征，但却无法有效帮助学生克服相关领域词汇欠缺的问题。由于待译文本的平行文本使用的是目标语，学习者可以通过阅读平行文本，直接获得相关的术语和表达在目标语中的既有表达方式，使译文在用词方面更趋近该领域的术语习惯。

2. 句法特征

分属两种不同语言的语篇即使在语篇类型上相同，但句法特

① 李德超，王克非．平行文本比较模式与旅游文本的英译［J］．中国翻译，2009（4）：55－58.

征往往会有差异。以广告为例，汉语广告多用四字结构，句型上主要以陈述句为主；英语广告则大量运用名词性或形容词性无动词小句，频繁使用祈使句和疑问句[①]。这就要求译者在翻译时，不仅要关注目的语的词汇表达习惯，还要注意该文体在目的语中句法表达习惯。通过平行文本的阅读与对比分析，译者可以更加感性地认识待译文本在目标语中的措辞、构句、修辞等方面的习惯，从而增强句法转换的自觉性和方向性。

3. 语篇特征

由于句子通常被认为是翻译的理想单位，翻译教学者和受训者往往会忽视语篇转换的必要性。许多译者通常在词汇和句子层面有强的语际转换意识，但在语篇层面却往往亦步亦趋。然而，即使功能相同的两个不同语言的语篇，也往往会在语篇结构、语篇焦点等方面存在较大差异。如杨敏、纪爱梅通过对英汉旅游篇章的对比分析，发现英美旅游篇章重在景点地理环境、服务设施、优势与不足诸方面的纯信息传递，风光景色的描述性篇幅则着笔不多，而我国的旅游篇章往往更加突出旅游资源的社会身份特征，如社会影响、历史沿革、发展业绩，更突出旅游资源的风光特色和人文特色，甚至用很大的篇幅来引用史书和文学作品来对景点进行颂扬和描述[②]。通过平行文本对比，译者比较容易意识到两种语言在语篇层面的异同（主要包括文本信息的取舍与增益、文本信息关注点的转换、文本信息的组合与呈现等），从而提高语篇转换的自觉性和针对性。

---

① 方梦之，毛忠明．英汉—汉英应用翻译教程［M］．上海：上海外语教育出版社，2005：243－263.

② 杨敏，纪爱梅．英汉旅游篇章的跨文化对比分析［J］．外语与外语教学，2003（11）：34.

五、平行文本进入翻译教材的现实意义

如上文所述，“平行文本”并非是一个完全陌生的概念。我国许多翻译教学者实际上在某种程度上已经自发地运用了平行文本来促进翻译训练。遗憾的是，由于对平行文本缺乏明确的认识，他们并没有在自己的教学或教材编写中充分发挥平行文本的优势。从我们掌握的资料看，目前国内还没有一本翻译教材系统运用平行文本来编写翻译教材。我们认为，在翻译教材中引进平行文本，至少有三方面的现实意义。

1. 可以凸现语言提升在翻译教学中的重要性

越来越多的教学者已经意识到，制约翻译教学的瓶颈是学习者的相关语言能力。遗憾的是，笔译教学并没有像口译教学那样积极面对这个问题，更遑论采取切实可行的手段帮助学生提高语言能力了。翻开目前通行的笔译教程，除了在绪论里看到几句强调语言能力重要的语句外，几乎找不到任何帮助翻译受训者提升语言能力的内容和方法。可能是笔译教学者认为，语言能力的提升是学习者自己的事，需要的是终身的修养，因而属于翻译教学以外的内容。这样做的后果是：教学者回避语言提升，学习者意识不到或意识到又无力解决语言能力问题，结果语言能力的提升就成为一句空话。将平行文本引入翻译教材，融语言学习与翻译训练于一体，直接把语言能力问题推到翻译训练的前台，有助于引起翻译教学者和受训者的共同关注。

2. 极大凸显了翻译训练中译前准备的必要性

搜集、阅读平行文本实质上是另一种形式的译前准备。译前准备在口译教学和培训中向来受到高度重视，成为译员弥补背景知识欠缺、术语表达能力不够的重要方法。然而，在笔译教学中，译前准备往往被忽略。一个明显的证据是：你可以在几乎任

何一本口译教材中找到“译前准备”的环节，却很难在笔译教材中找到类似的说明。如果说一次完整的笔译活动包括接受翻译任务、译前准备、着手翻译、修改、润色与排版、将译文移交客户这几个基本步骤的话，现行翻译教材却往往只包括接受翻译任务、着手翻译、返回译文三个环节。平行文本的引入，有利于凸现“译前准备”这个环节，从而帮助受训者通过正确的翻译程序来取得期望的翻译效果。

3. 有助于学习者更好认识翻译的本质

平行文本进入教材，可以使教学者和受训者超越词本位和句本位的翻译思想，更多地关注文本的语篇特征，使他们认识到有时候语篇才是翻译的理想操作单位。通过对比译前阅读和平行文本，受训者可以更好认识翻译的真正目的，认识到要实现跨语际、跨文化的有效沟通，对原文亦步亦趋并非总能奏效。许多时候，译者须根据目标语的文体传统和目标语读者的阅读习惯，进行必要的语篇调整。通过阅读平行文本寻找待译文本的术语对应表达，有助于受训者摆脱对工具书的过分依赖，从而强化翻译时的语境意识。

六、结语

平行文本指的是目的语中任何与待译文本具有主题或文类相关性的文本。利用平行文本弥补译者在词汇和背景知识等方面的不足，在口译训练和实践中早已有之，但在我国的文体翻译笔译实践中尚缺乏普遍的运用。本文介绍的基于平行文本的实用文体翻译模式是课题组经过多年探索形成的一套文体翻译课堂训练模式和学生自主翻译训练模式。我们的教学实践表明，这种模式有助于解决译者在翻译陌生文体时可能遇到的背景知识欠缺、专门术语储备不足以及对文体特征感性认识不够等方面的现实困难。

这种模式融阅读与翻译、译前准备与翻译转换于一体，有利于破解译者领域语言能力和知识储备不足的难题，也可以有效弥补当前我国实用文体翻译教材在这方面的不足。

参考文献：

[1] Baker, Mona, ed. Routledge Encyclopedia of Translation Studies [M]. Shanghai: Shanghai Foreign Language Education Press, 2004.

[2] Hartmann, R. R. K. Contrastive Textology: Comparative Discourse Analysis in Applied Linguistics [M]. Heidelberg: Julius Groos Verlag, 1980.

[3] Newbert, A. Text and Translation [M]. Leipzig: Enzyklopadie, 1985.

[4] Quah, C. K. Translation and Technology [M], Shanghai: Shanghai Foreign Language Education Press, 2008.

[5] 方梦之，毛忠明. 英汉—汉英应用翻译教程 [M]. 上海：上海外语教育出版社，2005.

[6] 何安平. 语料库语言学与英语教学 [M]. 北京：外语教学与研究出版社，2004.

[7] 康宁. 从语篇功能看汉语旅游语篇的翻译 [J]. 中国翻译，2005 (3)：85—89.

[8] 李德超，王克非. 平行文本比较模式与旅游文本的英译 [J]. 中国翻译，2009 (4)：54—58.

[9] 李克兴. 广告翻译理论与实践 [M]. 北京：北京大学出版社，2010.

[10] 李正栓. 非文学翻译 [M]. 北京：外语教学与研究出版社，2009.

[11] 梁君华. 平行文本与网络旅游广告英译 [J]. 上海翻译, 2012 (2): 69—73.

[12] 刘安洪. 平行文本比较对中国博物馆概括英译的启示 [J]. 外国语文, 2013 (6): 128—132.

[13] 刘士聪. 汉英·英汉美文翻译与鉴赏 [M]. 南京: 译林出版社, 2002.

[14] 龙明慧. 实用文体翻的平行文本比较模式 [J]. 山东外语教学, 2009 (6): 78—83.

[15] 王卫红. 基于平行文本比较模式的企业外宣翻译 [J]. 现代语文, 2013 (10): 122—126.

[16] 王颖, 吕和发. 公示语汉英翻译 [M]. 北京: 中国对外翻译出版公司, 2007.

[17] 杨敏. 英汉旅游篇章的跨文化对比分析 [J]. 外语与外语教学, 2003 (11): 31—35.

[18] 庄绎传. 英汉翻译教程 [M]. 北京: 外语教学与研究出版社, 1999.

作者简介:

王祖华, 男, 1974 年生, 硕士, 讲师, 主要研究方向: 翻译理论与实践。

张菊琴, 女, 重庆市第七中学校教师, 主要研究方向: 英语教学。

朱斌, 男, 1985 年生, 硕士, 讲师, 主要研究方向: 翻译理论与实践。

为学而听

——以认知为目的的叙事化英语听力教学

魏　涛

（四川外国语大学 重庆 400031）

摘要：英语听力训练最理想的目标是让学习者通过听力来学习英语，而非仅仅让学习者听懂英语。传统的英语听力教学只关注学生是否听懂了听力材料，而忽略了丰富认知的教学目标。本文探讨了怎样在叙事教学法的指导下改革听力教学以全面提高学生的认知能力。

关键词：叙事教学法　故事　认知　听力教学

一、引言

听力训练最理想的目标是让学习者通过听力来学习第二语言，而非仅仅让学习者听懂第二语言，即为学而听。传统的听力教学只关注学生是否听懂了听力材料，而忽略了丰富语言认知结构的教学目标。熊沐清教授提出的叙事教学法以叙事为中介，将认知科学研究成果服务于外语教学，力求更全面、更有效地发展外语学习者的认知能力。本文将探讨怎样在叙事教学法的指导下进行听力教学改革，以达到为学而听的目标。

二、叙事教学法简述

叙事教学法所讨论的“认知”将不局限于语言认知，而“是与情感、动机、意志等心理活动相对应的大脑理智的认识事物和获取知识的行为和能力”①。叙事/故事是人类最古老最基本的活动方式与言语行为，对人的认知能力发展具有关键的、基础性的作用。叙事教学法中的“故事”或“叙述”并不完全是文学意义上的一种体裁，而是在广泛的意义上使用“故事”或“叙述”这两个概念。叙事泛指一切人类行为，可以是语言的，也可以是非语言的；可以是序列的，也可以是单个的。正是在这一“泛叙事”观点的基础上，Burke 提出“故事是基本的认知能力，因为我们以故事的方式去组织我们的大部分的经验、知识和思想”。他断言：“我们将会发现，关于故事的概念以及叙事投射和寓言等，在我们对世界的认知理解中具有根本的意义。”②

听力教学活动也是一种叙事，各种各样的听力素材就是不同的故事。然而现有的听力教材大多容易过时，各部分之间缺乏紧密联系，注重的是单调的语言操练，难以激发学生的学习兴趣。叙事教学法提出将教学的某一过程及教材尽可能以叙事的形式设计和呈现。具体而言，就是尽可能发掘或还原材料的事件性(eventfulness)，使教学活动情景化、生活化。叙事教学法可用于讲授、总结等不同教学环节和教学活动，还可用于认知策略训练。叙事教学法的意义为引发兴趣，保持注意，投入情感，激活想象，促进创造。

---

① 赵艳芳. 认知语言学概论［M］. 上海：上海教育出版社，2001：1-2.

② Gavins, Steen. Cognitive Poetics in Practice［M］. London: Routledge, 2003：117-118.

三、叙事化听力教学

叙事的基本要素包括：人物（行为者和对象）、时空环境、事件/行为、冲突、意义/目的、寓意、起始。叙事的三个核心要素是：行为者、对象和事件。其完整的成分或条件是：人物、地点、时间、事件/行动（序列）、戏剧性、寓意、起始与结局。听力教学中使用的演讲、对话、新闻、电影等素材具备以上要素，因此教师完全可以按照叙事教学法对教学内容以叙事的形式设计和呈现。

1. 叙事投射丰富认知

Michael Burke 认为人们接受文学文本中的新知识是通过两种认知工具来进行的，一种工具是“故事”，另一种是“叙事投射”。投射可以说是故事影响认知的一种主要方式。叙事投射指在心智活动中一个故事投射到另一个故事，以帮助我们理解其他故事甚至创造新的故事[①]。许多“小空间故事”（little spatial story）组成了无意识的“事件叙述流”（narrative flow of events）。所谓“小空间故事”，指的是“事件”，但由于这些“事件”具有行为者、对象和事件等要素，所以可视为“故事”。“小空间故事”是叙述的最小单位，是叙述活动中的最基本的认知结构。传统的听力教材各部分内容之间联系不大，缺乏系统性和逻辑性。在近两年的高年级听力教学中，笔者摆脱了固定听力教材的束缚，按照故事和叙事投射这两种认知工具对教学内容进行叙事化设计来达到丰富语言认知结构的目的。教师每周结合当时的热点以一个主题为中心选取 CNN、BBC 等海外媒体的纪录片、演讲、新闻、访谈、专题报道以及电影片段和卡通片等不同

---

① Gavins，Steen. Cognitive Poetics in Practice［M］. London：Routledge，2003：123.

形式的视听素材制作专题。每个专题按照横向叙事投射、纵向叙事投射等思路进行灵活编排和泛听、精听互动教学设计。专题设计思路如表 1 所示。

表 1　专题设计思路

纵向叙事投射	横向叙事投射
H1N1	Quake Frequency
CNN：The origin of H1N1	Discovery channel：2012 Apocalypse
CNN：Global efforts to fight the flu	BBC：Qinghai quake
BBC：China's efforts to fight the flu	CNN：Haiti quake VS Chile quake
CNN：An interview on possible death toll	Tudou：Are Earthquakes really on the Increase?
BBC：How to protect yourself?	Youku：the ABC's of earthquakes
CNN：China's mass inoculation plan	Youku：How to survive an earthquake?

以表 1 为例：包括 2009 年的 H1N1 专题内容按纵向叙事投射编排，包括猪流感的起源，各国以及中国的预防措施，疫苗的生产，流感发展趋势的预测以及个人防范措施和中国大规模接种计划等内容。2010 年伊始全球地震频发，人们又开始热议有关世界末日的语言。笔者选取来自发现频道、CNN、CCTV－9、英国第四频道、优酷网、土豆网等不同渠道的视频素材进行剪辑和横向叙事编排。教师首先播放了发现频道制作的极具震撼力的《2012 末日预言》视频片段吸引学生注意力并引入课堂主题“地震频发”，然后相继观看最近发生的我国青海，海地、智利等国大地震新闻。除了听力理解训练，同学们热烈讨论是否世界末日真的即将来临。随后播放的科学家在访谈中对全球地震频发所做的解释，消除了部分同学的恐慌心理。最后再让学生学习地震的

常识和逃生的技巧。两个专题的教学内容分别围绕 H1N1 和地震这两个主题展开纵向和横向叙事。每个视频就是一个独立的“小空间故事”。围绕同一主题的不同“小空间故事”组成了“事件叙述流”，综合了相互联系的素材，通过横向或纵向叙事的编排手法勾绘出了两个事件的全貌。叙事投射的教学内容编排方法不但加深了对单个故事的理解能力，而且故事之间一环扣一环的投射为学生提供了相关事件的完整印象和认识。叙事化的专题设计使听力课的信息量猛增，不仅训练了同学们对词汇量和信息量较大的视听材料的听力理解能力，也使他们对相关专题有了较为全面的认知，达到了丰富语言认知结构的目的。

2. 以情动人 保持注意

情感、情绪是建构叙事教学法的基础之一。“在我们的日常生活中，认知与情绪之间经常存在交互作用。因此，任何忽略情绪作用的认知理论都很可能是不充分的。”① 研究发现：当回忆的心境与学习时的心境匹配时，回忆效果最好。这就是认知心理学所说的“心境状态依存回忆”。情感又如何在认知过程中发挥作用呢？Oatley 关于认知诗学未来要考虑的两个方面的论述可以看作是一种解答，其观点可概括为“移情”和“生情”。从教学的角度来讲，如果教学内容与现实生活密切相关，就容易激发学生的学习热情和兴趣，使他们主动积极地参与认知活动，教学效果也会更好。因此叙事教学法也注重运用情感在认知中的作用来提高同学们的认知能力。以 2008—2010 年的教学内容为例，我们的叙事化专题密切联系实际，涵盖了当年各方面的热点问题。地震专题唤起了同学们对灾民的关爱之情，北京奥运、温哥华冬奥会、神舟七号、国庆 60 周年阅兵和世博会专题引发了同学们

① 艾森克，基恩．认知心理学．［M］．高定国，等，译．上海：华东师范大学出版社，2004：749.

的民族自豪感，金融危机和全球就业形势专题使即将面临就业的同学们产生了危机感，H1N1、气候变化和能源危机加深了同学们对全球问题的关注之情。课堂学生注意力的分配情况是决定课堂教学效果的主要因素。教学内容的情景化和生活化所产生的“心境一致性”激发了学生的各种情感，调动了学生的课堂注意力，形成了和谐、高效的课堂教学氛围。

艾森克谈到情绪引起心境状态改变时说：“心境状态引起的改变不只是生理唤醒，还包括认知活动的改变。”① 当我们以一种新颖的方式讲述某个故事，或接受某个以新颖的方式讲述的故事时，我们关于故事的原有图式和讲述故事的固有模式就受到了挑战，必须进行调整，于是认知活动改变了，认知能力也得到了提高和发展。也就是说，我们的教学内容以叙事的形式设计时需要投入情感才能进一步提高学生的认知能力。在“动物世界”这个专题里，泛听训练中聪明的大猩猩、恋爱中的天鹅、跳桑巴舞的狗、学滑水的羊驼、海归大熊猫泰山、拯救人类的海豚首先唤起了同学们对动物的喜爱之情。精听训练中濒临灭绝的北极熊和海洋鱼类引发了同学们对动物的怜爱之情。接下来在关于动物濒临灭绝原因的视频素材中，偷猎者为经济利益大肆捕杀西伯利亚虎、海豚致使这些珍稀动物数量急剧减少唤起了同学们对乱捕滥猎行为的愤怒之情。大部分人在水族馆看海豚表演时认为海豚在给人们带来快乐时自己也是快乐的，但节选自 2009 年奥斯卡获奖纪录片《海豚湾》的片段向人们展示了海豚因适应不了禁锢的生活而抑郁自杀。日本太地町渔民屠杀海豚的血腥场面让同学们流下了同情的眼泪。最后在拯救动物行动的视频素材中，人们冒着生命危险自发拯救海豚和鲸鱼，建立大象孤儿院和长颈鹿庄园

① 艾森克，基恩. 认知心理学. [M]. 高定国，等，译. 上海：华东师范大学出版社，2004：771.

以保护失去父母和栖息地的动物的行为引发了同学们对动物保护者的感动和钦佩之情。按叙事的形式精心设计的“动物世界”专题处处倾注了情感，将同学们的情绪层层推进，他们时而喜悦，时而悲痛，时而愤慨，时而感动，自然而然地增进了保护动物的意识。由此可见，在叙事化听力教学中加入情感，远远超越了纯粹语言学习的范围，既有助于保持注意，也是全面提高认知能力所不可或缺的。

3. 叙事任务整合技能

听是一个互动的过程。听的目的不仅是理解信息，而且应在所有对话者之间建立互动联系。在听力课的任务设计中，我们尽量减少多样选择题等机械操练，主要采用复述、讨论、互动问答和演讲等叙事化任务设计让学生在听力课中整合听说技能。复述就是一种叙述。Treisman 的实验发现，当给被试的追随耳呈现英文小说材料，而给非追随耳也呈现同一材料时，非追随耳的信息可以得到一定的识别，如给非追随耳呈现关于生物化学的材料时，则很难加以识别。[①] 这一实验结果表明：故事更易于识别和记忆。

顺利完成叙事化任务要求学生具备良好的听力理解和记忆这两种认知功能。现有的听力教材多以音频素材为主，语言也比较老套。学生听起来兴趣不大，而且如果听不懂材料就无法完成复述等叙事化任务。传统意义上的“叙事”是指一种话语形式，而随着叙事研究向各学科深入，现今的“叙事”概念已扩展到非语言层面。非语言性认知即不依赖自然语言进行的认知活动，如利用手势、音乐、图像、符号等认识世界、传递信息；语言性认知即胡壮麟先生所说的“通过自然语言对世界的认识”，对语言本

① 熊沐清. 故事与认知——简论认知诗学的文学功用观 [J]. 外国语文，2009 (2)：10.

身的认知也包括在内。环球广播电视的兴起和网络的迅猛发展为英语听力教学提供了丰富鲜活的视频素材。在多媒体技术的支持下，我们在教学中所选择的贴近实际的视听素材激发了学生的学习兴趣，首先使他们有了主动叙述的欲望和介质。鲜活的视频素材集声、光、色彩、图片、动画和影像于一体，使学生能接受多种途径的感性刺激。教师通过不断的启发式提问引导学生通过听觉、视觉、背景知识、日常生活经验等各种语言和非语言认知活动来加深对文本的理解和记忆。学生们在真实、自然的语言环境中不仅要动耳听音，而且要动眼观察、动脑思考。其次，通过叙事投射设计的教学内容更有利于学生完成复述等叙事化任务。在单个视频素材观看后的互动问答环节中，由于问题设计遵循叙事化的规则，不同问题的答案合并在一起就是对所听素材的一个完整叙事。故事色彩浓郁的“小空间故事”增进了学生对单个听力素材的理解和记忆，便于他们回答每个听力素材后的问题，完成单个素材的叙事化任务。在最后的复述环节，学生按要求对整堂课所学内容做一个两分钟左右的总结性叙述。多个“小空间故事”组成的“事件叙述流”使得学生更容易把握和记忆专题所涉及的各方面内容之间的联系。叙事化任务不仅检测了学生对听力素材的理解能力，也提高了他们的口语表达能力，整合了听说技能，积累了相关专题的背景知识。

4. 积极思辨富于创造

叙事教学法的另一个特点就是创新，它需要创新性思维。认知心理学认为获得创造力的关键途径主要有联想、想象或类比思维，其中类比尤为重要。艾森克认为：“当人们缺乏与问题直接相关的知识时，他们就间接地通过类比把知识运用到问题的解决之中去。”这种类比能力包含两个主要的加工过程，即类比提取（analogue retrieval）和类比对应（an－alogical mapping）。在提取阶段，思考者必须以某种方式回忆一个与所面临的问题相对应的范畴（或者类比物）。[①] 具体到听力教学来讲，我们主要通过富有创造性的类比思维来编排教学内容，启发学生的认知创造力。

故事或叙述影响认知的另一种重要心智活动是故事本身的组织。叙述的行为或叙述的话语都是心智过程的表现形式和结果。故事——我们所听到或看到的故事，并不是“原汁原味”地存在于现实世界或故事讲述人头脑中，讲述人只需把它呈现出来。事实上，“我们关于一则故事的描述是高度选择性的”[②]，“从一个世界中构造出另一个世界，通常还需要进行大量的淘汰和补充——对旧材料的实际删减和对新材料的补充。”[③] 任何故事其实都经过了讲述人一定程度的加工，这种加工就是 Stockwell 所说的“理性的抉择和创造性的意义建构”。听力教学中所使用的电视新闻也是经过加工的故事。电视画面“眼见为实”的幻象使受众容易对电视画面呈现的事物信以为真。因此人们很少质疑电视画面的真实性。然而观众在荧屏上看到的是记者按照其所属媒体的编辑方针和自己的价值观经过精心选择加工组合而成的媒介现实，而非客观现实。如果观众接触的电视媒体比较单一，就容易偏听偏信，对客观现实的认知能力难以提高。CNN 等外媒不乏充满政治偏见的新闻报道，其中带有偏见的涉华报道已经对中国的国际形象造成了极其负面的影响。随着网络的发展，同学们可以从各种渠道获取信息并受到负面的影响。外媒节目信源的多样化可以让同学们从多个视角进行类比来逼近事物的真实面貌。

---

① 艾森克，基恩．认知心理学．[M]．高定国，等，译．上海：华东师范大学出版社，2004：662，663，658.

② 艾森克，基恩．认知心理学．[M]．高定国，等，译．上海：华东师范大学出版社，2004：532.

③ 熊沐清．故事与认知——简论认知诗学的文学功用观 [J]．外国语文，2009(2)：10.

为培养学生独立自主的学习精神、创新精神和实践能力，老师应鼓励学生从各种渠道收集视听素材。老师按照教学大纲的要求和主干教材的主线以及学生的兴趣对自己和学生收集的素材进行分类汇总，制作不同的专题。我们收集的素材不仅包括CNN、BBC等英语媒体，也包括CCTV－9，半岛电视台、DWTV、NHK等非英语国家的英语电视节目。平时我们特别注重收集不同媒体对同一事件的不同报道进行创新的叙事编排。对故事素材编排后形成的类比组合推翻了西方媒体自我标榜的客观公正的形象，重新建构了更为完整的故事。

创新不仅发生于创作过程，而且也发生在接受过程中。对接受者而言，叙述是对叙述世界（narrational world）中的时间和空间进行再创造的心智过程。因为接受者不但要识解叙述者的叙述，还要根据这种虚拟的叙述构建虚拟的时间和空间世界，重新创造新的叙述世界。同一事件，截然不同的新闻报道启发学生积极思考背后的原因，增强了他们对外媒报道的分辨能力，也增进了他们的发现认知能力。由此可见，通过类比提取和类比对应，叙述过程可以培养创造力，提升认知能力水平，接受过程同样能够提升认知能力水平。此外，根据接受理论，文本是开放的，接受者也参与了文本意义的创造，甚或创造出超越作者原意的意义。这时接受者的创造力无疑得到了提升。同学们纷纷表示今后将对各种不同信源进行类比，带着批判的眼光去看西方媒体报道的新闻，不会再偏听偏信一家之言。

四、结语

Stockwell把阅读比喻成“文学之旅”，认为“阅读是一次旅行”（Reading is a journey）①。Stockwell 指出：往往有这样的情况，读者完成“文学之旅”归来时已有所改变。旅途到达的地点已不同于出发地。读者的改变应是多方面的，既有伦理意义上的（即，作为人类得到改善），也有知识论意义上的（即认识了外在），当然更是心智的改变（即，我们成了更好的作者读者）。这种“使我们成为更好的作者读者”的心智改变，主要就是认知能力的提高和改善。实践证明，叙事教学法指导下的听力课中的“阅听”也是一次旅行，学生完成“阅听”归来时也有了多方面的改变，既有听力理解能力的提高，词汇量的增长，百科知识的丰富，情感的升华，成了更好的阅听者，认知能力也得到了提高。因为故事是人类最古老最基本的活动方式与言语行为，所以叙事教学法不仅适合听力教学，也能广泛应用到其他课程的教学中去。

参考文献：

［1］Joanna Gravins & Gerard Steen. Cognitive Poetics in Practice［M］. London：Routledge，2003.

［2］Stockwell Peter. Cognitive Poetics：An introduction［M］. London：Routledge，2002.

［3］艾森克，基恩. 认知心理学.［M］. 高定国，等，译. 上海：华东师范大学出版社，2004.

［4］熊沐清. 故事与认知—简论认知诗学的文学功用观［J］. 外国语文，2009（2）：6—15.

［5］赵艳芳. 认知语言学概论［M］. 上海：上海教育出版社，2001：1—2.

① Stockwell Peter. Cognitive Poetics：An introduction［M］. London：Routledge，2002：153.

作者简介：

魏涛，女，副教授，主要研究方向：英语新闻翻译、英语听说教学法

论“一带一路”倡议背景下外语院校的法律人才培养

温　融　杨　丹

（四川外国语大学国际商学院 重庆 400031）

摘要：“一带一路”倡议的提出和推进，对法律人才的语言能力、国际法律学习能力和国际法律实务能力提出了更高要求。外语院校的法律人才培养具有自身优势，在“一带一路”倡议中扮演着重要角色。当前，外语院校的法律人才培养普遍存在重视程度低、师生规模小、培养模式单一、国际化程度低等问题。必须创新法律人才培养模式，深化法律课程改革，加强法律实践性教学。

关键词：“一带一路”倡议　外语院校　法律人才培养

2013年9月和10月，中国国家主席习近平在出访中亚和东南亚期间，先后提出共建“丝绸之路经济带”和“21世纪海上丝绸之路”（以下简称“一带一路”）的重大倡议，得到国际社会高度关注。4年来，全球100多个国家和国际组织积极支持和参与“一带一路”建设，联合国大会、联合国安理会等重要决议也纳入“一带一路”建设内容。“一带一路”建设逐渐从理念转化为行动，从愿景转变为现实，建设成果丰硕。实践表明，“一带一路”倡议顺应时代潮流，适应发展规律，符合各国人民利益，具有广阔前景。2017 年 5 月，“一带一路”国际合作高峰论坛在北京召开。论坛期间，各国政府、地方、企业等达成了一系列合作共识、重要举措及务实成果，为“一带一路”建设国际合作提供了有力支撑。有理由相信，站在新的历史起点上，“一带一路”建设国际合作将不断取得新进展，为构建人类命运共同体注入更加强劲的动力。

一、“一带一路”倡议背景下法律人才应具备的能力

“一带一路”建设涉及几十个国家、数十亿人口。这些国家在历史上创造了多姿多彩的文明，具有不同的语言、文化、习俗、法律。各国秉持和平合作、开放包容、互学互鉴、互利共赢、平等透明、相互尊重的理念进行合作，对法律人才的语言能力、国际法律学习能力和国际法律实务能力提出了更高要求。

（一）中外文表达和沟通能力

国家间任何交流与合作的首要前提是语言交流。缺乏语言连通，其他的交流与合作都无从谈起。英语目前是国际第一通用语言和世界上使用最广泛的语言。一定程度上，“一带一路”建设可以用英语作为通用语，但这种通用语只能达意、难以表情，只能通事、难以通心。欲表情、通心，须用本区域各国各族人民最乐意使用的语言。粗略统计，“一带一路”建设涉及国家的官方语言或国家通用语有近 50 种，再算上这一区域民族或部族语言，重要者不下 200 种。[①] “一带一路”战略的提出和推进，要求法律人才尽可能掌握沿线区域、国家和民族最乐意使用的语言，具备更高的中外文语言表达和沟通能力。

---

① 李宇明：“一带一路”需要语言铺路［N］. 人民日报. 2015-9-22.

法律人才的语言表达和沟通能力具有自身的特点。法律语言总是力求准确和正式，以达到维护统治阶级的意愿和威严的目的，使得法律语言正式而庄重，任何情况下都不能使用口语、俚语和方言。甚至有时还使用某些古体词，以体现法律语言的庄重性、严肃性、神圣性、权威性和严密性。由于书面文字常常是确立各方权力、权利与义务的唯一依据，法律语言任何时候都将其准确性视为基本准则。法律语言尤其是立法语言中很少使用描绘性形容词，而且对表示时间、范围、程度等副词使用极为严格，以避免不必要的歧义。

正是这种准确性要求，“一带一路”倡议背景下法律人才的语言表达和沟通能力显得格外重要，既需要懂得沿线区域和国家各族人民的语言，又需要懂得法律知识。只有掌握了沿线、国家和民族的语言，才能更好地理解和阐释沿线区域和国家法律，才能更好地识别、防范和应对中国企业在沿线区域和国家面临的法律风险。

（二）国际法律学习能力

由于政治、经济、宗教、历史、文化等方面的差异，“一带一路”众多沿线国家的法律在传统上分属于印度法系、中华法系、伊斯兰法系等不同法系，不同法系之间又交汇融合。近代以来，受西方殖民运动影响，“一带一路”沿线一些国家的法律制度具有浓厚的西方色彩。目前，“一带一路”沿线国家主要分属英美法系和大陆法系。宗教对“一带一路”国家法律体系的影响也非常明显，一些中东国家仍然沿袭了伊斯兰法系。沿袭欧洲大陆国家的属于大陆法系，其中俄罗斯及其他东欧国家较为特殊，虽然也属于大陆法系国家，但独特的历史导致它们与其他大陆法国家存在差异。除了法律制度本身外，部分沿线国家的法律体系很大程度上还受到宗教影响，但即使拥有同样宗教背景的国家，法律体系也可能差异颇大。例如，同为伊斯兰国家，土耳其由于所处地理位置和早期对西方法律体系的吸收，法律体系不同于其他大多数伊斯兰国家。①

在如此复杂的法律环境中推进“一带一路”建设，要求法律人才必须熟悉沿线国家的文化和宗教，了解不同国家的法律体系、司法环境、社会制度，能够熟练运用法律知识及时、有效地处理和防范法律风险。“好学才能上进，好学才有本领。”只有具备较高国际法律学习能力的法律人才，才能以快捷、简便、有效的方式获取沿线国家以及相关国际法律的准确知识、信息，并将它转化为服务于“一带一路”建设的本事。“一带一路”倡议背景下的法律人才需要自觉认识到学习就是使命、学习就是责任、唯有通过提升学习力才能不断提升“一带一路”建设服务能力。

（三）国际法律实务能力

法之理既在法内更在法外。法律职业强调实践性、操作性。学习有关法律的基本理论和基本知识本身并不是目的，而是通过法学思维和法律实务的训练，培养运用法律知识分析问题和解决问题的法律实务能力。当然，对社会实际进行充分的了解和深刻的体验，也有利于进一步提升自身的法学理论水平。教育部、中央政法委员会在《关于实施卓越法律人才教育培养计划的若干意见》中明确提出，把培养涉外法律人才作为培养应用型、复合型法律职业人才的突破口。适应世界多极化、经济全球化深入发展和国家对外开放的需要，培养一批具有国际视野、通晓国际规则，能够参与国际法律事务和维护国家利益的涉外法律人才。切实提高学生的法律诠释能力、法律推理能力、法律论证能力以及

① 吕红兵：“一带一路”沿线国家法律体系概述［J］．中国法律．2015（6）：41—45.

探知法律事实的能力。

在“一带一路”国际合作高峰论坛上，各国政府、各地方、各企业等形成了一系列成果。代表性的项目涵盖政策沟通、设施联通、贸易畅通、资金融通、民心相通 5 大类，共 76 大项、270 小项。随着“一带一路”倡议实施向纵深推进，“一带一路”建设国际合作项目成果将更加丰硕，要求法律人才必须以较强的思辨能力连接法律和事实，灵活运用相关沿线国家以及相关国际法律知识，用法律思辨的思维去进行逻辑推理、价值判断、责任分配，合理协调多方利益，推动“一带一路”建设国际合作项目从磋商、谈判、签约、履行、纠纷处理等方面顺利进行。

同时，“一带一路”沿线国家绝大部分是转型中国家和发展中国家，法律制度并不完善，执法随意性和变化较大，也存在通过颁布法律对境外投资者的跨国并购投资设置特别条件和程序予以限制的情况，导致对特定国家的投资国别风险较大。另外，除国别风险外，还存在争端解决及仲裁裁决执行风险。因此，除了通常的国际法律实务能力，法律人才还必须具备一定的法律实践策略与技巧。

二、传统法律人才培养模式的不足

（一）对“法律+外语”的重视程度不高

正如前所述，“一带一路”建设涉及国家官方语、通用语众多，涵盖世界范围内九大语的语支、语族和语系。由于所涉外语种类繁多，处理法律事务中的争端需要多种语言的配合。然而，我国法律外语的种类却普遍偏少。其中北京外国语大学是国内开设外语种类最多的高等院校，如今已开设了英语、俄语、法语、德语、日语等八十几个语种；当然，其他外语高校也开设有数十种外语学科。但在众多开设外语科目的高校中，大部分高校都是以培养“英语+法律”型的综合性人才为目标。此外，一般外语院校都开设有双语法律课程，但也遵循了“英语+法律”的模式。在“英语+法律”模式下，一些外语院校的培养重心在于英语技能的提高，使得学生最后成为学英语的机器；而另一些外语院校由于专业法律英语教师的缺乏，使得法学专业的学生在法律外语听说读写译的能力上得不到系统性的培养。虽然少量外语院校力图均衡法律和外语的教学，但仍然离“一带一路”建设所要求的“法律+多语种”较远。

同时，我国的政法院校也不太注重学生外语技能的培养，一般学校的教学计划也是培养普通的国内事务法律人才，只有国际法或者国际经济法专业或院系会注重学生外语技能的培养；部分学校也专门开设涉外班，对学生按照“法律+英语”模式培养。即使某些院校的国际法律人才培养计划中更倾向于“法律+英语”的培养方案，在实际教学中高校却大都仅是对外语教学量的增加，并非系统性地结合法律与英语教学。学生最终只能是简略接触法律英语，并不能练就高水平的中外文表达和沟通能力，难以培育出服务于“一带一路”建设需要、具有与沿线国家和民族有效沟通能力的法律人才。

（二）高校片面强调知识的灌输

毋庸置疑，中国政法大学、西南政法大学、华东政法大学、西北政法大学等专门的政法类院校在法律人才的学习能力和实务能力培养方面处于国内顶尖水平。大部分开设法学专业的院校，包括开设法律专业的外语类院校，在法律人才的培养上培养模式相对单一，学生实践能力不强，应用型、复合型法律职业人才培养不足，片面强调知识的灌输。

由于法律内容众多、复杂且枯燥，一些老师便挑选书本中部分内容简单剖析案例或解析知识点，而涉及某些或难或生僻的知识点时，仅点到为止，缺乏有较高理论水平和丰富实践经验的法律实务部门专家到高校任教。近年来也有一些学校尝试开启培养司法考试专才的教学模式，教师仅就司法考试考纲所涉知识点进行点拨，而刻意避免教授司法考试考纲之外的知识。还有一些教师仅就法律法条进行分析，而不扩展其他法律理论。这些教师个人的“舞台展现”，都使得学校形成了灌输知识型的教学风气。学生活在象牙塔中，依赖成性的学习态度使得其自身学习能力不升反降，学校难以培养出为社会学习能力超强，能随时适应社会变化的人才。

高校片面强调对知识的灌输，使得学生中形成“为考试而学习”“为下课而上课”的不良学习氛围。学生严重缺乏实际操作能力的训练，自然地也缺乏观察身边实事的慧眼，完全沉浸于校园这个小世界，不了解外面大世界的政治经济生活，不了解我国国情，更不了解国际上的“大事件”，如“一带一路”“金砖会议”，学生逐渐丧失了思考和解决问题的能力，自然不能发现问题和解决问题。这些学生从未接触过实务，缺乏动手能力的训练和培养，且由于理论和实践在某些方面的冲突，出身社会以后，学生完全不能通过法律逻辑，专业地化解国际争端和跨国企业纠纷。因为不了解“一带一路”沿线国家的法律环境，自然无法识别、防范和应对中国企业在沿线区域和国家面临的法律风险。

三、“一带一路”倡议背景下外语院校法律人才培养的审视

国内八大外语院校最突出的优势便是拥有雄厚的外语实力，且这些院校时常接触、分析国际事务，对国际动态了如指掌；另外，这些高校都与国外知名高校有合作交流、交换项目，部分高

校也与知名国际企业有合作，这使得学生有更多的机会接近和触摸国际脉搏。目前，许多外语高校的各外语专业的发展早已成熟，每年都能为国家输送大批高质量的涉外性语言类人才。而且，近年来随着国际经济发展的不断提高和社会人才需求的持续增大，国内八大外语院校为了提高自身影响力和竞争力，都逐步发展成为综合性大学，一般都增设有政治类、经济类、法学类等多种非外语类专业。其中，在法律人才培养方面，主要存在以下问题。

（一）法律人才培养的硬件亟待完善

虽然外语院校增设了诸多非外语类专业，但是，学校的发展方向仍以外语语言类为主导，对其他新增设的专业发展力度都没有加大，硬件亟待提高。首先，大部分外语院校缺乏专门的模拟法庭、辩论场所等专门针对法学专业学生的硬件设施。这使得学生锻炼语言表达能力和展现逻辑思维能力的机会大大减少。专门的硬件设施是培养学生专业实践能力的关键，而教师能用其辅助理论教学，成功地将理论与实践相结合，从而培养学生遵守法理、兼顾事理的思辨能力。这是参与实践的基础，也是培养他们动手能力的第一步。其次，有关法学专业的图书资料严重不足，制约了学生的学习能力。“书中自有黄金屋”，书本不仅是最好的老师，还能开阔视野、开阔思维。而且，法学有各种学说和理论，唯有不断汲取各种知识和见解，学生才能真正服务好“一带一路”建设。

（二）专业师资队伍小

一般外语院校中的法学专业招收的学生数量远少于对外语类学生的招生量，且远少于一般政法高校的学生量。因此，学校为该专业配备的教师团队也相对较小，而法律学科的专业课程繁多，通常一名教师不得不兼任几个法学专业课程的教学，因此有些教师并不擅长其所承担教授义务的课程。且由于教师数量的限制和时间安排的限制，一般外语院校很多法律科目都无条件开设。如统领法学教学的立法法课程被许多外语院校忽视，对于一名刚接触法律的学生来说，该课程的开设意味着学生更加能够完整地了解法律体系的完善过程，而对这门课程的忽略使得学生难以建立最初的法律逻辑体系。另外，类似于逻辑思维学等一些法律基础学科，也被一些外语院校从教学大纲中删除。

法理意识的培养重在一个完整的法律逻辑体系，兼顾事理的培养更需要活跃性思维。没有专业的师资队伍，开设的课程也不够完善，有关涉外性法律人才的培养方案便难以开展，学生的专业素养也难以得到提升。

（三）法律人才培养模式单一

一般外语院校的法学课堂仍沿用“老师讲、学生听”的教学模式，学生接触法律时，常依赖教师，进而养成了不善于思考和动手操作的恶习，从而不能大胆主动地展现自我。“学而不思则罔”，学习而不经大脑思考的学生不能真正地消化知识，做不到融会贯通的学生也会为知识的表象所蒙蔽，最后完全不能独立思考并解决社会法律实务问题，更不能服务当下的国际社会。

而且，课堂形式单一，课堂中教师仅单纯地讲解法律知识，不增加人文文化的宣扬，会使课堂更加乏味，学生的感知能力也逐渐下降；教师不能结合国际事项，或他国法律进行教学，学生的兴趣爱好不能被激发，学生的国际意识淡薄；此外，没有多样化的课堂形式，学生的思维极可能会封闭，所谓的知识储备不能实际运用于社会法律事务问题中。学校单一化的培养模式，禁锢了学生的思维，不利法律人才有关能力的培养。

（四）法律人才国际化培养程度低

外语院校大都注重利用自身语言专业优势，积极开展对外合作与交流，产生了大量的国际教育合作项目。其中，有些项目是专门针对法律教学展开的。如上海外国语大学法学院专门聘请了一批国内外知名法学家和法律实务界知名人士担任客座教授与兼职教授，并与荷兰莱顿大学、新西兰怀卡多大学、匈牙利塞格德大学、意大利罗马第三大学、美国蒙大拿大学、美国肯特州立大学、美国乔治城大学、美国密苏里大学等十余所大学法学院建立了合作关系。北京外国语大学法学院的国际法专业硕士研究生的教育采取与国外大学联合培养的模式。天津外国语大学涉外法政学院为突出“专业+外语”的办学特色，还按照双语教学方式，根据学生的专业方向安排学习涉外特色课程，同时聘请外籍专家对部分课程进行全英文授课。但是，无论是国际合作的项目数量、深度还是广度上，相比语言类专业，法学教育仍处于初级水平。

四、“一带一路”倡议背景下法律人才培养模式的创新——以四川外国语大学为例

四川外国语大学国际商学院的法学专业 1998 年获准设置，是四川外国语大学为适应重庆市地方经济建设和社会发展对国际经济法人才的需求而开设的专业，体现了学校教学与社会经济发展的密切结合。法学专业下设国际经济法、国际商法两个专业方向，依托学校的外语学科优势和优质的外语教学资源，从学生知识结构的系统性和完整性出发，注重学生的多元化发展，实现法学和英语之间的相互复合，以培养学生创新精神和实践能力为目的，强化实践教学，致力于培养熟悉经济学原理、国际经济管理

和国际商事交易法律基本知识和技能，能够熟练地运用英语从事国际经济合作、国际商务谈判等相关工作，具有良好的英语修养、语言技能和沟通能力的高素质复合型涉外法律人才。为了更好地服务于“一带一路”倡议，须从以下方面创新法律人才培养模式。

（一）创新教学理念

教学理念是教育者教育活动所持的态度和观念。要培养适应“一带一路”的高素质人才，必须以学生为本面向社会需求。学生是培养模式的中心。教师应根据学生吸收知识速度，调节教学进度，以满足学生的需求，并关注兴趣不浓厚的学生的学习情况，多给予鼓励，使其振奋精神，力争改进。鼓励学生主动思考和为特定法律事务给出解决方案，勇于展现自己，就课堂内容表达自己的观点。“一带一路”建设需要大量熟悉市场准入、外国投资、贸易管理、跨国公司设立、外汇、税收、知识产权等相关制度政策和法律法规情况的人才。法学教育方面不应仅拘泥于法律课本，还应均衡法律专业课程和语言课程、理论课程和实践课程。

（二）创新教学方法

由于成本和效率的原因，短时间无法设置专门针对“一带一路”沿线地区和国家法律的课程。但可以采取课程设计、学年论文、实务情景模拟等方式，围绕“一带一路”倡议涉及的交通、能源、通信等基础设施重大工程、重大项目，以及国际货物贸易、服务贸易、跨境电子商务、市场采购贸易以及新的商业形式和新一代信息技术、新能源、新材料等新兴产业发展等热点展开教学。课程设计和学年论文，是指学生结合自身学习情况和对实际事务的认识，自选角度就社会时事热点问题进行研究。实务情景模拟，是指学生在法律课堂中扮演法律顾问、律师、仲裁员等，从各种视角缜密地分析问题。可以将“一带一路”建设的有关内容及时置入教学内容。

（三）创新教学实践

一方面，加大实践教学比重，加强校内实践环节，开发法律方法课程，搞好案例教学，办好模拟法庭、法律诊所等。充分利用法律实务部门的资源条件，建设一批校外法学实践教学基地，积极开展覆盖面广、参与性高、实效性强的专业实习，切实提高学生的法律诠释能力、法律推理能力、法律论证能力以及探知法律事实的能力。另一方面，支持法律实务部门有较高理论水平和丰富实践经验的专家到高校任教，支持专业教师到法律实务部门挂职，提高法学师资水平。

（四）创新国际化办学

目前，我校与国外八十余所大学都建立了校际交流关系，与某些国外大学合作创建了语言类专业的双文凭项目。可以借助语言类专业优势，积极开展与“一带一路”沿线地区和国家的知名大学法学院之间的合作，建立涵盖法学本科、法学研究生的国际项目，如交换生项目，可建立“2+2”或“3+1”的培养模式，也可建立寒暑假法律训练营，让学生到国外切身感受他国文化，体会国内外法律的差异；也可以与涉外性的律师事务所或公司企业合作，或是与“一带一路”沿线国家的企业合作建立实习基地，聘请“一带一路”沿线地区和国家的知名大学法学院教授来校讲学。

参考文献：

[1] 李宇明．“一带一路”需要语言铺路［N］．人民日报：

2015－9－22.

[2] 吕红兵. “一带一路”沿线国家法律体系概述 [J]. 中国法律，2015.

[3] 李晓君. 浅论“以学生为本”在诊所式法学教育中的体现 [J]. 法制与经济，2010，12（260）：138－139.

[4] 肖兴燕，陈翔，刘琴，黄中顺. 诊所式法学教育 [J]. 六盘水师范学院学报，2013，10（5）：69－73.

[5] 罗培新. “一带一路”法律人才长啥样 [N]. 解放日报，2017－7－4.

[6] 彭振. “一带一路”战略背景下高级法律人才培养模式研究 [J]. 高校法治与教育研究，2015.

[7] 陈河. “一带一路”视域下的商务英语人才需求及培养路径探析 [A]. 海外英语，2016－10－19.

作者简介：

温融，男，1977年生，博士，副教授。主要研究方向：国际经济法学。

“一带一路”背景下国际商学院跨境贸易专业“三实”基地建设路径与对策研究

鲜京宸　李　江

（四川外国语大学国别经济与国际商务研究中心 重庆 400031）

摘要：本文在“一带一路”的时代背景下，首先分析跨境贸易专业“三实”基地面临的问题，其次探讨国际商学院校跨境贸易专业“三实”基地建设正在成为高校跨境贸易专业人才系统建设重要一环的建设模式与路径。最后阐述“一带一路”背景下跨境贸易专业“三实”基地建设的机遇及对策。

关键词：一带一路　跨境贸易专业　“三实”基地建设

一、引言

2013年9月和10月，中国国家主席习近平在出访中亚和东南亚国家期间，先后提出共建“丝绸之路经济带”和“21世纪海上丝绸之路”这两个符合欧亚大陆经济整合的倡议。

两者合称“一带一路”倡议。其中“丝绸之路经济带倡议”涵盖东南亚经济整合和东北亚经济整合，并最终融合在一起通向欧洲，形成欧亚大陆经济整合的大趋势。而“21世纪海上丝绸之路经济带倡议”则从海上联通欧亚非三个大陆和丝绸之路经济带形成一个连接海上和陆地的闭环。其后，2015 年 3 月 28 日，国家发展改革委、外交部、商务部联合发布了《推动共建丝绸之路经济带和 21 世纪海上丝绸之路的愿景与行动》。“一带一路”建设是依靠中国与相关国家既有的双多边机制，借助既有的，行之有效的区域合作平台，高举和平发展的旗帜，主动发展与沿线国家的经济合作伙伴关系，是新型的共同打造政治互信、经济融合、文化包容的利益共同体，命运共同体和责任共同体；是跨越时空、超远距离的全新模式的区域经济体。因此要完成这个举世无双的壮举，需要非常多的相关的各类型新专业人才，这就为国际商学院打造并发展“跨境贸易板块专业”打下了坚实的外部现实需求基础。

二、国际商学院“跨境贸易”专业“三实”基地建设的必要性

随着社会生产力的快速发展，许多行业产业化进程的进一步加快，生产水平不断提高，产品产量大幅度提高，已经由过去的买方市场逐渐向卖方市场转化，出现结构性供大于求，企业要继续生存和发展，迫切需要大批掌握本专业技术应用的技能型人才，而不再欢迎没有掌握专业关键技能的实习生或技术不熟练的毕业生。这造成了非常普遍的人才供需矛盾，一方面是缺乏专业技能的毕业生难以就业，另一方面是企业招不到所需的专业技能人才。难以寻找到实用型人才已成为全社会各行各业普遍关注的热点问题，也已引起中央领导的高度重视，党中央明确提出人才强国战略和“造就数以亿计的高素质劳动者，数以千万计的专门人才和一大批拔尖创新人才”的目标。

“三实”基地建设，是高校实验教学过程具体实施的物理操作训练空间，其基本功能是完成教学与学生就业前职业素质训

导、职业技能培训，并逐步发展为培养大学生的实践教学、技能培训的基地，是实现普通课堂无法完成的技能操作，有目的、有计划、有组织地进行系统、规范、模拟实际岗位的基本技能操作训练。学院领导应该充分认识到实训基地建设对促进大学生就业前技能教育改革与发展的重要意义，切实加强实训基地建设工作的协调和领导；同时，院系各部门应密切合作，组织有关专家开展相关领域人力资源需求的调研、统筹规划，科学制定实训基地建设总体规划和分年度实施方案。

三、“跨境贸易”专业“三实”基地建设面临的问题

跨境贸易板块专业中的三个专业：电商、国贸、物流，目前看来国际贸易专业的教改最迫切且最困难。1998 年教育部对高等学校本科专业目录进行第四次调整，把“世界经济”“国际贸易”和“工业外贸”三个本科专业合并为“国际经济与贸易”专业，并延续至今。目前我国高校对国贸专业有两种培养模式：“通用外贸专业”模式和“英语外贸专业”模式，简单而言就是国际贸易专业已经近 20 年没有进行相应的改革了。结合《国家中长期教育改革和发展规划纲要（2010—2020）》对高等教育提出的要求，两种国贸专业人才培养模式都存在问题，这些问题已经显示出目前我国以国际贸易为代表的跨境贸易专业板块的国际化人才培养并不完全符合我国“一带一路”经济建设的要求。而国贸专业的问题基本上在电商、物流专业的中也有显现，所以这些专业的教学改革已经到了迫在眉睫的境地。

（一）人才培养目标同质化严重

近年来，国际贸易专业已成为我国高等院校的热门专业之一。目前全国已有 700 多所本科院校开设了国贸专业，是 28 个

财经、工商管理类本科专业中招生学校和招生人数最多的专业之一，但这 700 多所高校在教学计划、课程设置和培养目标等方面都存在趋同现象，缺乏人才培养的特色和层次性，严重缺乏针对新贸易路径下的主流用人单位和主导进出口产品特点的企业对跨境贸易专业板块应用型人才的培养。

（二）企业实习岗位固化且单一

有进出口经营权的生产性企业，即一般意义上的工贸公司，是中国外贸的主力。很多工贸公司从事着占我国外贸业半壁江山的加工贸易。工贸公司外贸经营特点一般为产品种类不多，但是数量巨大。表现在进出口业务方面为业务比较单一，但进出口的金额很大，进出口的活动频繁。工贸公司的这种生产性质和贸易性质，导致内部岗位分工十分严格，对外贸岗位分得较细，如分为外销员、跟单员、报关员、报检员，另有负责物流和出口退税等事务的专门岗位。对应于外贸正式岗位的实习岗位，同样也会表现出较为单一的特征，一般只涉及外贸的某个环节或流程，实习效果大打折扣。

从教学环境来看，目前我国各大高校国贸专业人才培养在实质上还是单纯依赖课堂教学，教学过程中未能有效实现人才培养的校企合作，企事业用人单位脱离人才培养过程。此外，教学实验室建设相对匮乏。目前我国高校实验室建设还远远不能满足实际需要，学生人均硬件软件配套水平较低。

（三）专业外贸公司实习岗位减少实践教学效果差

自 20 世纪 90 年代以来，随着改革开放的深入，中国外贸逐渐改变了专业外贸公司主导的格局，2001 年中国加入世贸组织后，由于外贸经营权的逐步全面放开，专业外贸公司的外贸地位更是一落千丈。如今，从对外贸易额角度来讲，专业外贸公司的贡献日渐式微。随着专业外贸公司的衰落，外贸工作岗位本身就在萎缩，能提供的实习岗位就更少了，国际经济与贸易专业也很难在专业外贸公司建设实习基地。然而对国贸专业而言，最有锻炼价值的公司仍属于专业外贸公司，因为它最能展现外贸的各个环节，最能和有关外部机构深入打交道。

高等教育中的一个重要环节是实践。虽然我国的大学尤其是重点大学，在跨境贸易专业人才培养方面从来没有缺少过实践环节，但是与西方发达国家的大学生相比，我国学生在解决实际问题以及创新能力方面存在较大差距。

（四）评价体系不科学

评价体系是高等教育的导向和指挥棒。目前我国大学的评价体系中存在一些阻碍学生创新能力培养的因素，比如录取学生的标准单一。当前高校录取学生的标准基本上依据高考分数，而考试分数仅表现了学生学习基础或专业知识的一种能力，无法体现其创新能力或者潜在的创新能力。大学期间，高校对学生学习效果的判断主要还是依据考试分数。实际上，在一些发达国家，学生的课程作业在最终考核中占很大分量。完成好课程作业需要学生具有丰富的想象力及扎实的专业知识基础，学生经常在这种环境中学习和思考，其创新能力自然有所提高。

（五）跨境贸易家族企业特征明显，实习岗位难以融入

近些年，跨境贸易在外贸领域异军突起，与传统外贸相比，跨境贸易的个性化特征更为突出，进出口的特征为花色品种多，单个品种数量少，进出口双方信任特征比较明显。由于商品品种繁杂，多数不便于批量生产，因此适合家族类小型企业经营。跨境贸易基于相互信任，市场信息的保密性也较好，这类企业若提

供外贸实习岗位，一般为外贸的外围，如外贸生产环节，较少涉及外贸的核心环节，实习生很难真正融入企业，因此容易挫伤员工工作的主动性和积极性。

四、商学院“跨境贸易”专业“三实”基地建设模式与路径

商学院在“跨境贸易板块专业”基地建设过程中，要符合中国和周边国家跨境贸易交往的贸易准则和标准，从而推进一带一路倡议和构建人类命运共同体的进程，实现共同富裕的伟大目标。如此宏伟的工程必然要求高等院校对现有的国际经济与贸易人才的培养方式进行创新和改革。

在“一带一路”和“大众创业、万众创新”实施背景下，结合已有研究和实践经验，我们认为，校企合作，产融结合，学校与企业无缝对接，通过企业平台与信息产业市场接轨，将学校的理论教学与企业的实际需要和实操技能相结合，构建以应用型为导向的跨境电商贸易人才培养体系，是当前外语类院校商学院人才培养的必由之路。当前，中国正在从贸易大国向贸易强国转变，势必需要建设一套符合中国的跨境贸易体系以及其相关的各种贸易准则和标准。这也要求相关的科研院校进行相关的教学和改革。“跨境贸易”专业“云实”基地建设模式与路径见图 1。

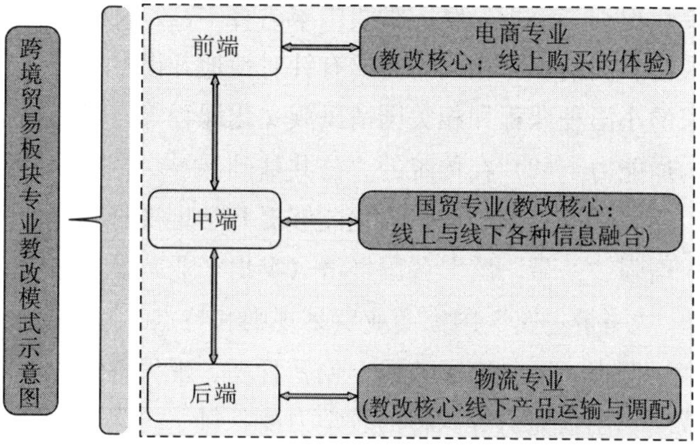

图1 "跨境贸易"专业"三实"基地建设模式与路径示意图

如图所示，本学院通过几年的探索和实践，逐步找到了一种"一头一尾一中心"的实验、实践与实训教学的模式，在这个模式中，"一头"是指以电子商务专业为主的"三实"基地的建设，其教改的核心内容就是以线上购买体验为主的课程体系的建设；而"一尾"则是指以物流专业为主的"三实"基地的建设，其教给的核心内容就是以线下产品运输与调配为主的课程体系的建设；最后"一中心"则是指以国际贸易专业为主的"三实"基地的建设，其核心的内容就是以国际贸易专业特有的特点，作为中心连接电商与物流，做好电商与物流之间的信息的糅合，发挥中心节点的作用。由此三个专业共同组建成为符合现代跨进贸易规则、规律的"跨境贸易板块"专业体系群。

由此围绕跨境贸易板块专业的国际化人才培养模式，可以重点抓好以下几个方面。

第一，在教学理念、培养目标和课程设置上，着力打造具有国际视野、具备国际一流知识结构、具有较高跨文化沟通能力，在全球化竞争中善于把握机遇和争取主动的高层次涉外人才。(1) 在外语和国情的教学中，除了教授英语、法语、日语等语言外，要意识到“一带一路”沿线国家语言丰富，文化多样，各国风土人情和国情不尽相同，需要有针对性地开设“一带一路”沿线国家的小语种课程和相关国情民族文化课程等，以提高学生的语言沟通能力。(2) 在传统的“公共基础课 + 专业基础课 + 专业课”的教学模式基础上，强化能够提升学生视野和能力的课程建设，增强“一带一路”各国经济（突出产业）发展历史、现状和趋势、“一带一路”国家商业贸易规则和特点、国际市场营销、国际市场调查、国际市场传播、创新管理、现代科学技术、知识产权战略和创新能力等课程的教学力度，每一门课程的强化和增设都对应一种外贸工作能力的提高。(3) 可以实施“课程融合”措施。努力做到把与国际贸易专业相关的职业资格证书的考试内容贯穿于专业人才培养计划与方案中，使专业教学的内容与职业资格证书的考试内容及职业岗位要求相融合；集专业知识、实作能力于一体，使人才培养规格与行业及企业的需求相一致。(4) 注意培养国贸专业学生国际化视野和全球化的组织领导力、管理能力。三个相关专业学生中，有一部分学生因为学习成绩和能力突出，会选择本科毕业后到国外学府深造或者到跨国公司就职。因此，应开展包括讲座在内的多种国际化系列活动。

第二，重视体验、实验和实践环节的国际化培养。当前，复合型人才的培养模式要求，不仅要注重夯实学生的理论知识基础，又要培养学生的动手和解决实际问题能力。显然，增加实习和交流项目，拓宽实习与交流渠道，特别是和“一带一路”国家的院校与企业开展合作交流，是当前培养过程中亟须解决的问题。而在对于学生的实习、实验和实践能力的培养上，一方面，各院校可以充分利用和挖掘校内外资源，通过建立实验室，校企合作建设实习、实训基地等方式解决；另一方面，可从地方经济企业第一线聘用高素质的专业人员到校授课，或者选派优秀青年教师前往有关一线企业学习和锻炼，加强与企业的联系与互动，以促进实践教学质量的提升等。同样，培养学生创业意识和能力时，可以引入创业导师制。在创业导师的选择上，不应局限于相关教师，更应引进和邀请地方实体界甚至业界成功人士担任以及开展相关培训、辅导和讲座等。

第三，构建科学的评价体系。跨境贸易板块专业的国际化人才培养模式到底效果如何，成功与否，需要有一个科学的评价体系，需要以客观的评价指标体系作为衡量标准。因为这种融合了三个相关专业的教学改革模式并不常见，甚至十分具备地方特色，所以其评估体系的应该与以往的常见体系不一样。对此的设想和举措是，纵向上，可以借鉴国外有关院校的先进经验，或者国内其他一些高校的成功做法，制定评价标准体系，并围绕这个评价体系及时进行培养方案的修订，做到扬长补短，发挥人才在社会中的价值是人才培养的终极目标。横向上，各院校可以密切跟踪外贸等相关企业对应届毕业生的聘用满意度，社会对本专业人才的综合素质要求以及行业发展趋势等，对照自身培养状况进行评价打分，进而不断发现问题，改进培养措施，提高人才的国际化培养水平。毫无疑问，在当前国际化背景下，国贸人才的可持续发展能力理应成为评价体系当中的重点内容。

五、“跨境贸易”专业基地建设的对策

“一带一路”倡议的逐步实施将带来大量涉外经济工作岗位，虽然“一带一路”倡议目前还处在初始阶段，但也为跨进贸易专业板块的专业实习基地建设带来了新的机遇。

（一）岗位意图转变

传统国贸专业实习基地是立足于贸易型工作岗位，专业设置的本意也不仅局限于国际贸易。“一带一路”带有明显的对外投

资意图，对外投资也以对外贸易为基础，两者相互融合，相互促进。跨境贸易板块建设不是空洞的，涉及投资建厂、企业并购、外汇融资等诸多内容和环节，过程更加繁杂，花费的时间也会更长，但带来的工作岗位数量也会更多，岗位种类更加丰富。“一带一路”沿线国家与中国的跨境贸易的增加，丰富了目前已有的国际贸易的内涵，延伸了电商、物流专业毕业生的就业机会，其相关专业毕业生应抓住“一带一路”难得的历史机遇，积极争取实习岗位和工作。

（二）岗位角色变化

“一带一路”倡议尚属新鲜事物，现在尚属于其初期的实践摸索阶段，而后期的实施既需要大批有国际经贸经验的人才，更需要大量勇于实践探索、拼搏进取，有一定跨境贸易专业背景的毕业生。因此，配合“一带一路”倡议的企业一定会大量招募符合上述条件的大学毕业生，从而使本专业毕业生实习岗位的角色转变，毕业生可结合自己的专长和兴趣，选择最适合的企业进行实习和工作。

（三）岗位地点转变

传统国贸专业毕业生的工作岗位、实习岗位一般均在国内。而“一带一路”带有明显走出去的特征，对外交流也更加频繁，因此基于“一带一路”倡议给本专业提供的实习岗位越来越多地面向国外。本专业的学生应在实习前加强有关语言、文化习俗、身体素质等方面的素养，学校还应在实习的时间和期限的安排上赋予更大的弹性。

六、结论与建议

“一带一路”倡议的逐步实施将带来大量涉外经济工作岗位，

虽然“一带一路”倡议目前还处在初始阶段，但也为国贸专业实习基地建设带来了新的机遇。依据“一带一路”的特点，拓展国际视野，改革教学思路，需求导向，专业与产业对接，创新专业发展思路，从需求设计、过程考查、能力评价三个方面开展应对信管专业实践教学体系的研究。探索培养一大批能肩负“一带一路”建设，实施“走出去”国际化人才的战略方案。对经管类专业学生的能力培养及素质教育具有广泛推广价值。具体研究价值如下。

（一）“一带一路”建设深度融合，实现产学教一体

对于特色商科专业院系而言，破解教学创新难题，比普通院系更具有优势。以培养学生专业学习的实践能力、操作能力和创新能力为出发点，立足高校，由具体专业实验、实训中心的教学改革为需求导向、对接高校实践基地，应对教学的全面创新。

（二）有利于充分发挥资源价值，推进人才培养的国际化发展

认真了解“一带一路”沿线国家需求，利用好自身所处的区位优势和学科优势，依托学校和社会资源等综合性资源，找准适合对接的发展线路和领域，进行校办产业的思路延展，增进沿线各高校的交流与文明互相借鉴。发挥高等教育在区域创新体系建设中的引领作用，加快为企业培养推进“一带一路”建设需要的高层次国际化人才。

（三）有利于提高专业实践教学质量，提高学生国际竞争力

随着中国高校产业化进程的推进，各专业院系要在激烈的市场竞争中生存与发展，就业是其生存之道；对接产业需求，有利

于提高实践教学质量，提高部分学生的国际化人才水平是其创新之路。

参考文献：

［1］杨韶艳. “一带一路”建设背景下对民族文化影响国际贸易的理论探讨［J］. 西南民族大学学报（人文社会科学版），2015（6）：38－42.

［2］王慧. “一带一路”战略下的对外贸易——访商务部国际贸易合作研究院原院长霍建国［J］. 中国国情国力，2015（3）：14－16.

［3］张哲. 扩大内需发展战略下国际经济与贸易专业培养方案创新［J］. 教育教学论坛，2014（4）：227－228.

［4］张良卫. “一带一路”战略下的国际贸易与国际物流协同分析——以广东省为例［J］. 财经科学，2015（7）：81－88.

［5］蔡文芬. 新建本科院校实习实训基地建设的探索与实践——以安徽三联学院为例［J］. 赤峰学院学报（自然科学版），2014（4）：151－152.

作者简介：

鲜京宸，男，1975 年生，讲师，硕士，主要研究方向：国际金融、金融学。

李江，男，1969 年生，副教授，主要研究方向：英语。

PUP模式下大学众创空间创新建设机制研究[①]

鲜京宸　李　江

（四川外国语大学国别经济与国际商务研究中心 重庆 400031）

摘要：本文基于梳理传统创新模式向“众创”模式演进的基础上，尝试性界定了众创的概念及其内涵，根据创新主导者的不同将众创分为企业主导式众创和大众主导式众创，提出了众创的概念模型，结合高校应当结合“众创空间”建设，在传统创业教育的基础上，建设适应“众创空间”的师资队伍和教育机制，充分整合资源，将创业教育融入校内外的“众创空间”建设之中，有效拓展创业教育的深度和广度，提高大学生综合素质，促进国家经济发展。对众创的典型实践进行了分析，最后探讨了有关众创需要深入研究的空间和问题。本文最后对如何正确对待大学众创空间的教育体系提出了合理化建议。

关键词：众创空间　PUP模式　创业教育

---

① 本文得到以下项目支持：重庆市高等教育教学研究立项项目“互联网+”背景下商科大学生创新性实验、实训、实习教学平台建设研究（项目编号：163087）、四川外国语大学校级教学改革研究立项项目“互联网+”背景下商科大学生创新性实验、实训、实习教学平台建设研究（项目编号：JY164618）。

一、引言

2014 年 9 月，李克强总理在夏季达沃斯论坛致开幕词时，提出要掀起“大众创业”“草根创业”的新浪潮，形成“人人创新”“万众创新”的新局面。随着互联网的普及，移动互联网的广泛应用，创新 2.0 模式形成，创新民主化环境和条件成熟，大量实践表明：大众创新（Crowd innovation）成为一种新的创新模式。本文在梳理传统创新模式向“众创”模式演进的基础上，尝试性界定了众创的概念及其内涵，根据创新主导者的不同将众创分为企业主导式众创和大众主导式众创，提出了众创的概念模型，提出高校应当结合“众创空间”建设，在传统创业教育的基础上，建设适应“众创空间”的师资队伍和教育机制，充分整合资源，将创业教育融入校内外的“众创空间”建设之中，有效拓展创业教育的深度和广度，提高大学生综合素质，促进国家经济发展。本文对众创的典型实践进行了分析，最后探讨了有关众创需要深入研究的空间和问题，最后对如何正确对待大学众创空间的教育体系提出了合理化建议。

二、众创空间概念与现状

（一）概念的提出

技术的进步、社会的发展，推动了科技创新模式的嬗变。传统的以技术发展为导向、科研人员为主体、实验室为载体的科技创新活动正转向以用户为中心、以社会实践为舞台、以共同创新、开放创新为特点的用户参与的创新 2.0 模式。应对信息通信技术发展以及知识社会来临的机遇与挑战，不少国家和地区都在对以用户参与为中心的创新 2.0 模式进行探索。Fab Lab 及其触发的以创客为代表的创新 2.0 模式，基于从个人通信到个人计算，再到个人制造的社会技术发展脉络，试图构建以用户为中心的，面向应用的融合从创意、设计到制造的用户创新、开放创新、大众创新、众创空间环境，引发了创新 2.0 时代的全球创客浪潮。创新 2.0 时代的创客浪潮进一步推动了众创空间的形成。

根据 2015 年 3 月 11 日国务院办公厅印发“众创空间”纲领性文件——《意见》[①] 的定义，众创空间是顺应网络时代创新创业特点和需求，通过市场化机制、专业化服务和资本化途径构建的低成本、便利化、全要素、开放式的新型创业服务平台的统称。这类平台，为创业者提供了工作空间、网络空间、社交空间和资源共享空间。

显然，“众创空间”并不是一个简单的物理概念，也不能把它与现有的任何一种具体形式画等号。科技部也一再强调，众创空间绝不是大兴土木的房地产建设，而是在各类新型孵化器的基础上，打造一个开放式的创业生态系统。

（二）国际众创空间现状

Apple Store 是苹果公司于 2008 年 7 月推出的基于 iPhone 终端的内容服务产品的平台，以增加其 iPhone 终端的附加值。这个平台中共有三个利益相关者：苹果公司、程序开发者和消费者。其中，苹果公司主要致力于平台的开发和管理、为程序开发者提供程序开发包（SDK）以方便其开发和上传应用程序，并为用户提供下载入口和好的体验等。一方面，那些爱好开发的组织或个人担任程序开发者的角色，他们借助 SDK 工具能够便捷地开发和上传软件，并根据下载量的多少赢得报酬；另一方面，

① 国务院办公厅. 关于发展众创空间推进大众创新创业的指导意见［EB/OL］. http://www.gov.cn/zhengce/content/2015－03/11/content_9519.htm.

消费者可以在平台上方便地下载自己所需要的软件，这些软件可能是免费的，也可能是收费的。该过程中，苹果公司收取一定的中介费用。借助一系列成功的商业策略，诸如排他性策略、利益分配策略、差异化策略、定价策略、进入策略等，苹果的 Apple Store 得到了异常迅猛的发展，并且为全球软件市场带来了全新的一种模式，即“App Store”模式。不同于 Innocentive 模式下的众创，App Store 模式下的创新活动没有明确的创新需求，因此，这是典型的大众主导型创新模式。

（三）国内现状

北京市依托国家自主创新示范区、国家高新区、科技企业孵化器、高校和科研院所等丰富的科技创新创业资源，成为我国众创空间发展最快的城市。2015 年 3 月 23 日，北京市科委对首批“北京市众创空间”中的 11 家进行了授牌，同时授予中关村创业大街“北京市众创空间集聚区”的称号。这 11 家创业服务机构分别为：北京创客空间、创客总部、东方嘉诚、科技寺、融创空间、极地国际创新中心、京西创业公社、DRC 创億梦工厂、北大创业孵化营、乐邦乐成、清华 x—lab。5 月 4 日，北京市科委再次对 14 家创业服务机构授予“北京市众创空间”的称号，分别是 36 氪、亚杰汇、Binggo 咖啡、3W 咖啡、北京大学创业训练营、IC 咖啡、创业家、车库咖啡、天使汇、飞马旅、联想之星、硬创邦、虫洞之家、因果树。这使得目前“北京市众创空间”的数量达到 25 家。5 月 7 日，北京众创空间联盟成立。这标志着在北京市科委的指导下，北京地区搭建起了众创空间资源共享平台和行业自律组织。首届成员大会同期召开，与会成员来自近 60 家创业服务机构，汇集了众多在行业内具有代表性、影响力、先进理念的人物，将进一步促进推动北京地区创新创业模式新颖、理念超前的众创空间的发展。

2015 年北京授牌众创空间如表 1 所示。

表 1　2015 年北京授牌众创空间一览表

名称	主要服务	模式类型
创客空间	创客线下交流互动、创意发布和展示、课程培训、办公场地、设备资源、产业链管理服务	活动聚合型
IC咖啡	高科技产业链社交平台，定期行业交流会，科技讲座，社交平台，主题沙龙，行业路演等	活动聚合型
硬创邦	硬件技术研讨，咨询和互帮互助服务，创客马拉松、工作坊、分享会、联合办公服务，硬件创业周边和加速服务	活动聚合型
北大创业孵化营	系统培训、实践指导，集中孵化、长期服务链、创业社交	培训辅导型
清华x-lab	整合校内外资源提供，提供创意创新创业学习和实践活动（创意活动、创业团队接待日、创业伙伴服务、驻校企业家、驻校天使服务）	培训辅导型
北京大学创业训练营	训练营（北大学者及创业家讲授），创业导师计划、早期创投基金	培训辅导型
亚杰汇	创业教育和培训，创业导师辅导	培训辅导型
联想之星	创业培训，天使投资，开放平台	培训辅导型
36氪/氪空间	媒体平台，免费办公空间，融资服务，其他相关创业配套服务	媒体驱动型
创业家	"黑马大赛"，报道宣传，培训交流，创投对接等	媒体驱动型
乐邦乐成	创业空间，天使投资，增值服务（税务筹划、融资及改制挂牌，战略咨询、市场推广及渠道，人力资源），综合支持（财务、知识产权，法律代理）	投资驱动型
车库咖啡	草根创业聚集平台，开放办公环境，创业者互助网络，虚拟孵化（车库创业俱乐部），交流沙龙，咨	投资驱动型
Binggo咖啡	循环式培养计划和资源整合，全程孵化（天使投资、商业资源对接、跨境孵化，市场推广）	投资驱动型
天使汇	股权众筹平台，对接初创企业和天使投资人	投资驱动型
飞马旅	管理诊断与规范化、品牌传播支持，资源整合支持、资本优化	投资驱动型
因果树	互联网股权众筹平台 、融资咨询，投资人推荐，法律咨询，尽职调查，人力咨询，招聘及企业宣传	投资驱动型
创客总部	组合投资支持，全程创业辅导，关键合作对接、日常运营支持，多元办公空间，可选增值服务	产业链服务型
3W咖啡	全产业链一站式创业服务，互联网垂直招聘，孵化器，天使投资，俱乐部，企业公关，会议组织和咖	产业链服务型
DRC创像梦工厂	推介展示，法律咨询，财务顾问，工商登记，税务申报，专利注册等	综合创业生态体系型
东方嘉诚	办公服务，创业辅导，投融资服务，企业级服务等	综合创业生态体系型
科技寺	基础硬件，投融资，法务，财务，人力，行政，活动等	综合创业生态体系型
创业公社	团队入驻，小微金融，政策申请，集中招聘，培训活动，创业导师，法律服务，基础运营服务	综合创业生态体系型
极地国际创新中心	创业辅导，论坛沙龙，投融资，法务，财务等咨询、工商注册，推荐展示等	综合创业生态体系型
融创空间	创业沙龙，自助办公，创业咨询，工商注册等	综合创业生态体系型
虫洞之家	传统企业立体式对接，传统行业互联网招拍挂模式、创业项目传播	综合创业生态体系型

数据来源：投资中国研究院——北京市目前已授牌的 25 家众创空间主要服务一览，2015.5.

除北京以外，在上海、深圳、杭州、南京、武汉、苏州、成都等创新创业氛围较为活跃的地区，也都逐渐涌现了一大批各具特色的众创空间。重庆市首批众创空间称号于 2015 年 10 月初授予“四川美术学院”。

前面提到，众创空间是新型创业服务平台的统称，现有的孵化器、创客空间是目前众创空间主要的两种业态。从孵化器的视角来看，目前我国科技孵化器在大众创新创业方面有很好的基础。

三、大学众创空间基本思路

众创空间是一项复杂的创新组织方式，其关键是形成以大学企业研究机构为核心要素，以政府金融机构中介组织创新平台非营利性组织等为辅助要素的多元主体协同互动的网络创新模式，通过知识创造主体和技术创新主体间的深入合作和资源整合，产生系统叠加的非线性效用众创空间的主要特点有以下两点。

第一，整体性，创新生态系统是各种要素的有机集合而不是简单相加，其存在的方式目标功能都表现出统一的整体性。

第二，动态性，创新生态系统是不断动态变化的，因此，众创空间的内涵本质是：企业、政府、知识、大学、研究机构、中介机构和用户等为了实现重大科技创新而开展的大跨度整合的创新组织模式，众创空间是通过国家意志的引导和机制安排，促进企业大学研究机构发挥各自的能力优势整合互补性资源，实现各方的优势互补，加速技术推广应用和产业化，协作开展产业技术创新和科技成果产业化活动，是当今科技创新的新范式。

我们认为，众创空间的概念外延与孵化器略有重叠，但应比后者范围更大，此外，它还应包括创客空间、创业咖啡等新型孵化器模式。众创的概念包含了三层含义：第一，由于兴趣、低成本利基、自我价值实现或者其他社会因素的综合作用，大众创新的动机广泛存在。第二，创新需求的多样性及复杂性和互联网的匿名性及参与式特点使得大众创新的机会很大程度上得到了均等化。第三，海量的知识源以及日益提高的知识转移效率、创新社区的不断发展、逐渐成熟的创新工具包等，促进了大众创新能力的持续提高。这实质上是“动机—机会—能力”理论在众创模式下的具体应用。

一方面，众创空间包括那些比传统意义上的孵化器门槛更低、更方便为草根创业者提供成长和服务的平台；另一方面，众创空间不但是创业者理想的工作空间、网络空间、社交空间和资源共享空间，又是一个能够为他们提供创业培训、投融资对接、商业模式构建、团队融合、政策申请、工商注册、法律财务、媒体资讯等全方位创业服务的生态体系。

四、大学众创空间创新模型分析

基于以上分析，并结合前人的研究，笔者提出了众创模式的“大众—大学—大众”（Public—University—Public，简称 PUP）概念模型，如图 1 所示。

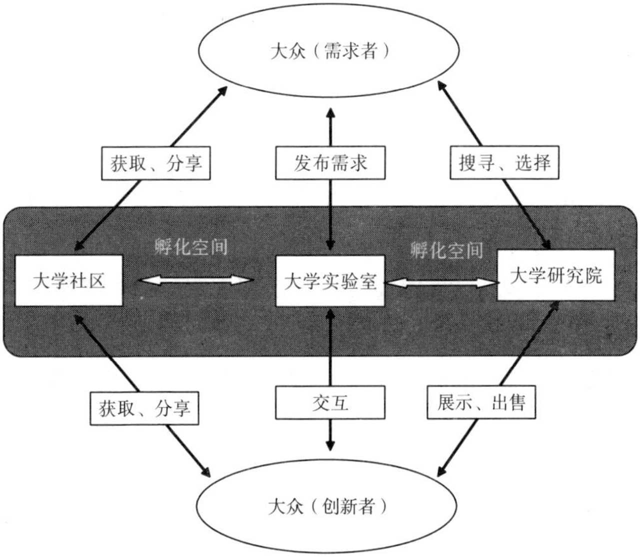

图 1　大学众创的 PUP 概念示意图

基于互联网的大学知识社区。在众创空间模式下，互联网作为各种创新知识载体而存在，大学生都通过互联网的知识社区获取或分享知识，这些基于互联网的知识经过连续的外化、社会化、整合或内化，不断地积累、转移，并且形成新知识。需求方为了获取有效的创新成果，往往乐于提供创新所需的知识，通过互联网能为大学学生提供开放的学习机会，大学生通过学习形成的知识是创新的核心基础：一方面，大学生创新活动可以在大学实验室、研究院孵化，使其更加专业化和更加多样化的知识相互融合，并为基于互联网的知识转移提供了创新活动所需的互补性信息；另一方面，新想法或创意往往就是现有的知识以新的方式重组产生的。当知识经过一系列转移后在个体身上实现内化时，时常会产生新知识，这些知识再次被外化时就可能提供创新所需的创意或解决方案。在这一知识获取、分享的过程中，创新社区就是大学社区本身，它也是最主要的创新平台，因此大学社区是“众创”得以发展的组织形式以及社会基础。互联网的节点分散特点决定了创新资源的平等性和创新信息的分散性，因此基于互联网的知识社区的成熟是“众创”模式的前提条件。

创新的实施以研发活动为主要内容，所以大学生基于兴趣或利益通过互联网平台识别或合适的创新需求，并在实验室或者研究院的支持下实施创新活动。在这个过程中，大学生可以从需求者通过大学的孵化众创空间来的支持，变为人人都成为创新者的过程。当然大学生也可以通过自我识别未来的创新需求的可能性而进行独自创新。因此，大学生的创新过程可以在一定程度上依附于互联网平台，也可以在一定程度上脱离互联网而单独存在。但是大学生基于互联网的节点的特征往往从互联网获取创新信息并与同行进行交互、反馈以改进创新。学校的实验室、研究院等互联网设施平台在这个阶段承担了开发平台的角色，它通过提供开放并且标准化的平台来支持创新，并且为个体在创新过程的交互提供条件。

五、相关政策与未来发展

近年来，国家十分重视推动大众创业。2015年，李克强总理在政府工作报告中关于创业的论述有219个字，占据了重要篇幅，两会结束之后，国务院办公厅印发《关于发展众创空间推进大众创新创业的指导意见》，其中特别提出要“推进实施大学生创业引领计划，为大学生创业提供场所、公共服务和资金支持”。2014年12月，教育部下发《关于做好2015年全国普通高等学校毕业生就业创业工作的通知》，对大学生创业进行了一系列部署，这是近年来教育部在此类通知中首次把“创业”放在了主题当中。同时，各省（区、市）也为推进“众创空间”，开展创新创业活动制定了一系列政策，目前全国已经有13个省（区、市）在省级层面陆续出台了政策或落实了一批“众创”项目。如北京、上海、河南等省（区、市）已初步有项目落地，四川、浙江等省（区、市）出台了省级层面的相关政策。

2015年1月28日，李克强主持召开国务院常务会议，研究确定支持发展众创空间推进大众创新创业的政策措施，中央文件第一次提到“众创空间”。同年2月，科技部发文，指出以构建“众创空间”为载体，有效整合资源，集成落实政策，打造新常态下经济发展新引擎。3月5日，两会的政府工作报告中，李克强再次反复提到“大众创业、万众创新”，并且将其提升到中国经济转型和保增长的“双引擎”之一的高度，显示出政府对创业创新的重视，以及创业创新对中国经济的重要意义。

2015年3月11日，国务院办公厅印发“众创空间”纲领性文件——《关于发展众创空间推进大众创新创业的指导意见》（下称《意见》）。此举为国家层面首次部署“众创空间”平台，支持大众创新创业。《意见》提出目标到2020年，形成一批有效满足大众创新创业需求、具有较强专业化服务能力，同时又具备低成本、便利化、开放式等特点的众创空间等新型创业服务平台。

袁贵仁在教育部、财政部联合召开的工作部署视频会指出，各地各高校要择优遴选条件较成熟、前期基础较好并具有较强优势的项目进行重点培育。要找准重点难点，加大力度对开展众创空间的制约因素、具体困难给予保障支持。要不断提高计划管理的科学性，尽快研究制定众创空间中心运行管理及绩效评价等办法，完善细化第三方评审专家和评审机制。“高等学校创新能力提升计划”（简称“2011计划”），自2012年启动实施，四年为一个周期，旨在建立一批“2011众创空间中心”，根据重大需求的划分，众创空间中心分为四种类型：面向科学前沿的众创空间中心，以自然科学为主体；面向文化传承创新的众创空间中心，以哲学社会科学为主体；面向行业产业的众创空间中心，以工程技术学科为主体；面向区域发展的众创空间中心，以地方政府为主导。计划面向各类高校开放，以高校为实施主体，积极吸纳科研院所、行业企业、地方政府以及国际创新力量参与，探索适应于不同需求的众创空间模式。

第一，面向科学前沿的协同创新中心，以自然科学为主体，以世界一流为目标，通过高校与高校、科研院所以及国际知名学术机构的强强联合，成为代表我国本领域科学研究和人才培养水平与能力的学术高地。

第二，面向文化传承创新的协同创新中心，以哲学社会科学为主体。通过高校与高校、科研院所、政府部门、行业产业以及国际学术机构的强强联合，成为提升国家文化软实力、增强中华文化国际影响力的主力阵营。

第三，面向行业产业的协同创新中心，以工程技术学科为主体，以培育战略新兴产业和改造传统产业为重点，通过高校与高校、科研院所，特别是与大型骨干企业的强强联合，成为支撑我国行业产业发展的核心共性技术研发和转移的重要基地。

第四，面向区域发展的协同创新中心，以地方政府为主导，以切实服务区域经济和社会发展为重点，通过推动省内外高校与当地支柱产业中重点企业或产业化基地的深度融合，成为促进区域创新发展的引领阵地。

众创空间由于其核心价值不在于办公场地的提供，而是在于其提供的辅助创业创新的服务。各种形式的众创空间都在通过各自的方式，向创业者提供各种类别、不同程度的基础服务。此外，个别创业服务机构还自己设立天使或早期基金，有些能帮助初创企业进行鼓励、补贴的政策申请，有些还通过与第三方合作的方式提供工位注册的工商服务等。众创空间作为创业创新服务的平台在全国的推广，将使得“大众创业、万众创新”在全社会蔚然成风。

参考文献：

[1] 顾滢．众创空间发展与国家高新区创新生态体系建构 [J]．改革与战略，2015（4）．

[2] 刘志迎，陈青祥，徐毅．众创的概念模型及其理论解析 [J]．科学学与科学技术管理，2015（2）．

[4] 陈广．创业型大学课程改革的新探索：“两化”模式 [J]．辽宁行政学院学报，2014（1）．

[5] 左伟．中国国家高新区推进创客空间发展的战略思考 [J]．改革与战略，2015（7）．

[6] 李开复．创新最重要 [J]．现代企业文化，2012（Z1）．

[7] 付志勇．面向创客教育的众创空间与生态建构 [J]．现代教育技术，2015（5）．

[8] 范海霞. 各地众创空间发展政策比较及启示［J］. 杭州科技，2015（3）.

[9] 李瑞军，吴松. “众创空间”视域下大学生创业教育的思考［J］. 思想教育研究，2015（7）.

[10] 徐思彦，李正风. 公众参与创新的社会网络：创客运动与创客空间［J］. 科学学研究，2014（12）.

作者简介：

鲜京宸，男，1975 年生，讲师，硕士，主要研究方向：国际金融、金融学。

李江，男，1969 年生，副教授，主要研究方向：英语。

高校人力资源管理专业实践教学制度创新研究[①]

徐新鹏

（四川外国语大学国际商学院 重庆 400031）

摘要：经济社会发展进程中，对人才的需求不断提高，特别是人力资源管理专业人才在国家人才战略中的地位凸显出总要的地位与作用。作为人力资源专业人才培养的重要基地，高校在人力资源专业教学中的角色是非常重要的。特别是社会发展对人实践教学的要求不断提高，而现有高校人力资源实践教学过程中却存在着课程设置不合理、专业师资力量薄弱、教学方法落后等问题。只有从科学合理设置教学机制、加强师资培养、借鉴先进教学理念等方式来创新人力资源专业实践教学模式。

关键词：人力资源管理专业　实践教学　制度创新

实践教学是所有管理学科人才培养中的重要一环。人力资源管理专业作为管理学科的重要力量之一，其实践教学环节对于能够培养合格的人力资源专业化人才起到非常重要的作用。特别是社会经济发展对人才的动手操作能力要求进一步提高，因此，探

① 本文系重庆市教委人文科学技术项目：精准扶贫视域下重庆扶贫开发项目绩效评估研究阶段性成果，课题号：KJ1600703。

寻人力资源管理专业实践教学中存在的薄弱环节，优化课程设置，推进人才培养制度创新是高校管理学科面临的重要课题。

一、高校人力资源管理专业发展状况

学科设置满足社会发展需求，服务社会经济发展是人力资源专业设置的基本要求。近十年来，人力资源管理专业在诸多普通本科院校中存在的比例越来越高。我国的人力资源从业人员的专业知识人才十分稀缺，属于我国稀缺性专业人才。由于人才资源队伍的国际化水准不高，造成毕业生和市场的需要相差很大，也是我国人力资源管理教育面临的一大问题。该专业就业去向为企事业单位及其咨询机构人力资源管理相关岗位，从事招聘、人力资源开发、考核、薪酬管理、员工培训、办公室文秘等工作。根据麦可思（My COS）研究院的2016年度最新权威数据显示，人力资源管理专业的本科毕业生从事的主要职业有：人力资源助理，招聘专职，所有其他种类的人力资源、培训和劳资关系专职，行政秘书和行政助理，文职人员等。该专业中从事这些职业的本科毕业生半年后的平均月收入在3000～4000人民币左右。应该讲，该专业具有良好的发展前景。大部分高校在“以岗位为基础，以能力提升为出发点，以培养社会合格人才为目标”的培养理念指导下，实践教学课程也得以迅速发展，对培养实用型、实践型、复合型的人力资源专业人才起到了重要作用。

二、人力资源专业实践教学制度存在的问题

（一）课程设置不科学

诸多高校不重视实践教学环节，在制订培养方案时，实践教学环节所占学分比例偏低。例如，某高校课程设置理论课占据了

"大半江山"，专业教学环节由社会实践、毕业实习、课程设计、课内实验等组成，在总学分 180 分的情况下，实践教学学分为 43.5 分，仅占总学分两成多。这也体现出传统课程设置重视理论教学的价值理念没有发生大的转变。这种课程设置的后果是学生的动手能力较差，毕业后在工作岗位适应周期长，就业难度因此增加。

（二）师资力量薄弱

在师资配备上，大部分人力资源管理专业师资沿袭了从高校到高校的职业路径。即从高校毕业后回到高校任教，这样的后果是教师缺乏实践教学环节的亲身感受，实践教学能力较差。再加上现有的教师考评体制是以科研考评为主，教学环节考评为辅，导致该职业路径教师在入职后，无法产生致力于实践教学能力提升的动力，而是将主要精力用到了科研上，导致教学能力提升水平受限。

（三）教学方法创新力度不够

当前人力资源授课模式仍然沿袭传统的讲授方式，即填鸭式教学。产生这种教学模式的原因是多方面的。一方面是这种教学方式很容易被学生接受，同时老师驾驭的难度比较小。在这种教学方式当中，老师的主角地位仍然没有发生改变，学生仍然是以配角的角色来听课，参与度较低，其积极性、主动性没有得到充分的发挥。同时，随着高校扩招进程的不断加快，一些学生良好的学习习惯没有养成，他们不喜欢主动思考，当老师提问和布置课堂练习题时，他们通常会借助手机、网络等来寻找答案。如果老师通过转换教学方式，即以学生为中心的教学方法，选择播放影音文件，要求角色扮演等，备课的难度较大。同时，如果处理的技巧不足，容易影响课堂教学效果，导致学生对教师的评价分数不高，这也是老师担心的一个主要方面。

（四）实践教学参与性不够

普通高等学校，一般将实验、实习和实训作为学生实践培养的主要方式，人力资源专业的实践课程通常通过 ERP 沙盘模拟、管理信息系统、数据库的管理、教学软件的模拟，以及假期实习、毕业实习等这些方式来进行。在这些环节过程中，专业教师承担了实践教学任务，由于教师自身实践教学能力缺乏，导致在实践教学中指导的力度不够，影响了实践教学的效果。而学生在实践教学的过程当中，也往往不能够对自己进行有效的自我学习管理，导致他们不能够从教师那里获得实质性的帮助。同时，由于高校人力资源专业教师对企业情况不了解，有些老师尽量减少实践教学参与，避免暴露自己的短板。某些企业虽然为学生实践活动配备了企业导师，但是大部分流于形式，对学生的管理环节缺乏指导。某些企业甚至将学生作为临时工对待，出发点不是为了培养学生的实践能力，而是让学生承担一些企业的工作。

三、人力资源管理专业实践教学制度创新

（一）科学设置教学体系

教学体系设计的目标应当是以为社会培养合格优秀的人力资源管理专业人才为根本出发点，因此高校应当从实践与时间安排两个方面进行制度创新。在课程内容设置方面，一是增加与企业的互动力度。比如由教师带队组织学生到企业做短期的参观与实践，真正深入了解企业的经营状况，人力资源管理实践状况，增强解决实际问题能力；二是鼓励教师向“双师型”教师培养标准模式靠近，激发教师对实践环节教学能力提升动力。同时加强对

教学实践环节的管理力度，配备专业学校干部、专业教师，对实习环节的事前、事中和事后进行全方位监督指导。加强通过ERP沙盘模拟、企业管理信息系统设计以及人力资源管理软件的模拟实习等环节，让学生熟悉真实情境下的企业人力资源管理模式。同时，在实践教学时间安排方面，增加实践教学的课时，比如员工培训理论课时为32学时，可以将其改为48小时学时，其中16学时规定为实践课程，将毕业论文课程设计、课堂作业设计等改为校内完成，增加有效课时，提升毕业论文、实践报告质量。

（二）加强人力资源管理专业实践教学管理

建议每年专业教师至少一个月的时间在企业中挂职锻炼，一方面提升其实践教学水平，另一方面，为讲授人力资源管理专业实践知识打下良好的基础，还可以让其体会真实情境，发现企业人力资源管理模式中存在的实际问题，提出相应的解决办法，从而促进教师实践教学能力的全方位提升。邀请企业人力资源管理专家到学校担任授课教师，或定期不定期开展专题讲座，通过专题讲座来指导学生大学期间应该如何做好职业生涯规划，在专业知识、人际关系管理、就业机会把握、简历设计等方面学会如何向企业推销自己，提高学生就业的砝码，提高就业率和就业水平。

（三）推进授课方式创新改革

以中欧合资企业管理培训为例，在企业培训过程当中要求讲师讲授和练习的时间比例为3∶7，在实践环节通过案例讨论角色扮演、文件筐、企业实地探访等方式，让员工进行深入的体会专业实践的细节。在企业培训过程当中，老师上课尽量少用甚至不用ppt。这对教师的备课提出了更高的要求，同时它也体现出以员工为核心的培训目标取向。在高校人力资源管理专业教学过程当中，理论课与实践课的比例可以安排为 1∶1，同时理论课需要借助多媒体等帮助学生对专业知识形成完整的体系，夯实学生的理论基础。实践课程可以推行启发式教学、头脑风暴、无领导小组讨论等探究式的授课方式，教师精讲、学生多练，引导学生运用实际知识，解决实际问题，激发学生的学习主动性和学习积极性。

（四）人力资源专业实践教学环节工作考核创新

打破传统对人力资源管理专业教师唯科研论的考评模式，转而转向多元化的考评模式迈进。积极鼓励引导专业教师，关注学生实践能力的培养，并且把实践教学效果好坏与其工资、职称以及评优树先相结合，建议学校出台相应的文件，明确相关规定，以制度化建设促进教学实践环节科学有效落地。出台相应的考核办法和奖励措施，涉及考核项目，让学院教师在教学实践环节产生兴趣，同时把与企业合作，以及科研实践、生产实践、社会实践进行有机结合，让更多的学生有机会与企业和社会近距离接触，锻炼学生的实践能力，培养创新精神。同时在对二级学院的考核当中，把实践教学环节作为重要一环，根据企业的要求和规格，考核学院是否培养了合格人才，同时考核学院的师资配备是否合理；在教师招聘环节，优先选拔实践能力强、有相应的资格证书的老师，同时聘请企业、社会具有专业理论水平和教学能力的专家以兼职或专职身份承担学院诸如论文指导、实习指导等教学任务；鼓励学生积极参与实践教学环节，加大在奖学金、评优树先等方面对实践教学的奖励力度，提高学生参与实践教学的积极性。

参考文献：

[1] 韩弊. 美国和苏联专业设置模式的比较 [J] 高等教育研究，1994 (4).
[2] 顾佩华，等. 基于“学习产出” (OBE) 的工程教育模式——汕头大学的实践与探索 [J] 高等工程教育研究. 2014 (1).
[3] 姜波. OBE：以结果为基础的教育 [J]. 外国教育研究，2013 (3).
[4] 王贵成，等. 成果导向教育模式及其借鉴 [J]. 当代教育论坛（上半月刊）2016 (12).
[5] 陈俊英. 战后日本大学的课程设置与教育内容改革 [J]. 外国教育研究，2014 (10).
[6] 潘懋元. 走向 21 世纪高等教育思想的转变 [J]. 高等教育研究，1999 (1).

作者简介：

徐新鹏，男，1986 年生，博士研究生，讲师，国别经济与国际商务研究员。主要研究方向：劳动与社会保障。

双语课程教学中双语的使用[①]

——以“国际会展管理”双语课程为例

许春华

（四川外国语大学商务英语学院 重庆 400031）

摘要：本文以“国际会展管理”双语课程为例，基于在教学实践中中英文双语使用的视角，从课堂用语、教学材料以及学生作业三个方面论述如何在完成课程教学目标的同时，构建双语教学模式以及双语课程建设面临的挑战。

关键词：双语教学目标　双语使用　挑战

一、引言

在企业全球化和经济一体化的时代背景下，我国与世界各国经济、文化的联系日益紧密，我国经济发展急需一大批既掌握了扎实的专业知识又具备过硬的英语水平，能够熟练进行对外交流合作的建设人才。因此，大力推进教育国际化，增强所开设专业

① 基金项目：本文系重庆市教委教改项目“《国际会展管理》双语课程理论+实践教学模式”（编号：173094）以及四川外国语大学校级教改项目“《国际会展管理》双语课程理论+实践教学模式”（编号：JY176013）的部分研究成果。项目负责人为本文作者。

潜在的国际交流与合作的能力，提升毕业生就业竞争力已成为我国高等教育发展的必由之路。使用英语进行专业知识教学，推进相关课程教学与国际先进水平接轨，培养具有国际竞争力的学生是实现我国高等教育国际化的重要途径之一。

2001年教育部颁布了《关于加强高等学校本科教学工作提高教学质量的若干意见》的文件，要求各高校应积极使用英语等外语进行公共课以及专业课的教学，在国家急需发展的专业领域，力争使外语教学课程达到所开课程的5%～10%。由此，国内各大院校相继开展主要使用英语进行相关学科专业知识教学的双语课程建设，其主要目标是加强学生对国际上该学科成熟先进的知识体系的理解以及对该学科领域理论和应用的最新前沿动态的把握。随后教育部制定的《普通高等学校本科教学工作水平评估方案（试行）》（以下简称为《方案》）对“双语课程”做出了进一步明确的界定，“双语课程”是指“采用了外文教材并且外语授课课时达到该课程课时的50%及以上的课程（外语课除外）”。

“国际会展管理”双语课程的设置顺应了在我国会展业逐步向专业化和国际化方向发展的过程中，社会对高水平会展人才急剧增长的需求。会展行业的涉外性和开放性决定了开设“国际会展管理”双语课程的必要性。鉴于此，笔者在所在的商务英语学院在高年级阶段开设了专业任选课“国际会展管理”双语课程。该课程参照了英国会展管理专业领域资深教授Glenn Bowdin主编的会展专业系列教材之一 *Events Management* 的主要知识框架和知识要点，旨在为学生构建与国际上会展管理专业教育接轨的基础知识的同时，通过双语教学让学生掌握该专业世界通行的特定话语形式。本文将以双语使用的视角，着重探讨笔者在讲授《国际会展管理》双语课程教学实践中，如何在完成课程教学目标的同时达到双语教学中双语使用的量化要求（即外语授课课时达到该课程课时的50%及以上的课程），以及面对双语课程建设所面临的挑战。

二、双语教学目标分析

在当今世界会展经济迅速发展的大背景下，我国会展行业方兴未艾，经过20多年的快速发展，已经成为经济发展中的一个新的增长点，也是当前我国最具活力的行业之一，正在逐步向专业化和国际化的方向发展。随着2008年北京奥运会、2010年上海世博会、2010年广州亚运会等极具国际影响力的特大型活动的举办，以及日益频繁的外商来华参展（如广交会）、我国企业赴外参展（如法兰克福书展），会展经济的可持续性发展需要不断向行业内输入高素质、国际化的专业人才。涉外会展以及国际性节事活动的举办要求会展从业人员了解国际通行的行业规则，具备丰富的专业知识和实践技能，而且能够熟练使用英语从事相关的会展工作。由此，会展专业教育建设与国际接轨，向国际化的方向发展的紧迫性进一步凸显。顺时应需，各高校积极开展会展管理双语课程，其宗旨在于让学生既掌握本学科的专业知识，又能熟练使用英语从事相关的实践工作。

会展管理双语课程的具体教学目标包括学习国际先进专业知识与实践技能、习得世界通行的行业用语以及掌握国际科研前沿动态。第一，掌握学科知识。会展管理正规的专业化教育在全球范围内起步较晚，但是近年来在澳大利亚、美国、加拿大以及英国等发达国家发展比较迅速，目前这些国家业已成为会展管理专业重要的知识输出国。与上述国家相比，我国会展管理专业教育才刚刚起步，发展相对滞后，因此，在专业建设上应与西方发达国家接轨，积极吸收国外先进健全的知识体系以推动自身的学科建设。通过双语教学，帮助学生直接（而非通过翻译）学习国外成熟的学科知识体系。① 第二，提高英语语言水平。除了学科内容的教学目标之外，对于双语课程的教学而言，外语不仅是学习学科知识的工具，更是学习目标的重要组成部分。由于英语在特定的学科领域中的应用方式不同，因而在语言目标上，“国际会展管理”双语课程着重于帮助学生习得国际通行的会展行业的话语形式，提升学生在涉外的会展活动中专业英语的实际应用能力。② 第三，增强科研素质。在我国，会展管理学科整体水平的提升离不开该学科领域科学研究水平的提高。通过双语教学，关注国外会展管理学科领域的科研文献，了解国际科研最新进展，推动我国会展管理专业科研进步，提升该专业的学术影响力和创造力，最终在国际舞台上直接和世界其他国家开展平等对话和交流，应该成为“国际会展管理”双语课程另一个重要的教学目标。③

三、双语课程教学中双语的使用

围绕“国际会展管理”双语课程的三大具体教学目标，同时依据《方案》中对双语教学中英文授课使用的比例做出的具体量化要求，即：使用英文在整个授课课时应达到或超过 50%，笔者将基于中英文双语使用的视角，从课堂用语、教学材料以及学生作业三个方面论述“国际会展管理”的双语教学模式。

---

① 刘大可，张文，王向宁．美国会展管理教育及其对我国的启示［J］．旅游科学，2003（1）：1－4.

② 张效珍．CBI 教学理念指导下高校双语课程设计的策略［J］．广东外语外贸大学学报，2010，21（4）：90－94.

③ 郑大湖，戴炜华．我国高校双语教学研究十年：回顾与展望［J］．外语界，2013（1）：54－61.

（一）课堂语言中双语的使用

课堂语言从使用主体来划分，主要包括教师用语和学生用语。而对于教师而言，其使用语言又可以依据其具体表现形式分为课堂板书（主要包括幻灯展示以及黑板展示等）以及口头表达。笔者在“国际会展管理”双语课程的教学过程中，幻灯片展示均使用英文表达，个别学生可能难以理解的术语或术语解释中的关键词，可额外标注对应的中文释义，帮助学生理解掌握。但均采用先显示英语后渐进补充显示中文的方式，以达到首先给学生足够的时间用英文思考，吸收英文表达，习得英文术语的教学目的。课堂上教师的讲授以英文为主，汉语为辅。教师使用英语对术语做出定义并阐释定义中的关键词；使用英语讲授知识要点，并列举相关的案例深入阐述重要知识点；使用英语布置课堂讨论及课后自习的作业题目。课堂上教师对于汉语的使用主要限于大部分学生在课堂上反映出来难以理解的知识要点。教师通常会在使用英语重复解释之后，根据学生课堂反应进而使用汉语翻译出对应的中文术语，或者使用汉语列举学生生活中更常见的事例辅以解释。在这一点上笔者与韩立新、于诗卉[①]提出的一种双语教学语言模式不谋而合，即：使用英语进行专业知识的讲授，使用汉语完成引导、启发、管理、组织课堂教学等内容。

有研究者总结了目前双语教学中课堂教学语言使用的几种主要模式，包括汉语铺垫式、英语引入式、英汉融合式和全英语浸泡式。[②] 教师可根据教学的具体情况选择恰当的双语模式。但是，笔者不赞成把双语教学理解为教师在课堂讲授过程中先英文

---

① 韩立新，于诗卉．高校双语教学改革的若干问题思考［J］．教育科学，2013，29（6）：35—41.

② 康淑敏．从教学语言运用视角构建高校双语教学模式———以地方高校双语教学实践为例［J］．外语界，2008（2）：64—70.

再逐句翻译成中文，因为中英两种语言的夹杂使用会打断教学过程知识讲解的连贯性，影响学生对知识的系统掌握；笔者同样不赞成教师过分追求英语表达的速度以及流利程度，而忽略了对知识点的讲解，因为双语教学的重要目标之一是帮助学生掌握相关的专业知识，任何以牺牲内容讲解而一味追求语言表达的做法同样是不可取的。对于学生，在课堂上无论是到黑板前书写作答或者是口头答题教师都鼓励尽可能使用英语，在遇到困难时，教师给予适当的提示或帮助。对学生的语言要求主要是督促学生使用英语表达所学习的会展管理的相关知识内容。

（二）教学材料中双语的使用

《方案》中明确指出“双语课程”应该“采用外文教材”。就我国目前双语教学教材现状而言，主要包括外文原版、影印版、外文改编版以及英汉对照版等形式。周恩、丁年青[①]提倡双语教学采用外文原版和影印版教材，并总结了这两类教材的主要优越性，包括体系成熟、语言地道、知识系统以及教学理念先进等。然而对于“国际会展管理”课程而言，原版教材价格较高，目前国内尚缺乏影印版教材。因此，笔者在教学中针对教材选用采取了以下具体做法。

1. 给学生推荐五本以上中文教材以及参考书目名单。中文书目有利于帮助学生理解会展管理的基础知识，在一定程度上降低学生专业入门的难度；鉴于会展活动的内涵较广，会展管理的过程涉及领域较多，一本教材通常只能着重于一个或几个方面的内容，难以涵盖全面的情况，因此要求学生阅读相关系列教材（内容包括对会议展览、节庆活动等具体形式的会展活动的介绍；

① 周恩，丁年青．大学英语教学与双语教学的衔接：现状与思考［J］．外语界，2012（4）：68－75.

对会展管理过程中活动策划、活动营销等环节的讲解等）。

2. 教师在备课过程主要参考国外该专业核心原版教材（包括 Glenn Bowdin 主编的 *Events Management*；Nicole Ferdinand 和 Paul J. Kitchin 主编的 *Events management: an international approach* 等），依照原版教材的知识体系准备教学素材，撰写教案，设计 PowerPoint 文档，并适当选取教材中的案例分析以供课堂讨论。

3. 此外，笔者还向学生介绍影响因子较高的会展管理专业领域较权威的外文期刊，包括 *Event management*，*International journal of event management research*，*Tourism management*，*Annals of tourism research* 等（因会展活动与旅游的密切联系，故会展管理相关学术论文也常常发表在旅游管理类的期刊上）。同时也围绕课堂教学内容选取以上期刊中的相关英语文献布置学生课后阅读或将其引入课堂讲解。期刊文献的发表较教材出版周期短、更新快，因此，外文文献在教学中的运用，不仅能进一步完善更新学生专业知识，而且能切实提高学生的专业英语水平和直接使用英语从事科研的能力，这也正是教育部在 2007 年颁布的《关于实施高等学校本科教学质量与教学改革工程的意见》中明确提出的鼓励高校开展双语教学，推动双语教学课程建设的重要目标之一。

（三）、学生作业中双语的使用

会展管理课程实践性非常强。但是，由于地域特点以及学生自身普遍缺乏工作经验的特殊性，对于笔者所讲授会展管理双语课程所面对的学生而言，其获得会展管理特别是涉外会展管理的实际操作机会比较有限。因此，在学生作业环节，本着既要巩固理论知识，又要模拟实战场景，训练实践操作技能的原则，笔者主要设计了以下两类任务：1. 中期小组报告：围绕课程讲授内容选定四大主题，包括：event tourism、event impacts、marketing events、sustainable events。学生四人一组，自行选择一个具体的会展活动，以涉外会展活动为主。并从选定的某一主题的角度，对该活动的组织管理过程进行分析，最后以小组报告的形式在课堂上展现。小组报告的 PowerPoint 文档以及口头陈述均要求使用英语。中期小组报告计入平时成绩。该项任务的设置的目的在于让学生在对具体涉外活动的调研过程中逐步熟悉会展管理几个主要知识模块的具体内容以及会展专业的特定的英语表达形式。同时通过小组作业培养学生的团队协作能力。2. 期末个人报告：要求学生根据该课程讲授的关于管理会展活动的基础知识，自己策划一项具体活动，并在个人报告中详细阐述在活动策划和举办的各个阶段如何对活动进行管理。个人报告的撰写要求参考相关英语文献。将作为课程结束的考查内容计入期末成绩。该项任务的设置是在模拟会展活动管理的真实情景中训练并考查学生的实际操作技能以及综合运用所学理论知识的能力，同时要求学生能够查找并引用相关外文文献进行研究。

三、结语

高校双语课程的开展，对培养具有国际视野的大学毕业生，推动我国高等教学达到国际先进水平具有重要意义。全英语授课应该是我国双语教学的目标和努力方向。然而，全英语教学不可能一蹴而就，而是任重道远。双语课程的建设可作为实现全英教学目标的过渡阶段。笔者在“国际会展管理”双语课程的教学实践过程中，初步探索出围绕双语教学目标的具体教学操作模式。同时，在工作中笔者也切身感受到双语教学的挑战，具体表现为以下三个方面。1. 双语教材建设的紧迫需求。国内“国际会展管理”专业英文教材的空缺要求课程组参考近期出版的国内优秀教材和国外对口专业的原版核心教材，并基于我国国情和学生实际情况对其进行改进、创新，编写高质量的英文教材。2. 学生英语语言水平亟待提高。在推进双语课程建设的同时应重视学生英语水平的提高，提高学生对双语课程的理解和接受程度，提高学生对专业文献的利用水平。3. 教师教学方法有待创新。教师在保证熟练使用双语进行专业知识教学的同时，应适当采用先进的信息技术改善教学技术手段；应适时邀请业内人士进课堂，开展讲座并与学生交流，加强学生对会展行业的认识了解；应尽量为学生创造实习机会，提高学生的实践技能。

参考文献：

[1] 韩立新，于诗卉. 高校双语教学改革的若干问题思考 [J]. 教育科学，2013，29 (6)：35—41.

[2] 康淑敏. 从教学语言运用视角构建高校双语教学模式——以地方高校双语教学实践为例 [J]. 外语界，2008 (2)：64—70.

[3] 刘大可，张文，王向宁. 美国会展管理教育及其对我国的启示 [J]. 旅游科学，2003 (1)：1—4.

[4] 张效珍. CBI 教学理念指导下高校双语课程设计的策略 [J]. 广东外语外贸大学学报，2010，21 (4)：90—94.

[5] 郑大湖，戴炜华. 我国高校双语教学研究十年：回顾与展望 [J]. 外语界，2013 (1)：54—61.

[6] 周恩，丁年青. 大学英语教学与双语教学的衔接：现状与思考 [J]. 外语界，2012 (4)：68—75.

作者简介：

许春华，女，1978 年生，硕士，讲师。主要研究方向：国际会展管理、英美文学。

创新驱动发展背景下文化创意微企的发展策略

——以重庆影视广告创意微企为例

杨成杰

（四川外国语大学新闻传播学院 重庆 400031）

摘要：在全球化趋势不断加强、经济竞争日趋激烈的环境下，文化与社会经济不断相互渗透、相互影响。近年来，“创新驱动发展”“大众创业、万众创新”等政策的提出，为文化创意产业的发展提供了新的机遇。本文对文化创意微企发展过程中的问题进行分析，以重庆地区的影视文化创意微企为主要研究对象，探讨文化创意微企未来发展的对策。

关键词：创新驱动发展　微企　文化创意

微小企业是推动社会经济发展的重要力量，微企与大中小型企业共同构建了经济社会体系。微企作为经济产业的重要部分，涉及社会各个领域，为市场经济的发展提供了巨大的动力。文化创意微企作为微企的重要组成部分，为经济社会的发展提供了源源不断的新鲜血液，为促进经济社会的发展、产业结构的优化、社会的和谐稳定提供了重要的保障。当前，国家大力支持创新发展，提出了“创新驱动发展”“大众创新、万众创业”等政策，为文化创意微企的发展带来了新机遇。同时，作为经济社会发展的重要力量，各级政府在政策、经济等方面给予了重点的扶持。但是，文化创意微企在发展过程中，同样面临各种挑战和困难。

一、文化创意微企发展存在的问题

（一）制度法规不健全

自重庆市正式开展微型企业的扶持工作以来，对扶持对象制订了详细的标准，但只是进行书面材料审核，抽样进行实地考察和后续经营状况抽查，这些漏洞为不法人员骗取创业的政策优惠提供了可能的空间，变相占用扶持资源。同时，由于政府对相关政策的宣传力度不够，加上审核制度复杂，部分微企经营者难以获得相关的政策和资金扶持。尽管无论是从国家层面，还是从地方政府的角度，都大力支持文化创意微企的发展，提倡微企创新发展，但是，文化创意微企的申办和其他微企并没有优势，就重庆市影视广告微企来讲，作为大力推广的三大扶持发展行业之一，政府并没有一定倾斜的扶持政策，这也在一定程度上制约了文化创意微企的发展。

在 2009 年以前，“微型企业”的法律概念没有明确定位，但微型企业作为一种重要的经济组织单位，已然长期存在、发展，微企不仅创造了巨大的经济总量，同时也为促进就业产生了巨大的作用。微企的法律概念，在 2011 年 3 月 5 日，首次进入国务院《政府工作报告》。2012 年，国务院出台了《国务院关于进一步支持小型微型企业健康发展的意见》（国发［2012］14 号），相关部委就扶持微型企业下发了一系列文件。为贯彻落实国家的政策举措，完善还处于发展初期的微型企业法律理论体系，重庆市出台了一些规范性文件，为微企的立法工作进行了基础性的探索。但是，政策、规定大都以条例的形式出现，立法层次和效力都比较低，且有些规定之间存在大量的重叠，也产生了很多规定的空白。在微企的初创期、发展期、成熟期，需要不同的政策扶持，政策性的扶持具有一定的长期性，因此，对制度和法律层面的规范和帮扶，是发展文化创意微企亟待解决的问题。

（二）融资渠道相对匮乏

文化创意微企作为融资主体，由于自身的经济实力较弱和外部的融资环境比较差，融资难度大。根据融资的渠道划分，文化创意微企主要分为内源融资和外源融资，内源融资是企业经营者把盈利和额外资金投入生产经营，内源融资作为微企初创时期的主要资金来源，具有自主性、低成本性、长期和无偿性等优势，同时也存在很大的局限性，受到资金总量的限制，严重制约企业的发展壮大。外源融资是企业通过金融机构、贷款机构获得资金，其资金来源范围广，资金量比较大，可以给微企的发展提供充足的资金支持，但是由于微企资产少、成本低等特点，对外源融资的获取存在很大的难度，这也是由于其自身发展的风险性所决定的。笔者就重庆地区影视广告微企进行了调查分析，由于影视广告微企其规模较小，从自身发展和风险控制方面，会尽量避免贷款的出现。从客观的角度来说，银行在对微企贷款审核的机制上控制比较严格，企业不容易申请到贷款，所以在实际运作中，影视广告微企大多没有贷款。这也从资金链方面暴露出影视广告微企发展运营过程中，缺少资金来源，发展规模受到制约的现状。

（三）管理机构繁杂

文化创意微企相较大中型的影视广告企业，其初创和发展期更加困难，更加依赖政府的扶持。为大力发展文化创意微企，重庆市成立了微型企业发展网、微型企业创业平台等网络平台，为微企的创立发展提供了政策性的指导，但是随着扶持工作的推进，又出现了一系列的管理问题。对微企的管理缺少系统性，对文化创意微企没有重点的创新力的扶持，出台的政策内容过于片面，形成一刀切的局面，范围局限，没有形成体系。如市委市政府出台基本的政策法规，工商局等职能部门出台具体的专门政策，例如工商局出台具体的管理政策，财政局出台具体的财政补贴政策，人力资源和社会保障局出台人力资源和人才培训政策等。虽然在具体实施的过程中，一些部门联合出台相关政策，但还是缺少比较完善的管理体系，对于微企的扶持工作还需要进一步的协调改善。

（四）经营成本较高

由于文化创意微企组织结构简单，缺乏管理人才，通常只有开展业务的人员和相关的技术人员。由于运营受到限制，往往没有能力吸引优秀的人才，同时也没有足够的资金成本来吸引优秀的人才。另外微企单一的盈利模式使其运营存在一定的风险，如手工艺类微企、服务类微企，特别是影视广告微企，必须具有一定的专业知识和技术才能开展工作，但受到时间和区域的制约，运营成本提高。随着人才、基础设施等成本的不断提高，影视广告微企的发展更是面临巨大的压力。传统影视广告微企尝试进行创新，但是由于其自身条件的限制，缺乏创新能力和意识，缺少资金保障，在市场的竞争中受到各方面挤压，发展壮大受到制约。

（五）品牌意识淡薄

微企是社会发展的风向标，微企经营者是微企发展的掌舵手。随着市场竞争的日益激烈，文化创意微企的成长受到来自各方的压力，再依靠传统的盈利模式已难以支撑起正常的发展运营，大多文化创意微企经营者品牌意识淡薄，没有品牌意识，这对于微企的持续发展壮大，产生了一定的阻碍作用。因此，只有依靠不断创新，树立品牌战略，走可持续发展，才能在日益激烈的市场竞争中处于不败之地。

（六）创新意识薄弱

文化创意微企的发展壮大离不开创新的能力。大多影视广告类微企运营模式还是坐等客户上门，很多客户提出具有个性特点的要求时，很难达到客户的要求，在一定程度上影响了微企的发展。除此以外，微企的宣传模式也存在诸多滞后的现象，大多影视广告类微企没有进行广告宣传，更多的是通过朋友或者是客户的人际传播，面对当下的竞争环境，明显表现出发展后劲不足，业务跟不上等诸多问题，严重制约微企的发展壮大。缺少制度创新，缺少创新的经营模式；缺少技术创新，缺少创新的、有创意的产品；缺少文化创新，缺少创新和创意的企业服务理念和服务方式，除此以外在宣传推广方面缺少创新意识。

（七）产业升级能力不足

影视广告类微企发展升级能力不足。由于影视广告类微企对专业技术人员的需要和现实的短缺，这里技术人员包含产品技术研发人员和专业技术的操作人员，虽然有大批的高校毕业生，但是由于重理论轻实践的现状，大多成绩优异的毕业生，理论丰富，但实践能力薄弱，难以满足企业的需求。由于微企的规模小，人员数量较少，创新能力不足，制约了微企向更深层次领域的发展，因此，对专业人才的需求更加迫切，人才的缺失对微企的发展壮大和产业升级产生了制约。在技术方面，由于软硬件设施的不足，使得影视广告类微企只能在现有基础上开展业务，一定程度上制约了新产品的研发和市场的发展。

（八）发展结构不平衡

根据重庆市工商联 2011 年的调研分析，重庆小微企业发展的门槛比较低，大部分小微企业的经营范围局限在零售、餐饮、制造、物流等劳动密集型行业，行业分布不均匀，结构不平衡。特别是影视广告行业的发展，发展成熟的知名企业历来是行业的垄断者，对文化创意微企的发展产生了巨大的阻力，制约了微企的发展壮大。在实际的运营中，影视广告微企发挥其优势，区别于大中影视广告企业的机械化、产业化、模式化的服务形式，提供独特的、具有私人特点的服务和产品，为影视广告微企的发展创造了比较好的环境，但是，面对严峻的市场竞争，影视广告行业整体发展不均衡，影视广告微企的发展需要多方面的重点培育和扶持。

二、创新驱动发展背景下文化创意微企的发展对策

针对文化创意微企发展的现状，为更好地处理好在发展过程中遇到的问题，贯彻落实“创新驱动发展”的政策，进一步助推创新型微企的发展，无论国家和地方政府都需要在制度、政策和财政等方面积极地予以支持。

（一）完善法律法规，予以立法保障

完善的法律法规是企业发展的制度保障。近年来，国家和地方政府相继出台了一系列政策条例，在一定程度上保障了微企的发展，很好地推动了文化创意微企的发展，但是还需要进一步完善。随着国家和地方的扶持，文化创意微企在数量上得到快速增长，但是，在针对文化创意微型企业的扶持方面，缺少持续的、系统的支持举措。如针对微企的工商行政管理、社会保障、税收

等方面的法律法规，提供优越的政策环境；对微企民间借贷的法律法规，规范民间借贷，鼓励支持民间资本进入微企市场，提高民间资本的使用率等，建立完善的法律体系，做到有法可依，对今后政策的制定具有指导意义，对文化创意微企的发展具有重大的战略意义。

（二）建立健全微企财税政策体系

优越的财税政策为文化创意微企的发展提供了宽松的生存环境。重庆市近年来出台了多项政策条例，鼓励微企参与政府采购，对微企的发展给予最直接的财政支持，优先与微企合作，大力支持微企的发展。同时，政府机构设立中小企业资金、商务发展资金、创新资金等专项资金，支持微企的持续发展。在税收方面，自 2013 年 8 月 1 日起，对于月收入或营业额在 2 万元的微企，暂时免除增值税和营业税，在 2015 年 12 月 31 日前，对营业额小于等于 6 万元的小型和微型企业，所得税计税额度降低 50%，并将所得税税率降到 20%。一系列的财税政策，在一定程度上给予微企的发展营造了宽松的环境，但是，至 2015 年 5 月，在小微企业缴纳的 2 亿元的税款中，返还给企业的只有三千余万元，一方面表现了政府优惠政策没有真正的惠及全部微企，落到实处；另一方面，也显现了政府的宣传力度和广度不够，微企对政策的知晓度低，且由于相关程序复杂，微企的积极性受到制约。由此可见，微企所面临的财税环境尽管宽松了，但是微企的财政压力并没有彻底解决，对于文化创意微企来说，由于发展初期难度更大，政府部门更应该给予细化的优惠政策，使创新的意识和理念能够得到更大的鼓励。

（三）破解融资困局，完善担保体系

融资难历来是微企发展的绊脚石，重庆市政府相继出台相关

扶持政策助力微企发展。但是，还有大量的文化创意微企存在资金难的问题，应该从以下几个方面破解文化创意微企融资难问题。（1）微企自身建设。文化创意微企在发展过程中，应不断加强自身的信用等级建设，提高自身的经营管理能力，优化业务发展格局，注重企业生产力和产品的创新、创意意识，积极争取政府机构提供的融资支持。（2）微企融资平台建设。在政府的引导推动下，扩大融资平台、融资渠道，积极申请银行等传统金融机构的贷款优惠，同时积极引入民间资本的融资市场，大力发展具有针对性的微企融资金融机构。（3）政府财政支持。建立微企融资信用担保体系，目前，微企的总体规模越来越大，文化创意微企也越来越多，具有创新意识的影视广告类微企也在不断增多，融资的需求不断增加，对于资金的需求量不断提高，建设更多的、有针对性的担保机构，具有很大的市场需求。监督落实微企优惠政策，政府及相关部门要加强对优惠政策落实情况的统计分析，总结经验，广泛宣传，提高效率，努力完善微企的社会保障服务体系，政府部门要积极向服务型政府转变，鼓励建立更多、更好的专门社会服务机构，辅助融资平台服务微企发展。

（四）完善人才帮扶，助力微企发展

面对激烈的市场竞争，人才不可或缺，人才对于文化创意微企的发展具有重要的意义。无论是下岗失业人员、农民工、还是大学生，都有创业的短板，下岗职工和农民工文化程度不高，大学生没有工作经验，缺乏管理运营技能，创业初期困难重重。政府机构应鼓励地方高等院校、科研院所、工业园区等机构，为文化创意微企创立覆盖面广，内容丰富的创业培训基地，开展技术学习、咨询管理、投资效益等培训、咨询平台，提供技术指导，使文化创意微企的发展真正能够做到有人、有才、有利，更好地为微企的发展服务。

（五）创新用人机制，完善社会保障

稳定、合理、长效的用人机制是企业发展的根基。微企的稳步发展需要稳定的人员结构，过度活跃的人员流动，会严重阻碍企业的发展，对于文化创意微企来讲，人员结构简单，人数较少，长久的、频繁的人员流动，对于微企的发展是致命的。因此，完善微企的用人机制和社会保障制度是留住员工的必要措施。

（六）建立微企基地，打造超级市场

近年来，为了更好地服务微企发展，微企孵化园相继成立，为文化创意微企的发展创造了优质的生存环境。以沙坪坝区为例，截至2015年9月，已成功打造重庆大学城文化创意园、小龙坎微企创业孵化园、重庆大学国家大学科技园微型企业孵化基地等3个市级微企园，入驻微企300户，带动就业2700人，发放财政补助资金1200万元；搭建了东原ARC微企创业园、九鼎电子商务微企孵化园和西南政法大学3个孵化平台，平台正在初步建设中，微企园规模化、产业化、集约化效果显著。但是，面对庞大的微企数量，数量有限的微企孵化园和平台难以满足现实的需求，行业多种多样，没有形成规模和系统性，难以形成产业结构的集聚效果。因此，建立更大规模的产业园，形成具有聚集区域效应的经济产业链，从整体上降低文化创意微企自身的弱势，通过大规模的微企产业集群，形成具有吸引力的超级市场势在必行，这样才能促进文化创意微企更好的发展。

（七）线上线下结合，打造“互联网+”经营模式

随着信息经济时代的到来，市场经济日益繁荣，催生了理念的变革和经营模式的创新，特别是“互联网+”概念的出现，竞

争格局、消费行为、服务和产品的创新迫使企业转型，拓展出更加广阔、更加复杂的跨界融合经济模式，催化了传统行业经营模式的革命。文化创意微企传统的运营模式已难以适应互联网时期全新的市场，必须进行理念和思维模式的创新，通过创新的互联网思维，深入认识互联网的经营模式，建立稳定的发展机制。注重线上的宣传，打造“互联网+”的经营模式，转变管理运营重点，更快更好地适应新兴的信息市场。因此，制订线上线下结合，传统与新兴市场并重，打造互联网渠道战略，通过互联网打造品牌，构建经营新模式，对接海量的互联网大数据和资源，树立文化创意微企的优质品牌，促进微企的快速发展。

总之，营造良好的社会环境，创造优质的政策环境，努力为微企的发展提供多方位的支持，把一系列的优惠政策能够惠及真正需要帮扶的微企手中，实现政策惠民，财政真正用到实处，对微企的发展具有积极的现实意义。

参考文献：

[1] 张京成. 中国创意产业发展报告（2017）[M]. 北京：中国经济出版社，2017.

[2] 程宇宁. 重庆创意产业发展报告 [M]. 北京：社会科学文献出版社，2014.

[3] 重庆市工商局微企处课题组. 微型企业立法相关问题研究 [J]. 中国工商管理研究，2015 (6).

作者简介：

杨成杰，男，1984 年生，硕士研究生，讲师。主要研究方向：广播电视学、新媒体、媒介融合。

论高校德育主体性的缘由[①]

杨国蓉

（四川外国语大学马克思主义学院 重庆 400031）

摘要：高校德育应该以充分发挥人的主体性为出发点，人的主体性是人的本质属性。在高校德育过程中承认和尊重师生的主体地位和主体人格，培养师生成为具有自主性、能动性、创造性等“主体道德素质”的社会主体。本文从高校德育主体性的理论根据和现实根据两个方面进行了论述。

关键词：高校德育　主体性　理论根据　现实根据

马克思主义认为，社会存在决定社会意识，社会意识是社会存在的反映。我国社会正处于一个伟大的变革时代，同历史上任何一次伟大的变革必然要突出人的问题一样，人的问题一直伴随着我们的改革的进程。人和人的主体性问题再次成为当今时代精神的精华——真正的哲学主题。作为经济基础和上层建筑双重属性的高校德育，也必须随着我国社会的发展而发展其内容、途径、原则和方法。

---

① 本文系重庆市高等教育学会 2017—2018 年高等教育科学研究课题“新媒体视域下高校思政课实践教学模式探索”（项目编号 CQGJ17088B）和四川外国语大学 2017 年度教改项目“新媒体时代高校思想政治理论课实践教学模式创新研究”（项目批准号：JY176043）的阶段性成果。

人的主体性是人的本质属性，是人在各种社会实践活动中体现出来的自主性、独立性、能动性、创造性。以促进人的全面发展为己任的高校德育以人的主体性的充分发挥为出发点，构建德育主体性模式，在德育过程中弘扬和培育人的主体性，促进学生人格的完善和个体的全面发展。所谓德育主体性模式就是承认和尊重人的主体地位和主体人格，培养人成为具有自主性、独立性、能动性、创造性等“主体道德素质”的社会主体的模式。具体地说，就是以人的需要为出发点，以人的发展和完善为目的，根据人的需要和个体自我发展的要求，有目的、有计划地组织、规范各种德育活动，通过激发人的主体意识、发展人的主体素质、提高人的主体能力，促使个体完善主体人格，塑造主体形象，以积极的姿态去适应社会、改造世界。德育主体性模式不仅仅把学生看作是受教育的客体，而且是教育过程的主体，不是采取束缚、强制、灌输的方式，而是采取引导、启发、互动等形式激发学生主体的内在精神和内在需要，使学生主动地对现有的道德价值体系、行为规范做出独立思考，正确地进行道德判断和道德选择，并且内化为自身的行为自觉，在生活实践中不断完善自身品德，丰富和发展社会的道德规范，并在这种完善中实现人格的提升，最终实现个体自由、和谐而全面的发展。

一、高校德育主体性的理论根据

马克思关于人的主体性理论和人的全面发展理论是我们确立德育主体性的理论基础。马克思在批判费尔巴哈的主观唯物主义时深刻指出：“环境的改变和人的活动的一致，只能被看作是并合理地理解为革命的实践”。马克思不仅把人的活动理解为改造世界，而且理解为改造人自身。“动物不把自己同自己的生命活动区别开来，它就是自己的生命活动，人则使自己的生命活动本身变成自己意志的和自己意识的对象。”人高于其他动物一个最显著的特征是人能把自己的生命活动作为客体加以认识和改造，人是自身及其全面发展的主体，这在马克思看来是人之为人的本质特征。人的全面发展是从广义上谈人的发展，它与人的片面发展相对应，指的是人的各方面的才能和能力的自由而充分的发展。人的自由发展是从人的自主性上谈人的发展，它指的是人自觉地发展自己的才能，施展自己的力量。人的自由发展与人的全面发展是相联系的，称之为人的全面而自由的发展。马克思和恩格斯在《共产党宣言》中明确宣布：“代替那存在着阶级和阶级对立的资产阶级旧社会的，将是这样一个联合体，在那里，每个人的发展是一切人的自由发展的条件。”后来在《资本论》中马克思又进一步阐述取代资本主义的新社会将是“一个更高级的、以每个人的全面而自由的发展为基本原则”。这说明，实现人的自由而全面的发展，始终是马克思主义最基本的价值取向和最崇高的目标，是社会主义最本质的特征。

按照马克思主义人学的观点，人的全面发展与社会的发展是相关的，一方面，社会在生产着人，另一方面，人也在生产着社会。人的全面是一个不断提高完善的历史过程。从社会发展史来看，它经历了由低级到高级的演变阶段，马克思根据社会关系与人的发展的内在联系将其划分为三个阶段：在人类社会发展的初期，人的依赖关系特征明显，没有独立的人格也不可能有人的自由的充分的发展；在资本主义阶段，进入以物的依赖关系为基础的人的独立性阶段，人变成机器的附属品，是畸形发展的“单面人”；只有到共产主义社会物质财富极大丰富，精神境界极大提高，人的自由而全面的发展才有可能。

从哲学的视角来看，认识论意义上的主体，是指从事认识活动和实践活动的现实人，人的认识活动和实践活动的对象便是客体，哲学是从人的主体性及其与之相对应的客体间的关系上来认识人的本性、人的发展，按照历史和逻辑的顺序，个人主体性经历了从低级阶段的自在自然和自我的主体性，发展到高级阶段的自觉、自强自为和自由的主体性。任何个人主体性的发展大体都要经历这样的阶段，而且由于个人认识水平和才能的差异，到达主体性的境界也是不相同的。这除了受到社会经济、文化发展因素的制约外，还与人的主体性在长期的自然的、社会的、精神的感染下逐渐积累起来的禀赋和潜能有关。因此，从整体来看，人的主体性成长，经历了一个由弱到强、由局部人的主体性到多数人的主体性的过程，人的主体地位的不断确立，是人类历史发展的一个基本趋势。人的自由而全面的发展是主体性德育的终极目标，在人的自由发展中，个人自由的主体性是重要的发展阶段，而人的德行发展又是人的自由发展的根本，为人的自由发展提供方向和动力，人的自由发展依赖于人的德行发展。德育主体性的目标就是培养学生积极健康的个性，具有自尊、自强、自主、自律的意识，使他们既具有正确的政治方向，又具有开拓创新的能力，成为一代生气勃勃具有鲜明个性的全面发展的主体。这是历史发展的必然要求和最终归宿。

二、高校德育主体性的现实根据

德育主体性不是一个封闭的体系，是一个形成性的、开放的教育模式，具有开放性的品格，是一个符合个体思想品德形成的规律的可持续的、逐渐形成的过程。德育主体性中教育者和受教育者之间不再是传授与被传授的关系，而是双向的互动关系，教育者更多的是指导者，而受教育者是主动参与者，并在一定程度上决定着活动的进程，这种互动关系体现了师生关系的平等性。

一是德育工作自身规律的必然要求。人的主体性发展水平的高低是衡量一个社会进步程度的主要标志之一，是人的发展水平的重要尺度。有主体性的人需要主体性教育来培养。因此，弘扬、培育受教育者的主体性理应成为现代教育追求的目标。然而，在我国传统的教育理论和教育实践中，对人的主体性重视不够。在德育过程中，仅仅把学生看作一个“单向的、被教育、被塑造”的客体。这主要有以下三个原因。(1) 把德育目标当作德育起点。起点设置不当，脱离学生的年龄、心理实际，脱离学生的知识、思维和意识发展水平，将学生成人化。采取高调宣讲、单向灌输的方法，无法有效地被学生认同，难以激发其强烈的道德情感和道德需要，收效甚微；有的甚至引起学生的逆反心理，产生负效应。同时，这种急功近利、企图“一步到位、一劳永逸”的简单化的做法，又使德育的终极性目标没有能有效地分解为真实的阶段目标，以至于德育目的阶段目标缺乏一种内在的逻辑递升序列，高层次、高要求的终极目标找不到基础性的支撑点，无异于空中楼阁，难以达成。(2) 忽视受教育者自身的实践活动。将复杂的德育过程简单地等同于思想品德课堂教学中的说理、讲解，片面重视道德知识的掌握。在掌握和认同之间随手画上等号，把个体品德的形成和发展看作是道德教育外铄的结果，因而对学生日常学校、家庭生活中多样化的道德实践关心不足。学生掌握的道德准则体系缺乏实践中介，不能有效地内化为道德信念，导致“知而不信”；道德信念又不足以外化，支持和引导道德行为，表现为“言而不行”。(3) 德育功能认识片面，“严”“爱”脱节，师生关系欠佳。不少教育者错把德育当作国家、社会、学校对学生个人的约束，把德育方法当作“管教的手段”。突出表现是：一谈德育必是“严”字当头，人为地把每个人与社会对立，无视学生内心深处丰富多彩的需要，只一味地从主观愿望出发，制定系列条条框框规范学生的行为，追求整齐划一的德育效果，将“听话”视为德育的成功，将“听话道德”视为德育的最高境界，缺乏慈爱与引导，更缺乏发展的眼光和意识。这种

“霸道”的道德教育认为对学生管得越严越好，致使学生缺乏独立判断、自我调控、自主、自立、自律的品质和能力。

所以，面对现实社会的需要，必须把德育的社会价值与大学生主体的动机水平达到适宜的激励状态，把传统的注重学生整体的高校德育引向沿着强调大学生主体性的方向发展的轨道，实现高校德育的社会价值与个体价值的辩证统一。从德育的目的来看，就是通过各种道德教育活动提高学生的思想道德素质，培养大学生成为合格的社会主义事业的建设者和接班人。要实现这个目的，关键在于培育学生的主体意识，使之能充分认识到自身在社会主义事业中的主体地位和肩负的历史使命，自觉增强投身于社会主义现代化建设所需具备的认识能力、实践能力、创新能力。从德育的过程来看，德育过程实际上是受教育者在教与学的互动影响下形成和发展自身思想品德的过程，而思想品德的形成和发展的根本动力在于受教育者内心对思想道德的需要及受教育者主观能动性的发挥。因此，我们在德育过程中必须激发和培养学生的主体性，激励、引导学生主动地接受教育和进行自我教育，自觉地把社会主义道德规范转化为内心信念。由此可见，培育人的主体性是德育工作的应有之义，并且是第一要义。

二是现代社会发展的客观要求。随着现代化的推进、市场经济的发展、人们的思想观念、生活方式发生了深刻的变化，人们开始摆脱血缘、地缘以及种种人身依附的生活方式，人的个性得到张扬，人的主体人格、主体地位、主体权利得到尊重，人的独立意识、自主意识、创新意识、平等意识、竞争意识、民主意识不断增强，这必然要求在教育中应重视人的主体性，注意培养学生的自主意识，提高学生的综合素质，为人发展自身才能创造更有利的条件。与此同时，在市场经济和信息社会中成长起来的青年大学生，他们的思维较前辈们体现出更强的自主性、独立性、创新性，他们不再盲从传统的道德价值观和道德规范，而是自主地选择道德价值和规范，以自己的参与把外在的知识内化为自己的思想道德素质，使行为符合道德规范。从这个意义上说，突出德育的主体性本质既是时代的要求，也是学生的内在需求。

三是高等教育改革和发展的必然趋势。随着高等教育大众化以及应试教育向素质教育的过渡，学生不仅是受教育者，而且是参与教育主动者。因此，德育的目的不再是简单地向学生传授知识，而是引导学生主动学习，自觉地提高自身的品德修养。同时，学分制的实行极大地调动了学生自主学习的积极性，为学生主动学习、自我设计、增强能力、提高素质、充分发挥学生特长创造了必要的条件。后勤社会化的深入，使大学成为“没有围墙”的小社会，学生的生活日趋开放和社会化，学生自主选择生活方式的需要受到极大的激发。这些变化使原来的集体生活逐渐淡化，传统的德育工作的可控性不断减弱，如何有效地把德育目标衍变为学生内在的道德发展目标是德育工作急待解决的问题，而主体性德育模式的实施正是解决问题的关键所在。

四是增强德育实效性的必由之路。“仅仅教给学生一种分析问题的框架和一套推理技巧就把它们像粗糙产品一样推向社会，让他们去自谋生路是远远不够的，他们需要教师和其合作者们帮助他们建构具体的价值体系，以便能够面对现实的问题。”当前高校德育在很大程度上对学生的教育仅限于一些理论，没有注重培养学生的整体的道德观念。学生的思想道德素质并没有完全向着我们德育培养的目标发展，出现了许多不和谐的地方。我们重视德育在人才培养中的重要作用，但又在实践中不能保证人才培养的质量，因此增强德育实效性已成为当务之急。随着社会不断发展和进步，德育必须与时俱进，在保持优良传统的基础上开拓新的思路，使我们德育工作理解人、尊重人、激励人，保护和激发人的主体性和创造性，主体性德育要做的正是尊重学生的主体性，激发他们的主体意识，增强他们的创新意识，让学生在学习和实践中主动进行道德素质的修炼，德育的效果才能更充分地体现出来。因此，高校德育主体性也是增强高校德育实效性的必由之路。

五是应对网络挑战的需要。随着信息技术的发展及网络的扩大，形成了跨越国界、超越意识形态的全球化信息网，既方便了与他人的交流，又给学校德育带来了新的课题。互联网在我国的发展速度极其迅猛，全方位地影响和改变着人们的生活。由于互联网空前的开放和自由，不仅拥有无限的信息量，而且每一成员都平等享用，它清除了时空的界限和人的真实面目。大学生通过上网获取大量快捷、有效信息的同时，也有许多人被网上聊天、交友、游戏等活动所“俘虏”。由于网络的虚拟性，坐在电脑边上网，传统的道德约束、熟人的目光以及感情防线容易崩溃，造成学生道德人格缺失。面对网络的快速发展对德育带来的挑战，一味地压制和管束是难以解决问题的。大学生上网已经是信息社会的必然趋势，以后大学生上网的时间还会越来越长，人数也会越来越多。网络现已成为第四媒体，发展非常迅猛，它使世界变成“平”的，将全球各地联系到一起，真正成了“地球村”。它具有信息传播速度快、信息容量大等诸多优点，当然也带来了一些负面影响。要有效地克服负面影响，重要的途径就是加强学生主体的道德教育，加强学生上网的道德教育，培养学生良好的网德，以正确的态度上网，对网上信息有选择性地利用，增强辨别能力和抵抗能力，充分利用好现代网络的优势，自主克服网络的负面影响。实施德育主体性正是有效地抵御网络负面影响的重要途径。

从传统德育所存在的问题中，我们不难发现，造成这些问题的重要原因仍在于我们的学校德育自身。针对社会生活的变化发展，我们的德育未能适应时代变化发展的需要，还没有找到一条新的德育改革思路，而过去传统的德育理论又失去了时代的意义，使学生的主体性得不到重视。在整个德育过程中，学生处于一种被动的接受状态，教师则是向学生传递和灌输现成的理论，没有考虑到学生的实际需要，特别是没有调动学生的主观能动性，学生学习的积极性没有发挥出来，没有从“要我学”转化为“我要学”的境地。学校外部环境的不良影响给学校德育带来了许多新问题和新情况，传统的德育模式难以应对许多现实问题。从根本上讲，还是因为人作为德育主体的地位没有得到确立，缺乏对各种不良影响和非主流价值观念的抵抗能力和防范能力；对德育的定位还不明确，把德育更多地看成是政治思想教育，忽视对人的道德品质的培养和锻炼，造成“头痛医头、脚痛医脚”的不良循环。要改变这种状况，不能单是从修改和完善的角度出发，而应从创新和发展的思路出发，建立一套新的德育理论，而这种理论体系，就是德育主体性理论。

参考文献：

[1] 马克思恩格斯选集．第一卷（上）[M]．北京：人民出版社，1972.

[2] 马克思恩格斯全集．第三卷 [M]．北京：人民出版社，2002.

[3] 马克思恩格斯选集．第 2 卷 [M]．北京：人民出版社，1995.

[4] 克里夫·贝克．人的价值世界 [M]．詹万生，等，译．北京：中央编译出版社，1997.

作者简介：

杨国蓉，女，1965 年生，教授，硕士，主要研究方向：马克思主义中国化的教学与研究。

浅述培育大学生科学精神的现实意义

杨舒驰

（四川外国语大学国际商学院 重庆 400031）

摘要：针对当前大学生普遍缺乏科学精神、科学思维训练的实际，本文通过阐释科学精神的内涵及其主要内容，论述了塑造和培育大学生的科学精神，对于大学生确立实事求是的科学态度、树立科学的思维方法、提高科学文化素质以及推动科学技术的发展都具有重要的现实意义。

关键词：大学生　科学精神　现实意义

习近平总书记在党的十九大报告中指出："弘扬科学精神，普及科学知识，开展移风易俗、弘扬时代新风行动，抵制腐朽落后文化侵蚀。"在我国，在人民的科学素养有所提高、生产力要素中科技含量日渐增多的情况下，力图缩小与发达国家科技差距的同时，在改革开放和社会主义现代化建设取得了历史性成就，在创新驱动发展战略大力实施，创新型国家建设成果丰硕，天宫、蛟龙、天眼、悟空、墨子、大飞机等重大科技成果相继问世的时候，很多院校都把科学知识传授作为教育的主要内容，而对科学精神的张扬和理解不够，大学生普遍缺乏科学精神、科学态度和科学思维的训练。培育大学生的科学精神有利于更好构筑中国精神、中国价值、中国力量，为大学生提供正确的精神指引。

一、科学精神的内涵

科学精神一般译为 scientificspirit，指适于科学的，或关于科学的精神。在西方，科学精神一词早有使用。在我国，从五四前后至 20 世纪 30—40 年代科学精神一词比较流行，中华人民共和国成立后一度淡出，到 20 世纪 90 年代又开始频繁出现。关于科学精神的研究，在“五四”时期和近年来掀起了两次高潮。在“五四”前后，中国学界对科学精神的讨论达到鼎盛。“五四”先贤高举“民主”和“科学”两面大旗，向封建专制制度和封建思想文化展开了猛烈攻击。当时很多学者如胡适、梁启超等，都以敏锐而深刻地洞悉到科学精神的精髓。

科学精神作为一个理论概念，最早在美国社会学家 R. K. 墨顿的《科学的规范结构》一文中出现，该文也成为研究和探讨科学精神的概念与内涵的经典文献。墨顿从约束和调节科学家的行为规范的角度，曾提出著名的科学的精神气质的概念，把普遍性（Universalism)、公有性（Communism)、无偏见性（无私利性）（Disinterestedness)、有条理的怀疑论（Organized Skepticism）列为科学的精神气质。普遍性有两个含义：第一，科学的标准是客观的，并不取决于倡导者的个人属性或社会属性；第二，科学向任何有才能的人敞开大门。公有性意味着科学发现是社会协作的产物。无偏见性可以理解为不谋私利，它建立在科学的公众性和可检验的基础上。有条理的怀疑强调不偏不倚的调查研究，向“自然和社会的每一个方面的事实提出疑问”。可见，科学的精神气质与科学精神密切相关，两者有共同之处，但并不是同一个概念。

我国科学家竺可桢在《科学之方法与精神》中将“科学精神”总结为三个方面：第一，不盲从，不附和，以理智为依归。

如遇横逆之境遇，则不屈不挠，不畏强暴，只问是非，不计利害；第二，虚怀若谷，不武断，不蛮横；第三，专心一致，实事求是，不作无病之呻吟，严谨整饬毫不苟且。后来，他把科学精神归纳为“求是”两个字，认为求是精神就是追求真理，忠于真理。

总之，科学精神是人们在长期的科学实践活动中形成的共同信念、价值标准和行为规范的总称。科学精神是由科学性质所决定并贯穿于科学活动之中的基本的精神状态和思维方式，是体现在科学知识中的思想或理念。它一方面约束科学家的行为，是科学家在科学领域内取得成功的保证；另一方面又逐渐地渗入大众的意识深层。

二、科学精神的基本内容

“科学精神是科学的精神本性的重要体现。也可以说，科学精神是贯穿于整个科学发展历史过程中以及全部科学活动过程中具有普遍意义的意识。因此，其内容是广泛的，同时又是历史地发展变化的。”科学精神的内容非常丰富，主要包括尊重事实的求实精神，追求真理的求真精神，开拓创新精神，团结协作精神，以及自由探索和讨论的精神等。这些精神随着科学的发展和社会历史条件的变化而不断丰富、拓展。特别是不断向社会辐射、渗透，成为极其重要的时代精神。本文主要论述求实求真精神、开拓创新精神和竞争与协作精神。

（一）求实求真精神

求实求真，科学精神的出发点。求实求真即实事求是。求实求真的过程是追求真理的过程，求实求真的精神是追求真理的精神。科学实在论认为，科学理论是对客观实在的具体描述，科学理论的进步是在不断地逼近客观真理。

1. 求实求真精神包含有三方面的含义

其一是认识的客观性。科学活动的首要目的就是获得科学知识——关于自然界的客观认识，客观事实是科学研究的材料，观察与实验是科学研究的基本方法，客观认识是科学研究的结果，追求客观性是科学研究的基本规范。所谓客观性是面对科学家群体而言的，这不同于绝对的客观性，因为认识过程本身就有主观性介入，科学认识之所以成立，就在于科学研究的过程是公开的，从程序到结论都可以重复，所以客观性不是独立于主体之外、与主体无关的自在性，而是一种群体的共识。其二是对待他人成果的客观性。科学认识的发展从来都是一个系统的链条，不存在完全与他人劳动无关的成果，创新是建立在继承基础上的，所以客观地承认他人的劳动也是科学研究的基本准则。其三是对科学的价值和功能实事求是地评价、理解和使用。虽然科学对所有与人类有关的领域进行渗透，但应该承认，无论是科学方法还是科学成就，它的应用范围都是有限的。盲目崇拜科学无限扩展的能力，这种伪科学思想最终不是危及人类，就是伤害科学自身。

2. 事实是科学的基础

科学要揭示自然事物的规律，就是要以自然事物为对象，研究其客观存在的、真实的状态和变化。这种状态和变化，便是通常所说的“科学事实”。因此，衡量是不是科学，首先要看科学是否以事实为依据，依据是否充分，是否可靠。科学以事实为基础，但又不能停留在事实的层面上，满足于对事实的记录和描述，而要进一步揭示自然事物内在的客观的规律。科学作为一种精神生产，其产品也不是事实的堆砌，而是条理化的知识，即经过思维加工抽象的概念、定律、公式、学说等理性成果。正是在这个意义上，爱因斯坦才说科学是“高尚的文化成就”。

3. 真理是不可穷尽的

科学是追求真理的，然而，在追求真理的过程中却总是伴随着错误。这是由主客观的诸多因素决定的。从客观方面看，自然界非常复杂，假象与真相交织，现象与本质对立，原因和结果互变。达尔文曾说："大自然是一有机会就要说谎的。"大自然总是把现象、假象呈现在人们面前，而将真相、本质深深地隐藏起来，要揭示其规律谈何容易。从主体方面看，认识者的知识结构、思维方式、心理特点以及文化背景、认识手段等，都会在探求真理的历程中留下或深或浅的印记。因此，错误在探索自然奥妙的过程中是难免的，而且，错误往往还是通向真理的必要的阶梯和桥梁。

习近平总书记在纪念毛泽东同志诞辰120周年座谈会上的讲话中指出，任何超越现实、超越阶段而急于求成的倾向都要努力避免，任何落后于实际、无视深刻变化着的客观事实而因循守旧、故步自封的观念和做法都要坚决纠正。习近平总书记在党的十九大报告中指出，必须永远把人民对美好生活的向往作为奋斗目标，以永不懈怠的精神状态和一往无前的奋斗姿态，继续朝着实现中华民族伟大复兴的宏伟目标奋勇前进，充分体现了求实求真的科学精神。

（二）开拓创新精神

创新，是科学精神的增长点。科学求实求真的过程，同时也是不断创新的过程。科学的发展进程是一个不断探求未知、寻求真知的过程。习近平总书记在党的十九大报告中指出："创新是引领发展的第一动力，是建设现代化经济体系的战略支撑。"创新精神是由人类的本质特征决定的。人类与生俱来的好奇心是科学出现的一个重要因素，科学活动正是人类对自然规律不断探索，揭示出前所未知的性质和规律的过程。

创新精神是科学体制的规范原则，创新是科学的生命所在。科学发现与物质生产不同，物质生产可以成批地复制，而在科学研究中只有第一，没有第二，对科学家独创性的承认与尊重是科学体制首要的功能表现。严格说来，创新不属于人类的智力问题，而是制度问题，只要有适当的制度安排，创新就会作为必然的结果出现，在这一点上，科学体制的要求符合人类的本来特性。“科学体制把独创性定义为一种最高的价值，因此使得承认一个人的独创性成为人们主要关心的东西”。科学体制对创新的奖励制度导致了科学家对科学发现优先权进行争夺，而且科学家谦逊的美德不足以对抗在独创性方面的制度上的要求。科学领域的激烈竞争是一种客观的事实存在，这并不一定出于科学家自身性格的原因，也不属于实现科学目标的必要的行为准则，所以很难将其归之为科学活动的价值规范。

创新精神是现代社会对科学事业的必然要求。从科学与社会的关系来看，尽管科学在早期阶段对社会的作用无足轻重，但从19世纪的中后期开始，科学成为现代社会的一个重要组成部分，大量科学家的职业角色出现获得了社会的认同，科学需要社会的支持，社会的发展需要科学的进步，科学与社会之间呈现出相互依赖的特点。

习近平总书记在党的十九大报告中指出，在中国特色的社会主义新时代，加强国家创新体系建设，强化战略科技力量，必须发扬开拓创新的科学精神，登高望远、居安思危，勇于变革、勇于创新，永不僵化、永不停滞，团结带领全国各族人民决胜全面建成小康社会，奋力夺取新时代中国特色社会主义伟大胜利。

（三）竞争与协作精神

竞争与协作，是科学精神的助推点。

1. 竞争是科学发展的动力

科学在追求真理和创新的历程中，向来充满着竞争。竞争是科学发展的一个重要动力。科学上的竞争主要表现在研究同一课题的不同科学家或科学集体之间，有重大理论价值或应用价值的课题，常常会出现若干科学集体同时研究的情况。列宁曾经指出，竞争能够“在相当广阔的范围内培植进取心、毅力和大胆首创精神”。对于同一事物，从不同的角度用不同的方法去研究，有利于更深刻、更全面地揭示其规律。

2. 依靠集体智慧勇攀科学高峰

协作精神强调在科研过程中加强合作与交流。因为每个人的智力都是有限的，任何个人都不可能完成科学发展的全部任务。科学发展的进程表明，当今科学研究的难度和规模今非昔比，许多问题的解决都需要多学科知识，各个学科间知识渗透的趋势愈发明显，内在地要求科研合作与交流成为自觉的行为，强调团结协作的价值取向，发挥集体的优势，个人智慧与集体力量的有机融合，构成了促进科学加速发展的动力机制。

三、培育大学生科学精神的现实意义

科学精神是人类的文明成果，是先进生产力的价值体现。习近平总书记在党的十九大报告中指出：要以培养担当民族复兴大任的时代新人为着眼点，强化教育引导、实践养成、制度保障；全党要关心和爱护青年，为他们实现人生出彩搭建舞台。塑造和培育大学生的科学精神对于大学生确立实事求是的科学态度、树立科学的思维方法、提高大学生的科学文化素质以及推动科学技术的发展都具有重要的现实意义。

第一，培育大学生的科学精神有利于大学生确立实事求是的科学态度。科学是规律，科学是事实，科学是关于规律的事实，科学是关于事实的规律。传统社会缺乏科学精神，实际上是意识形态吞并科学，而五四时期由于科学意识形态化，意识形态也被当作科学。尽管是进步的意识形态，一旦变成了绝对的“科学”，也可能成为反科学的东西。在“左”的思潮的影响下，甚至出现把政治思维代替科学思维的现象。所谓“政治挂帅”“人有多大胆，地有多大产”“宁要社会主义的草，不要资本主义的苗”，等等，都是科学思维丧失，意识形态思维猖獗的结果。所以，大学生应该坚信科学只对事实负责。必须尊重事实，不能以意识形态的名义违背事实。当科学精神与意识形态观念发生矛盾时，应当服从事实，并修正意识形态观念。确立科学精神。

第二，培育大学生的科学精神有利于大学生树立科学的思维方法。传统实用理性思维对人们的影响根深蒂固，往往表现为以价值判断代替事实判断，把伦理观念而不是事实当作出发点，因此常常导致对事实的歪曲。另外，实用理性思维还表现为经验主义和实用主义，概念的模糊，逻辑的薄弱，只能靠经验来支撑。中国古代有较先进的实用技术，但却没有发展成为科学思想和理论体系。中国的贤哲虽然对科学发展做出了成就，但没有形成西方那种重实验和推理的传统，而且常常以伦理观念歪曲事实。由于在民众中普遍缺乏科学思维的基本素质，各种“伪科学”和“反科学”的愚昧迷信就有了可乘之机，传播歪理邪说，蛊惑人心。所以，当代科普工作不仅要使大学生了解科学知识本身，战胜愚昧迷信和各种披着“科学”外衣的反科学、伪科学，而且要使科学精神、科学思想和科学方法入脑入心。

第三，培育大学生的科学精神有利于提高全大学生的科学文化素质。在社会精神生活中，科学精神是清除精神污垢，抵制愚昧迷信，祛邪扶正的有力武器。由于长期以来对此没有引起足够关注，也由于高校的思想政治工作没有对此进行深入反思并采取切实的解答之策，没有把科学精神和人文精神的融合放在思想政治工作的应有位置，随着社会的发展这种疏漏的后果暴露无遗。习近平总书记在党的十九大报告中指出：“青年一代有理想、有本领、有担当，国家就有前途，民族就有希望。中国梦是历史的、现实的，也是未来的；是我们这一代的，更是青年一代的。中华民族伟大复兴的中国梦终将在一代代青年的接力奋斗中变为现实。”为了实现中华民族的伟大复兴，青年大学生必须树立以人为本的科学理念，追求真理的科学精神，诚实守信的科学守则，整体和谐的科学观念；必须尊重科学技术自身规律，形成自由、宽松的科研环境；加强科学普及，提高大学生的科学素养，培养大学生形成尊重科学、崇尚理性、实事求是的价值观念，使大学生形成讲科学、爱科学、学科学、用科学的良好风尚。

第四，培养大学生的科学精神有利于推动科学技术发展。科学精神其实质是一种先进的思想观念，它的普适性原则使它能够成为社会政治、经济和精神生活的指南。在经济生活中，抽象的科学精神和具体的科学技术都是经济发展的第一推动力量，在宏观和微观两个层面上推动着经济向前发展。科学精神对真理的追求，对创新的崇尚，对批判的执着，对实事求是的倡导等价值指向，从来就是科学技术发展的最原初的动力。科学精神对科学技术的推动，首先是它永不停息地探索真理的精神品格；批判、扬弃、继承、创新是它存在的基本方式，成功与失败交替，失望与希望并存是它发展的基本规律。其次科学精神对科学技术的推动还来自于它的强大的凝聚力；科学精神把不同国籍、不同肤色、不同种族、不同身份的科学家结成相对独立的共同体从事科学研究，共同促进科学技术向前发展。科学精神这种超越宗教民族、国家的凝聚力，为人类社会科学技术的进步做出了巨大贡献。再次，科学精神承担着扶正压邪、净化科学道德环境的义务。习近平总书记在党的十九大报告中指出：“青年兴则国家兴，青年强则国家强。”当前大力培育大学生的科学精神，发挥科学精神的引领作用，把科学精神转化为大学生的情感认同和行为习惯，坚定理想信念，志存高远，脚踏实地，勇做时代的弄潮儿，在实现中国梦的生动实践中放飞青春梦想，在为人民利益的不懈奋斗中书写人生华章！

参考文献：

[1] 孙月湘. 领导干部科技与网络实用全书（上卷）[M]. 北京：中国致公出版社，2001：63.（本文引言未注明出处的，均摘自此书）

[2] R. K. 墨顿. 科学的规范结构 CAI. 科学与哲学：第四辑 [C]. 北京：中国科学院自然辩证法通讯杂志社，1982：141.

作者简介：

杨舒驰，男，1991 年生，助教，硕士。

汉译英教学中文学文本接受者误读的处理[①]

——以《围墙》在《中国文学》杂志英译本为例

杨跃华

（四川外国语大学英语学院 重庆 400031）

摘要：本文尝试性地将异国读者对中国具体文学作品的接受作为研究对象，考察汉译英文本中被误读的情况并提出三点在翻译教学上的建议：第一，接受者对于他国文学文本译本的阅读存在误读可能不是创作技巧层面的，而是对所读文本内容理解维度的不足；第二，文学文本的翻译仅仅忠实地将原语文学文本译为目的语是远远不够的，涉及文化信息的意象需要补充说明（translation notes）；第三，作为文化文本的文学文本，需要以接受者为对象写出相应的文本导读，甚至是关于相应文本的评论。这些意见对有效地进行翻译教学提供了更多的角度。

关键词：误读　文化意象　汉译英教学

① 本项目为2016年四川外国语大学校级科研项目“异国显性读者对《中国文学》的接受”。

一、引言

随着中国文化走出去的强音不断激励着包括文学翻译在内的外译工作，我们翻译教学承担的汉译英人才培养任务在质量上的要求显得更加迫切。这给我们汉译英教学提出了新的挑战。为了使汉语文本能够被原汁原味地译成目的语，我们在教学基于语言层面和翻译技巧上下的功夫从未减轻过，虽然汉译英教学中关于译文处理理念和方法的讨论也可谓汗牛充栋，然而，对于目的语读者在阅读过程中存在的误读却鲜有关注和讨论。误读作为文化交流中常见且可以理解的一种反应，了解和处理的得当是译本能否获得有效接受的一个关键因素。对于翻译教学，如果不关注此要素或者缺失此要素，我们对学生翻译能力的培养就会是不健全的。因此，本文将通过一个案例对译本目的语读者的考察，了解他们在阅读译本后的误读情况并将其启示引入教学，以期最大限度减少目的语读者的误读，尽可能地实现有效的文化交流与传播。

本文作者选取了刊登在《中国文学》英文版 1984 年春季刊上的短篇小说《围墙》，让一位异国读者在阅读之后将他的读后记发给我：该异国读者母语为英语，第一学位为剑桥大学古典语文，有专业文学阅读基础；该读者目前为职业律师，曾在法国巴黎工作二十来年，现任教于一所国内的外国语大学。在没有给予该读者任何要求的情况下，请他阅读《围墙》的英译文并给出其读后记。选取该短篇小说作为考察阅读材料基于两个原因：第一，读者细读的时间有限；第二，此方法考察读者接受属于尝试性的。由于《中国文学》英文版杂志有着五十年的对外传播史。考察目的语读者对该杂志中具体作品的接受情况属管中窥见。

孟华在其主编的《比较文学形象学》一书中指出：“既然

‘形象’是对异国的误读，要想分清楚‘为什么’，首先就得搞清‘怎么样’。而研究接受者，就不得不研究他对译文的误读。只有搞清了原形是怎么样的，才能了解接受者在多大程度上偏离了原形，然后才是回答为什么的阶段。”[①] 以下讨论涉及目的语读者就《围墙》英译文细读后的反馈以及《围墙》所要传达的中国文化信息。在比较中我们可以看到误读的大量存在。这种现象警示我们，在翻译教学过程中需要培养学生的相关意识，即对可能的误读有所知晓并有意识地避免其产生。

二、《围墙》的英译及异国读者的反馈

《围墙》是中国当代作家陆文夫的获奖短篇小说。陆文夫生前曾任中国作家协会副主席、江苏省作家协会主席。这部短篇小说发表于《人民文学》1983 年第 2 期，曾与他的《美食家》等作品一同获得好评。短篇小说《围墙》，故事单纯而意蕴深厚。一个建筑所的围墙倒塌了，“现代派”“守旧派”“取消派”为如何修复围墙而争论不休，所里领导模棱两可而又指挥若定，空洞抽象而又事必亲问。眼看墙修无日了，却有因长着“小孩脸”不太被信任的小干事马而立只用了一个周末之夜再加星期天便把墙修好。习惯于空谈、推诿、拖拉的人们初则报以白眼，而在权威方面表扬了修缮后的围墙之后，便又纷纷揽功摘桃子。前文化部部长，茅盾文学奖获得者王蒙先生，对于《围墙》的评价是，小说“高度的典型性、概括性和普遍性使这个故事甚至戴上了几分寓言的味道”。[②]

《围墙》的译者是罗思·A. 罗伯茨（Rosie A. Roberts）

---

① 孟华. 比较文学形象［M］. 北京：北京大学出版社，2007：13.

② 王蒙. 是谓小说妙品——谈《围墙》［M］//陆文夫研究. 北京：中国文联出版公司，1987，第 11 页。

博士，现任教澳大利亚国立大学人文与社会科学系。陆文夫入选《中国文学》杂志译介作品的题材虽然无一例外地表现了中国的改革开放，并具有相对浓郁的地域色彩，其作品中呈现的文化意象无疑蕴含着当代中国语境中的文化性和历史性。但小说中丰富的文化信息在目的语读者那里被多大程度捕捉到或接受了呢？我们选取的异国读者在阅读《围墙》译文后的反馈如下。这位目的语读者首先从三一律的原则去衡量该作品，认为有几处事件在时间上不吻合（如译文第 48 页处）[①]；第二，读者对事件的发生有逻辑上的困惑（如译文第 49 页处）；第三，关于同一事物的词汇前后不一致（如译文第 40 页和第 43 页处）；第四，叙事者不止一位，但在“寓言”式的短篇中毫无意义；第五，该短篇小说属于寓言式小说，无技巧上的吸引力。归纳起来两点：一是该小说存在多处不一致的情况，由此造成读者的困惑；而人物的塑造类型化，没有发展变化，作者好像只是在表达一个普遍的道理而已（读者反馈原文——此处暂略）。

读者以上反馈虽寥寥数语，但却在一定程度上印证了汉学家葛浩文的看法：“中国小说如同韩国小说，在西方并不特别受欢迎……之所以如此，可能是与中国小说中的人物缺少深度有关。当然，也不是所有小说人物都没深度，不少女作家的人物写得就很好。但大体来说，中国小说还是有着明显的倾向，即叙述是以故事和行动来推动的，对人物心灵的探索，少之又少……把人物写得跃然纸上，使人物的形象烙印在读者的记忆里，这当然不容易做到，但这样才能吸引读者，这也是西方敏感的读者评价小说

① The Boundary Wall [J]. Chinese Literature, Spring 1984: 43-44. 文中以下括弧中的页码均出自该杂志相关页。

好坏的一个标准。”① 按照西方读者对于文学作品阅读的期待，《围墙》的译文并未按我们所期待的那样读出中国的改革背景、人情世故和文化元素。仅此，就可见误读的存在。虽然，误读的原因多归咎于文化差异或背景的不同，但更重要的是此类误读可能造成对于中国形象偏颇的认识。就《围墙》一文，在《中国文学》英文版1984年春季刊上的目录已解释性地注明："A satire set in present Suzhou"，但读者却没有读到"讽刺"的存在。不仅如此，《围墙》中所表达的中国文化信息也完全未被读者获得。

文学作品中传达的文化信息正是构建国家形象要素的必然。这些文化信息的具体呈现又体现为文学作品中的文化意象。文化意象是历史沉淀下各民族的文化历史和人民智慧的精华。每一个民族由于其特有的文化传统、生存环境和生活方式，经过时光的流逝和岁月的推移就会形成这个民族特有的文化意象。那么，《围墙》在被选取的目的语读者阅读过程中，表现出的最大误读是其阅读的视野多为该小说技术层面的因素，而未企及该小说的文化意象。因此，这样的阅读充其量涉及的是两个级别的文本接受，即审美感觉阅读视野和反思性的阐释阅读视野，作为更为高级别的阅读，应该涉及文本历史的阅读视野即近乎历史—哲学的阐释。② 对该小说文化意象的阐释正是构建此级别阅读的重要内容。以下就小说中的文化意象及其传递的文化信息进行解读。

三、《围墙》的文化意象

短篇小说《围墙》也是一个浓缩的文化文本，其字里行间无

① 葛浩文. 中国文学如何走出去，如学传媒［EB/OL］. http://mp.weixin.qq.com/s?__biz=MzAwODA2NjM3Mg==&mid=207112962&idx=1&sn=1ca2fae7b3e7088bc724b854a22f60db&scene=5#rd2015—07—27.

② 客从日边来. 经典学术名著数十种导读之一［EB/OL］. http://blog.sina.com.cn/s/blog_6214cbc50100zg9n.html.

不饱含具有普遍意义上的中国文化特点。从建筑学的角度看，小说以围墙的修复为引子，揭示了中国建筑的审美倾向；从决策学角度看，中国特色的为官艺术也初露端倪；从思维模式看，大凡上级的、权威的、外来的可能就是标准。

（一）围墙的审美

《围墙》作为故事的题目，在《中国文学》的英译为 *The Boundary Wall*。仅从故事的标题来看，墙非中国独有，英文读者或许立刻会产生与“墙”有关的关联，对其认知是具有普遍性的。作为建筑，墙的实用功能是一种领地的提醒，是一种阻隔，是一种护卫，是一种安全。但具体到中国的语境，墙的实用功能之外还承载着更多文化的意义。虽然，故事作者的本意是想从小说围绕旧围墙倒塌后的重新修复，以讽刺的口吻向读者展示意见纷乱的“派系”之争的同时，推崇实干派的“无言”与“行动力”。与此同时，作为具有象征意义的墙承载的文化信息却深厚得多。《围墙》这个类似寓言的故事，既无悬念，也无写作技巧的突破，各种人物的塑造也皆成类型，但其承载的文化信息在英译文中却是此寓言的附加值所在。

中国围墙名称众多，风格各异，南北有所不同。从《围墙》中代表“古典派”的黄达泉在表达修复围墙的建议时把中国南方围墙的风格样式如数家珍。

> “As far as traditional architectural artistry went, our forefathers really understood the wonders that can be worked with a boundary wall. There are at least a dozen different kinds of walls-flowery walls, whitewashed walls, gray brick walls, high walls, low walls, open-windowed walls, ‘wind and fire’ walls, screen walls, hundred pace walls, cloud walls, dragon walls-each kind of wall had its

functional and aesthetic value. Most ingenious was the open-windowed wall, it not only created a division between motion and stillness. It limited men's bodies but not their eyes. It's true to say that without a wall, there's no such thing as a group of buildings. A deep courtyard must have a high wall. Otherwise where's the deep courtyard? Think of the Daguan Garden in *A Dream of Red Mansion*...." Huang Daquan had got himself roused and unintentionally wandered into the garden of the classic novel. ①

"从传统的建筑艺术来看，我们的祖先很了解围墙的妙用，光是那墙的名称就有十多种：有花墙、粉墙、水磨青砖墙；高墙、短墙、百步墙；云墙、龙墙、(漏窗墙、风火墙、照壁墙……)（括号内名称英译本中未译）各种墙都有它的实用价值和艺术价值。其中尤以漏窗墙最为奇妙，它不仅能造成动与静的差别，而且能使得动中有静，静中有动；能使人身有阻而目不穷！可以这样说，没有围墙就形不成建筑群落。深院必有高墙，没有高墙哪来深院？你看那个大观园……"黄达泉讲得兴起，无意之中扯上了大观园。"

虽然，黄达泉的高谈阔论在故事里是被讽刺的，但读者可以通过他列举的多种墙的名称而对中国传统建筑有所知晓。而对大观园的提及无疑也就涉及了中国文学的经典之作《红楼梦》。遗憾的是，译者在需要补充信息时没有进一步的加注说明。

中国墙的建筑多元化审美价值与使用功能价值得以尽显。不仅如此，从修复竣工验收的过程中，故事还体现了中国追求和谐

① The Boundary Wall [J]. Chinese Literature, Spring 1984: 43—44. 文中引用的英译文页码均在引文后标出。

的哲学思想。能够进一步说明这种思想的段落在故事里比比皆是。故事接近末尾时，把握整体工程效果的马而立是这样进行验收工作的。

"... office building to get a view of it from there. He checked from every angle to make sure the height was right and to decide where the glazed blocks should be laid so that the wall harmonized with the original building and was aesthetically pleasing from any angle."（p. 53）

此段落中的"协调""适宜"隐含和谐之意。为了加强表达和谐之美的思想，故事以马而立的视角再次对修复好的围墙进行全景式地呈现：围墙不仅与设计院整体风格融为一体，而且与设计院之外的建筑与环境也完美地达成和谐。

一堵小小的单位围墙，修复后虽饱受各派的争议，但最终因其将古今元素相得益彰地融合而得到赞誉。

They said the boundary wall solved one of the major problems of city construction! Today's city architecture was too monotonous, everything was constructed on a standard matchbox design, unchanging and unornamented, totally lacking our own unique traditional flavor. There were also places which blindly went back to the ways of the ancients, building curvingeaves with upswept corners, carved rafters and painted crossbeams with the result that hotels turned out like temple halls. The good thing about this wall was its traditional style. Yet it was not a blind restoration of the classic but done with practical economy. It also harmonized with the building itself.（p. 58）

以上是故事中饱含文化信息的实例，但在异国读者的反馈中没有任何被接收到的显示。如果避开对文学作品创作技巧的观察，该读者有机会阅读一篇异国文学文本最大的损失可能也在于此。但更有可能的是，这样的读者对此却浑然不知。那么，我们在教学中所要做的就是引导学生对这种误读的可能性进行认识，寻找办法减少误读发生。

异国读者对于汉语文学文本的阅读存在的误读可能不是创作技巧层面的，而是对所读文本内容理解维度的不足。这种维度的不足或者说是缺失要靠我们译者在译文之内或之外进行增补。我们可以对涉及《红楼梦》的部分给予补充注释。这种以说明式注释引出经典作品的方式能让读者减少误读的可能。

（二）为官的艺术

《围墙》虽为短篇小说，但因其寓言式的题材，还显现出中国官场的生态特征。且看故事是如何描述所长为倒塌围墙修复召开的提建议会，以及作为执行者的马而立在求教时所长的答复。

> Although Director Wu claimed he was a mere layman when it came to construction, he did, in fact, consider himself to be far from an amateur, for he understood a great many principles: He understood, for example, practical economics, what was attractive and tasteful, what was advantageous to production, convenient for everyday life ect., ect. How to convert principles into blueprints was not his problem, but he couldn't neglect his role as leader and so had to rouse the two factions to a debate in which they would both bring forth their construction plans. Director Wu would then select the cream according to his principles and pass it on to the nihilists to unify. This was

because they had a notable peculiarity: When they couldn't reject something, they had a great flair for effecting compromise and were also able to convince everyone. This technique of turning hostility into friendship was really very profound. Although to begin with Director Wu seemed dilatory and hesitant, equivocal and wordy, in the end he would make one feel it was a case of a man of great wisdom appearing slow-witted and one would appreciate his prudence and reliability. Rebuilding the wall seemed a small matter, but it was nonetheless construction work and in addition it was going to be built right across the front door, so it had to be treated seriously in order to avoid possible repercussions. (pp. 40—41)

这段描述值得注意的是吴所长的领导艺术:第一,作为领导,要表现出"自谦";第二,既要把握原则,博采众长,还要有化干戈为玉帛的能力;第三,大智如愚,持重稳妥。作者对于吴所长的领导艺术没有什么批评的意味,倒是有些赞许的成分。作为决策者的领导,在中国的官场文化中应视"走群众路线""民主与集中"以及"持重稳妥"等为官之道。然而,作者对于领导艺术并非一直发出赞同之声。对于领导的"老练世故",作者也同样予以了揭示。请看下文中吴所长是如何回答马而立的:

"How we finally rebuild the wall will be up to you. I've already laid down the principles and comrades have already put forward several good suggestions. You can make a plan based on that. Rebuilding the wall is the responsibility of the administrative section, so I'm putting you in charge." Director Wu patted Ma Erli on the shoulder, “Do your best. You're in the prime of life and capable of doing a good job!”（p. 47）

“到底怎么修嘛，这就看你的了。我已经提出了原则，同志们也提供了许多很好的意见，你可以根据这些意见来确定一个方案。修围墙是行政科的职责范围，要以你为主呢！”吴所长拍拍马而立的肩膀，“好好干，你年富力强，大有作为！”（小说原文）

吴所长如此的回答，不难看出其虚伪且老练世故的一面。一方面看来似乎是对年轻一辈的鼓励，但似乎又捕捉到了吴所长对有可能出现的不满意修复结果留下推卸责任了空间。如果围墙修复尽如人意，那是吴所长领导有方；如不尽人意，则是执行者没有理解透领导的意图。所以，领导艺术之一便是给自己保留一个可以回旋的空间，并因此而彰显其领导水平。

（三）外来的和尚好念经

设计所的围墙在两天的时间里就修复好了，诸多评判之声也随之而来。然而遗憾的是，来自设计院内的各派专业人士的评判皆为挑剔的批评之声。就连吴所长在这些批评声中也不能“持重稳妥”了，赶紧洗脱自己与新墙的“干系”。作为有代表性的三派对修复的围墙批评如下：

“Call this a good-looking wall? Neither Chinese nor Western. Wearing a Western suit topped by a skull cap and with a green scarf wound round its neck. Which dynasty does that getup belong to? Does it have the slightest falvour of the modern age?”（p. 56）

“这围墙好看呐，中不中西不西，穿西装戴顶瓜皮帽，脖子里还缠条绿围巾呐，这身打扮是哪个朝代的？还有没有

一点儿现代的气息!”(小说原文)

“The roof ridge shouldn't be a flat line, it's too monotonous. He could have built two decorative squares in the centre to symbolize good luck, that would have given it change without being to flowery. Why did it have to be so tall?... Lao Zhu, go and stand over there and don't move, I have to take a picture. I will call it, 'Even with wings, you couldn't fly away.'”(p. 56)

“屋脊也不应该是一条平线嘛,太单调啦,可以在当中造两个方如意,又有变化,又不华丽。为什么要造这么高呢……老朱,你站在那里不要动,拍张照片,叫插翅难飞!”(小说原文)

“What I want to ask is does it conform with our principle of economy? How much labourdid that little roof require, how much each were those glazed blocks? I'm afraid this will have used up every cent of our administrative budget. Our thrift bonus this quarter is likely to be twenty cents each!”(p. 57)

“我是说这样做是否符合节约的原则?那小屋顶要花多少人工,那琉璃砖一块要多少钱!我担心这会把我们的行政经费都花光,本季度的节约奖每人只发两毛钱!”(小说原文)

“Director Wu, was it you who made him build it like this?”

Director Wu hastily waved his hands, “No, no! I just told him to think about it, I never thought he'd act first and then ask for approval. Ma Erli....” Director Wu shouted, but Ma Erli was still sleeping on the sofa and didn't hear.

（p. 57）

“吴所长，是你叫他这么修的吗?”

吴所长连忙摇手：“不不，我只是叫他考虑考虑，想不到他会先斩后奏。马而立……”（小说原文）

“Everyone who had felt the boundary wall was a bit ‘uhh’ helped to pick fault with it. Their ability to criticize had always been greater than their creative abilities.”（p. 56）

所有感到有点“那个”的人都把围墙的缺点找出来了，他们的批判能力总是大于创造能力。（小说原文）

然而，在设计所作为东道主举办建筑学年会时，外地学者和专家对围墙的赞不绝口却让所里漫天的挑剔和指责360°地转为赞誉。专家们的评价是：

Once the conference had got under way, the wall became the topic of conversation. They said the boundary wall solved one of the major problems of city construction! Today's city architecture was too monotonous, everything was constructed on a standard matchbox design, unchanging and unornamented, totally lacking our own unique traditional flavor. There were also places which blindly went back to the ways of the ancients, building curving eaves with upswept corners, carved rafters and painted crossbeams with the result that hotels turned out like temple halls. The good thing about this wall was its traditional style. Yet it was not a blind restoration of the classic but done with practical economy. It also harmonized with the building itself. They hoped that comrades would carefully think things over and come to a scholarly conclusion.（p. 57）

“这围墙回答了城市建筑中的一个重大问题!”“目前的城市建筑太单调，都是火柴盒式的标准设计，没有变化，没有装饰，没有我们民族的特有风格；但是也有些地方盲目复古，飞檐翘角，雕梁画栋，把宾馆修得像庙堂似的。这围墙好就好在既有民族风格，又不盲目复古，经济实用，又和原有建筑物的风格统一。希望建筑设计所的同志们好好地考虑一下，作一个学术性的总结。”（小说原文）

虽然这是一个饱含讽刺意味的故事尾声，但揭示的却是中国文化中对于事物评判常见的一种惯性思维，即外来的，上级的，权威的意见是可以主导判断事物方向的。这样的惯性思维理性地看是弊大于利的。也正是如此，故事的作者才在如此短的篇幅中对这种思维方式以讽刺的手法进行了批判。

以上对《围墙》译本文化信息的揭示包括中国的建筑艺术、哲学思想以及社会心理等维度。这些维度在我们指导翻译教学时应该在定位目的语读者基础上进行翻译文本的文化信息提取与补充说明。而这些补充说明的形式可以是多样化的。例如，对作者信息的介绍，建立文本导读，对涉及文化信息的意象或关键词作延展说明，提供相应文本的评论介绍，等等。

四、结语

围绕翻译文本所做的以上工作无疑会减少目的语读者对译文的误读。对于我们的学生来讲，这种教学模式是一个以点带面构建其知识框架、文化敏感性以及读者意识的举措。由于本文观察个案的短暂性和随机性，也许不能提供一个具有普遍意义的启示。然而一叶知秋，通过对该个案的分析，我们可以在翻译教学中得到三点启示：第一，异国读者对于他国文学文本的阅读存在的误读可能不是创作技巧层面的，而是对所读文本内容理解维度的不足；第二，对他国文学文本的翻译仅仅忠实地将原语文学文本译为目的语是远远不够的，涉及文化信息的意象需要补充说明；第三，作为文化文本的文学文本，需要以接受读者为对象写出相应的文本导读，甚至是关于相应文本的评论文献。作为文化沟通和交流的它国优秀文学文本，它们潜在的读者群体目标如果是大众，这样的愿望显然是非理性的。因此，实事求是地定位异国目标读者群并为此提供多维度的辅助阅读，交流的有效性或许才能有望提高。

参考文献：

[1] The Boundary Wall [J]. Chinese Literature, Spring 1984.

[2] 孟华. 比较文学形象学 [M]. 北京：北京大学出版社，2001：15.

[3] 王蒙. 是谓小说妙品——谈《围墙》[M]. //陆文夫研究. 北京：中国文联出版公司，1987.

[4] 葛浩文：中国文学如何走出去 [EB/OL]. http：//mp. weixin. qq. com/s? _ _ biz = MzAwODA2NjM3Mg = = &mid=207112962&idx=1&sn=1ca2fae7b3e7088bc724b854a22f60db&scene=5#rd 2015-07-27.

[5] 客从日边来. 经典学术名著数十种导读之一 [EB/OL]. http：//blog. sina. com. cn/s/blog _ 6214cbc50100zg9n. html 2015-08-12.

作者简介：

杨跃华，女，1963 年生，博士，教授。主要研究方向：英美文学，英语教学，语言测试。

浅谈口译员的对比思考能力①

——以中德职业教育口译员为例

余传玲

（四川外国语大学 重庆 400031）

摘要：口译员作为交流双方的沟通桥梁，除了需要拥有扎实的双语基础以外，还必须对双方的文化背景有深入的了解。而对比思考是一种很好的方式，能加深口译员对不同文化的理解。本文以中德职业教育领域为例，试图探讨口译员的对比思考能力的重要性。

关键词：口译　对比思考　德国职业教育　中国职业教育

引　言

中国实行改革开放近四十年来，政府的工作重心是经济建设，高速增长的现代化事业急需大批生产、管理与服务一线的专

① 本文为重庆市2016年高等教育教学改革研究项目“中德职业教育口译人才培养模式创新与实践”的阶段性成果，项目编号163089。本文也是重庆市2015年高等教育教学改革研究项目“产学研一体的德语翻译工作坊建设与研究”阶段性成果，项目编号153097。

业人才和职业人才。[①] 国家显然早已意识到职业教育的重要性。自 2006 年以来，我国教育部与德国开始了职业教育师资培训的长期合作，每年派出大量职业学校教师出国接受培训。因此，近年来对于中德职业教育培训领域的口译人才的需求在增加，而我们作为培育口译人才的师资队伍也在不断探讨改进我们的教学和实践，以期为国家输送合格的口译人才。

在教学探索过程中，我们发现一些在传统口译教学中被遗漏的地方，例如只注重外语能力的提高而忽视了母语的运用，只关注语言层面而忽视了文化层面。因此，我们的教学也要相应地改进。要培养在中德职业教育领域工作的合格口译员，除了语言功底的要求高以外，也要求口译员了解中德双方的文化背景，尤其是在职业教育领域方方面面的问题。笔者曾有幸作为口译员陪同几批国内职业学校教师前往德国接受培训。在为中德双方的老师做翻译时，笔者深刻地感受到德国职业教育和中国职业教育之间的差别。因为中方老师对德国职业教育的理解是基于中国职业教育的现状，提出的问题让德方老师又不得其解。因此，作为译者，这时候如果能有对比思考的能力，便更能理解沟通双方各自的出发点以及他们的说话逻辑，那么这无疑能促进口译员更好地解决口译工作中遇到的困难。下面本文将列举三个德国职业教育和中国职业教育的不同之处，说明口译员在口译过程中可能遇到的问题，以及采用对比思考来解决的可能性。

一、对比职业教育在整个教育体系框架下的位置

大多数中国的职业学校教师在一说到德国职业教育时，事实上可能说的就是德国的“双元制职业培训”。然而学德语的人知道，这

---

① 参见姜大源. 当代德国职业教育主流教学思想研究［M］. 北京：清华大学出版社，2007：2.

两者并不是对等的概念，其实有很大差别。德语中“职业教育”一词为 Berufsbildung，意指一种教育类型（在德国，除了职业教育以外还有在进入职业教育之前的中小学通识教育 allgemeine Schulbildung 以及之后的另一种教育类型即高等教育 Hochschulbildung），因此包括德国联邦职业教育研究所（Bundesinstitut für Berufsbildung）在内的直接与职业教育相关的机构都是用 Berufsbildung 这个词。在职业教育这个框架之下又包含了四个不同的方面，即职业预备培训（Berufs-ausbildungs-vorbereitung）、职业培训（Berufsausbildung）、职业进修培训（Berufliche Fortbildung）、改行培训（Berufliche Umschulung）。在职业预备阶段，青年人是为获得职业行动能力做准备，这一阶段是基础。在职业培训阶段则要获取知识、技能和能力，同时也要积累经验。职业进修培训指的是拓展提高职业行动能力，同时也有获得晋升的机会。改行培训指的是选择另一种职业接受培训。德国职业教育包含的四个方面见图 1：

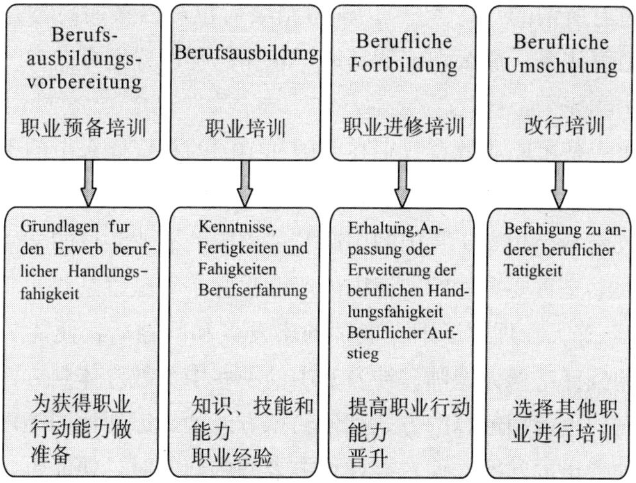

图 1　德国职业教育包含的四个方面

BiBB：Ausbildungsordnungen und wie sie entstehen. Bonn，2015，S. 14.

从图中我们明显看到，职业培训（包括双元制职业培训，即Duale Berufsausbildung）只是职业教育体系中的一部分，当然这可以说是其中最重要的一部分，但二者绝非一回事。在德国，职业教育是与高等教育平行的两种教育体系，都是在中小学通识教育之后（当然两者的准入制度不一样）接受的教育。这其中，占绝大部分比例的双元制职业培训又与一般的学校教育不同。因为它包含两个方面，一是在职业学校中接受的理论教育，二是在企业里接受的实践培训，并且相较而言，后者更为重要。所以可以说，在德国的职业教育中，企业占主导地位。

与德国职业教育不同的是，中国的职业教育在整个教育体系中的位置相对比较复杂。在小学和初中（即九年制义务教学）之后，有的学生进入高中，而有的学生进入职业学校（俗称“中职”）。高中之后，大部分学生会进入高等教育体系，而与之相对应的也有职业学院（俗称“高职”）。也就是说，我国的职业教育既与高中阶段平行，也与高等教育阶段平行。现在很多中职学校也开设有所谓的“高考班”，学习结束后也可以参加高考并进入高等教育体系。那么，也就是说，它在课程设置上可以与一般的高级中学完全一样。

搞清楚了职业教育分别在德国和中国的教育体系中的不同位置，才能更好地理解中方老师提出的一些问题：例如“德国的职业学校是不是相当于我国的中职?”“德国的职业学校的学生如果要上大学是否要高考?”“德国的职业教育是不是就是双元制职业培训?”等。在理解了中方老师的出发点和问题后，便能更好地将问题翻译给德方老师。涉及其中的一些中方教育体制方面的特殊词时，也能用解释的方式翻译给德方老师，以便他们能理解中方老师提出的问题。而在翻译德方老师的回答时，便能更好地将德国教育体系的情况介绍给中方老师。

二、对比职业教育的招生标准及学校计划问题

在德国，就读全日制职业学校和参加双元制职业培训的准入标准不一样。由于双元制职业培训占了德国职业教育的绝大比例，因此，本文只以双元制职业培训为例进行对比和说明。

很多国人对双元制职业培训有一个很大的误解，即认为这就如同国内的校企合作一般。但是，我们需要注意的是，国内的校企合作是以学校为主，由学校和企业谈合作，为学生提供实习和就业机会，学生最后毕业所拿到的证明文件也仅仅是学校出具的学历证书而已，与企业没有关系。而双元制职业培训是以企业为主的，这从职业培训的各个重要阶段都能体现出来。学生需要自己申请职业培训岗位，而培训岗位是由各个企业提供的。因此，对申请者的筛选也是由企业进行的。根据各自提供的职业培训岗位的要求，企业会对申请者的学习成绩、社会能力、兴趣爱好等各方面进行考核，一般有笔试和面试。最后通过考核的申请者获得这个培训岗位。形象地说，这就是一次找工作的过程，只不过找到的这个工作是需要申请者先进行两到三年的专业职业培训之后才能胜任的，并且这个职业将是这个申请者之后一生从事的职业（除个别情况，如中途退出培训或进行改行培训）。因此，虽然职业培训的大门是向所有人敞开的，并不以任何学历证书为前提条件。但事实上，在这个申请培训岗位的过程中，企业显然是择优录取的。当然，也会出现某些培训岗位无人申请或申请者很少从而空缺的情况。造成这种情况的原因很多，例如青年人对这个职业不了解或不感兴趣，或者没有符合岗位要求的申请者等。

申请者在获得培训岗位后会与企业签订一份培训合同，里面详细规定了双方各自的职责与义务，其中便规定申请者有义务在规定时间去相应的职业学校接受理论和通识教育。也就是说，申

请者有双重身份：在企业里当学徒以及在学校当学生。但在企业中的实践培训是占据多数时间的。

培训结束之后，培训生需要接受考核，而考官则主要是来自经济界的，即各行业协会（例如工商协会、手工业者协会等）。从上述对职业培训的过程的描述来看，企业都是占据绝对主导的地位，而学校扮演的角色则是辅助及促进培训生（而不叫“学生”）的培训。并且培训各种不同职业的职业学校的数量是确定的，每年的招生人数也是由市场决定的。如果出现有学生和职业学校不匹配的情况（例如某个职业的培训生在自己所在的联邦制没有相应的职业学校可就读），会由联邦统一进行调配。因此，尤以双元制职业培训为主的德国的职业教育与我国的职业教育是有本质区别的。

反观我国的职业教育，它是一种纯粹的学校教育。从招生方面来看，一般来讲，只要是初中毕业生都可以报考职业学校。学校招收学生不是按照职业岗位，而是按照专业方向来招生，并且招收的专业及人数都是由各个学校自主决定（当然也要经过省市教委等部门的批准）。虽然招生的计划也经过了一定的市场调研，例如目前市场上哪一些领域的人才有缺口，但仍然只是一种粗略的判断，并且各省市并没有相互协调招生数量问题，而是各自独立招生，甚至有的学校在招生人数上并没有限制。

这一点就与德国的情况大为不同。德国的职业培训岗位数量直接来自于企业，即比较准确的市场需求，并且各职业学校有自己的专业领域，例如农业职业学校只能提供农业专业领域的职业培训，而我国的大部分职业学校虽然有其主要的专业领域，但也都开设有很多其他专业课程，例如桂林市旅游职业中等专业学校2017 年的招生计划中有艺术教育类、商贸信息类、加工制造类等专业方向[①]，黑龙江农垦机械化学校2017年的招生计划中也有汽车运用与维修、会计电算化、焊接技术应用等专业方向[②]。也就是说，很多学校所开设的专业并不仅限于其专业领域范围，而可能涉及其他任何专业领域，尤其是一些所谓的“热门”专业，例如“汽车运用与维修”专业。这也体现出中德两国之间在职业教育方面的不同。德国的职业教育更多地以市场需求为基础，各职业学校的专业领域相对固定并由联邦统一协调。而中国的职业教育更多地以学校教育为基础，各职业学校虽然有各自主要的专业领域，但为了促进自身的发展和提高行业竞争力需要不断扩大学校规模，引进教育人才，增加招生专业等。这一方面是好事，学生有更好的学习环境和学习条件；但另一方面来看，也会带来资源的浪费以及学生的就业问题，因为可能毕业的学生远远超过了市场的实际需求。

针对这一方面，口译员在口译过程中很可能遇到的问题有如下一些：“德国职业学校的招生计划是如何确定的?”“职业学校的发展方向是什么?”（中方老师提出这一问题的出发点是基于中国的各个职业学校有着自己的发展计划，例如向全方位综合性的学校发展。但事实上德国的职业学校并没有这方面的要求和需求）。因此，只有对中德双方的实际情况有着比较深入的了解并作对比，口译员才可能领会提问老师的想法，也能更好地与德国老师进行沟通。要对中德双方的职业教育情况进行了解，就必须随时关注相关的信息源，例如德国职业教育研究所的网站，德国联邦劳动局的网站，德国职业教育年度报告，中国的职业教育研究杂志等。

① 参见桂林市旅游职业中等专业学校的微信官网。2017.08.14。

② 参见黑龙江农垦机械化学校2017年招生简章。

三、对比课程设置及毕业证书资质

近年来，德国的职业教育也经历了一系列的改革，尤其是在课程设置及课堂教学方面。传统的教学都是以学科为教学单位来进行教学，例如语文、数学、物理，等等，各学科之间相对独立，只教授本学科内的专业知识。课堂上，教师采用的教学方法也相对比较固定，即由教师讲授知识点，学生被动接受所学知识。在职业教育领域，这样的教学带来的最直接的后果便是理论与实践脱节，各科的知识点汇集在一起，但学生并不能解决实际操作中的问题。例如学生学习了电路图的知识，但却不能和实际的电路相结合，解决一些电器故障问题。因此，德国职业教育对课程设置进行了深入的改革，不再区分各单独的学科，而是以实际岗位中会遇到的任务和问题为基础来展开教学。教学方法也采取以“行动导向法”（Handlungsorientierung）为主，加以更多样化的其他教学法，例如导文法、头脑风暴、思维导图、项目法等。其中核心为职业行动能力的培养。职业行动能力是联邦教育科研部（BMBF）与文化部长会议（KMK）共同开发制定出的一套“终身学习”的德国能力框架（Deutscher Qualifikationsrahmen，缩写为DQR）之下的概念，它分为六个步骤，分别为：获取信息、做计划、做决定、实施、检测、评估。教学的目的在于使学生掌握各方面的能力（包括专业能力、社会能力、自主能力等），有效完成实际工作中的任务。此处仅以插花工人（Florist/－in）这一培训职业为例加以说明。传统的教学内容包含各种基础知识，例如花材的种类、花材的选择、花的含意、插花的分类、插花的步骤等，并且这些内容都以各自独立的章节进行编排和讲授。但在行动教学法中，教师会交给学生一项任务，而这个任务很可能是在将来作为插花工人工作时实际会遇到的任务：一位男性顾客来到店里，说两个星期之后的周六是他妈妈的生日，他想在家为她开办一个小型的朋友聚会，希望用几束插花来装点一下客厅。学生接到这一任务后将以小组的形式来完成。首先，他们要做的便是获取信息，也就是说，他们要弄清楚任务是什么，如果有不清楚的地方还要再向任务发出者（即教师）询问，例如客厅的面积及装修风格，顾客的妈妈喜欢什么风格的装饰，有没有特别喜欢的花，等等。这个过程在实际工作中则表现为与顾客的沟通，体现工作者的沟通能力。弄清楚任务之后就要做计划了，而在做计划时则要用到很多专业知识，包括选取哪些花和器皿，颜色与形状，花的插法，等等。可能会有多种不同的设计方案，最后学生得做出决策，选择其中一种方案。接着就是实施过程，也就是插花。完成之后大家要进行检测，自己是否满意，老师与其他小组同学的反馈等，最后还要总结评估，以积累经验，改进不足，为下次的任务做好准备。检测这一步在实际工作中包括自我检测，当然很重要的也有顾客的反馈，而评估则可以由上级或自己做出。在这样的任务过程中，实际将很多插花基础知识融入其中，并且让学生了解到这些基础知识是如何应用到实际工作中的，学生会觉得更为生动具体，也更有意义，而不是每天死记硬背插花的分类或是花的含意。在这样的教学过程中我们也发现，传统的教与学的角色发生了重大变化。教师不再是一味站在讲台上滔滔不绝的传授知识者，而更多地扮演了学生学习过程中的陪同者和指导者，会适时地为学生提供帮助和建议。而学生也不再是被动接受填鸭式的教学，而是极大地发挥了他们的自主性和能动性。当然，实际教学中仍然有部分知识是需要通过教师讲解来实现的，并不是说完全抛弃了传统教学方法。而这种行动教学法目前在德国经过几年的实践也被证明是一种有效的教学方法。对于学生来说，这是一项有意义的改革，而对于教师来说，这也是一项有挑战的改革。教师在掌握自身专业知识的同时，还要加强自身的实践能力以及学习其他学科的相关知识。

培训生在培训结束时参加结业考试。这一考试由各行业协会组织进行，考试委员会的成员来自不同利益方的代表：企业（即雇主方）、工会（即雇员联合会）、职业学校的教师。原则上对某一考生进行过培训和学习指导的培训师和教师不得参与其结业考试的考核。考试分为笔试和口试，针对所培训职业的理论基础及实际操作技能进行考核。考生通过考试之后将获得由所属行业协会颁发的结业证书，这是得到国家承认的一种资格证书。接下来，这个青年人就能以合格专业技术工人的身份正式开始自己的职业生涯了。

再来看我国的职业教育情况：目前我国的职业教育仍主要采用传统的专业课程设置，课堂教学更偏重理论知识的传授。另外由于我国的职业教育是以专业方向划分，并不是以实际职业为培训目标，所以教学也很难与某一实际岗位相结合来培养学生的各方面能力。在学习结束后，学生所参加的毕业考试也只是学校考核，与实际的市场需求及要求有较大差距。学生最后拿到的毕业证书也只是学历证明而非职业能力资质证明。当然，我国各行各业也有相应的资质证书，但这些都不与职业教育直接相关，而是任何人通过一定培训后参加考试，考核合格后都能获得的证书。也就是说，从职业学校毕业的学生并不一定已经达到某一行业的资质要求，也不一定能立即上岗工作，达到这一岗位的职业能力要求。换句话说，学校教育与市场需求之间缺乏顺利的链接，学生毕业之后想要达到某一职业岗位的要求，仍然需要经过一定时间的培训和学习。从这一意义上来说，职业教育还未达到其教育目的。如果企业能够参与到对学生的培训中来，那么对于学校、学生、企业三方来说，都会得到一个有效和有利的结果。

在口译过程中，中方老师常常会问这样的问题：“学生们毕业之后都做什么工作呢?”其实如果明白了德国的职业培训就知道，学生们接受培训的时候就是某一职业的培训，所以毕业后当然是从事所培训的职业（除非再参加改行培训）。或者有这样的问题："学生们在上学期间需要考取哪些资质证书？"口译员在对比了中德双方的职业教育情况后，就能明白中方老师为什么会有这些问题，他们的思路是怎样的。这样一来，便大大解决了口译员可能出现的困惑。因为如果直接翻译给德方老师，可能他也会有一些疑惑，而通过口译员的补充解释，这个问题就能迎刃而解。

四、结语

从以上列举的三处不同可以看出，虽然同样是职业教育，但中国与德国的情况大不相同。作为口译员，就必须深入了解双方的这一领域，并且进行对比思考。这对于口译工作来说，其重要性并不亚于语言水平的提高。只有同时具有了语言水平和文化深度，才可能成为一名合格的口译员。因此，我们的教学也在向着这一方向努力。

参考文献：

[1] BiBB：Ausbildungsordnungen und wie sie entstehen [M]. Bonn，2015.

[2] BiBB：Berufsbildungsbericht [R]. 2015.

[3] 姜大源. 当代德国职业教育主流教学思想研究 [M]. 北京：清华大学出版社，2007.

作者简介：

余传玲，女，1984 年生，在读博士，讲师。主要研究方向：德语语言文学，德国职业教育。

拉美高等教育国际化的问题及对我国的启示①

张 庆

（四川外国语大学国际关系学院 重庆 400031）

摘要：在全球化不断深化的时代，拉美高等教育国际化已是无法回避的趋势。拉美高等教育面临的问题和挑战可以通过国际化的三个关键变量："多元化""权力分散化"及"国际合作"来解析。从本质上说，这三个关键变量又分别对应三个核心特征，即"失衡""脱节"和"单向"。在此基础上可以较清楚地认识到拉美高等教育国际化遇到的问题和导致的后果，对我国高等教育国际化提供宝贵的经验和借鉴。

关键词：拉美高等教育　国际化　启示

一、引论

在全球化的大背景下，知识普及与科技创新受到前所未有的重视。拉美作为全世界最不发达的地区之一，其教育，特别是高等教育，承担着改变个人与社会命运的重担。从个人角度来说，

---

① 本文是2017年四川外国语大学教学改革立项"外交学与外语专业深度融合的困境与突破——基于实验教学改革的思考"（项目编号：JY176008）的结项成果。

高等教育有利于提高个人就业率、改善生活境况。在拉美各地，受过高等教育的工资均呈上升趋势。如阿根廷，从 1992 年到 2002 年，大学教育的回报率增加了 50%，而仅受过小学教育或中等教育的回报率几乎没有变化。[①] 从社会角度来说，全球化带来的生产方式的转变要求更多的人力资源参与到新型的生产、工作和竞争之中。所以，高等教育不仅有利于个人分享到社会发展的成果，更有助于社会经济提高竞争力从而获得持续性发展。但是，在融入全球化浪潮的过程中，拉美教育的国际化进程并不顺利，出现了一系列亟待解决的问题。

二、关于全球化与国际化

本文涉及两个基本概念：全球化与国际化。这两个概念极易混淆，需要首先进行辨析。Held 早在 20 世纪 90 年代初就对全球化做了定义："全球化是全球社会关系的强化。在这种体系中，地方性事件受到另一地方事件的影响，从而不同地域彼此关联。"[②] 同时，全球化也意味着"技术、经济、知识、人民、价值、观点等的跨地域流动。它会因为一国独特的历史、传统、文化和喜好以不同方式影响每个国家"[③]。国际化概念从 20 世纪 80 年代末开始大量出现学术著作中，Arum 和 Van de Water 将国际化定义为"国际研究领域、国际教育交流和技术合作中的各种

① H. Patrinos & E. Vegas. Building a Skilled Labor Force for Sustained and Equitable Economic Growth: Education, Training and Labor Markets in Argentina [M]. Washington D. C.: World Bank, 2005, p. 8.

② D. Held. Political Theory Today [M]. Stanford: Stanford University Press. 1991, p. 9.

③ J. Knight, & H. de Wit. Internationalisation of higher education in Asia Pacific countries [M]. Amsterdam: European Association for International Education. 1997, p. 6.

活动、项目和服务”[①]。Knight 在 1994 年认为国际化是“用国际和文化间视域整合制度的教育、研究和服务功能的进程”[②]。

从以上定义不难看出，全球化和国际化两者的强调重点不同。全球化着重于全球互动的整体性，而非单独的国家行为体；国际化则强调在国家行为体的基础上所建立的国际关系。本文将全球化设定为当前拉美高等教育所处的大背景，将国际化设定为拉美高等教育改革与发展的方向和手段。为了使国际化的概念不至过于空泛以及论述的方便，笔者试图将多元化、权力分散化和合作机制作为国际化的核心要素来考察拉美高等教育在全球化时代面临的挑战。就拉美高等教育而言，多元化的表现是“失衡”，权力分散化的表现是“脱节”，合作机制的表现是“单向”。

三、拉美高等教育的多元化

多元化是国际化最直观的表现。拉美高等教育多元化遇到的挑战主要是“失衡”，即拉美高等教育受制于一些不确定因素而难以形成长期、持续、稳定的发展，主要表现在教育途径及资金来源和课堂文化两方面。

（一）教育途径及资金来源

随着社会对知识和人才的渴求日益加剧，高校需要提供越来越多的高等教育机会。但受限于国家财政拨款，政府在这方面独

---

① S. Arum and J. Van de Water. The Need for a Definition of International Education in U. S. Universities. In C. Klasek, (ed.). Bridges to the Futures: Strategies for Internationalizing Higher Education [C]. IL: Association of International Education Administrators. 1997, p. 202.

② J. Knight, J. Internationalization: Elements and Checkpoints. Research Monograph [M]. Ottawa: Canadian Bureau for International Education. 1994 (7), p. 7.

力难支，这就在客观上为其他融资渠道提供了契机。一些私有性质的投资商纷纷通过建立私人媒体公司、私有机构网络、合作型大学、跨国公司的途径提供跨国教育和培训项目①。在这些方式中，建立私立院校成为拉美高等教育途径多元化的重要表现形式，颇具代表性。20 世纪 60 年代以来，拉美地区私立院校数量有了大幅的增加，规模逐渐扩大，质量也不断提高。从学校数量上来看，私立大学从 1975 年的 151 所增加到 1985 年的 193 所，再增加到 1990 年的 390 所，占所有综合性大学的 56.5%。此外，非大学类私立高等教育机构达到 1710 所，占总数的 57%。现在，拉美的私立高等教育机构已占到各类高等教育机构总数的 40%以上，如 2002 年，智利私立高等教育占高教机构总数的 88.93%，墨西哥私立高校占高校总数的 69%，而阿根廷这一比例也达到了 54%②。

原有的拉美公立或私立高等教育机构也迫切需要从其他渠道获得资金支持。这些渠道包括社会基金、私人社团部门、研究成果的商业化收入、为国内和国际学生提供的收费教育收入以及其他跨国教育输入③。

教育途径及资金来源的多元化固然帮助政府解决了资金短缺的燃眉之急，但这恰恰又是诸多新问题的开端。多元化带来了市场化和商业化，各种形式的合作、投资的最终目的是获得利益回报的最大化，投资商的逐利性决定了他们不可能将教育首先作为一项公共事业来经营。这就是教育的公益性与教育途径商业性之

① H. de Wit. Higher Education in Latin America: The International Dimension [M]. Washington D. C.: World Bank. 2005, p. 7.

② 宋霞. 拉美高等教育多样化特征浅析 [M] //苏振兴. 2005－2006 年：拉丁美洲和加勒比发展报告，北京：科学社会文献出版社，2005：152.

③ H. de Wit. Higher Education in Latin America: The International Dimension [M]. Washington D. C.: World Bank. 2005, p. 9.

间的根本矛盾。投资商会将更多的资源投放于他所认为收益最大的环节，而且这种投资是可以根据市场供需的波动随时调整的。这样一来，拉美的高等教育便很难做出整体性、长期性的规划设计。失去了稳定性的教育体系所带来的教育成果也将是不稳定的。

（二）课堂文化

全球化促进了人们的跨国交流，虽说人们的跨境活动和民族国家一样历史悠久，但当前的各个种族、文化、民族、宗教和语言在国内和国际的交往正以前所未见的广度和深度进行着，引发了关于公民身份、人权、民主和教育等一系列问题。教育的国际化意味着一种国际、文化间和全球视域融入了课程设置以及教学过程。课堂文化的国际化表现在参与课堂学习的主体，即来自不同国家的学生的文化差异。这种文化差异容易在学生中间制造隔阂，使他们被归入不同的“身份群体”。这些课堂上不同的“身份群体”要求老师在教学内容、教学对象、教学手段上都不能一刀切，用僵化不变的思维对待来自不同文化背景的群体。这样容易造成对弱势群体的排斥和歧视，而应该努力帮助边缘化群体享受平等的认同感。其实，“身份群体”的形成源于个人在争取认同感时自感渺小而和具有相同或相似身份的人聚集在一起以形成集体力量来扩大话语权。从这个意义上说，“身份群体”有自己的存在价值。但是，“身份群体”本身具有的封闭性和排他性也成为和谐课堂文化潜在的否定因素。“过于依赖民族、种族、宗教和其他身份群体将会导致冲突不断乃至社会分裂”[1]。

---

① J. Banks. Diversity, group identity, and citizenship education in a global age [J]. Educational researcher, 2008. 37 (3), p. 135.

四、拉美高等教育权力分散化

作为国际化的另一核心，拉美高等教育的权力分散沿着两条途径进行。第一，权力由中央向高校分散。传统上，拉美高等教育作为公共服务部门由政府统一管理。很多拉美国家的教育部以前负责制定预算分配、招生政策、教学内容等，而高校自己却没有太多权力决定员工人数、薪金等级和职位升迁。在每个国家开放程度和相互依存度逐渐加深的新时期，这种传统上僵化的国家统一管理模式显得低效、缺少活力。在这种情况下，拉美国家相继进行了权力下放，各个高校有更多自由负责诸如外来资金、学术成果、教学质量等各环节，从而实现对资源的有效管理。第二，权力由国内向国际分散。在教育资源国际化时代，每个国家自身实力的差异决定了其在与国际组织对话中不同分量的话语权。特别对于那些处于外围的发展中国家来说，大学政策的制定特别容易受到国际组织，特别是世界银行的影响。有学者甚至认为，世界银行已经成为多边技术合作最重要的平台，也是制定教育与发展计划的领导机构①。

权力分散化给拉美高等教育带来的突出问题是“脱节”。具体表现在中央和地方高校的脱节，教育和市场的脱节以及高等教育和初级教育及中等教育的脱节，等等。

（一）中央和地方高校的脱节

在无法抗拒的国际化趋势面前，中央和地方高校是抱着不同的理念和目的参与其中的。从中央层面来说，发展人力资源、进行战略联盟、增加财政收入、促进商业贸易、优化国家机构、发

① I. Ivic. The internationalization of higher education: A point of view from a developing country [J], Higher Education in Europe. 1991, 14 (2), p. 17.

展社会文化以及增进相互理解是最重要的几大因素。从中可以看出中央优先考虑的是具有整体性和战略性的政治、外交、经济变量，例如将教育国际化看作是进行双边或地区合作以取得战略优势的有效方式①。对于地方高校而言，推动高等教育国际化的最重要因素包括提高高校的国际知名度、改善教育质量、发展人力资源、增加经济收入、进行战略合作以及推动科研进程。相较于中央层面，地方高校最注重的是从自身出发，树立学校品牌，吸引一流教师和学生，在激烈的国际教育市场竞争中取得优势。不难看出，中央和地方高校对拉美高等教育的发展倾向有不同规定，在权力分散化的进程中，地方高校有更多自主权决定该校的优先发展方向。这样一来，中央层面制定的整体性战略计划在地方高校层面得不到落实，同时，地方高校的优先选择也得不到中央的支持。国际化给予了地方高校同中央对抗的权力基础，同时也降低了具有统筹性、整体性的中央政策的实施力度。

（二）教育和市场的脱节

国家的发展、用工市场的繁荣需要人力资源的培养。诚然，拉美需要大量受过初等或中等教育的人才从事基础性工作，但同时也急需得到高等教育的“高级人才”以适应人才市场和国家生产建设的需求。为了能使国家有效参与全球经济体系的运作，特别是适应科技创新的要求，拉美大学需要培养一大批高素质的科学家和工程师以更有效的参与不断细化的国际分工体系。在人力资源环节，限制拉美发展的主要束缚之一是缺乏受过良好教育和培训的人才②。大多数拉美国家相较于主要的全球竞争者在培养

---

① H. de Wit. Higher Education in Latin America: The International Dimension [M]. Washington D. C.: World Bank. 2005, p. 18.

② B. Carlson. Education and the labor market in Latin America: confronting globalization [J]. Cepal Review, 2002 (77): 117-134.

具有中级技术和高级技术水平人才方面处于下风，难以在全球市场体系中获得竞争性优势。20世纪80－90年代正是经济合作与发展组织（OECD）国家加速发展，拉开与拉美教育水平的时期（要注意到少数拉美国家的教育水平其实高于最落后的经合组织国家。如土耳其的中等和高等教育、匈牙利和捷克的高等教育水平低于智利和阿根廷。这里只是就整体而言）。

拉美用工市场的问题看似是缺乏高级人才，实则是教育与市场的脱节。表现之一是大学的扩招增加的毕业生数量超过了市场的容纳范围，结果是很难找到与所学专业对口的工作，只能退而求其次，先就业再择业。由此，拥有高等教育学位的毕业生并没有将自己所学知识的效用最大化，造成了人力资源的浪费，其低回报率也降低了人们对高学历的期望值。表现之二是绝大多数拉美政府或高校都忽视了用工市场反馈信息的收集，结果造成了众多高校毕业生无法通过利用现有数据、信息、资料来分析个人的就业前景，也不利于分析高素质人才供需的不平衡现状①。一些国家已经注意到教育和市场的脱节，建立了用工市场监测体系以减少这种不平衡。如智利和哥伦比亚建立了用工市场的“观察站”来监测分析高校毕业生的就业形势②。

（三）高等教育和初级教育及中等教育的脱节

教育是一项系统工程，要求各个阶段——初级、中等、高等

---

① D. Levy. Latin America's tertiary education: accelerating pluralism [M] //In Miller, E. (ed.). *Higher Education and Science and Technology in Latin America and the Caribbean: Responding to Expansion and Diversification*. Washington, D. C.: Inter-American Development Bank. 2002, p. 23.

② J. Brunner & P. Meller. Oferta y demanda de profesionales y técnicos en Chile: el rol de la información pública [M] //In H. De Wit & I. Jaramillo (eds.). *Higher Education in Latin America: The International Dimension*. Washington, D. C.: World Bank. 2004, p. 52.

教育——相互紧密衔接以保证学生能够从低层次到高层次教育的自然流动。但拉美教育体系显示出更明显的阶段性而非连贯性。教育体系的断裂首先和政府财政支持力度有关系。大多拉美国家将大部分资金分配给小学和中学教育，少部分分配给大学教育。但同时，社会对高级人才的需求又在不断增加，为此，不少拉美国家只能在全球化的氛围下逐步开放高等教育市场，采取多方融资渠道，鼓励兴办私立学校。由于缺少整体性布局的宏观计划，整个高等教育体系呈现出零散化、碎片化的趋势，国家从而逐渐失去了对高等教育的主导作用。同时，教育体系的内部脱节也和教育质量有关系。中等教育差强人意，迟迟不能毕业的学生人数逐年上升，这直接影响到高等教育的招生状况[①]。对于进入大学学习的中学毕业生来说，其知识和技能储备与大学要求相去甚远，因此，拉美地区的一些大学不得不经常将大量的时间和资源投放于提升中学毕业生的技能训练上[②]。

五、拉美高等教育的国际合作

全球化使得任何国家、区域都难以封闭起来独自发展，而要以开放的姿态参与国际合作。在这方面，拉美地区因其历史上与欧美国家的地缘联系，起步较早。但是，拉美高等教育的国际合作表现出较为明显的“单向”性，不论是学生的教育还是师资的培训都有“外流”倾向，教育资源的“输出”远远大于“输入”。

① B. Carlson. Education and the labor market in Latin America: confronting globalization [J]. Cepal Review, 2002, 77: 117-134.

② J. Brunner & P. Meller. Oferta y demanda de profesionales y técnicos en Chile: el rol de la información pública [M] //H. De Wit & I. Jaramillo (eds.). Higher Education in Latin America: The International Dimension. Washington, D. C.: World Bank. 2004, p. 48.

（一）关于学生教育

拉美学生留学的首选目的地是欧洲国家（墨西哥学生的首选目的地是美国，因为两国有紧密的地缘和经济联系）。当然，拉美也建立了一些区域内的高等教育合作项目以增强区域内学生的流动性，但人数较少，收效不明显。例如南方共同市场（简称南共市）成员国曾努力通过蒙得维的亚集团大学联盟来提高学生在区域内部的交流机会，但因为缺乏学习和学分的相互认证机制而收效甚微[①]。相对于出国学习的学生人数，拉美国家吸引区域外的学生人数明显太少。拉美地区不稳定的政治、经济形势是吸引国外留学生的最大障碍之一。大部分来拉美国家的留学生来自美国、德国、法国、西班牙等，目的是为了学习西班牙语和取得常规课程的学分[②]。出国学习的学生完成学业后大批留在了国外，每年的移民都造成大比例的优秀学生的流失[③]。

（二）关于师资培训

教师自身的素质直接影响到教育的质量。拉美国家大学教师的素质较低，在教育质量相对较高的拉美国家中，除巴西以外，如智利、阿根廷仅仅 10%的教师拥有博士学位，而整个拉美地区仅仅 26%的教师拥有硕士学位[④]。越来越多的年轻教师被派往国外攻读硕士或博士学位，但是许多教师学成后定居国外。据统

① H. de Wit. Higher Education in Latin America: The International Dimension [M]. Washington D. C.: World Bank. 2005, p. 344.

② H. de Wit. Higher Education in Latin America: The International Dimension [M]. Washington D. C.: World Bank. 2005, p. 345.

③ Q. Wodon. International Migration in Latin America: Brain Drain, Re－mittances, and Development [M]. Washington, D. C.: World Bank. 2003, p. 6.

④ B. Mundial. Bolivarian Republic of Venezuela: Higher Education Sector Profile [M]. Washington, D. C.: World Bank. 2002, p. 11.

计，从1970年到1990年，定居在美国的拉美专家和技术人员翻了两番①。

和拉美地区人才流失密切相关的一个问题是拉美企业将会随着人力资源的缺失而减少将来的收益。从这个意义上讲，拉美国家流失的不仅是人才，更是将来经济发展的机会。所以，不少政府正在积极制定计划吸引在外求学或培训的学生和教师学成回来，如巴西和厄瓜多尔采取了有针对性的措施，一方面积极鼓励海外人才回国，另一方面加大国家培养人才的力度。巴西政府的这项政策收到了明显效果，1985年，在国外大学在获得博士学位的巴西人占当年获得博士学位总人数的40%以上，但是到2004年，这一比例下降到不足10%②。但是从总体上看，拉美国家实行的吸引人才政策不多，效果也不明显。

六、拉美高等教育国际化对我国的启示

（一）加大国际化办学的持续资金投入

资金投入是高等教育国际化持续、健康发展的保证。在国际化办学中，足够的经费投入和合理使用是有效推进国际化办学的保障。在国际化发展的初级阶段，由于学院参与国际化办学的积极性不高，学生出国学习交流的愿望不强而且普遍存在经费困难，这就更需要学校制定鼓励政策，采取激励措施，在师资培养与引进、课程建设与改革、学生交流、合作办学等方面加大经费支持力度；要加大海外宣传的投入力度，提高学校的国际知名

① A. Pellegrino. Trends in Latin American Skilled Migration: "Brain Drain" or "Brain Exchange" [J]. International Migration. 2001, 39 (5), p. 118.

② N. Saravia & J. Miranda. 2004. Plumbing the brain drain [J]. Bulletin of the World Health Organization, 2004, 82 (8), p. 613.

度，为参与国际合作创造良好的国际化环境。在校院两级财务管理体制下，要实施目标管理，明确学院在国际化发展方面的经费投入比例，对学院的教学经费支出给予引导。在此基础上，从学校的战略出发，设立国际化专项经费，建设一批示范项目、重点项目，通过示范项目和重点项目的辐射作用，营造国际化办学的氛围。比如中外合作办学项目，作为项目的具体执行单位，学院要从学科发展的角度，从学院未来发展规划出发，打破传统的束缚，用开放的国际视野制定国际化的人才培养方案，将学校下拨的相关经费全部用于项目的发展，超出预算的经费由学校下拨专项经费进行支持。只有以生为本把项目办好了，才能使学生受益，促进学科发展，才能扩大项目的影响，为学院、学校带来好的收益。

（二）加强对教育国际化的整体性和科学性规划

从政府层面来说，高等教育国际化的顺利实施需要国家政策、法规的保证。综观发达国家高等教育国际化的进程可以看出，政府在这一过程中发挥着举足轻重的作用。我国现行教育立法还有许多盲区，这就要求政府根据现有的法律和国际通行准则，制订相应的相互衔接的法规和政策，以此推进我国教育国际化法律法规的建设和完善。此外，我国政府部门要依据国家法律以及国际通行准则，及时研究对应的法规和政策，甚至提出案例，使其具有可操作性。政府在协调高等教育国际化方面具备其他机构所不具备的宏观指导作用，我国政府在21世纪更应站在国际化的高度，以战略的眼光来制订相应的政策、策略，提高我国高等教育质量，平衡我国高等教育国际化发展，为我国高等教育国际化的实施与完善保驾护航，走有中国特色的高等教育国际化之路。

从学校层面来说，规划是比较全面、长远的发展计划，高等院校的发展规划是学校具有前瞻性、全局性的发展计划。国际化办学的专项发展规划是在了解国内外高校国际化办学的趋势以及现状的基础上，从本校的实际出发，确定国际化办学的指导思想和发展目标，制订本校进行国际化办学的政策和措施。把国际化办学纳入学校发展规划，有利于认清国际化办学的趋势和现状，有利于高等院校国际化的发展。因此，制订国际化办学的专项规划是大势所趋。为了保证国际化办学的专项规划的有效性，在制订规划的过程中，要求以学校实际为基础进行研究，制订切合学校整体规划的国际化的专项规划，此外还要考虑规划的可行性，规划只有落实到学校发展中才能起到应有的作用。

（三）加大国际人才交流力度

加大人才国际交流力度主要包括师资和学生两类。构建国际化教育体系，首先必须解决教育传播载体，也就是师资力量国际化的问题。只有建立一支具有国际交往能力的高素质教师队伍，整体学术水平和教学质量才有可能在教育国际化进程中得到进一步的提升。师资力量国际化可以从内部和外部两方面进行培养和挖潜，对内要求一方面在了解国外高校先进的人才培养战略、管理模式以及学科开展的成功经验，认识到自身差距的基础上，制订出行之有效的选派合格教师到国外讲学、进修和进行研究工作的形式；另一方面采用筹备和参与国际学术研讨会议以及鼓励教学科研人员互访的形式，有助于接触到新近的科技和文化，并能广泛地建立国际学术联系，可以加速高校国际化进程。科研人员互访同样对于推动科技文化的传播、促进各国高等教育发展具有重要意义。对外应该在全球范围内引入对口的外籍教师或作为教育顾问参与管理、吸引出国留学的高层次人才回归以及积极接洽来自各国的访问学者的讲学，在教学观摩的过程中汲取异域教育模式的先进之处。

在学生交流方面，学校要进一步加大投入，调动学院的积极性，共同努力，拓宽国际交流项目，为学生在校期间提供丰富的出国学习交流的机会。同时，对于成功获得国外优秀大学深造机会的学生给予奖励，鼓励学生到国外大学学习。加强本校学生与留学生之间的交流，营造国际化的学习氛围。学校资助学生出国留学，即便日后他们不回学校发展，不回国发展，他们仍然是我们的宝贵资源，可以为我们拓宽国际交流与合作的渠道。世界一流大学的发展离不开大批海外校友的支持。

七、结语

高等教育国际化为拉美地区提供了新的机会以获取最新知识、吸引优秀人才、借鉴并吸收国外教育经验。通过国际合作，拉美国家可以逐步建立起自己的科研以及创新体系。与此同时，也要注意到拉美高等教育在国际化进程中所面临的挑战和风险。国际化带来的教育途径、资金来源、课堂文化的多元化侵蚀了拉美高等教育的稳定性基础，使之缺乏长期性的规划和协调性的教育氛围。国际化的第二个特征——权力分散化使整个拉美教育体系内部失去了紧密联系，导致了拉美国家中央和地方高校的脱节、教育和市场的脱节以及高等教育和初级教育及中等教育的脱节，整个国家的教育系统犹如一盘散沙，缺乏整体性布局与思考。另外，虽然国际化促进了国际交流与合作，但拉美国家与区域外国家的合作更多的呈现出“单向性”特征，人才流失现象严重，不利于拉美地区将来的长远发展。

通过对拉美高等教育国际化的探讨，有助于我们认清在全球化不断深化的今天，作为国家公共服务核心部门之一的教育体系正面临着哪些问题以及应该通过何种途径来应对这些挑战，以便让教育，特别是高等教育更好地服务于国家利益。

参考文献：

[1] Arum, S., and J. Van de Water. The Need for a Definition of International Education in U. S. Universities [A]. In C. Klasek, (ed.). Bridges to the Futures: Strategies for Internationalizing Higher Education [C]. IL: Association of International Education Administrators, 1992.

[2] Banks, J. Diversity, group identity, and citizenship education in a global age [J]. Educational researcher, 2008: 37 (3): 129－139.

[3] Brunner, J. & P. Meller. Oferta y demanda de profesionales y técnicos en Chile: el rol de la información pública [A]. In H. De Wit & I. Jaramillo (eds.). Higher Education in Latin America: The International Dimension [C]. Washington, D. C.: World Bank, 2004.

[4] Carlson, B. Education and the labor market in Latin America: confronting globalization [J]. Cepal Review, 2002 (77): 117－134.

[5] De Wit, H. Higher Education in Latin America: The International Dimension [M]. Washington D. C.: World Bank, 2005.

[6] Held, D. Political Theory Today [M]. Stanford: Stanford University Press, 1991.

[7] Ivic, I. The internationalization of higher education: A point of view from a developing country [J], *Higher Education in Europe*, 1991: 14 (2): 10－22.

[8] Knight, J. Internationalization: Elements and Checkpoints. Research Monograph [M]. Ottawa:

Canadian Bureau for International Education, 1994.
[9] Knight, J., & H. de Wit. Internationalisation of higher education in Asia Pacific countries [M]. Amsterdam: European Association for International Education, 1997.
[10] Levy, D. Latin America's tertiary education: accelerating pluralism [A]. In Miller, E. (ed.). Higher Education and Science and Technology in Latin America and the Caribbean: Responding to Expansion and Diversification [C]. Washington, D. C.: Inter-American Development Bank, 2002.
[11] Mundial, B. Bolivarian Republic of Venezuela: Higher Education Sector Profile [M]. Washington, D. C.: World Bank, 2002.
[12] Patrinos, H. & E. Vegas. Building a Skilled Labor Force for Sustained and Equitable Economic Growth: Education, Training and Labor Markets in Argentina [M]. Washington D. C.: World Bank, 2005.
[13] Pellegrino, A. Trends in Latin American Skilled Migration: "Brain Drain" or "Brain Exchange"? [J]. International Migration, 2001, 39 (5): 111-132.
[14] Salmi, J. Constructing knowledge societies: new challenges for tertiary education [J]. Higher Education in Europe, 2003, 28 (1): 65-69.
[15] Saravia, N. & J. Miranda. Plumbing the brain drain [J]. Bulletin of the World Health Organization, 2004, 82 (8): 608-615.
[16] Wodon, Q. International Migration in Latin America: Brain Drain, Re-mittances, and Development [M].

Washington, D. C.: World Bank, 2003.

[17] 宋霞. 拉美高等教育多样化特征浅析 [M] //苏振兴. 2005—2006年：拉丁美洲和加勒比发展报告. 北京：科学社会文献出版社，2005.

作者简介：

张庆，男，1979年生，副教授，博士，主要研究方向：拉美政治、中拉关系、金砖国家研究。

慕课与全真案例教学相结合的法学本科教学改革研究

张昕宇

（四川外国语大学国际商学院 重庆 400031）

摘要：慕课与全真案例教学相结合的教学方法对于培养复合型、应用型法学本科人才具有重要的作用。本文在分析慕课教学与案例教学作用和缺陷的基础上，探讨了慕课与全真案例教学相结合的内容和方法，主张通过慕课与提点式讲授的结合，构建“教师引导学习、学生自主学习”的新型知识传授模式；通过全真案例教学，完善学生法律实践技能训练模式。

关键词：慕课　全真案例　教学改革

随着国家依法治国方略的推行，法学本科教学的使命在于培养学生在掌握法学理论知识的基础上，运用法律思维方法，通过各种诉讼和非诉讼法律职业技能解决各种实际法律问题。然而，目前我国的法学本科教育尚不能完全适应社会主义法治国家建设的需要。一方面，传统的以传授法学知识为主的课堂讲授模式正在受到慕课这一新兴教育模式的冲击。在学生可以借助慕课平台自由学习全球最高水平的法学教学视频的背景下，法学教师在教学内容安排、课堂组织设计和教学方法的采用上势必面临更多的挑战。另一方面，我国目前的法学本科教学往往侧重于法学理论知识的学习，教学手段单一，对法学学生法律实务技能的训练还欠缺成熟有效的教学方法，导致学生在毕业时普遍缺乏法律实务操作能力，以至于法院、律师事务所和企业法务部门等用人单位普遍反映法学本科毕业生入职后至少需要经过3～5年的培训才能胜任各种法律实务工作。针对这两方面的问题，笔者在长期的教学实践中做了一些思考，认为应当在法学本科高年级阶段，选择合适课程，采取慕课与全真案例教学相结合的教学模式，科学设定课程教学目标，合理安排讲授内容，精心组织课堂研讨，不断推动法学理论知识与法律实务技能的深度契合。

一、法学本科课程教学应达成的目标

教育部、中央政法委在2011年12月23日发布的《关于实施卓越法律人才教育培养计划的若干意见》中明确指出："培养应用型、复合型法律职业人才，是实施卓越法律人才教育培养计划的重点。适应多样化法律职业要求，坚持厚基础、宽口径，强化学生法律职业伦理教育、强化学生法律实务技能培养，提高学生运用法学与其他学科知识方法解决实际法律问题的能力，促进法学教育与法律职业的深度衔接。"[①] 针对这一要求，目前我校法学本科培养计划中的培养目标显得较为宽泛，针对性不强，表述为"学生毕业后能在公检法机关、企事业单位和科研院校从事法律研究和实务工作"，似乎是培养法学全科型人才。应当指出，这样的"全才型"的定位似乎应作为法学研究生教育的目标，更适合四年本科教育加上三年研究生教育的长学制课程安排，但并不适合法学本科人才的培养定位。从地区经济的发展来看，社会需要大量掌握了法律理论知识，能够熟练运用各种法律实务技能

① 教育部、中央政法委员会．关于实施卓越法律人才教育培养计划的若干意见[R]．2011.12.

处理问题的应用型、复合型法律人才，并不一定要求从业人员具备非常深厚的法学理论知识和独立进行学术研究的能力。因此，法学本科人才的培养应当特别注意与研究生教育相区别，将法学本科人才培养的目标定位于培养复合型、应用型人才，即应当以培养掌握法学理论知识，熟悉各种诉讼代理流程和技巧，了解常见的非诉讼法律事务的内容和要求，能够从事法律实务工作的法官助理、律师助理、企业法务人员为目标，力求通过四年的本科教育，为学生毕业以后通过后续法律职业训练成长为合格的法官、律师、企业法务主管打下坚实的基础。

为实现复合型、应用型人才培养目标，在法学本科课程教学的过程中，首先教师应当采取科学的教学手段和方法以激发学生对法律学习的兴趣，引导学生高效利用课堂和课余时间完成对法学理论知识的系统学习，为能够从事法律实务工作打下坚实的理论基础。慕课教学作为一种开放式教育的手段，其开放性优势有利于通过高水平教学视频激发学生的学习兴趣；其交互式优势有利于培养学生自主学习的能力。教师如能在教学课程中将慕课教学的优点与自身的教学经验相结合，无疑将极大提升理论教学的质量；其次，应当认识到，法学是一门实践科学，如果学生仅仅是掌握法学理论知识，不熟悉各种诉讼代理流程和技巧，或不了解常见的法律事务的内容和要求，仍不能达成复合型、应用型的目标要求，教师应当在课堂教学中引入全真案例教学，引导学生围绕原始的案件材料，运用所学法律知识去处理真实的社会争议问题，在实战中加深学生对各种诉讼、仲裁流程和案件代理技巧以及常见法律事务内容要求的理解。

二、慕课与案例教学在法学课程教学中的优点和困境

（一）慕课教学的优点及其面临的困境

慕课（MOOC）的全称是 Massive Open Online Course，即大规模在线开放课程。慕课以开放（Open）为核心要素，不受学习人数的限制，学习在网上完成（无须受到时间、地点的约束），是一种依托开放性信息平台通过激发学习者学习兴趣来实现自主学习的在线教育模式。

慕课作为一种大数据革命背景下新兴的在线教育模式，具有以下优势。(1) 慕课的开放性有利于激发学习者的学习兴趣；慕课的课程资源通过信息平台技术面向全球开放，学习者可根据自己的时间安排，选择自己感兴趣的在线课程进行学习，利用“碎片化”的时间来完成对知识的追求。(2) 慕课的规模性有利于拓展学习者的视野；全球主要的慕课运营平台都在致力于联合全球著名高校进行课程资源的建设。在这一过程中，学习者将感受到不同文化、国家背景下学者的研究思路、知识储备和授课风格。(3) 慕课课程要素完整、内容短小精悍，有利于提高学习者分析思考能力；为保持学习者的学习兴趣的注意力，慕课课程往往每一课时内容保持在 20 分钟以内。这一课程安排彻底摆脱了以灌输讲授为主的传统课堂教学模式的束缚，注重对学生兴趣的启发、引导。[①] (4) 慕课的交互性有利于提高学习者的自主学习能力；学习者可以通过各种讨论平台在讲授者的引导下就课程内容、练习、作业与教授者和其他学习者进行探讨、辩论，并在此

---

① 包运成.“慕课”对我国地方本科院校法学教学的冲击及应对，内蒙古财经大学学报 [J]. 2015 (3).

基础上对所学知识进行思考、查证，学习者必须积极主动进行学习思考才能参与到课程互动中，并感受其中的乐趣，从而将有利于提高学习者的自主学习能力。

但是，慕课作为对传统教学模式的一种变革尝试，还存在一些不足：首先，由于慕课课程内容短小精悍的特点，实际上对于学习者在学习该课程内容之前的知识储备要求较高，对于相关基础知识的学习及理解需要教师进行引导，否则容易导致学习者以偏概全，不利于对某一门学科知识的系统掌握；其次，慕课是通过网络进行的，没有大学那样集中的学习地方，不存在大学那样的学习气氛和人文环境，而良好的学习气氛和人文环境是学生学习的重要条件；最后，慕课不像传统大学那样有教师现场监督，学习者自行通过网络学习，因此，学习者必须有很强的自制力，否则难以坚持学习，容易受到干扰而放弃学业。[①]

综上，当前一段时期，慕课尚不能完全取代传统教学模式，我们应当通过在线课程这种基于现代技术的教学模式的引入，为传统的教学模式带来新的活力和可能性，推动教学观念的转变和教学方式的不断提升，提高学习质量和效率。具体来说，应当在课程建设中，不断探索各类课程的特性和规律，寻求慕课资源和传统课堂教学的有机契合，推动课程教学质量的提升。

（二）案例教学的优点及其面临的困境

案例教学法是一种在法学教学课堂上对法律案例进行剖析，引导学生分析和评估案例，帮助学生掌握法律知识和提高法律职业素质的教学方法。这种方法在国内外高校的法学课堂上被广泛

① 杜社会. “慕课”模式下的法学教育改革刍议［J］. 科教导刊，2014（9）.

使用，并取得了良好的教学效果。[①]

案例教学作为一种实践性、参与性较强的教学方法，具有以下优势。（1）案例教学有助于激发学生的学习兴趣，提高学生课堂参与的积极性；笔者在长期的教学实践中感受到如果是在课堂上仅做法学理论知识的讲授，即使教师采取了一些提高学生兴趣的教学技巧，也无法完全做到让绝大多数学生保持课堂全程时间的关注和投入，很多时候相当一部分学生在课堂后半程会有枯燥漫长的感觉，因此教学效果不甚理想。而法学专业的学生在学习了法学理论知识后往往有运用所学知识去分析解决法律实践争议的内在渴求。当一个鲜活的案例呈现在他们面前时，他们往往精神一振，不需要教师督促太多即会自觉地投入其中去分析和思考，学生的学习兴趣和积极性均得到有效提高。（2）案例教学有利于培养学生的法律思维，强化学生自主学习的能力，加深学生对法律知识的理解。在案例教学的过程中，学生需要在收集、阅读案件全部材料的基础上，分析提炼法律争议焦点，查询可能适用的法律条文和司法解释，借鉴参考相关类似案件的判决，最后形成自己的法律解决方案。在此过程中，学生全程投入其中，像一个法律职业人那样去解决代理、审判案件可能遇到的各种问题，法律思维和自主学习的能力都将得到较大的锻炼。（3）案例教学有利于锻炼学生法律文书写作和法庭辩论的技巧。案例教学往往会在发放案件材料后对学生进行分组，不同的小组分别担任原告、被告、裁判者等不同角色。首先，所有学生都需要在小组内进行讨论，分析相关法律问题，积极提出自己的观点、方案。其次，学生要在小组讨论成果的基础上根据担负的角色分别撰写诉状、代理词、答辩状、判决书等法律文书。最后，学生之间还

① 魏斌. 创新案例教学法在法学教育中的运用［J］. 教育教学论坛，2017（6）.

会展开激烈的辩论。通过这一方式，学生的法律文书写作和辩论技巧无疑将得到极大的锻炼。

但是，传统的案例教学也存在一些不足：首先，案例教学对学生的知识储备有较高的要求；学生只有在掌握了法学基础理论知识，熟悉各部门法相关法律规定的基础上，才能真正参与其中。如果连基本的法律知识都不具备，又如何能奢望学生在案例教学中去思考、分析和归纳呢？其次，传统案例教学缺乏高质量的案例；案例教学要想取得良好的教学效果，拥有一定数量的高质量的案例是基础。而传统案例教学所选用的案例往往与实践中的社会纠纷相去甚远，往往是教师根据知识点来设计的案例，缺乏合同、财务会计凭证、双方洽商的往来函件、支付凭证、交货记录等原始材料，不能真实反映实践争议的运行状况。同时，案例教学过程中缺乏完整、真实的法律文书供学生在思考后进行对比和学习，教师又无法在短时间内自己撰写出高质量的全套法律文书来弥补这个缺陷。最后，教师可能对选用的案例背景、材料并不熟悉或理解不透彻，无法深刻全面地讲解、剖析和演示案件。①

综上，由于我国是一个成文法国家，法律的体系性要求学生必须从法律概念、原理和法律规则入手进行学习，在掌握了法学基础理论和现行法律条文的基础上，才能运用法律思维解决实践中的法律问题。单纯的案例教学无法解决法学基础理论和法律规则的系统传授问题，囿于课堂时间的限制，授课者往往在知识传授和案例讨论两者之间顾此失彼，使得案例教学的效果大打折扣。

① 胡军辉. 全真案例演示教学理论与剧本［M］. 湘潭：湘潭大学出版社，2015，6.

三、慕课与全真案例教学相结合的内容与方法

如前所述，慕课的学习往往对学生的知识储备有一定的要求，而且，在学生具备一定的自主学习能力、养成良好的学习习惯之前，尚须授课教师的系统指导；同时，案例教学在学生没有掌握法学基础理论和法律规则、形成基本的法律思维的情况下也难以取得良好的教学效果。笔者以为，在法学本科教学的低年级阶段仍应采取课堂讲授为主辅之以一定的案例研讨的教学方法，力求让学生在侧重于学习法律知识的过程中掌握法律学习的方法。而在法学本科教学的高年级阶段，选择合适的法学专业课程引入慕课与全真案例教学相结合的教学方法，侧重提升学生的法律实践技能。从我校法学本科教学计划的课程设置来看，学生在本科的一、二年级逐渐完成法学导论、宪法、民法、刑法、诉讼法等法学基础理论和主要部门法课程学习后，可从本科三年级开始，选择经济法、侵权责任法等课程进行慕课与全真案例教学的结合。具体应注意以下几个问题。

（一）通过慕课与提点式讲授结合，构建“教师引导学习、学生自主学习”的新型知识传授模式

一方面，随着大数据技术的应用和各种信息平台的推广，教师所拥有的传统学科知识，几乎都能通过文献查阅和网络检索找到对应的知识信息。学生完全可以充分利用“碎片化”的时间，不断获取这些法律知识；另一方面，也应当看到，在线慕课课程内容往往设计得短小精悍，对于法学基础知识还较为薄弱的本科学生来说，不可能仅仅通过每课时 20 分钟，每课程 10 个课时左右的在线学习就能系统掌握某一门部门法知识。因此，应通过课前课后的慕课学习与课堂提点式讲授相结合的方法，构建“教师

引导学习、学生自主学习”的新型知识传授模式。具体来说，“教师引导学习、学生自主学习”的新型知识传授模式应划分为课前、课中、课后三个阶段。首先，对于课前阶段，教师应在总结教学经验基础上，确定好每堂课学生应掌握的法律知识内容。根据上述知识内容，教师一方面应选择与之密切相关的在线慕课视频（或提前自行制作授课视频）要求学生在课前完成观看学习。另一方面，应重视大量阅读对丰富学生知识储备的作用，要求学生除观看慕课视频以外，还应完成指定教材、论文的阅读。根据笔者的经验，学生每周的阅读量不应少于50页。同时，教师应根据上述慕课视频和阅读内容设计出与知识点有关的若干问题，要求学生借助慕课的讨论平台对上述问题进行回答，并提出自己在慕课视频观看和阅读过程中没有理解的问题或困惑。其次，对于课堂教学，教师不再对本堂课的知识内容进行蜻蜓点水式的全面讲授，而是在对学生课前在讨论平台上反映出的问题归纳总结的基础上进行提点式讲授，即教师凭借教学经验，针对慕课视频和阅读文献的重难点内容进行提示和讲解，让学生在思考后深入理解自主学习过程中没有解决的难题。这样的提点式讲授一方面节约了大量的课堂时间，以便教师得以在完成法学知识传授的基础上从容的组织案例教学，另一方面也有利于对慕课学习进行补充指导。① 最后，对于课后阶段，教师应将包含有课程重难点的课件放至学习网站，供学生复习。同时，教师应在每一章之后设置相关小测试，要求学生完成。此外，教师还应参与课后在线讨论，引导学生利用所学法学理论知识去分析解决一些社会热点问题，将法学理论与司法实践相结合。

① 王竹．慕课的制作与运行指南［M］．北京：高等教育出版社，2015：11．

（二）通过全真案例教学，完善学生法律实践技能训练模式

全真案例教学是传统案例教学的一种新发展，在传统案例教学的内涵基础上，强调由授课教师精心挑选其本人亲自处理过的真实案件作为课堂教学案例，学生围绕该案件自身的运行进程，例如，从当事人的法律咨询开始，逐渐向诉前准备、立案、庭审质证、司法鉴定、法庭辩论、一审判决、上诉、二审判决等进行学习和演练，要求参与的学生根据案件的原始材料做出自己的诉讼或非诉讼方案、形成相应阶段的法律文书，依据法律知识，运用法律思维进行分析、讨论、总结，然后由教师对案件的真实处理流程及结果进行展示，对本案焦点问题和核心技巧进行点评，从而使学生能够身临其境地熟悉真实案件的处理流程，掌握法律职业技能与技巧，深刻理解实践中法律实务工作的运行状况。具体来说，通过全真案例教学，完善学生法律实践技能训练模式需注意以下几个问题。第一，教师应当根据课堂教学进度，慎重选择自己曾亲身处理或全程参与的全真案例。如前所述，高质量的全真案例是案例教学取得良好效果的前提和基础。教师在组织案例教学之前，应当注意收集、整理自己担任代理律师、合议庭成员、仲裁员期间处理过的典型案件的全套相关材料，思考该案例与课程教学结合的时机、方法，以便在案例教学的过程中有步骤地将案件的全部材料展现给学生学习。因为只全面展示各种真实的证据材料和法律文书，才能使学生了解到真实的案件处理流程，详细地理解案件涉及的法律问题，全面地认识真实的司法运行状况。而且，教师作为案件的真实参与者通常有机会也有必要对案件进行全面透彻地分析，其在办案过程中对于案件的分析工作转化为了教学的准备工作。全真的案例融入了教师少则几个月、多则几年的思考，他们将自己亲身经历的、思考良久的案件

作为教学案例更加有益于法律分析方法、思维方式、诉讼技巧等内容的全面传授。

第二，教师应当对学生进行分组，并简要介绍案件基本背景情况；按40人左右的教学班，教师可将学生分为6—7个小组，每个小组6人左右，教师可指定不同的小组分别担任不同的角色（如，原告、被告、代理人、合议庭成员、仲裁员，证人等）。教师在下发第一阶段案卷材料之前，用10分钟左右时间对案件基本背景情况做简单介绍，案件背景介绍应当掌握信息透露的度，案件相关信息透露得过多会影响学生思考的空间和演练的难度，进而影响实际的教学效果，主要涉及双方主体信息，案件发生的时间、地点，双方的争议问题。同时，可根据不同情况，提醒学生应当留意的地方。

第三，教师应当根据案件的真实演进阶段分批向学生下发真实案件材料，组织学生分组讨论；首先，在案件材料的发放方面，教师应注意根据案件演进进度，仿照真实的案件运行流程，分阶段发放不同的案件材料。各讨论小组担负的角色不同、演练的阶段不同，所拥有的案件材料、分析的切入角度、需要完成的法律文书均应有所区别。教师在各小组展开讨论、演练之前应强调各小组的独立性，不允许担任不同角色的小组交换信息，以达到对抗性锻炼的目的。此外，教师还应当要求各讨论小组各自推举本小组的负责人，由负责人来组织内部成员的分工和协作，代表本组进行辩论和陈述。其次，在讨论的过程中，教师应当鼓励、引导学生通过各种法律检索方法（如，使用北大法宝查询相关法律规定、使用中国裁判文书网查询类似案件判决等）对案件的焦点法律问题进行学习、思考，撰写不同的法律文书（如诉状、证据目录、代理词、答辩词等）。最后，教师应组织各讨论小组，仿照真实庭审流程，从原被告陈述、质证、法庭调查到法庭辩论展开对抗式演练。

第四，在讨论和演练结束后，教师应当对该案件进行演示，对学生的表现进行点评。首先，教师应当将真实案卷中的诉状、代理词、答辩状、证据目录、判决书等核心法律文书制成 PPT，教师结合 PPT 的放映向学生演示实践中案件的运行处过程和裁判结果，比较学生演练的方案和案件实际的处理方案，引导学生思考两者的优缺点，让学生感受到各种方案的特点，从而培养学生多视角分析问题的能力。其次，教师应当对各小组课堂讨论的表现和对抗演练中的方法进行总结、评价，指出他们的优点、不足和问题，告知他们改进的方法和技巧。①

总之，法学本科人才培养的目标应当定位于培养复合型、应用型人才，为达成这一目标，教师应当结合教学过程中的经验教训，不断创新教学方法，对法学本科教学进行改革。慕课的开放性有利于激发学生的学习兴趣，提升学生的自主学习能力，但在锻炼学生运用法律思维解决问题的实践技能方面无法取代案例教学。而传统的案例教学无法解决法学基础理论和法律规则的系统传授问题，同时，围绕知识点设计的案例亦往往与实践不相符合。笔者以为，应当通过课前课后的慕课学习和课堂提点式讲授相结合的教学方法满足法学本科教学的法律知识传授要求，通过课堂全真案例教学解决学生法律职业技能训练要求，从而将慕课与全真案例教学有机地契合起来，不断探索在线慕课教学与全真案例教学相互促进结合的路径和方法。

参考文献：

[1] 教育部，中央政法委．关于实施卓越法律人才教育培养计划的若干意见 [Z]．2011，12.
[2] 包运成．“慕课”对我国地方本科院校法学教学的冲击及应

① 胡军辉，李诚．论全真案例演示教学法 [J]．大学教育科学，2014 (5).

对 [J]. 内蒙古财经大学学报，2015 (3).
[3] 杜社会. “慕课”模式下的法学教育改革刍议 [J]. 科教导刊，2014 (9).
[4] 魏斌：创新案例教学法在法学教育中的运用 [J]. 教育教学论坛，2017 (6).
[5] 胡军辉. 全真案例演示教学理论与剧本 [M]. 湘潭：湘潭大学出版社，2015.
[6] 王竹. 慕课的制作与运行指南 [M]. 北京：高等教育出版社，2015.

作者简介：

张昕宇，男，1976 年生，博士，副教授。主要研究方向：国际经济法。

线上线下混合教学模式在大学英语听说教学中的应用研究

——基于问卷星及Blackboard网络平台的实例分析①

赵华雪　代　彬

（四川外国语大学大学外语教学部 重庆 400031；
四川外国语大学国际商学院 重庆 400031）

摘要：本文借助Blackboard在线网络教学管理平台及在线测评平台“问卷星”，结合当前教学现状，提出了体现课程特色的线上线下混合式教学及学习模式。通过线下网络自主学习与线上多媒体课堂面授有机结合，为学生提供多种学习模式，诸如网络自主学习任务布置、小组协作、课堂教师面授、师生/生生互动及多层面的监控与评估手段与方法等，旨在促进学生进行更有效的英语学习，提高英语语言运用能力，最终达到“减时增效”的目标。结合四川外国语大学大学英语听说教学改革的实践经验，本文对线上线下混合教学环境下的听说教学模式提出了一些建议与对策。

关键词：混合学习　线上线下　任务教学法　合作学习　BB平台　问卷星

---

①　本文系重庆市研究生教育教学改革研究项目（yjg153095）、四川外国语大学教学改革研究项目（JY164632、JY164633、JY164634）的阶段性成果。

一、引言

在传统教育环境下，面授学习（Face-to-Face Learning）要求学生定期进入校园内的实体教室参加学习活动，限制了学生学习的自主性和灵活性。相比而言，在线学习（Online Learning）在计算机和网络技术的支持下，能够构建以学生为中心的、开放的学习空间，给学生在学习时间、学习空间和学习方式上提供多样自主的选择，完全颠覆了传统课堂教学的基本形态。但是，在线学习在实际应用中也暴露了许多不足，包括教师培训开支大、难以克服技术鸿沟、在线学习过程中的孤立感等（韩锡斌等，2016），再加上学习者学习动机、学习方法等方面的制约，在线学习的有效性存在较大的不确定性。在此背景下，将面授学习和在线学习二者融为一体的混合学习（Blended Learning）逐渐进入学者们的视野。

二、混合式教学模式的理论依据

根据 ASTD（美国发展与培训协会）2002 年的定义，混合学习是把不同情境下的学习活动，如面授学习、在线学习、自定步调学习等相结合的学习解决方案。混合式教学模式实际上是一种变相的翻转课堂模式，是对翻转课堂模式的具体实施和践行。混合学习（Blended Learning）是指在学习过程中，将两种典型的教学模式——面授学习（Face-to-Face Learning）及在线或数字化学习（Online or E-Learning）——有机结合，实现有效学习的一种学习模式（何克抗，2005）。其目的在于融合课堂教学和网络教学的优势，综合采用以教师讲授为主的集体教学形式、基于“合作”理念的小组教学模式和自主学习为主的教学模式

（黄荣怀，2006），提高教学有效性。黄荣怀（2009）结合教育技术学概论课程教学提出，混合式学习是找到“最好”的方式去改善学习，取得“最优化”的学习效果。上海师范大学黎家厚（2008）教授把 Blended Learning 译为“融合性学习”，他认为融合性学习是指对所有的教学要素进行优化选择和组合，以达到教学目标，同时指教师和学生在教学活动中，将各种教学方法、模式、策略、媒体、技术等按照教学的需要娴熟的运用。第八届混合学习国际会议暨教育技术国际研讨会上更是将混合学习的概念进行了深化与创新，在学习环境、学习形态、学习方式和学习过程等多方面进行了详尽阐述，深化了混合学习的内涵，使其更符合时代发展。

国外大量研究表明，除课堂教学之外，必要的网络学习有助于巩固学生学过的知识。哈佛商学院教师 DeLacey and Leonard 2002 年研究表明，在开设传统课程的同时增加网络学习课程不仅能增加学生的知识，而且能提高学生的互动和增强学生的满足感。相对于纯粹通过网络教学或传统课堂教学学习的学生而言，使用混合型教学策略教授的学生在完成真实任务时的速度更快。

在总结和吸取国外成功应用混合型教学模式经验的基础上，我国部分高校教师也开始致力于这种模式的教学尝试和研究。李蕊丽（2006）、柳瑞雪（2016）等学者在教学实践中运用教师主导、学生主体、自主学习与协作学习有机结合的混合型教学模式之后，学生学习英语的兴趣明显提高，学习能力得到很大改善，成绩显著提高。而齐红（2007）、赵冬梅（2012）等人则借助网络教学管理平台进行教学实验，通过网络自主学习与课堂面授有机结合，为学生提供多种学习模式，提高了学生的自主学习能力，实现了从“减时等效”到“减时增效”的目标。从国内外学者和教师对“混合型教学”模式的研究来看，“混合型教学”模式确实能将传统教学方式和网络化学习的优势结合起来，发挥教师引导、启发、监控教学过程的主导作用，充分体现学生作为学习过程主体的主动性、积极性与创造性。

三、基于问卷星及 Blackboard 网络平台“线上线下混合式教学”模式的操作流程设计

依据翻转课堂及混合学习模式理念，本文在国内外专家学者对翻转学习和混合式学习研究的基础上，提出了线上线下混合学习模式，主要以 Blackboard 教学平台为支撑，以在线测评平台“问卷星”为线上课堂测评手段，以四川外国语大学教育学院非英语专业为研究对象，探讨翻转混合式学习模式的含义及其在大学英语听说教学中的实践，线上线下混合式教学模式操作流程如图 1。

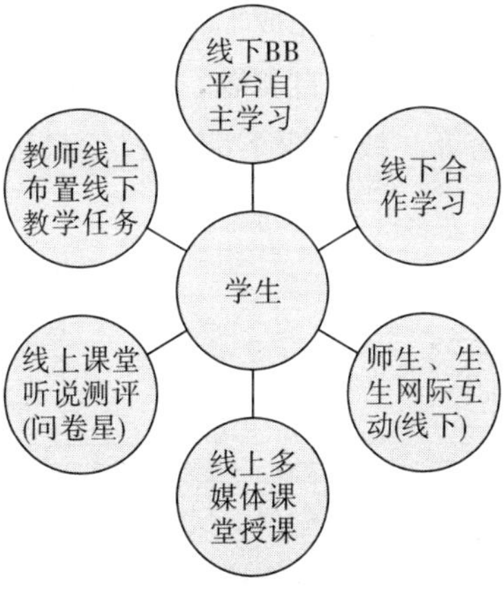

图 1　线上线下混合式教学模式操作流程示意图

在“线上线下混合式教学”模式中，教师通过 Blackboard 网络平台布置教学任务，利用多媒体课堂进行线上面授，通过“问卷星”进行课堂听说测评；学生通过 BB 平台进行在线自主学习、课外合作学习或通过 BB 网际互动完成教师布置的教学任

务；教师通过问卷星对学生的学习效果进行评估检查，解决学生问题。在这种教学模式中，学生处于中心地位。具体而言，教师通过 BB 平台布置线下教学任务：教师在课堂学习中为学生的自主学习设定不同层次的目标和任务，同时对学习内容提出要求和建议。

我校听说教学使用的教程分别是："新视野大学英语视听说教程""英语听力教程"（Listen This Way）。学时安排为：30 人小班听说教学（16 课时）+BB 平台网络自主学习（20 课时）。小班听说教学在多媒体教室进行，每隔一周两学时。在听力方面，教师主要帮助解决听力中的疑难问题讲解听说策略；在口语方面，教师组织引导小组讨论、个人陈述、辩论、角色扮演等。网络学习主要是学生线下课后自主学习，每周两学时。主要采用基于问题的混合学习、自主学习和教师的在线指导三种策略。具体形式为：学生按教师规定完成 BB 平台网络听力内容，完成教师基于网络自主学习布置的自测题，师生利用 BB 网络平台进行提问、答疑和讨论等。线上线下混合教学具体实践操作如图 2 所示：

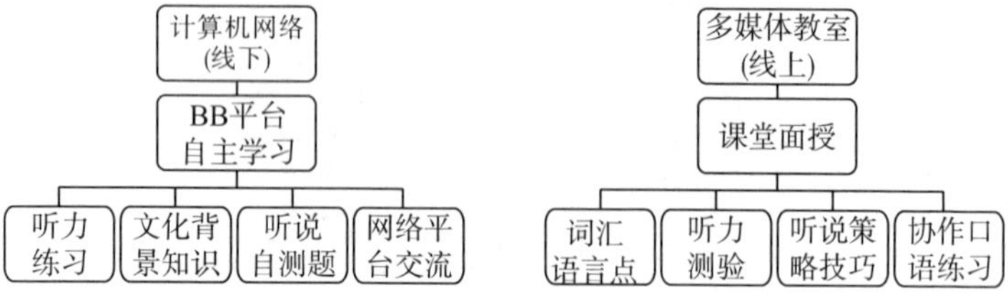

图 2　线上线下混合教学具体实践操作图

多媒体课堂线上授课。首先，教师通过在线测评平台"问卷星"针对不同单元主题特点设置相应的测评试题（包括词汇理解、听力填空、听力问答等），以此评估检查学生的线下学习成果（如图 3 所示）。其次，教师针对测评中出现的问题，选择大部分学生都会遇到的难点进行巩固分析，包括重复听力训练及重点难点词汇精讲练习，并通过布置一些任务型学习活动，让学生展示学习成果，比如小组协作陈述、表演、讨论或辩论等，从而将听和说的练习无缝衔接。此外，教师也可利用多媒体，适当补充包括趣味知识、文化背景等教学内容，使线上多媒体课堂更加丰富。最后，教师通过 BB 网络平台布置新的教学任务，学生需在下次上课前完成线下 BB 平台自主学习，从而形成“线下自主学习—线下合作学习—线下师生、生生网际互动—线上多媒体课堂授课—线上课堂听说测评—线上布置线下教学任务”的无限学习循环模式。线上“问卷星”测评试题范例如图 3。

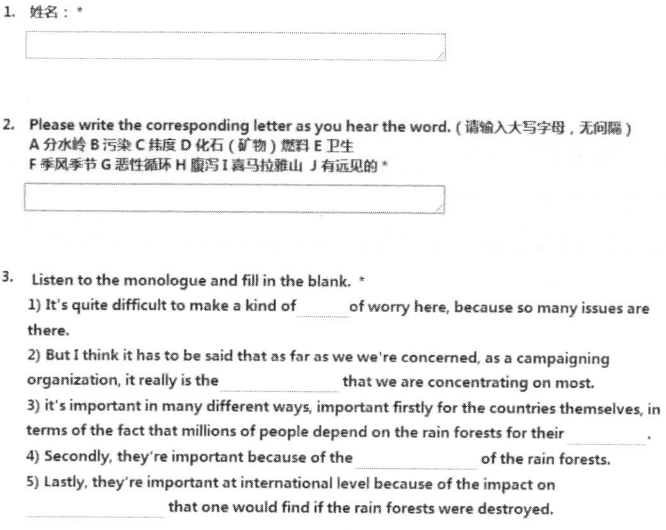
1. 姓名：*

2. Please write the corresponding letter as you hear the word.（请输入大写字母，无间隔）
A 分水岭 B 污染 C 纬度 D 化石（矿物）燃料 E 卫生
F 季风季节 G 恶性循环 H 腹泻 I 喜马拉雅山 J 有远见的 *

3. Listen to the monologue and fill in the blank. *
1) It's quite difficult to make a kind of ______ of worry here, because so many issues are there.
2) But I think it has to be said that as far as we we're concerned, as a campaigning organization, it really is the ______ that we are concentrating on most.
3) it's important in many different ways, important firstly for the countries themselves, in terms of the fact that millions of people depend on the rain forests for their ______.
4) Secondly, they're important because of the ______ of the rain forests.
5) Lastly, they're important at international level because of the impact on ______ that one would find if the rain forests were destroyed.

图 3　线上“问卷星”测评试题范例

线下自主学习：首先，学生根据教师在 BB 平台布置的教学任务制定自己的学习方案，自主决定适合自己水平能力的学习方法；其次，在学习每个单元的同时，学生可进行在线自主学习，通过 BB 平台完成本单元的自测题，并对测试结果进行统计；最后，利用学校的大学英语自主学习平台完成相关的听说训练。

线下合作学习：教师鼓励学生合作完成学习任务，例如查阅资料，开展主题讨论、辩论，排演英语短剧，进行调研活动等。通过合作学习，学生不仅能获得知识，更能培养团结协作精神和集体主义精神，提高他们与人相处及语言表达的能力。

线下网际互动：教师和学生均可通过网络系统增进互动。此过程不仅能通过 BB 网络平台实现，更能通过 QQ、E-mail、微信等其他网络公众平台完成。师生间、学生间随时可进行信息沟通；利用网络设置网上学习虚拟班级；开辟不同专栏；如公告通知、学习资源（上传参考资料、进行单元测试等）、作业信息、讨论专区（进行学习讨论或教学答疑等）、学习备案等，达到合作学习、共同提高的目标。

线上线下混合式教学模式教学评估：形成性评价与终结性评价结合的评价体系——“重形成性评价而轻终结性评价”。传统的课程评价都是在课程结束后通过一次性的考核对课程做出终结性评价。随着形成性评价理论的发展壮大和广泛实践，目前我国大学英语课程的评价体系也大多采用了形成性评价与终结性评价的结合，然而“重终结性评价而轻形成性评价”的现象却普遍存在。根据英语听说学习的规律和特点，以及混合教学模式中包含的多方面因素的加入，终结性评价在听说课程评价上的客观性和合理性上越发降低，因此基于 BB 网络平台及问卷星的本听说混合教学模式提出了“重形成性评价而轻终结性评价”的课程评价体系。评价体系包含形成性评价和终结性评价两部分，形成性评价占 70%，终结性评价占 30%。其中形成性考核内容包括学期内学生的自评、互评；教师对学生课堂表现、作业情况、自主学习、参与网络互动等情况的评价、BB 自主学习听说平台成绩和问卷星单元测试等综合考察学生的自主学习情况等。形成性评价贯穿课程始末，从多个角度，对每位学生在课堂内外的学习和任务完成的过程和结果进行评价；终结性评价在期末进行，采用听力机考对每个学生进行评价。形成性评价和终结性评价的结合有利于激发学生的学习动力，帮助学生及时反思学习中的问题，改进学习态度和方法，同时也能够让教师跟进学生的反馈信息，对教学做出调整。线上线下混合式教学模式教学评估具体构成部分如表1所示：

表1　线上线下混合式教学模式教学评估构成表

教学评估：形成性评价+终结性评价（“重形成性评价而轻终结性评价”）		
形成性评价（70%）		终结性评价（30%）
课堂出勤	10%	听力机考
课堂表现（回答问题、小组合作、口语练习等）	20%	
问卷星测评情况	10%	
BB平台自主学习情况	15%	
参与网络互动情况	10%	
小组互评情况	5%	

注：由于形成性评价中“课堂表现”已涵盖学生大量的口语练习测评，故期末考试不再对口语进行测评，避免一次性测评的不公正性。

四、基于BB网络平台及问卷星的线上线下混合式听说教学效果分析与对策

为了进一步了解此线上线下混合听说教学模式的效果，采用问卷调查、访谈等方法对四川外国语大学2016级教育学院及商学院的350名学生进行了调查，收到有效问卷320份。问卷通过网络测评平台“问卷星”制作收集，问题设置涉及线上多媒体教室上课情况、网络自主学习情况和混合听说学习模式的效果三个方面。线上线下混合式听说教学模式的学习效果分析共设四个问题，具体如表2所示：

表 2　线上线下混合式听说教学模式网络调查结果

问题设置	非常同意%	同意%	一般%	不同意%	很不同意%
学生对知识与技能的掌握程度有明显提高	37.8	55.1	4.5	2.6	0
学生的自主学习能力有一定的提高	45	49.6	3.2	2.2	0
学生的沟通交流能力有所增强	35.3	39.6	10.2	7.8	7.1
学生的创新能力有一定提高	21.7	41.6	13.3	13.6	9.8

问卷调查结果显示，学生对基于 BB 平台及网络测评平台“问卷星”的线上线下混合式教学模式反应较好。92.9％的同学认为通过 BB 平台及问卷星的线上线下混合式学习模式对英语知识与技能的掌握程度有明显提高；94.6％的学生认为自己的自主学习能力通过线上线下混合教学模式得到了一定的提高；通过访谈交流也发现，学生反映混合式学习自由度高，可以自由安排在线学习时间，制定适合自己的学习计划，而且在课堂上未解决的问题，可以在平台上利用丰富的学习资源独立思考并解决问题。74.9％的学生认为通过这种线上线下混合式教学能够促进自己的沟通交流能力，此点可从学生与学生、学生与教师在 BB 网络平台、E-mail 及微信中的互动交流中体现。本学期论坛点击次数为 7859 次，发帖次数为 1930 次，讨论内容以各章节知识点和电脑常用知识居多。师生之间收发的电子消息为 1751 封，主要是对知识点及测试题的答疑解惑。而 62.9％的同学则认为自己的创新能力在整个混合模式教学中得到了一定程度的增强。很多学生在认真完成线下网络平台的教学任务基础上，创作了展现自己个性的英文作品（包括辩论、小组讨论、个人陈述、辩论、角色扮演等）。BB 论坛中也不乏新颖观点，例如帮助其他同学解决问题时，不局限于课堂与书本讲授的方法，而是提出一些新方法与

技巧，这一点在师生电子消息交流中都有所体现。

线上线下混合式教学实践是否对学生成绩有所提升或进步，笔者还对学生本门课成绩进行了阶段性对比，并和其他普通班进行了必要的差异化教学。因此，在实验开始前必须确认实验组和控制组在英语听力能力上没有显著差异。因此，我们通过入学测试收集了 2016 级商学院 6 个班的听力水平数据，通过 SPSS16.0 进行检验，发现 1 班、2 班和 5 班、6 班英语听力成绩不存在显著差异，因此分别确定为实验班和对照班。使用不同教学法的中文系学生英语期末听力考试成绩结果如表 3 所示：

表 3　使用不同教学法的中文系学生英语期末听力考试成绩差异

(n=111)	实验班		对照班		*MD*	
	(n=111)		*MD*	t (220)		
	M	*SD*	*M*	*SD*		
期末考试成绩	69.90	10.663	67.75	12.917	2.153	1.354

※3※$P > 0.05$

实验班开展了一学期的线上线下混合式教学；对照班经历了一学期传统课堂教法。两组学生期末英语听力测试成绩经独立样本 t 检验结果显示，实施线上线下混合式教学的班级和传统教法的班级期末考试成绩有显著差异（$t = 3.864$，$df = 220$，$p < 0.05$）：实验班学生期末考试成绩显著高于对照班（$MD = 6.144$）（见表 4）。

表 4　使用不同教学法的中文系学生英语期末听力考试成绩差异

(n=111)	实验班		对照班		*MD*	
	(n=111)		*MD*	t (220)		
	M	*SD*	*M*	*SD*		
期末考试成绩	79.89	10.665	73.75	12.919	6.144	3.864

※4※$P < 0.05$

诚然，线上线下这种混合学习模式并非毫无瑕疵，教师制作视频等网络学习资料需要耗费大量的时间和精力，更需要教师之间进行通力合作，对教师本身就是一种巨大的挑战。而学生自己也需要在线下投入大量的时间和精力完成教师线上布置的教学任务，对学生个体的自主学习能力要求甚高。部分自制力差的学生还可能在线下网络学习过程中利用免费网络做一些与英语学习无关的事，如打游戏、聊天等，严重影响了其他同学自主学习的效率，也间接影响了线上多媒体课堂学习氛围。但是，线上线下混合教学模式也有他独特的优势。比如：线下网络视频自主学习时间相对灵活，学生可根据自己的实际情况调节学习进度，将视频暂停、回放和重播，直至学懂为止。如若在线下网络学习过程中遇到各类问题，还可以与同学之间相互交流，相互求助，解决问题。再者，在线上多媒体课堂教学中，学生还可以将课前学习时遇到的疑问和困难反映给教师，从教师那里得到解答。教师也能够通过网络学习平台监控学生的学习进度和学习任务完成情况，了解学生的进展和弱项，然后对学生进行有针对性的个别指导。因此，在线上多媒体课堂教学与线下网络平台自主学习的聚合效应驱使下，学生的知识技能掌握能力得到了极大提高，学生的自主学习能力也在一定程度上得到了增强，学生更能提出问题、解决问题，思辨能力和创新能力都有所发展。

五、总结

（一）构建混合式教学模式，实现翻转课堂，顺应师生教学所需

通过问卷星及 Blackboard 平台作为中间平台对在线开放课程的教学模式进行改革，形成由传统课堂教学、在线开放课程平

台在线学习以及问卷星、BB平台三者相结合的混合式教学模式。该教学模式能够充分发挥三者的优势，真正实现翻转课堂，推动信息技术和教育教学深度融合，主动适应学生的个性化需求，用学生乐于接受的方式引导学生进行学习，激发学生的学习热情，提高教学效果，并能促进教师教学能力的提升。

（二）促进在线开放课等优质教学资源的建设和应用实现资源共享

通过问卷星及Blackboard平台可以对在线开放课的教学资源更加灵活，更有针对性地进行碎片化学习，另外微信等公众平台还可以推送多种形式的信息，营造良好的学习氛围。师生、生生之间可以更加便捷地交流沟通，帮助建立和谐融洽的关系。混合式教学模式的实施可以促进在线开放课程的建设和应用，充分发挥优质教学资源的应用和共享，加强师生之间的平等交流。

（三）完善混合式教学模式下教学管理制度、教学评价体系等规章制度

混合式教学模式需要一系列的配套措施才能保证实施。首先要从制度上加以明确，从管理层面上保证其有序进行，给师生提供可行的环境。传统教学模式和新型教学模式并行或者交替期间要积极探索并推进管理制度和评价体系的改革。

在线开放课网络教学平台以及问卷星及BB平台的广泛使用需要不同于传统课堂的、更加灵活的考核方式和评价体系。一方面从课程标准、教学计划、教学资源、微课制作等方面进行审核，这是教学资料的基础考核。另一方面通过在线开放课平台本身的评价和考核内容作为教学质量考核的重要内容，通过问卷星及BB平台查看后台管理数据记录签到次数、访问量、交流频率等内容作为考核的另一项重要内容。这些都能进行制度化执行，

为学校编写《在线开放课管理和考核实施办法》提供有效的参考。

参考文献：

[1] Baker J. W. The "classroom flip": Using Web Course Management Tools to Become the Guide by the Side [C]. the 11th International Conference on College Teaching and Learning, Jacksonville, FL, 2000.

[2] Bonk, C. J., Wisher, R. A., & Lee, J. – Y. Moderating learner – centered e – learning: Problems and solutions, benefits and implications [EB/OL]. Online collaborative learning: Theory and practice, 2004: 54–85.

[3] Caballé, S., Xhafa, F., & Barolli, L. Using mobile devices to support online collaborative learning [J]. Mobile information systems, 2010, 6 (1): 27–47.

[4] Chuang, Y. – T. SSCLS: A smartphone – supported collaborative learning system [J]. Telematics and Informatics, 2015, 32 (3): 463–474.

[5] DeLacey, B. J. & Leonard, D. A Case Study on Technology and Distance in Education at the Harvard Business School [J]. Educational Technology and Society, 2002, 2 (1): 13–40.

[6] Fautch J. The Flipped Classroom for Teaching Organic Chemistry in Small Classes: Is It Effective? [J]. Chemistry Education Research and Practice, 2015, 16 (1): 179–186.

[7] Harasim, L. M. Learning networks: A field guide to

teaching and learning online [M]. America: MIT press, 1995.

[8] Ke, F., & Hsu, Y. -C. Mobile augmented-reality artifact creation as a component of mobile computer-supported collaborative learning [J]. The Internet and Higher Education, 2015 (26): 33-41.

[9] Miguel, J., Caballé, S., Xhafa, F., Prieto, J., & Barolli, L. A methodological approach for trustworthiness assessment and prediction in mobile online collaborative learning [J]. Computer Standards & Interfaces, 2016 (44): 122-136.

[10] Netg, Thomson. The Next Generation of Corporate Learning: Achieving the Right Blend [EB/OL]. cehd.umn.edu/whre/faculty/ThomsonNETgs.pdf, 2003.

[11] Pifarré, M., & Staarman, J. K. Wiki-supported collaborative learning in primary education: How a dialogic space is created for thinking together [J]. International Journal of Computer-Supported Collaborative Learning, 2011, 6 (2): 187-205.

[12] Reychav, I., & Wu, D. Mobsile collaborative learning: the role of individual learning in groups through text and video content delivery in tablets [J]. Computers in Human Behavior, 2015 (50): 520-534.

[13] 陈然，杨成. SPOC混合学习模式设计研究 [J]. 中国远程教育，2015 (5).

[14] 管维红，华驰，陈祺. 基于微信公众平台构建在线开放课混合式教学模式的研究 [J]. 中国教育信息化，2016 (22).

[15] 韩锡斌，王玉萍，张贴到，程建钢. 迎接数字大学：纵论远程、混合与在线学习——翻译、解读与研究 [M]. 北京：清华大学出版社，2016.

[16] 何克抗. 从 Blengding Learning 看教育技术理论的新发展 [J]. 国家教育行政学院学报，2005 (9).

[17] 黄荣怀，周跃良，王迎. 混合式学习的理论与实践 [M]. 北京：高等教育出版社，2006.

[18] 黄荣怀，马丁，郑兰琴，张海森. 基于混合式学习的课程设计理论 [J]. 电化教育研究，2009 (1).

[19] 蒋红星，代洪彬，肖宗娜. 国内混合式学习的文献计量和知识图谱分析——基于 CNKI 2003－2016 年数据 [J]. 广西师范大学学报：哲学社会科学，2016 (10).

[20] 李蕊丽，胡鸣焕. 网络环境下的大学英语 "Blending Learning" 教学模式探讨 [J]. 计算机应用，2006 (12).

[21] 李克东. 混合学习的原理与应用模式 [J]. 电化教育研究，2004 (7)

[22] 黎加厚. 关于 "Blended Learning" 的定义和翻译 [EB/OL]. http：//www. jeast. ne/jiahou/arehives/000618. html，2008－06－10.

[23] 刘黄玲子，黄荣怀，朱伶俐，郑兰琴. 一项混合式教学的行动研究 [J]. 学位与研究生教育，2015 (11).

[24] 凌茜，马武林. 基于 Web2.0 平台的大学英语混合式学习探究 [J]. 电化教育研究，2009 (6).

[25] 柳瑞雪，石长地，孙众. 网络学习平台和移动学习平台协作学习效果比较研究——基于社会网络分析的视角 [J]. 中国远程教育，2016 (11).

[26] 秦建华. 翻转课堂：理据、优势和挑战 [J]. 现代中小学教育，2014 (5).

[27] 齐红，符祝芹. Blackboard 平台支持下的大学英语混合教学模式的实证研究 [J]. 西安外国语大学学报，2007 (3).

[28] 孙众. 混合学习的深化与创新——第八届混合学习国际会议暨教育技术国际研讨会综述 [J]. 中国远程教育，2015 (9).

[29] 吴忠良，赵磊. 基于网络学习空间的翻转课堂教学模式初探 [J]. 中国电化教育，2014 (4).

[30] 吴文涛，张舒予. 中美翻转课堂研究的可视化比较分析及其启示 [J]. 远程教育杂志，2016 (5).

[31] 于文浩."翻转课堂"的学习满意度——高校课程教学行动研究 [J]. 开放教育研究，2015 (3).

[32] 张金磊，张宝辉. 游戏化学习理念在翻转课堂教学中的应用研究 [J]. 远程教育杂志，2013 (1).

[33] 赵建华. 课堂与 Web 环境下协作学习组成要素的对比分析 [J]. 中国电化教育，2007 (2)

[34] 赵冬梅，尹伊. 基于 Blackboard 平台的混合式学习模式教学实践探究 [J]. 现代教育技术 2012 (9).

作者简介：

赵华雪，女，1987 年生，硕士，讲师。主要研究方向：英语教学法及语言测试。

代彬，男，1982 年生，博士，副教授。主要研究方向：国际财务管理。

从中西方教学模式的差异视角谈英语wh—句型的分类及功能

周　荻

（四川外国语大学继续教育学院 重庆 400031）

摘要：语言决定思维模式，思维模式牵制语言，这两者相辅相成，从而决定了基本的语言教学模式。本文从句法的角度出发，针对英语句法中的wh—句型展开深入探讨，从西方教学模式下看wh—句型的分类及功能，从而反映中西方教学模式的差异。本文从母语文化者的角度对wh—句型分类探析，在比较中西方句法认知差异的同时，也结合西方英语教学模式与英语学习者的现状，浅谈此分析对外语教学的启示。

关键词：wh—句型　分类　功能　英语教学

Wh—句型在英语中很常见，通常构成特殊疑问句或者引出从属句。然而中西方教育模式下的句型有着不同的分类，这也是为了不同思维模式下的学习能够更便捷更深入。从疑问句的角度看，汉语思维更直接，不需要调整疑问词的顺序，可直接加上问号构成疑问。比如，"你是和谁一起去的巴黎?"此句对人物进行提问，疑问词"谁"还是放在介词后宾语的位置上，并未提前。但如果把此句翻译成英文：

Whom did you go to Paris with?

在非口语的正式英语中，明显由 wh－构成的特殊疑问词 whom 虽然充当句子宾语却放在了句首的位置，用句型图示例更加直观，如图 1 所示。

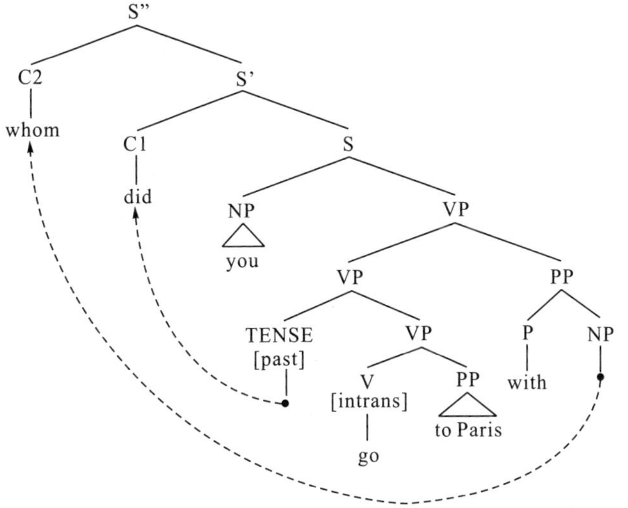

图 1　句法结构：Whom did you go to Paris with?

然而当 wh－引出从属句时，西方的思维更加直接，通过 wh—的形态来分类，先判断句型，再判断句义。换句话说，在英语国家的教育模式里，从句就分两类：wh－疑问词引出的从句，以及 that 引出的从句（Burton-Roberts，2011：171）。而中国的语言学者通过从句在句中的作用，将英语中的从句分成了多类：在句中起着修饰作用的形容词性从句，定语从句；描述事情发展状态的副词性从句，状语从句；以及在句中相当于名词功能的名词性从句、主语从句、表语从句、宾语从句、同位语从句等。这样的分类使得英语学习者能够更好地理解各类成分在句中的句法功能及作用，但对于初学者来说，也引起了其对各种从属句混淆不清的许多困扰。把握好英语学习者的思维和语言能力，才能更有效地通过教学引导，突破跨语言文化交际和双语转换的障碍。因此，英语学者们也应该站在母语角度，充分感受并培养英语思维，将英语当作第一语言来学习研究，从而更好地指导英语教学。

一、西方教学模式下的 wh－疑问句

通过词形可以判断，wh－句也就是以 wh－开头的疑问词引出的句子，这样的疑问词包括 who，what，which，whose，why，when，where，how。我们可以通过几个句子进行比较：

（1）Vince is taking Violetta's icon to Athens.

（2）Who is taking Violetta's icon to Athens?

（3）Vince is taking what to Athens?

（4）Vince is taking whose/which icon to Athens?

（5）Where is Vince taking Violetta's icon?

句（1）是陈述句，可以通过加上 wh－疑问词构成疑问句，句（2）对人进行提问用 who，（3）对事物提问用 what，（4）对所有格或特指事物提问用 whose 或 which，（5）对地点提问用 where。相似地，如将句（1）之后填上 by plane 或是 secretly，通过方式提问应选用 how，若加上 in two hours 或是 on Tuesday，对时间提问应选用 when，如果是问事情的缘由，则选择疑问词 why。不难看出，(2)－(5) 句中由 wh－疑问词引出的句子在主句中都有着提问的功能，而这样的问题答案却不能用简单的“yes”或“no”来回答（whether 引出的选择疑问句除外)，也就是说，这样的疑问词被看作是句中不可缺少的成分，这样的疑问除了通常意义上所说的特殊疑问，也叫作“成分”疑问（constituent questions）(Burton-Roberts，2011：196)。

试着比较前文提到的句（3）如下，和句（6）：

（3）Vince is taking what to Athens?

（6）What is vince taking to Athens?

当 wh—疑问句以句（3）的形式出现，并没有什么特别值得分析的地方，因为此句就和陈述句（1）的句法功能无异——除了陈述句中的 NP 名词短语 Violetta's icon 被替换成了句（3）中的 NP 疑问代词 what。但在非口语的英语中，成分疑问句的构成都如句（6）所示。虽说在句义上并无差异，但我们用句型图表示，能更清楚地观察到了解到句（3）与句（6）在句法结构上的差异，如图 2 所示：

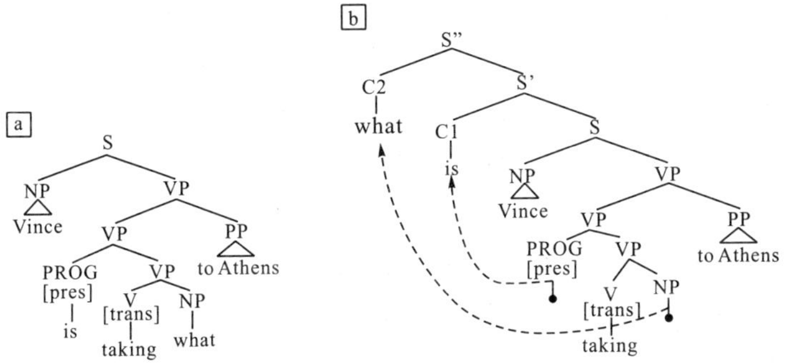

图 2　句法结构： a）Vince is taking what to Athens?

与 b）What is vince taking to Athens?

在句（3）和句（6）中，疑问代词 what 都是作为及物动词 V—take 的直接宾语，两个句子首要的差异在于，句（3）中的 what 正好处于直接宾语的位置上，而在句（6）中被前置到了句首。其次，在句（6）中，带有时态的助动词也被移到了主语之前，而这一现象在句（3）中并未发生。所以同意义不同表达法的句式，在句法功能中就体现了两种差异：疑问词前置，以及助动词（含时态）前置。

如图 2 的 b 部分所示，一个节点的移动线并不是句型结构图的组成部分，但我们可以通过移动的线路知晓句子成分的位置是如何发生改变的。总而言之，我们能看到两个 C（complimentiser）的位置：

C1（较低级）：处于 S’ 下级，与 S 同级。	C2（较高级）：处于 S” 下级，与 S’ 同级。
通常以 that，whether 以及从属连词来填充，构成从属句。	通常以 wh－疑问代词或短语来填充，构成主句或者从句。
通常以助动词前置来填充，构成主句。	

C1 位置上的 that/whether（或其他从属连词）与 C2 位置上的 wh－疑问词的主要区别在于，that/whether 及其他从属连词在句子中仅仅充当的是引出从句的引导词——除此之外并无其他作用及意义，在句法分类上并不属于其他类别，因此在从句中也不拥有任何句法作用。而 wh－疑问词，不同的是，处在 C2 的位置总是从 S 句中脱离并前置，除了引出句子，同时还在句中有着不可忽略的句法功能，这样的功能就是在疑问词前置时，句型图中留下的空隙中通过节点表示而得到体现。C2 位置上的 wh－短语必然充当着句子中的某个成分：名词短语 NP，形容词短语 AP，介词短语 PP，或副词短语 AdvP。如图 2b 所示，此句中的 what 前置，节点处所缺少的应是名词短语 NP，所以此处的 what 相当于是句子中的一个名词短语，在句中充当宾语。

然而我们发现，句（4）中的 wh－疑问词无法前置，如果前置构成疑问句，则会构成 * Whose is Vince taking icon to Athens? 或是 * Which is Vince taking icon to Athens? 这并不符合英语的语法规则。这是由于在句（4）中，whose 和 which 的作用是限定词，只有完整的名词短语 NP 能够前置，换句话说，如需疑问词前置，必须将名词短语 whose icon 或 which icon 看作一个整体同时提前，即：

Whose icon
　　　　is Vince taking to Athens?
Which icon

二、wh－引出的从属句

通过对 wh－疑问词前置的了解，我们知道前置的 wh－疑问词处在 C2 的位置上，与 S’同级，于 S” 以下。前置词与句中留下的空隙相对应，其句法功能既可以充当主句成分，也可以充当从句成分。主句与从句之间的一个明显的区别在于，wh－疑问词只有引出主句时，助动词需要与疑问词同时前置，助动词前置的情况只会出现在主句中，如图 3 所示。

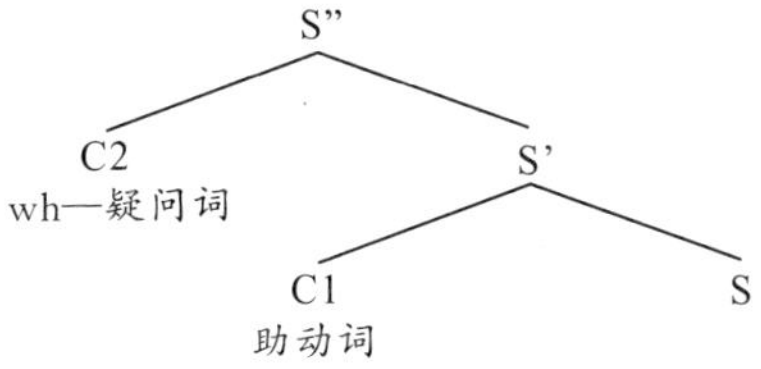

图 3　句法结构

而在西方的教学理念中，wh－疑问词引出的从属句主要分为疑问从句和关系从句。

（一）疑问从句

如之前所提及，wh－疑问词引出的从句和 wh－疑问词引导的主句在句法结构上是相同的，他们之间的区别如同从句中的选择疑问句（whether/that）和主句中的选择疑问句的差别类似。举几个例子：

（7）Martha enquired why he wrote it on his foot.

(8) How he would fare on the trapeze preoccupied him.

(9) It is my affair what I wear at night.

(10) Marcel wasn't certain who he sent the flowers to.

(11) The immediate problem was where they could hide those fritters.

(12) The little matter of who is going to pay for all this has yet to be resolved.

以上 wh–从句的句法功能我们应当熟知，并能够轻易找出从句，并分析 wh–短语在句中的功能及作用。

(7a) [why (he wrote it on his foot *)] 用作及物动词 V，enquire 的直接宾语

why：VP–adverbial

(8a) [how (he would fare * on the trapeze)] — subject 主语

how：VP–Adverbial

(9a) [what (I wear * at night)] — extra–posed subject 形式主语

what：dO of trans V，wear

(10a) [who (he sent the flowers to *)] — complement of A in AP 形容词补足语

who：complement of P (to) in PP

(11a) [where (they could hide those fritters *)] — sP of intensive V，was 表语

where：oP of complex V，hide

(12a) [who (* is going to pay for all this)] — complement of P (of) in PP 介词 of 的宾语

who：subject

很显然，以上例句前置的 wh－短语都处在了较高级的 C2 位置上，由于疑问从句是附属句，并不需要助动词提前，因此较低级的 C1 位置就出现了空缺。以句（10）的句型结构图为例，其句法结构如图 4 所示，可供读者参考。

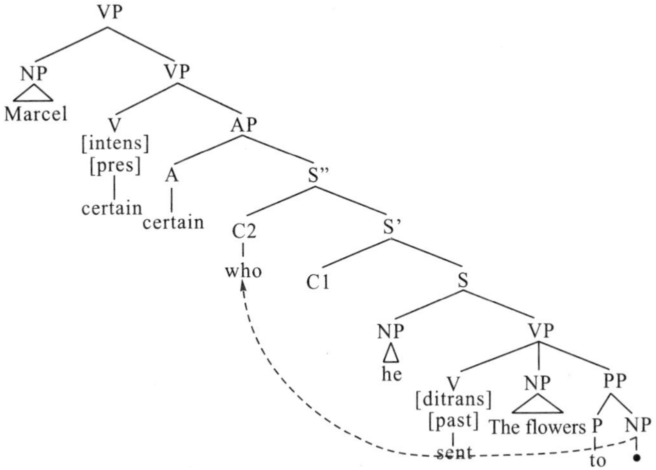

图 4　句法结构：Marcel wasn't certain who he sent the flowers to.

（二）关系从句

许多中国学生在学习英语的过程中会形成一个误区，认为所有的 wh－句型都应该是疑问句，然而并非如此。关系从句，按照中国教育模式下的句型分类，因为对名词起着限定修饰的作用，也常被称作定语从句，并不是表示疑问的从句。与前文提到的疑问句式不同，wh－引导的疑问句既可以作主句，也可以作从句；wh－引导的关系从句，从本质上就只等充当附属从句的角色，不能用作主句。从传统的理念来讲，用作定语的关系从句需要关系代词 that、which、who 或关系副词 when、where、why 等来引导。而西方教材中的分类似乎更加简单明了，直接根据词形划分：wh－引导词为一类，that/whether 引导词另属一类。本文主要探讨 wh－引导词下的关系从句，无论是表示时间，地点，人物，还是原因，这一系列的引导词引出的从句都属于句子中的修饰语（modifier），顾名思义并不是句子主干，因此只能作从句。修饰语可以修饰句中的很多成分，但在关系从句中，只作用于名词短语 NP，起着限定修饰的作用。以几个名词短语为例：

（13）the trampolines which they had bought

（14）the fool who lent you a fiver

（15）a friend whose house we borrowed

（16）the usher who I showed my ticket to

（17）the place where we had that picnic

当 wh－词形的词语出现在关系从句中，这样的词语通常都被称作关系代词，这区别于疑问句中的 wh－词形所表示的疑问代词（Burton-Roberts，2011：204）。而西方的句法教材中，关系代词的范围比我们中国英语教育模式下传统意义上的关系代词更为广泛，它涵盖了关系副词的成分。也就是说，在句法上，母语文化者更倾向于将关系副词和关系代词看作是同一类别，只是在句中各自充当不同成分。因为根据句型图表示，关系从句的结构和疑问从句的结构是完全相同的，同样需要 wh－短语前置，处在 C2 位置上。我们来分别分析例句（13）－（17）中 wh－代词在从句中的作用：

（13a）[which（they had bought＊）] which = do 直接宾语

（14a）[who（＊lent you a fiver）] who = subject 主语

（15a）[whose house（we moved to＊）] whose house = do 直接宾语

(16a) [who (I showed my ticket to*)] who = do 直接宾语

(17a) [where (we had that picnic*)] where = VP—adverbial 状语

值得注意的是，(17a) 中的 where 在中国传统的教学模式下被当作了关系副词，并强调在从句中不充当任何成分。然而根据以上简化的句型结构来看，where 在西方理念中仍属于关系代词的范畴，并且充当着动词短语 had that picnic 的状语，虽说状语不构成句子的主干，却仍属于句中不可缺少的成分。(Burton—Roberts，2011：204) 除此之外，不少的英语学习者易将关系从句和名词性从句中的同位语从句混淆；而在西方的教育模式下，that/whether 引导的从句分属一类，同位语从句自然不属于 wh—句型类别，由于其作用是对名词进行解释说明和补充，也被称作名词补充句（noun-compliment clause），（Burton-Roberts，2011：204）如果与 that 引导的关系从句同类比较让英语学习者混淆不清，就通过句型结构图展示彼此间的差异。

(18a) the conclusion [that Mars was inhabited]

(18b) the conclusion [which Gomez disputes]

(19a) the thought [that he should have done the washing up]

(19b) the thought [which occurred to him]

(20a) the claim [that syntax is good for the brain]

(20b) the claim [with which he ended his lecture]

我们可以将关系从句和名词性从句做一个比较。以上的名词短语中，(a) 短语中的引导词皆引导名词性从句，而 (b) 短语中的引导词都为关系代词（或为 wh—关系代词，在英式英语中通常更倾向于用 which 替代 that）其间的差异在于，名词性从句 (a)

给出的是中心名词的关键信息，告知了中心名词所涵盖的具体内容；而关系从句旨在限定修饰先行词，给出的是更次要的内容。例如（18b）中，我们并不能清楚地知道 conclusion 的具体内容，只能判断出 Gomez 对这个结论有争议。同时我们通过“名词补充”一词的概念可知道，它一定是这个名词短语不可缺少的部分，与名词同级存在，就像动宾短语中的宾语一样不可缺少。以（18a）为例，以下句型结构图，图 5 这一句法结构清晰明确地阐明了在一个名词短语 NP 中，名词与名词补充成分之间的关系。

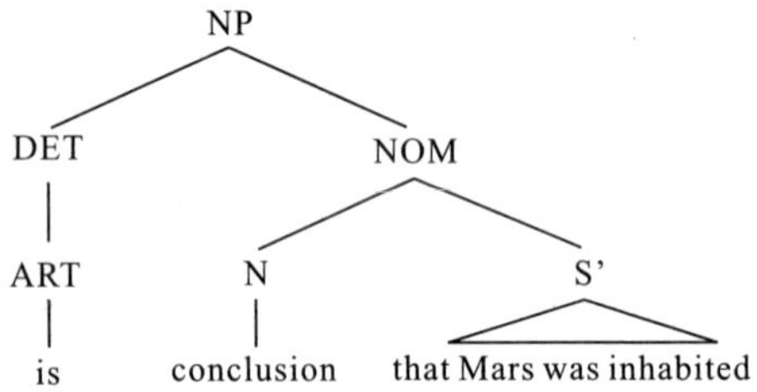

图 5　句法结构：the conclusion [that Mars was inhabited]

然而不同的是，将关系从句放在名词短语 NP 中，以（18b）为例，除了句子内部结构的意义有明显差异，各成分在句型结构图中的位置也明显不同。句法结构如图 6。

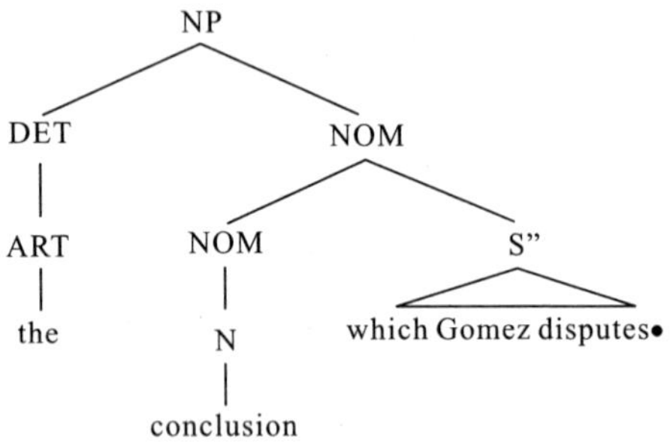

图 6　句法结构：the conclusion [which Gomez disputes]

如果将图 4、图 5 进行比较，可以发现，图 4 中 that 作为名词的补充成分，其位置与中心名词平行，并分属 NOM 指定词之下。名词的补充从句，也就是常说的同位语从句，总是由较低的 C1 位置上的 that 引出，而不能用 wh-疑问词 which，分属 S’从句之下。S’从句中没有任何成分前置，句子本身也是完整的，因此句型结构图上没有任何空缺成分需要节点补充。相反，图 5 展示的关系从句属于 wh-从句中的一种：wh-短语处在较高级的 C2 位置上，分属 S’’从句之下，wh-疑问词需要前置，因此句中留下了空缺。也就是说，从句型结构图上可以清晰地判断，wh-关系从句并不与中心名词 N 同级，而是分属于较高级的 NOM 之下，与较低级的 NOM 平行。

总之，名词性从句（同位语从句）与关系从句之间的差异除了表现在句子内部结构中，对句义有一定的影响之外，也可以通过各自的句型结构图中名词短语 NP 内的位置得以判断：名词性从句与中心名词 N 结构平行，关系从句与指定词 NOM 结构平行。关系从句是修饰语（modifier）而不是句中对名词补充说明情况的成分（compliment）。

在第二语言的学习中，英语学习者不妨借助西方的教学理念，用简便的方法来区分关系从句和同位语从句。我们可以将代词 one 放在 NOM 的位置上，替换原有的指定词。因为 one 本身是一个独立的指定词（pro-NOM），在句法中就应该放在 NOM 的位置上，不能以单独的中心名词 N 来替换，除非 N 是 NOM 之下唯一的成分，所以我们可以用 one 来替换整个 NOM 的部分。由于名词性从句与中心名词 N 平行，而指定词 NOM 只能是由中心名词架上从句构成，所以我们可以推断代词 one 无法替代名词性从句中 N 的位置。不同的是，关系从句的位置与指定词 NOM 平行，我们也能推断，即使 NOM 之下没有中心名词 N，没有任何成分，也可以用代词 one 来补充这个位置。简言之，one 之后接名词性从句，句子不符合语法规则；one 之后接关系从句，句子成立。我们可以通过以下几个例句来反复验证这一推断：

（21a） ＊the one that Mars is inhabited

（21b） the one which Gomez disputes

（22a） ＊ the one that he should have done the washing up

（22b） the one which occurred to him

（23a） ＊the one that syntax is good for the brain

（23b） the one with which he ended his lecture

（24a） ＊I accept all the conclusions，including the one that Mars is inhabited.

（24b） I accept all the conclusions，including the one which Gomez disputes.

以（23b）的句法结构为例，与上文提到的（20b）相比较，中心名词 N 的位置上，由 one 代替了原有名词 claim，句子仍然成立，由此可见（23b）中的 wh－疑问词引导的是关系从句。如图 7 所示。

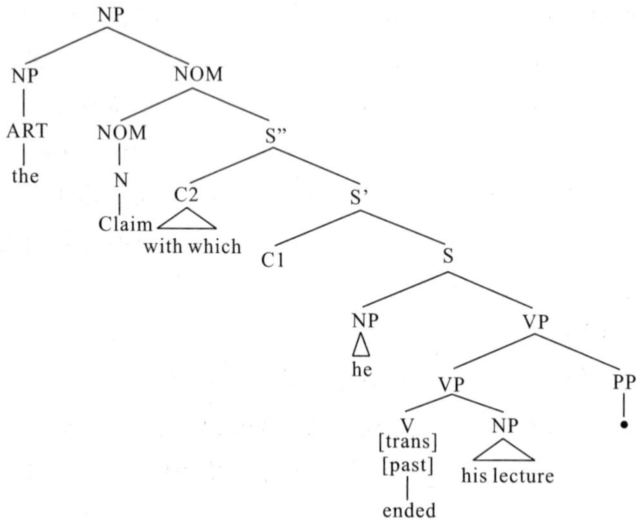

图 7　句法结构：the one with which he ended his lecture

（三）wh-短语的省略

在许多情况下，关系从句中的 wh-引导词可以省略。看看以下例句（25）－（29）：

（25）The trampolines ˆ they had bought（were dangerous）.

（26）* The fool ˆ lent you a fiver（also lent me a tenner）.

（27）* A friend ˆ house were borrowed（needs it now）.

（28）The usher ˆ I showed my ticket to（has had it framed）.

（29）The place ˆ we had that picnic（is too far away now）.

句（25）（28）（29）省略了 wh-关系代词，句子仍然成立，而句（26）（27）省略关系代词以后句子不符合语法规范。通过前文可知，关系从句的句型结构图中始终有一个空缺的位置，这是由于 wh-疑问词前置所造成。因此，前置的 wh-关系代词在两种情况下不能进行省略：当它在关系从句中用作主语，如句（26）；或是有其他成分与之共同前置，构成 wh-整个短语前置，如句（27）（23b）。换句话说，通常情况下，只有在不影响句义理解时，wh-关系代词才能省略。例如，前置的 wh-主语在句（26）中就不能省略，因为省略之后会使读者对句义产生误解，误以为 lent 为主句动词，而事实上 lent 只是关系从句中的动词。当我们找到真正的主句谓语动词时，wh-关系代词的缺少就使得英语中的语法错误显而易见了。

（四）限定性和非限定性从句

到目前为止，前文所提及的所有关系从句都是限定性关系从句，而另一种关系从句被叫作非限定性关系从句。这两种关系从句在句法结构中是对等的，唯一的区别在于它们对限定修饰的中心名词的表现方式不同，要通过整个名词词组 NP 的分析来判断。以下的例句中，主语 NP 都带着一个关系从句，（a）句都属于限定性从句，而（b）句则属于非限定性从句。

（30a） The books which John has consulted are out of date.

（30b） The books, which John has consulted, are out of date.

（31a） The dogs which have rabies are dangerous.

（31b） The dogs, which have rabies, are dangerous.

众所周知，在形式上非限定性关系从句可以通过句中的逗号来区别于限定性关系从句。然而在句法和语义上真正区分这两者的评判标准，却不在于逗号，所以我们不妨分析（b）句中的逗号，看看标点符号怎样表达关系从句与主句之间的关系。结果会发现，逗号能插入在其中的关系从句一定是非限定性关系从句，并且只能作用于特定的语境中。

（32a） * The dogs which are mammals need treatment.

（32b） The dogs, which are mammals, need treatment.

（33a） * Triangles which have three sides are fascinating.

（33b） Triangles, which have three sides, are fascinating.

(a) 句从句法上来说并无错误之处，只是在语义上太过牵强，因此，这种表达法让人有“怪异之感”。这是由于限定性关系从句是对挑出的中心名词作更加具体的描述和修饰，其作用还在于让读者清楚地知道名词短语NP中有一个特定的群体被提到，从整体中挑出部分，并且被关系从句所修饰。在(30a)中，关系从句告知我们哪些是“过期的书籍”，之所以为限定性关系从句，是由于which限定了书籍的范围，即这些书籍都是John询问过的，包含所有询问过的书籍，也就是说在(30a)中更加明确的限定了过期书籍的范围。但在例句(32)和(33)中，关系从句不能用来“挑出”更加严格分类的一系列dogs或是triangles，因为所有的dogs都属于mammals，所有的triangles都有three sides，所以不能用which have three angles来限定一个更小范围的triangles，如(33b)。但是，以插入的成分把附加信息用在句中，说明“三角形都有三边”或者“狗都是哺乳动物”是可以的。这正是非限定性关系从句的所在之处——用作额外的附加成分，不需要对特定事物的个体或是群体进行限定或修饰(如triangles，dogs，books等)。

综上所述，再来比较(31a)和(31b)。在限定性从句中，(31a)并没有暗示说明所有相关的dogs都是dangerous，只有带着带着狂犬病的狗才危险。但是在(31b)中，由于该从句是非限定性从句，它暗示了所有相关联的狗都是危险的，除此之外还给出了更多的信息，即这些狗都有狂犬病。

明显的差异在于，(31a)只做出一种陈述，有狂犬病的狗会导致危险。而(31b)分别做出了两种陈述：第一，狗是危险的；第二，狗还有狂犬病。名词短语带有限定性关系从句的句型结构图在前文已有说明，谈到与非限定性关系从句的差异，不妨再以(31a)和(31b)的结构进行比较分析，如图8所示：

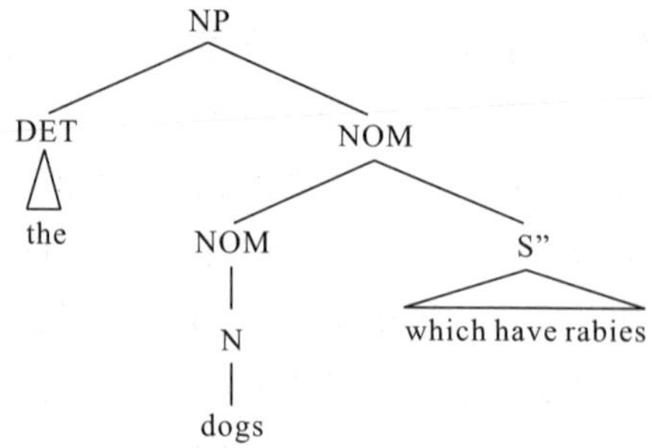

图 8　句法结构：The dogs which have rabies are dangerous.

值得注意的是，在图 7 中，限定词（determiner）the 的位置和整个关系从句平行，也就是与整个中心指定词 NOM（dogs which have rabies）平行。这就意味着，定冠词 the 的限定作用在整个限定性从句上，the 并不限定特指 dogs，而是作用于 dogs which have rabies 这一整体。

再来看看例句（31b），名词短语 NP 带着非限定性关系从句，能够被理解的是非限定性从句做出的两个陈述都是关于 dogs。在（31b）中，从句的动词短语 VP（are dangerous）所需要的主语 NP 事实上是 the dogs，所以非限定性从句就必须被视为整个 NP 短语 the dogs 的修饰语（modifier），而不仅仅作用于 dogs，此时的中心名词 the dogs 就是句中独立位置上的名词短语 NP。作为一个独立完整 NP 的修饰语，非限定性关系从句的位置应与它修饰的 NP 平行，并从属于更高一级的 NP 中，如图 9 所示：

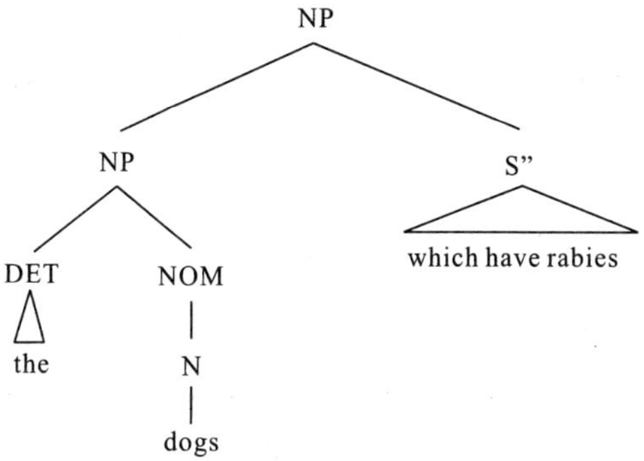

图 9　句法结构：The dogs，which have rabies，are dangerous.

通过图像示例，能够更直观地看出句与句之间的差别，词与词之间的联系。不容忽略的是，限定性从句和非限定性从句还有更进一步的细微差异：首先，与限定性从句不同，非限定性从句中的 wh-代词不能够省略。其次，非限定性从句中的 wh-短语不可由 that 替代。

最后，经过简单的总结所有的 wh-句型可发现，在西方教学模式的指引下，句中由中心名词 NP 引出的 wh-从句无非就三种：a. 名词补充从句（noun-compliment clause），b. 限定性关系从句（restrictive relative clause），c. 非限定性关系从句（non-restrictive relative clause）。从句子与名词之间的关系来判断，限定性关系从句对名词的作用次于名词补充从句，即普遍意义上的同位语从句。非限定性关系从句对中心名词的作用就更加次要了。从句型图上总结，所限定修饰的名词短语 NP，在层次上也是有区别的：（1）名词补充从句中处于最低级，（2）限定性关系从句中处于中级，（3）非限定性关系从句中处于最高级，即 NP 短语本身的位置。换句话说，NP 在各句中的位置应该为：

名词补充从句：与 N 平行，属 NOM 下级

限定性关系从句：与二级 NOM 平行，属较高级 NOM

下级

非限定性关系从句：与二级 NP 平行，属较高级 NP 下级

（五）通过英语句法看英语教学

由于文化背景不同，中西方的思维模式也存在着差异，从而导致了教学理念和教学模式的不同。排除母语文化和母语思维的干扰，按照西方人的思维理念进行交流，是掌握英语、运用英语进行交际的关键。通过对句型的分析，我们也能判断针对同样的英语教学，中西方在句法板块中的分类直接影响着英语学习者的学习效果。

中国式的英语教学模式细微到极致，但显然也是利弊共存。对于细微的句法分类，从形容词性从句到副词性从句，再到名词性从句，其中包括太多的细小分支，对于目标明确，有着良好英语功底的学习者来说或许如鱼得水，一目了然。但在绝大多数英语学习者看来，太过于烦琐的分类无疑会让人无所适从。中国式英语研究的视角大多着眼于中国式英语与汉母语在结构形式上的对比分析，把中国式英语的产生归罪于汉母语和汉文化的干扰和影响，并认为中国式英语是可以杜绝的。然而就从英语本身出发，英语习得者也可以从基本的句型结构上避免因为中国式思维所犯的错误，从分类以及图形入手，告别传统的枯燥语法，把词句与图形相结合，告别汉语字词句学习模式下的英语学习法，才能更好地掌握作为外语的英语。

许多汉语课堂模式下产出了一批中国式英语，而中国式英语是中国人在学习和使用英语时，因英语文化知识缺失而产生的一种导致文化交际能力不足或交际失败的不规范英语语言形式。然而语言学习者在学习的过程中可以最大限度地避免文化差异，句法是英语学习的根基，减少繁文缛节，简化句法分类，不妨学习

西方的英语教学法，使词句与图形相结合，以图像的形式加深学习者对语言的理解，不仅能在英语的基础学习中减少母语负迁移对第二语言学习的影响，也为后来深入学习英语和跨文化交际奠定良好的基础。减少这一现象的途径不仅是在英语课堂教学中进行相关内容的文化导入，还要站在母语者的角度，在课堂中植入母语者最适合的学习方案。

参考文献：

[1] Gerald Nelson, Sidney Greenbaum. An Introduction to English Grammar [M]. London: Routledge Press, 2016.

[2] Noel Burton-Roberts. Analysing Sentences: An Introduction to English Syntax [M]. London: Longman Press, 2011.

[3] 王寅. 认知构式语法 [J]. 外语学刊，2011 (2).

作者简介：

周荻，女，1988 年生。主要研究方向：英语语言学。

跨学科实验教学体系研究

——以“领事与侨务”课程为例[①]

周思邑

（四川外国语大学国际关系学院 重庆 400031）

摘要：全球化时代，中国出境人数不断增加，海外风险日益多元化，新媒体时代公民对领事保护期待更高，中国领事保护需求量极大，但目前中国领事保护的资金和人员投入十分有限，中国领事保护供需矛盾日渐突出。本文以“领事与侨务”为例，探索跨学科实验体系建构方法。“领事与侨务”实验教学体系以“外交外事实验中心”为依托，以“新媒体”和“多语种”材料为平台，以“案例演绎”和“危机应对”实验教学为路径，建立三位一体的实验教学环节——“领保案例引进来”“领事课堂活起来”和“领馆调研走出去”，环环相扣，良性循环。“领事与侨务”跨学科实验体系，有助于国家层面培养领事保护干部，在社会层面助推预防性领事保护，在学校层面促进多语种、跨学科、理论结合实践的实验教学体系研究。

关键词：跨学科　实验教学　领事与侨务

① 本研究是重庆市高等教育学会 2017－2018 年高等教育科学研究课题一般项目（项目编号：CQGJ17091B），2017 年四川外国语大学校级教学改革研究项目（项目编号：JY176009），和 2017 年国家级大学生创新创业训练计划项目（项目编号：201710650002）的研究成果。

一、研究背景及课程建设意义

（一）21 世纪，中国融入国际社会达到了前所未有的高度

中国的建交国进一步增加。截至 2016 年底，中国已经同 173 个国家建立了外交关系，其中有 8 个国家（东帝汶、多米尼克、黑山、哥斯达黎加、纽埃、马拉维、南苏丹和冈比亚）是在 2002 至 2016 年间与中国建交的①，目前，中国已经同世界上绝大多数国家建立了正常的外交关系，外交空间进一步扩大。

大国关系更加成熟。经过多年的外交实践，中国的外交总体布局是“大国是关键，周边是首要，发展中国家是基础，多边是舞台”。中国与美国建立了 21 世纪新型大国关系，中国和俄罗斯升级了全面战略协助伙伴关系，中国和欧洲发展了高度依存的复合型中欧关系，中国发展“亲、诚、惠、容”的周边战略，对非洲国家中国秉承“真、实、亲、诚”的理念，新时期的外交活动构建了更成熟的国家关系。

国际组织中话语权增加。中国交部部长王毅曾在讲话中提及，目前中国已参加了 100 多个政府间国际组织，签署了近 300 个国际条约。进入 21 世纪以来，中国加入了世界贸易组织（WTO）、世界动物卫生组织（OIE）、国际移民组织（IOM）等，提升了中国对国际规制体系的融入程度。国际组织中出现了一些中国面孔和中国城市。2008 年林毅夫担任世界银行副行长兼首席经济学家，2014 年金砖国家开发银行总部落户上海，

① 外交部. 中华人民共和国与各国建立外交关系日期简表 [EB/OL]. http://www.fmprc.gov.cn/web/ziliao_674904/2193_674977/

2017 年 9 月金砖国家国家领导人第九次会晤将在厦门召开。

引领全球治理新格局。近年来，中国在全球经济治理、环境治理和多边制度等方面发挥了更具建设性作用。2016 年 G20 杭州峰会确立了“构建创新、活力、联动、包容的世界经济”和“共商、共建、共享”的经济方案，中国的“一路一带”倡议更加深化“互利共赢”格局，2015 年国际货币基金组织通过了将人民币纳入 SDR 国际储备货币篮子的决定，2016 年中国外交部出台了《中国落实 2030 年可持续发展议程国别方案》，中国还尝试创建了一些新的多边制度，比如创建亚洲基础设施投资银行和金砖国家开发银行，对现行多边制度进行了有益补充。

（二）深入融入国际体系背景下中国领事保护需求提升

出境人数不断增加。改革开放以来，中国公民出境人数不断增加。1949 年至 1979 年改革开放前，中国公民累计出境人数为 28 万人次，1992 年为 293 万人次，1998 年为 843 万人次，进入 21 世纪以来，中国公民出境人数以每年超过 10%的速度增加，2012 年为 8318 万人次，2014 年中国出境人数首次突破 1 亿人次，2015 年出境人数 1.28 亿人次。中国历年出境人数如图 1 所示。

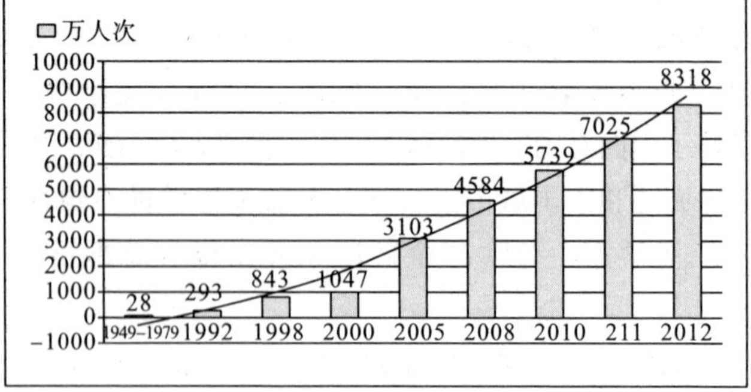

图 1　中国历年出境人数（单位：万人次）

中国公民出境人员主要有游客、留学生、海外劳工、商务人士和海外华人等，随着中国公民出境人数不断攀升，各类领事保护案例数量也不断增加。外语类高校学生中，出国出境旅游、留学和工作潜力大，出国出境人数不断增加。

海外风险日益多元。全球化时代，海外风险日益多元化，主要包括：社会治安问题、出入境受阻、经济和劳务纠纷、政局动荡、自然灾害和恐怖袭击等，这些风险有自然的和人为的，有故意的和偶然的，有政治类的和文化经济类的等。2015 年，在处理的领事保护和协助 86678 件案件中，出入境受阻、社会治安问题、经济和劳务纠纷排在前三位。海外风险类型如图 2 所示。

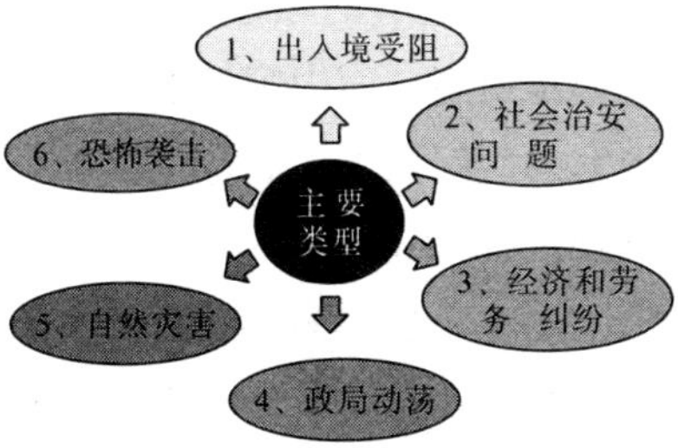

图 2　海外风险类型

中国领事保护需求量大。在中国深度融入国际体系背景下，领事保护的需求量极大，主要体现在对国家领事保护人才、社会预防性领事保护能力建设、领事保护实践和研究等方面。截至 2016 年初，中国驻外有 261 个使领馆，大约 600 名驻外领事官员，平均每名领事官员要负责处理约 13 万在外中国公民的领事保护事务。[①] 有限的领事人员投入常常会影响领事保护效果，西方媒体不时报道中国公民海外案例的消极处理。因此，随着中国国力和国际影响力不断上升，“一带一路”建设、国际产能合作

① 夏莉萍. 中国领事保护需求与外交投入的矛盾及解决方式 [J]. 国际政治研究，2016 (4)：21.

不断推进，越来越多中国公民走出国门，专业领事保护人才、社会预防性领事保护能力和公民境外应急避险能力建设以及领事保护实践和研究的需求会不断增加。

（三）课程建设意义

1. 国家领事供需矛盾突出

近年来，外交部和驻外使领馆处理的领事案例数量不断攀升，2014年，中国驻外外交和领事机构全年受理领事保护和协助案件达59526起，2015年，处理领事保护和协助86678件案件，2016年，妥善处置领事保护与协助案件十万余起。[①] 随着新媒体时代的到来，公众对政府的领事保护和服务的关注越来越多，公民领保期望逐步提高，而中国领事保护资金和人员投入十分有限，因此，国家的领保供需矛盾愈加突出。

2. 高校出国出境人员风险隐患增多

外语类高校出国出境人员较多，有出国访学和留学人员，有假期旅游者和海外志愿者，有毕业后成为驻外媒体记者的，也有大量毕业生成为中国企业“走出去”的中流砥柱。近年来，出国游客和留学生由于自我保护能力差、对目的国习俗禁忌了解不充分和对领事馆安全提醒视而不见等主客观原因，在国外发生冲突和遇害事故频频发生。

3. “领事与侨务”教学普及率低

目前，只有极少数高校开设了“领事与侨务”课程，而且缺乏相关教材，更少涉及实验教学，在少数开设“领事与侨务”的课堂，更多的是关于理论知识的讲解，对于预防性领事保护实践和领事实验教学涉及极少。

---

① 2016领事工作国内媒体吹风会［EB/OL］. http：//cs. mfa. gov. cn/lgk1/t1440191. shtml.

4. 缺乏领事案例和教辅材料

“领事与侨务”课程较大的一个问题就是缺乏鲜活的领事保护案例、教辅材料和实验项目，目前市面上鲜有针对“领事与侨务”课程的教辅材料，寥寥几本与领事相关的书籍主要涉及领事服务指南，领事实践历史梳理，而适合高校教学的多语种资料和案例极少。

鉴于“领事与侨务”教学与研究需求大、关注低、要求高和实践性强等特点，本文拟探索“领事与侨务”课程教学改革，建构外语类高校“领事与侨务”课程实验体系，以期在高校和社会中推广和普及领事教育，提升公民的应急避险能力和预防性领事保护能力。

（四）课程建设契机

1. 中国领事实践和研究起步晚

改革开放前，中国出国出境人数较少，由于国际国内原因，中国的领事实践较少，20 世纪比较典型的案例有 60 年代的印度尼西亚撤侨。1979 年，中国被批准加入《维也纳领事关系公约》，自此，中国的领事实践和国际接轨，但中国领事工作起步较晚，发展较慢。进入 21 世纪以来，中国才有了较多的领事实践，设置领事机构，进行大规模撤侨活动，推进预防性领事保护等。

2. 中国领事实践和研究发展快

进入 21 世纪，中国的领事实践和研究发展较快。2007 年，外交部领事司领事保护处升级为领事保护中心，2007 年《领事保护与协助指南》出版并每年更新，2011 年，中国领事服务网开通，2011 年，我国第一个部委开通的微博外交部官方微博“外交小灵通”开通，2012 年，美国学者李宗周学术著作《领事法与领事实践》出版，2014 年，《中国领事工作》出版，最全面最系统地介绍了中华人民共和国六十多年来的中国领事理论与实践，2014年，外交部领事司官方微信“领事直通车”开通，等等。新世纪以来涌现了大量的学术研究，外交部领事司许育红出版了著作《领事公证认证法律实务》和《公民领事服务指南》等，外交学院教授夏莉萍发表了论文《美英领事保护预警机制的特点及对我国的启示》和《海外撤离与大国外交》等。

3. 中国领事实践和研究前景好

在中国领事实践快速发展中，产生了很多新情况、新问题和新领域。全球化深入发展，领事研究中的难民和非法移民问题；新媒体时代领事保护的新闻传播方式；社会预防性领事保护的深入推广问题；撤侨等应急性领事保护的改进问题；公众对领事保护的非合理化期待问题；留学生的低龄化和高风险问题；海外非法劳工的领事保护问题……这些新情况和新问题为新时期的领事研究提供了更多新领域，中国的领事实践和研究前景好。

二、国内外研究现状

（一）法律文本

在国际法方面，1961年《维也纳外交关系公约》和1963年《维也纳领事关系公约》明确了外交和领事人员的工作、权利、义务、特权和豁免权等内容，为外交和领事人员研究，使领馆研究提供了国际法基础。

（二）著作

从著作来看，美国学者李宗周（Luke T. Lee）以《维也纳领事关系公约》为基本框架，全面介绍了领事制度的产生和发展变化，公约的形成、作用和对各国签订双边领事公约、制定本国法律法规，以及进行司法判决等国家实践所产生领事人员的法律地位和保护、领事职务的执行和领事保护、领事特权和豁免等问题的法律和实践，《领事法与领事实践》是领事研究的权威代表作。[①]

《中国领事工作》系统的梳理了60多年来的中国领事工作的发展，主要包含领事关系、领事制度和领事业务[②]，具体涉及中外新型领事关系的建立、中国领事关系的发展历史、中国领事保护工作的内容等，对于新时期领事研究具有重要的参考意义。

外交部领事司许育红的《公民领事服务指南》[③] 详细介绍了关于公民“出国与国籍”“公证与认证”“结婚与离婚”和“保护与服务”的案例解读和做法用途等，是贴近公民涉外生活、学习和工作的领事服务介绍。

（三）研究论文

从研究论文来看，领事研究分别有关领事保护、领事馆和作用的研究论述。

外交学院夏莉萍教授研究了美国、英国、日本等国家的领事保护机制。她分析美国的领事保护预警机制比较完善，包括美国公民获取国外安全信息的渠道多、印发的各类宣传手册注意事项细致，美国国务院向广大公众介绍预防和应付危急事件的基本知识，提高安全意识。英国的外交和联邦事务部网站会发布安全提示、出版了专门刊物，专门为在海外经营的英国公司提供关于世界各国安全和政治风险方面的信息，同时政府和非政府机构合作

---

① 李宗周（Luke T. Lee）. 领事法与领事实践［M］. 梁宝山、黄屏、潘维煌、夏莉萍，译. 北京：世界知识出版社，2012.

② 中国领事工作编写组. 中国领事工作［M］. 北京：世界知识出版社，2014.

③ 许育红. 公民领事服务指南［M］. 北京：法律出版社，2015.

进行宣传和教育[①]。而中国的领事保护供需矛盾越来越突出，需发挥现有联动机制作用，另须多管齐下，强化预防性领事保护，减少领事保护需求。应探寻多管齐下方法缓解供需矛盾。[②]

孙俊桥和薛芃芃介绍了重庆使领馆建筑遗址的分布，分析了其具有的历史价值、艺术价值和发展价值，然而目前遗址保护还存在价值认识上的忽略、归属管理上的混乱和市政建设上的矛盾等问题，借鉴日本、美国和韩国等的保护做法，来探索重庆使领馆遗址保护的做法，实现其现代功能的发挥。[③]

四川外国语大学国际关系学院课题组编写的《看英国驻重庆使领馆变迁》以时间为主线，从 19 世纪末、第二次世界大战期间、中华人民共和国成立后和进入 21 世纪以来，四个阶段详细梳理了英国驻渝使领馆的发展变化，并进行了作用分析。[④]

（四）史料

重庆曾是抗战时期的陪都，拥有丰富的领事馆历史资源。从史料来看，《四川省志》[⑤] 和《重庆志》记录了从 1938 年初至 1945 年 8 月抗战结束，苏联、美国、意大利、德国等 25 个国家在渝设立了驻华外交机构，其中英国、法国、日本、美国、德国、葡萄牙、意大利等国在渝设立了领事馆，第二次世界大战时期驻渝主要使节，包括美国驻华大使赫尔利，英国驻华大使馆文

① 夏莉萍. 美英领事保护预警机制的特点及对我国的启示 [J]. 外交评论，2006 (1)：70—75.

② 夏莉萍. 中国领事保护需求与外交投入的矛盾及解决方式 [J]. 国际政治研究，2016 (4)：10—25.

③ 孙俊桥、薛芃芃. 重庆使领馆建筑遗产保护与再利用研究 [J]. 城市发展研究，2016 (23—2)：c8—c12.

④ 四川外国语大学国际关系学院课题组. 看英国驻重庆使领馆变迁 [J]. 重庆与世界，2014 (4)：18—21.

⑤ 四川省地方志编纂委员会. 四川省志・外事志 [M]. 成都：四川人民出版社，2001.

化参赞李约瑟，日本驻渝二等领事加藤义三等。[①]

扶小兰和唐伯友介绍了海外关于重庆领事馆的重点抗战文献主要藏于中国台湾地区的“中国国民党党史馆”“国史馆”“中央研究院近代史研究所”和美国国家档案馆、美国国会图书馆、斯坦福大学胡佛研究所、罗斯福总统图书馆和日本、俄罗斯的不同机构中，海外档案数量庞大、种类繁多、语种多元，典藏的档案、报纸、杂志、日记等也包含了抗战时期驻渝领事馆的资料。[②]

（五）网站

外交部领事司积极打造了全天候、新媒体、多层次的领事工作“大格局”。2011 年，中国领事服务网正式开通，2011 年，外交部官方微博“外交小灵通”开通，2014 年，外交部领事司官方微信“领事直通车”开通，这些新媒体平台提供了大量的领事保护数据和信息提醒，是领事教学和研究的重要参考资源。

通过梳理领事相关法律文本、著作、论文、史料和网站资料，西方国家尤其是欧美发达国家的领事保护实践和研究更系统深入，而中国的领事保护实践和研究还比较薄弱，研究主要涉及历史梳理和服务指南，跨学科的领事教学研究极少。

三、课程建设

“领事与侨务”实验课程在四川外国语大学国际学院开设，对象包括英语、外交学和国际政治专业一二年级本科生。“领事

① 周焕强，郭永彬. 重庆市志（第十四卷）（公安志、检察志、审判志、司法行政志、军事志、外事志）[M]. 重庆：西南大学出版社，2005.

② 扶小兰，唐伯友. 海外重点抗战档案文献现状调查及特色分析 [J]. 档案管理，2015（5）：74－77.

与侨务”跨学科实验课程，以“新媒体”和“多语种”材料为平台，以“案例演绎”和“危机应对”实验教学为路径，包含“领保案例引进来”“领事课堂活起来”和“领馆调研走出去”，环环相扣，良性循环。

（一）案例经验“引进来”

领保体验者进课堂，案例经验引进来。领保体验者包括领事干部、外交官、国企海外员工、海外志愿者和撤侨亲历者等，通过建立合作机制，以客座访谈、学术论坛和战略伙伴等形式，各层级领保体验者“嵌入式教学”带来鲜活领事案例，把领事案例和经验“引进来”。

目前，四川外国语大学国际关系学院与外交部高级外交官创新与实践委员会建立了长期合作，每学年有 6～7 名外交官进入四川外国语大学讲学。自 2012 年以来，已有 20 多名外交官进校园，每位外交官都会从自身经历和实践领域分享双边关系案例，讲解亲身处理的领事保护和协助案例，“嵌入式教学”给学生们带来了许多鲜活的一线领事知识和案例，分享了丰富的外交和领保经验，弥补了高校“领事与侨务”案例和实践的缺乏。

除此之外，领事课程体系还可建立“领保讲坛”“领事研究学术论坛”，邀请海外就职国企人员、海外志愿者、游客和撤侨等领保案例亲历者、优秀校友分享案例和经验，同时，可通过访谈、讲座、座谈会、实验模拟等形式开展交流活动。“领事与侨务”实验课程建设如图 3 所示。

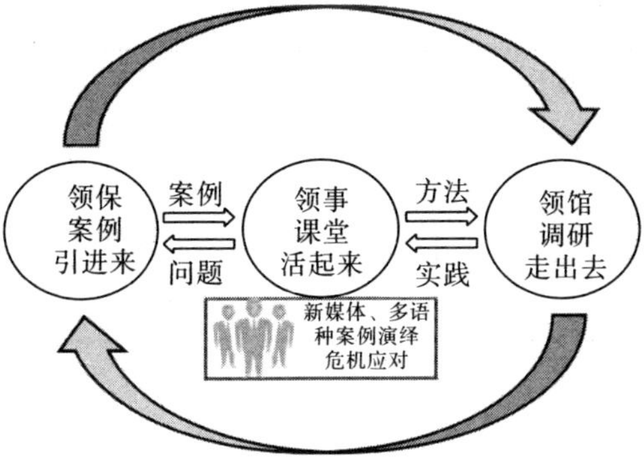

图 3："领事与侨务"实验课程建设图

（二）领事课堂"活起来"

"领事与侨务"课堂以"新媒体"和"多语种"为平台，在领事知识和理论讲解的基础上，开展丰富的实验项目，主要包括两类实验项目：案例演绎和危机处理。

1. 案例演绎

每章知识点和理论讲解中，师生选择一个案例进行团队演绎，提前设计，课堂演绎辅助知识点的教学。

在演绎精选案例时，学生还可以不断更新案例，建立领事案例库，促进课堂的可持续发展。案例演绎表如表 1 所示。

表 1："领事与侨务"案例演绎列表

领事知识和理论	精选案例
领事的起源	古希腊的类领事官员——"前导者"
领事从西方到东方	苏报案
领事证件	护照故事
涉外婚姻	"三姐妹结婚"

续表1

领事知识和理论	精选案例
领事保护	湄公河大案 利比亚撤侨
侨务政策	红溪惨案
非法移民	蛇头皇后

2. 危机处理

一个学期中，教师将根据现实生活中最新的领事危机设计实验项目，如“留韩学生车祸案”“马尔代夫游客溺亡案”，“赴越青年游客打导游事件”等，学生在课堂中演绎危机背景，班级探讨和设计领事解决方案，并现场应对和处理危机，危机应对后，师生进行危机评估。

3. 新媒体

在案例演绎和危机处理过程中，案例选择以“领事直通车”“外交小灵通”和“中国领事服务网”和领事相关新媒体平台，运用英语语言文学、外交学、国际政治、新闻传播学、历史学等学科知识分析，以实验教学为路径，利用新媒体 在外语类高校设计开展预防性领事保护之“领保进校园”。

4. 多语种

领事课堂中，师生阅读中英文版《维也纳外交关系公约》和《维也纳领事关系公约》，查阅英国、美国、欧盟、金砖国家或其他新兴经济体的领事部门领保做法，分析英美、欧盟、俄罗斯、巴西、南非和印度等相关国家和地区领事经典案例，促进校内不同语种专业的学术合作。

（三）实地考察“走出去”

重庆曾是抗战时期的陪都，拥有丰富的领事馆历史资源。从

1938年初至1945年8月抗日战争结束，苏联、美国、意大利、德国等25个国家在渝设立了驻华外交机构，其中英国、法国、日本、美国、德国、葡萄牙、意大利等国在渝设立了领事馆。这些领事馆主要分布在李家沱片区，领事巷片区，鹅岭公园和南山植物园等，学生实地考察使领馆遗址后，搜集材料，填写中英文《使领馆调研报告》。

课后，学生设计活动利用新媒体进企业、进社区、入校园，向同学和亲友宣传和普及领保知识，讲好领保故事，宣传“外交小灵通”“领事直通车”，“中国领事服务网”，使“领事与侨务”课堂真正“走出去”。

四、初步成果

（一）丰富了“领事与侨务”实验教学材料

课程改革针对“领事与侨务”教学与研究材料少的问题，以“新媒体”和“多语种”材料为平台，搜集、整理和设计了《使领馆调研报告》和《金砖国家领事保护》等素材，建设和完善了“领事与侨务”实验教学项目库，在学院推广了“领事与侨务”实验教学，完善了理论结合实践的实验教学体系建设。

（二）建构了“领事与侨务”跨学科实验教学体系

课程改革针对“领事与侨务”课程普及低、关注少、教学方法单一等问题，建构了包含“领保案例引进来”“领事课堂活起来”和“领馆调研走出去”的实验教学体系，以“新媒体”和“多语种”材料为平台，推广了以“案例演绎”和“危机应对”实验教学为路径的可持续“领事与侨务”跨学科实验教学体系，初步探索了文科实验教学设计路径。

（三）形成了“领事与侨务”相关学术成果

“领事与侨务”跨学科实验教学体系学生参与度高、创造性强、研究域广。目前，关于“领事与侨务”课程，师生已经写作了一些相关学术论文，如《里约奥运会期间中国预防性领事保护分析》和 *Chinese Preventive Consular Protection during the Rio Olympic Games* 中英文论文，和《金砖国家领事保护研究》等论文。“领事与侨务”跨学科实验教学体系在学校孵化了跨专业、多语种的师生科研项目，如 2017 年四川外国语大学大学生创新创业项目“金砖国家领事保护比较与合作研究”，成员由俄罗斯语、葡萄牙语、英语和外交学专业师生组成。未来，针对领事保护实践与研究出现的新情况、新问题和新领域，“领事与侨务”课程师生将致力于深入新世纪的领事保护研究，形成更多的学术成果。

五、前景展望

（一）在国家层面培养领保人才

“领事与侨务”实验教学体系旨在为国家培养更多具有国际视野、扎实语言能力和调研能力的复合型领保人才，这些一线领保人才包括外交部领事司和驻外使领馆的领保干部、地方外事办的领保干部、企业的领保负责人等，更多高素质领保人才有利于从国家层面缓解领保供需矛盾。

（二）在社会层面推广预防性领保

领事保护包含两个方面：应急性领事保护和预防性领事保护。应急性领事保护主要涉及在事故发生后的领事协助和保护，例如在自然灾难后的撤侨行动；预防性领事保护主要涉及在事故发生前的领事教育、安全提醒和知识普及等。

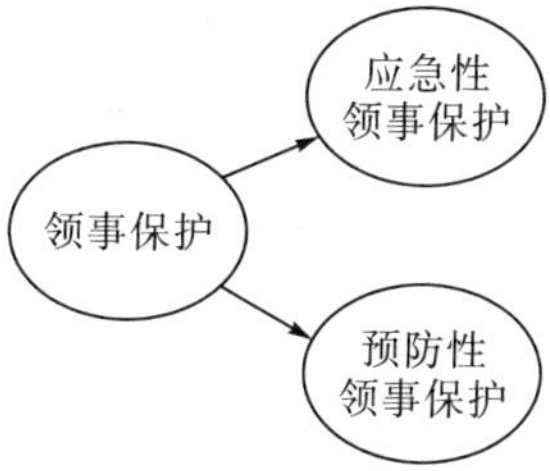

图 4　领事保护的两个方面

中国领事保护预防机制可以大致分为两个层次，一是针对所有海外公民的普适性预防机制，二是针对专门人群的特殊预防机制①。

“领事与侨务”实验教学体系“立足高校、辐射社会”，在社会层面推广预防性领事保护知识与技能，提升领保应急能力和防范意识，通过对外语类高校师生教学，以点带面，构建全天候、多层次领保大格局，使更多出国出境人员对领事知识的认识深入化，对领事保护的期待合理化，对海外应急避险的能力提升化。

（三）在学校层面促进课程建设，专业融合和人才培养

“领事与侨务”实验教学体系运用英语语言文学、外交学、国际政治、新闻传播学、历史学等学科知识，结合外语类高校多语种优势，以实验教学为路径，以领事保护新问题、新情况和新领域为契机，促进“领事与侨务”课程建设，推进领事保护教学与研究的跨学科融合，助推学校人才培养可持续发展。

① 夏莉萍. 从利比亚事件透析中国领事保护机制建设［J］. 西亚非洲，2011(9)：104－119.

参考文献：

[1] 李宗周（Luke T. Lee）. 领事法与领事实践 [M]. 梁宝山，黄屏，潘维煌，夏莉萍，译. 北京：世界知识出版社，2012.

[2] 中国领事工作编写组. 中国领事工作 [M]. 北京：世界知识出版社，2014.

[3] 许育红. 公民领事服务指南 [M]. 北京：法律出版社，2015.

[4] 四川省地方志编纂委员会. 四川省志·外事志 [M]. 成都：四川人民出版社，2001.

[5] 周焕强，郭永彬. 重庆市志（第十四卷）（公安志、检察志、审判志、司法行政志、军事志、外事志）[M]. 重庆：西南大学出版社，2005.

[6] 夏莉萍. 美英领事保护预警机制的特点及对我国的启示 [J]. 外交评论. 2006 (1)：70—75.

[7] 夏莉萍. 中国领事保护需求与外交投入的矛盾及解决方式 [J]. 国际政治研究. 2016 (4)：10—25.

[8] 孙俊桥，薛芃芃. 重庆使领馆建筑遗产保护与再利用研究 [J]. 城市发展研究. 2016 (23—2)：c8—c12.

[9] 四川外国语大学国际关系学院课题组. 看英国驻重庆使领馆变迁 [J]. 重庆与世界. 2014 (4)：18—21.

[10] 扶小兰，唐伯友. 海外重点抗战档案文献现状调查及特色分析 [J]. 档案管理. 2015 (5)：74—77.

[11] 夏莉萍. 从利比亚事件透析中国领事保护机制建设 [J]. 西亚非洲，2011 (9)：104—119.

[12] 外交部. 中华人民共和国与各国建立外交关系日期简表 [EB/OL]. http：//www. fmprc. gov. cn/web/ziliao _

674904/2193 _ 674977/2017 年 1 月 2 日.
[13] 2016 领事工作国内媒体吹风会 [EB/OL] http://cs.mfa.gov.cn/lgk1/t1440191.shtml.

作者简介：

周思邑，女，1987 年生，硕士，讲师，主要研究方向：国际关系研究。

积极发挥导师引领作用促进研究生充分就业[①]

朱　斌　李金树

（四川外国语大学研究生院 重庆 400031；
四川外国语大学国际关系学院 重庆 400031）

摘要：导师在硕士研究生就业工作中的作用不容忽视。建立新型导学关系，强化专业知识能力，构建导师学习（就业）共同体，针对导师开展就业指导培训，优化导师评价和激励机制，更好地发挥导师在硕士研究生就业中积极作用，促进研究生充分就业。

关键词：导师　研究生就业　学习（就业）共同体　评价和激励机制

一、引言

研究生就业工作关系到社会稳定、学校发展以及研究生切身

---

① 本文为重庆市教委 2013 年高校人文社会科学研究专项项目“研究生入学教育模式研究”（项目编号：13skszi02）及四川外国语大学研究生教改项目“外语专业类硕士研究生就业指导模式建构研究 ”（项目编号：yjsjg201504）。

利益，是研究生教育培养的关键性环节[①]。目前，全国范围内研究生就业率和就业质量双线下降，传统的就业优势逐渐丧失，研究生就业难已是不争的事实。就业关乎民生，各级政府和相关部门，从政策落实到机制保障，出台了系列宏观文件，一定程度上保证了就业工作的有序推进。但是，研究生就业工作是一个系统工程，受社会、家庭、学校和研究生个体综合影响。

从学校层面来讲，研究生就业工作就涉及多个部门，包括导师、就业行政人员、专业课教师等每一位为研究生服务的教职员工都应参与进来。传统意义上，研究生就业指导工作都由学校相关就业指导服务中心开展，但对于许多综合性大学而言，研究生教育学科门类众多、培养规模庞大、培养过程千差万别，学校很难统一开展有效的就业指导[②]。同时，多数高校将研究生和本科生混为一体，指导内容“面向整体”“泛泛而论”，缺乏个性化和针对性，对研究生而言，就业指导效果并不明显，就业指导质量自然难以提升。

有没有更有效的指导方式和群体？我们把目标指向导师。一般来说，研究生在校期间，导师是他们接触最多的人，也是他们最信赖、最敬重的人，导师的言行对研究生起着潜移默化的作用[③]。导师最接近、最了解研究生，在研究生就业工作中具备特殊价值[④]。导师的言传身教，是其他任何思想政治教育方式无法替代的，在研究生的就业指导工作中往往能起到事半功倍的作

---

① 曾婕．当前研究生就业问题探究［J］．学校党建与思想教育，2011（7）：75.

② 张瓅尹，罗铁辉，张益民，王丹．论研究生就业“导师工程”［J］．湖北社会科学，2009（5）：170.

③ 谢红梅，林夏芬．对新时期毕业研究生就业工作的思考［J］．学位与研究生教育，2000（1）：49.

④ 邱建东．构建三大体系 促进研究生就业工作［J］．学位与研究生教育，2010（8）：66.

用。本文着重探讨导师在研究生就业工作中优势地位和如何发挥其作用。

二、导师在研究生就业工作中的优势

导师是具有精深专业素养和技能的高素质人员，承担着教书育人和发现、创造知识的使命。导师既是研究生发展的引导者、促进者，又是教学活动的组织者、调节者和教学评价的反思者、创造者；既是学校各种教育措施的执行者，又是教育教学活动的管理者、示范者[①]。从上述定义中，我们不难看出，作为研究生培养的第一责任人，导师在学生成长中扮演多重角色，既是学生的“学术领路人”，更是学生的“人生导航师”。

相对于研究生辅导员和就业指导部门而言，研究生导师无须承担繁杂的事务性工作，并且专业知识深厚，在研究生就业指导方面具有得天独厚的优势，因此，导师在促进研究生就业方面所能发挥的作用，往往比学校的就业指导与服务部门更加有效。这种优势主要体现在以下三个方面。

（一）心理优势

俗话说：“一日为师，终身为父。”现代的师生关系虽说不同于传统的师徒关系，但是多年的教育要求学生“尊其师，信其道”。导师是研究生在读期间接触时间最长的老师，客观上导师的思想观念、治学态度和道德人品等对研究生具有必然的耳濡目染、潜移默化的间接影响，且影响巨大[②]。研究生对导师虽说不是言听计从，但是传统的学徒观念根深蒂固，“研究生对导师具

① 参见冷余生，解飞厚．高等教育学［M］．武汉：湖北人民出版社，2006.

② 胡守强．论导师是研究生思想政治教育的首要责任人［J］．学位与研究生教育，2011（12）：48－52.

有自然认同感，有接受导师学术思想和科学知识的心理定式，往往希望将内心想法与导师交流，期望得到指导。导师对学生的指导教育，能够让学生更多地感受到关心爱护，不易产生抵触情绪”①。导师在学生心目中的“权威”地位得到认同，有利于其合理化建议的心理接受。

（二）沟通优势

一般来讲，在研究生学习生活中，导师与其联系最为紧密。相关研究也表明，“在诸多影响研究生成长的因素中，导师对研究生的影响最大，学校传统的德育途径和方法最小”②。导师长时间与学生接触，教育活动和研究活动中的交流使导师对学生的智力结构、能力偏向、发展潜力、性格爱好等与将来工作密切相关的问题有清晰的了解③。这种熟悉优势有助于导师正确地评估学生，准确定位，能较好地把握学生的工作意向和潜在职业。在对学生进行就业指导时，更有针对性和说服力，从而使沟通更顺畅，更具实效性。

（三）资源优势

资源包括学术资源、人脉资源和经验资源。

学术优势：导师一般在专业上都学有所长，指导学生形成的专业思维技能可以帮助他们比较合理地对待择业问题。导师凭借对专业相关的行业领域和职业岗位的较深了解和体悟，对学生进

① 辛玲玲，刘佳．浅析导师在研究生思想政治教育中的作用［J］．思想教育研究，2010（1）：64－67．

② 华南地区研究生培养调研组．华南地区研究生培养工作调查报告［J］．华南理工大学学报（社科版），2000（1）：12．

③ 李碧虹，陈剑光．论导师在研究生就业中的职责——基于外部性理论的分析［J］．学位与研究生教育，2009（12）：30．

行职业规划和就业推荐，会使就业指导起到“效果加乘”的效应。

人脉资源：“大部分导师在自己所从事研究的行业都有所成就，社会地位高，社会联系广，受到同行业院校的熟悉和尊重，与许多用人单位有着紧密的联系”①，其崇高的社会威望和在科研合作过程中建立的良好人脉关系，使其对学生就业的推荐意见更具可信度，也更易获得用人单位的认可。同时，导师广泛的人脉资源，会带来更多的行业就业信息，这也对学生就业工作带来了极大的便利。

经验资源：一般来说，经过严格机制选拔出来的研究生导师具有丰富的人生阅历和行业经验。导师通过两个方面在经验上对研究生的就业心态和就业方向发挥引导作用。一是经验分享：导师根据自己的求职经历，让学生分享自己的心得，明确得失。二是经验指导：导师通过自己丰富的阅历，把握整个就业形势，洞察学生职业取向和就业心态，为学生生涯规划做出准确的判断。

三、导师在研究生就业工作的缺失

导师在研究生的成长过程中发挥着主导作用，在研究生的就业与职业发展教育中，导师理应扮演重要角色。导师的作用，归根结底是教书育人。而帮助研究生顺利就业并获得良好的职业发展，则是育人的重要方面和天然内涵②。但是，长期以来，导师只负责对研究生的培养教育，而一直游离于研究生就业工作

① 邱建东．构建三大体系 促进研究生就业工作［J］．学位与研究生教育，2010（8）：66．

② 刘敏，徐俊祥，王国红．研究生职业发展教育中导师角色与作用的转变［J］．北京工业大学学报，2009（1）：78．

之外[①]。

笔者由于工作关系，和相关高校研究生管理人员交流较多，大家都意识到研究生就业工作中，导师地位的缺失，或者说是导师作用发挥的不是非常明显。究其原因，主要包括以下五个方面。

第一，导师职责认识模糊，缺乏明确性。其定义还是固化在“高等学校或研究机关中指导人学习、进修、写作论文的人”[②]的传统意义上，即，通过教学、示范、合作研究等形式培养学生的学术研究意识和理论操作能力。把教书和育人割裂开来，导致只教书不育人。

第二，导师本身水平有限。有些高校和硕士学位授权单位为了满足扩招的速度，遴选导师的工作不管从程序上，还是标准上都出现了许多问题，如导师的遴选条件不断降低，导师的综合素质不断降低等，都影响着研究生的培养质量，影响着研究生未来的就业[③]。这些导师，本身是仓皇上阵，疲于应付，难以承担全部“导师”职责。研究生导师的指导能力和积极性直接影响着研究生的培养和就业质量

第三，导师“身兼数职，日理万机”，责任心缺失，在其位不谋其政。意识不强，忙于自己的科研课题，整天满天飞，好游学，轻辅导，学生连见面都困难，更无暇顾及学生的人生发展了。再则，高等教育大众化的快速发展，导致导师资源的增长速度远远赶不上研究生增长的速度。一名导师带一群研究生已是司

---

① 王涛，柴永昌．基于信息不对称理论的研究生就业问题探析［J］．西安邮电学院学报，2010（6）：60

② 中国社会科学语言研究所词典编辑室．现代汉语词典［M］．北京：商务印书馆，1997：254.

③ 杨鹤清，赵怀清．当前研究生培养现状与就业对策分析［J］．云南财经大学学报，2010（4）：139.

空见惯的事情。这种“批发式”的培养模式使导师难以对学生“一对一”辅导，流于“放羊式”的指导。

第四，导师评价体系缺乏科学性。大多数学校对导师的评价只是基于科研成果的量化和教学效果的反馈，而忽略了所带学生的具体表现。学生表现好坏和毕业后的何去何从，只是基于一种道义或是道德的评述，似乎与导师无关。

第五，相应激励机制的缺乏。导师能让学生顺利毕业，即是完成了导师任务。至于导师参与学生就业是否，能否帮助学生实现充分就业，学校管理者漠视导师在这方面的付出，做与不做一个样，缺乏相应的激励机制，一定程度上导致导师帮扶学生就业积极性的缺失。

四、积极发挥导师在研究生就业工作中的作用

导师在研究生就业工作的作用发挥需要导师和学校之间的协同互动。一方面，导师要有自我觉醒意识，认识到自己在研究生就业工作中的不可替代性；另一方面，学校要有配套的考评机制，促进和激励导师参与研究生就业工作。

（一）观念更新，改变定位，建立新型的导学关系

作为研究生成长和成才服务的导师，“最重要的职责是利用自身的科研思维和科研成果来提高研究生的思维能力和创新能力，导师应成为研究生学术和生活中的良师益友，这是每一位导师应该明确的一个基本观点。”① 一方面要强化“传道、授业、解惑”的传统地位，另一方面更应变以往的“师道尊严”为现代的“亦师亦友”。不可否认，对学生进行学业引导，帮助学生建

① 汪洋．香港中文大学研究生教育的特点及其启示［J］．学位与研究生教育，2013（6）：58.

立合理的知识结构，教书育人是导师义不容辞的责任；同时，随着时代的发展，导师的职责发生了一定的变化，但是始终都是以指导学生学术成长为基本的，导师的作用更应是帮助学生全面成长，着力于所指导学生毕业后的何去何从，着力于他们的长远发展，而不是在学校一“导”了之。这样一来，由研究生在导师指导下完成课程学习、参与课题研究、撰写学位论文所形成的传统导学关系，转变为不以导师的意志为指向，而以研究生的成长与成才为目的的师生互动关系。整个导学过程要以研究生“成长”“成人”和“成才”为根本落脚点，由单纯的“学术导师”向“人生（职业）导师”过渡，以“非指导”的方式体现导师的引导智慧，构建一种“合作伙伴关系”达到“双方荣辱与共，‘大手拉小手’，共同结伴成长”①。

导师不仅要教书育人，模范遵守师德，更要对学生“分门别类”，因势利导，因材施教。导师应根据学生的个性特征，心理特点，知识背景，职业取向等要素，综合权衡学生的兴趣特点和择业诉求，抛弃“一刀切”的做法，为学生谋划适当的职业生涯，进而在具体的培养中有的放矢，量体裁衣，为学生充分就业打下坚实的基础。如，适合从事教育行业的学生，着力提高其科研能力和教学实践水平；对有志于企业服务的学生，建议其增强企业管理理论学习，体察企业实情；对社会协调能力较强、有意从事事业单位工作的同学，可建议其积极参加选调生的选拔，如此等等，不一而足，为学生提供恰如其分的择业范围。

（二）强化专业能力指导，提高就业核心竞争力

任何一次应聘，都是毕业生智商和情商的一次集中展示检

① 胡天佑．合作伙伴关系：导师与研究生关系的一种可能［J］．学位与研究生教育，2013（4）：10.

验。深厚的专业基础知识是研究生获取学位的基本前提和有效保障，同时，也是求职路上的敲门砖和试金石。仅以笔者所在的四川外国语大学为例，作为语言为主的综合性文科院校，大多数毕业研究生都从事以语言为基础的工作，从事的职业都和自己所学专业息息相关，这就要求他们有扎实的语言基本功，要求听说读写译能力全面。导师要摒弃“语言训练是本科阶段的事情，研究生阶段无须关注，只需做好研究，专注知识创新”的偏执观点，要鼓励研究生查缺补漏，加强语言基本技能训练，继续夯实语言基础，为专业知识能力的提高和创新做好铺垫。

专业知识能力的指导看似与就业指导工作无关，其实一脉相承。研究生阶段教育的核心内容，是帮助研究生建立扎实的基础知识和合理的知识结构，培养学术与科研能力。导师切实履行职责，既强调学生专业基础知识的巩固，又重视实践能力的培养，把研究生职业生涯规划与就业需求相结合，把研究生学科研究水平的培养与实际就业能力的培养相结合。事实上，这种职责的忠实体现客观上促进了毕业生的就业能力的提高，算是一种隐性的就业帮扶手段。

（三）建立导师学习（就业）共同体，实现资源和价值共享

导师学习（就业）共同体，指的是在高校内部由同一学科或多学科的导师共同参与建立起来的相对稳定但非制度化的导师学习（就业）促进团队。团队成员间“学术视野的多样性、研究基础的多层次性、复合型等实践特点”①，非常有利于“增强学科专业间的沟通，使学生以不同的方法思考问题，这对其学术素

① 田莉，孙亚玲．导师学习共同体建设：一种专业的视角［J］．学位与研究生教育，2013（3）：52．

养、创新人格、价值判断都有非常好的促进作用，同时也提升了他们的交流沟通能力、组织协调能力和团队精神”①。

导师各自在特定教育情境中总结出来的教学、研究和指导就业经验，通过交流，从而变成导师学习（就业）共同体的财富，让学生在不同学科知识和思维方式的交叉渗透中迸发出创新思维的火花，有效提高了创新能力。同时，导师优质学术资源和广博的人脉关系大大促进研究生就业中的资源共享，实行跨专业、跨学科的就业联盟体制，形成互相帮扶的推荐机制。

（四）针对导师开展就业指导，更好地发挥导师辐射学生的作用

传统以为，培训只针对学生，我们要反其道而行之。除了加强对学生就业指导外，还应强化对导师的就业指导意识培训。培训内容包括：就业政策、形势分析、择业观念、创业意识、行业知识、职业测评、生涯规划、求职技巧、心理调适方法，等等，从宏观层面到微观操作，借助导师的特殊地位来指导并影响所带研究生的职业生涯规划意识，从而提高学生对社会经济发展和个人择业的认识能力，进而形成理性的就业观，达到充分就业。

（五）优化导师评价机制和激励机制

科学的导师评价体系是规范和衡量导师的学术成就、学术道德、教学质量、培养水平、指导效果等方面的准则。这种评价体系的建立既是学位与研究生教育的客观要求，更是提高导师队伍质量，促进研究生成长成才的根本保证。早在2009年，清华大学就将导师的招生指标与研究生就业相挂钩，将研究生的就业情

① 邱建东．构建三大体系 促进研究生就业工作［J］．学位与研究生教育，2010（8）：66.

况与导师的职称评定以及该导师下一年的招生名额挂钩[①]，从而刺激导师积极加入到研究生就业指导工作。关于该项举措，各方面褒贬不一，但总体上表示支持的意见居多。笔者赞同这种机制，限于篇幅，不展开具体讨论，只是提出几点应该注意的问题：

第一，应该学习香港高校设置导师招生人数上限的做法，保证导师有足够的时间和精力对每一位研究生进行悉心指导。招生指标的分配除了依据导师的学术成果及科研任务以外，还需要结合学生对导师的评价打分以及指导学生的毕业率和流失率来衡定[②]。

第二，构建导师所指导研究生就业评价动态机制。参照教育部对部分专业的黄牌预警机制，即对部分导师在上一年的就业情况进行监控和数据跟踪，第一年未能充分就业的，予以黄牌，如果第二年继续如此，就应该减少学生指导名额和减少科研经费的拨付

第三，以学科为评价对象，科学量化和模糊测度相结合。根据导师所带学生人数，以横向（本校同学科导师）和纵向（全国同学科）就业数据为参照系，提出有一定自由度的就业率指标，进而制定出监测体系，对照导师的当年数据，做出科学的评估。

第四，破除“就业率”单一指向性，应结合如“与专业相关的就业、就业领域、就业环境、转正后的薪酬和福利、就业满意度、初次就业工作搜寻时间、培训机会、职业发展水平、对社会

① 陈静静．对清华部分学院实施研究生就业与导师考核挂钩政策的争议［J］．中国商界，2009（3）：310.

② 汪洋．香港中文大学研究生教育的特点及其启示［J］．学位与研究生教育，2013（6）：58.

的贡献”[①] 等一系列评价指标，从就业数量、就业质量和就业层次上真实反映导师参与就业的力度。

科学、合理的考评体系的核心目的在于促进和激励。可以相对树立导师队伍中帮助学生就业的典型人物，给予适当表彰和奖励，满足其成就需求，激发其积极性，从而对整个导师群体起到鞭策和榜样的作用。需要指出的是，建立导师参与研究生就业评价和激励机制，并不是要给导师捏紧紧箍咒，而是促使他们在教学和科研工作中，积极发挥主导作用，自觉地把对研究生的专业培养、思想政治教育和就业指导结合起来，真正起到导师的作用。

五、结语

研究生就业问题需要政府、社会、学校、家庭、个人多方面协同努力，逐步解决。导师作为研究生的直接培育者，同时也必须成为研究生顺利就业和高品质就业的主要责任人。一方面，导师通过言传身教，以其渊博的知识、严谨的治学态度、丰富的阅历、高尚的人格和强烈的社会责任心和使命感潜移默化地影响研究生，要求研究生在科研上以“高层次、高规格”发展自己，在思想道德上以“高标准、高境界”要求自己，在就业取向上以能力岗位匹配满足自己，从而为研究生提供个性化辅导[②]。另一方面，学校更应优化导师评价和激励机制，明确导师在研究生就业中的责任主体地位，充分发挥导师优势，激发导师潜能，在促进研究生工作方面展现更多的效能。

① 沈延兵，费毓芳，陶德坤．我国研究生就业评价存在的问题和对策备［J］．学位与研究生教育，2004（4）：48.

② 陈舜蓬．关于研究生就业指导与思想政治教育联动的思考［J］．高等理科教育，2010（4）：74.

参考文献：

[1] 曾婕. 当前研究生就业问题探究 [J]. 学校党建与思想教育，2011（7）：75.

[2] 张瓅尹，罗铁辉，张益民，王 丹. 论研究生就业“导师工程”[J]. 湖北社会科学，2009（5）：170.

[3] 谢红梅，林夏芬. 对新时期毕业研究生就业工作的思考 [J]. 学位与研究生教育，2000（1）：49.

[4] 邱建东. 构建三大体系 促进研究生就业工作 [J]. 学位与研究生教育，2010（8）：66.

[5] 冷余生，解飞厚. 高等教育学 [M]. 武汉：湖北人民出版社，2006.

[6] 胡守强. 论导师是研究生思想政治教育的首要责任人 [J]. 学位与研究生教育，2011（12）：48 −52.

[7] 辛玲玲，刘佳. 浅析导师在研究生思想政治教育中的作用 [J]. 思想教育研究，2010（1）：64 −67.

[8] 华南地区研究生培养调研组. 华南地区研究生培养工作调查报告 [J]. 华南理工大学学报（社科版），2000（1）：12.

[9] 李碧虹，陈剑光. 论导师在研究生就业中的职责—基于外部性理论的分析 [J]. 学位与研究生教育，2009（12）：30.

[10] 刘敏，徐俊祥，王国红. 研究生职业发展教育中导师角色与作用的转变 [J]. 北京工业大学学报，2009（1）：78.

[11] 王涛，柴永昌. 基于信息不对称理论的研究生就业问题探析 [J]. 西安邮电学院学报，2010（6）：121−124.

[12] 中国社会科学语言研究所词典编辑室. 现代汉语词典 [Z]. 北京：商务印书馆，1997：254.

[13] 杨鹤清，赵怀清. 当前研究生培养现状与就业对策分析 [J]. 云南财经大学学报，2010（4）：139.

[14] 汪洋. 香港中文大学研究生教育的特点及其启示 [J]. 学位与研究生教育，2013 (6)：58.
[15] 胡天佑. 合作伙伴关系：导师与研究生关系的一种可能 [J]. 学位与研究生教育，2013 (4)：10.
[16] 田莉，孙亚玲. 导师学习共同体建设：一种专业的视角 [J]. 学位与研究生教育，2013 (3)：52.
[17] 陈静静. 对清华部分学院实施研究生就业与导师考核挂钩政策的争议 [J]. 中国商界，2009 (3)：310.
[18] 沈延兵，费毓芳，陶德坤. 我国研究生就业评价存在的问题和对策备 [J]. 学位与研究生教育，2004 (4)：48.
[19] 陈舜蓬. 关于研究生就业指导与思想政治教育联动的思考 [J]. 高等理科教育，2010 (4)：74.

作者简介：

朱斌，男，硕士，讲师，主要研究方向：翻译理论与实践、研究生思想政治教育。

李金树，男，在读博士，副教授，主要研究方向：翻译理论与实践、研究生思想政治教育。

关于思想政治理论课慕课建设的哲学思考[①]

朱 玲

（四川外国语大学马克思主义学院 重庆 400031）

摘要：作为信息时代的新兴产物，慕课为我国高校思想政治理论课教学方式方法改革提供了新的思路，但是在慕课建设的过程中也存在着不少认知误区。我们应该在传统思想政治理论课教学的基础上，合理发挥慕课的优势，使慕课更好地为实现思想政治理论课的教学目的服务。

关键词：慕课 思想政治理论课 教学改革

慕课是英文 MOOCs（“Massively Open Online Courses”，简称“MOOCs”，即“大规模在线开放课程”，它是互联网与教育相融合的产物。当前慕课正以数字化、信息化和网络化的全新教学形式和以“学”为本的教学价值取向冲击着中国大学以“教”为主的教学模式。慕课来了，高校思想政治理论课也应该积极面对。2013 年 11 月，教育部副部长杜占元在“信息技术发

① 本文系重庆市高等教育学会 2017－2018 年高等教育科学研究重点课题“大数据时代高校思想政治理论课教学实效性探究”项目编号（CQGJ17019A）的阶段性成果。

展与教育改革国际论坛”上指出：“当今信息技术的飞速发展，对教育的影响不仅表现在新技术与手段的运用上，而且为教育的发展带来更新的理念和动力，使教育内容、方法和模式发生深刻变革。”慕课给我们进行思想政治理论课教学改革、提高教学实效性提供了全新的思路。不过，由于在我国慕课还没有形成完善的保障体系、生态系统与可持续发展机制，其本身与中国高等教育现实环境也有一个磨合的过程，所以慕课的实际影响与教学效果还有待验证。因此，十分有必要对思想政治理论课慕课建设进行深入的审视和反思。

一、慕课的历史与现状

慕课起源于网络远程教育和视频课程。2008 年，Dave Cormier 与 Bryan Alexander 教授第一次提出这个概念。2011 年，慕课在国外得到快速发展并引起巨大影响，美国斯坦福大学教授塞巴斯蒂安·史朗把他的课程“人工智能导论”放在了互联网上，吸引了来自 190 多个不同国家的约 16 万名学习者注册学习。2012 年，几个资金实力雄厚的投资商与普林斯顿大学、斯坦福大学、麻省理工学院、哈佛大学、加州理工知名大学合作共建在线免费课程，推出了 Coursera、Udacity、Edx 三大 MOOCs 平台，一共推出了近百门课程，给更多学生提供了选择一流大学一流课程进行系统学习的可能性。因此，2012 年被《纽约时报》命名为“慕课元年”。2013 年，慕课正式进入中国，5 月清华大学和北京大学宣布加入在线教育平台 Edx；7 月，上海交通大学和复旦大学相继宣布加入 Coursera，不久上海交通大学宣布将与北京大学、清华大学、同济大学、大连理工大学、重庆大学等高校共建中国“慕课”。2014 年，清华大学陆续启动了“马克思主义基本原理概论”“毛泽东思想和中国特色社会主义理论体系概论”“中国近现代史纲要”和“思想道德修养与法律基础”四门思想政治理论课的慕课建设，并向全球学习者推出。同年秋天，“马克思主义基本原理”慕课登陆中国台湾慕课平台育网。2015年，清华大学的慕课“毛泽东思想概论”（Introduction to Mao Zedong Thought）登陆美国麻省理工学院与哈佛大学联合创立的Edx慕课平台。2016年，武汉大学制作了四门思想政治理论课慕课，在国家级慕课平台“爱课程”网中国大学MOOC正式发布，这是该平台首次上线思想政治理论课课程。

当国内慕课建设正如火如荼进行的时候，国外却开始了对慕课的客观冷静的思考。随着国外慕课越来越多的使用并逐渐被民众所了解，2013年美国社会对待慕课的态度开始回归理性，在媒体与网络上常常能够看到对慕课质疑的声音，已经很少有人再把慕课上升到“教育革命”的高度了。美国部分学者原本认为慕课将使传统高等教育体系崩溃，2013年美国前斯坦福大学教授、Udacity公司的创始人、“慕课之父”塞巴斯迪安·斯隆（Sebastian Thrun）认为，50年后美国大概会只剩下10所实体大学，未来的教育将由现在的“上学”转变为“上机”与“上网”。但他在2014年5月接受采访时却对MOOCs的发展现状表示深为失望。

二、思想政治理论课开展慕课建设的优势

思想政治理论课是高校思想政治教育的主渠道，如何将党的理论、路线、方针、政策融入思想政治理论课教学，将思想政治理论课教学落到实处，这些都对思想政治理论课教师提出了更高的要求。利用慕课教学资源实现混合式教学，推进新时期思想政治理论课教育教学改革实践创新，对思想政治理论课进行慕课建设是有优势的。

（一）突出学生的主体地位

面对思想政治理论课提出的更高的教学要求，教师的工作已经不是简单地把书本上的知识内容教会给学生，而是要在教的过程中让学生体会到学习的乐趣，激发学生学习的积极性，而中间所采用的教学方式、方法及手段都是为了达到最后的目的——教会学生学习。慕课围绕学生的主体地位进行设计和运行，学生可以根据自身情况选择学习的课程、教师、时间和地点。慕课为课堂教学流程设计提供了一种改革的可能。利用“微课程”的短小精悍的特点讲授教材各个章节的重要知识点（每段微课程平均时长为 10～15 分钟），学生可以在课下先行完成知识点的学习，课堂上就可以结合学生的兴趣或者困惑进行专题式教学，进行深入的探讨、交流、分享和解决问题。

通过这样的方式，既发挥了学生学习的主动性，又实现了学生学习的个性化需求。这种教学方式最大的好处是让学生参与了整个教学活动，同时让本来就有限的课时充分利用起来进行重难点知识点的专题讲授，增强了学习的互动性。

（二）突破学习的时空界限

根据《高等学校马克思主义学院建设标准（2017 年本）》规定，各个高校的马克思主义学院统一开设全校思想政治理论课，按照“05”方案（即《〈中共中央宣传部　教育部关于进一步加强和改进高等学校思想政治理论课的意见〉实施方案》）开课，充分发挥思想政治理论课的主渠道作用，充分发掘和运用各学科专业蕴含的思想政治教育资源。但事实上，部分高校的思想政治理论课教师的地位往往不受重视，严重影响到教师专业的发展，进而影响到思想政治理论课的教学质量。所以，我们可以发挥慕课的资源共享优势，成为思想政治理论课教师职业培训的一种方式。教师可以通过名校的慕课课程学习教学的最新技术和教学方法。

对学生而言，慕课借助网络工具突破了学生学习的时间和空间界限，有利于学生学习名校、名师的优质课程，实现优质资源的在线共享。

（三）实现教学的多元融合

慕课可以灵活设计教学内容、考核方式、线上线下的师生交流，让教学过程更有吸引力。慕课除了有一套完整的教学模式和课程标准（包括讲授、讨论、作业、反馈、评价、考核与证书发放等）外，在教学中对于微课程的设计还非常灵活。

思想政治理论课教师可以通过“教学知识点的提炼和教学任务分配——教案（教学视频脚本写作）、教案审核——教学录像——教学录像后期制作、审核”的流程，形成不同的知识点课程，将整个“微课程”串联起来形成整本教材的知识链。学生可以根据个人时间选择反复播放，夯实关键知识点，最终形成结构化的知识体系。

微课程中适当嵌入“小测验”。慕课微课程在播放过程中，每隔一段时间就会出现一个小问题，答对视频才能继续进行。我们可以借此检测学生的听课效果，也可以使学生的注意力保持集中。在思想政治理论课教学中，可以结合当前的时事政治、社会热点等问题，设立交流讨论的题目，引发学生的主动思考。

三、思想政治理论课进行慕课建设的认知误区

正因为慕课有着传统教学不能比拟的优点，所以它才受到重视。但是，慕课本身的运用是有局限性的，在教学过程中运用慕课是有区别的，要根据不同课程的不同特点而区别对待。在实际

的慕课运用中，还存在着以下误区。

（一）思想的误区

就课堂教学而言，慕课的应用使教学内容更加灵活，减少了枯燥、繁杂的抽象、推理、演算，但对基础理论课程，如果不恰当地采用慕课，则与课程教学目的相悖，不利于培养学生的学习能力和创新能力。在基础理论课程中，比如思辨性很强的哲学类课程，我们的教学目标不仅仅是交给学生某门课程具体的知识，更重要的是通过课程教学，培养学生的思辨能力、抽象思维、逻辑推理能力，掌握科学方法论。因此，在基础理论课程教学中，要留给学生足够的思考空间，让学生自己开动脑筋去思考、去想象、去判断、去探索。当然，我们不反对应用慕课，但至少不能用这一种教学方法来取代基础理论课中缜密的思考、严谨的推理、精确的演算和逻辑的判断。我们也要认识到：慕课作为一种教学手段，也有其局限性。目前人们在使用慕课的认识上存在偏差，主要包括以下几类。

1. 不能正确把握慕课的内涵

慕课是属于现代教学范畴的一种新的教学方式，在本质上也是一个过程，一种人机结合、高速优质地培养人的手段。它的基本任务是服务传授知识，对发展学生能力起到事半功倍的作用。教师在教学过程中，应该始终起着主导作用。然而有的教师可能过分强调学生线上自学，而忽略了在教学过程中对学生的指导。

2. 不能正确把握慕课与教学内容的关系

高等学校的教学内容涉及许多学科领域，不同学科的知识体系、研究对象有着本质的区别，其研究方法、思维方式也各不相同。即使同样是思想政治理论课的四门课程，由于教学目的、要求、内容、方法各不相同，使用慕课辅助教学的过程都应该是不一样的。然而，在实践中慕课普遍适用于所有的课程教学，而不顾课程的不同性质和特点，在形式与内容、手段与目的的关系中处理不当、本末倒置。

3. 不能正确把握慕课与传统教学方法的关系

慕课与传统教学方法各有优势、劣势，在教学过程中应该相辅相成、取长补短。然而一些教师要么在课堂教学中基本不使用慕课进行混合式教学，造成花费大量人力物力财力建设起来的慕课课程闲置浪费；要么过分依赖慕课，而忽略了其他的教学方法，割裂了二者的并存关系。

4. 不能正确把握慕课与教学对象的关系

长期以来，由于受传统教学思想影响，我国普遍接受以教师为中心、强调知识传授、把学生当作知识灌输对象而以“社会”为价值取向的传统教学模式。而慕课以其特有的功能和方式影响着教学观念、教学结构、教学组织形式、教学方法乃至整个教学过程。它打破了教学时空概念，动摇了教师的地位，改变了教学内容的存储和呈现方式，提高了教学效率和质量，更重要的是，它强化了教学过程中学生的主体地位，使学生由原来的被动变为完全主动成为可能。但实际情况是大多数的慕课课程的教授方式未有实际性的改变，没有充分发挥多媒体对声音、动画、图像的强大处理能力，只是简单地将课堂讲授录制成视频搬到网上，没有改变学生在教学过程中的被动地位。

（二）运用的误区

1. 缺乏高层次的慕课教学方式

慕课教学不仅可以增强教学的直观性和形象性，而且可以通过大量交互式多媒体技术的开发和应用实现教学过程中的“人机对话”，调动学生的积极性、激发他们的兴趣，真正体现学生的主动性。然而目前有的教师主要采取搬移式的教学方法，将讲课提纲、材料、数据、示例等通过 PPT 软件或其他制作软件制作成课件辅助教员的讲解、演示和说明，然后将老师的讲课视频直接录制之后放到网上。搬移式只是一种初级应用方式，它只是教材的翻版、教案的复制、课堂教学的简单搬移，这种初级的应用方式，远没有发挥计算机多媒体教学的优势。

2. 缺乏对学习效果的质量评价

慕课课程使学生的学习效果无法得到及时、准确的评价。慕课教学模式中，数量相对有限的教师无法应付庞大数量学生群体的学习效果评价问题，有的学校和在线开放课程平台的解决方法是实现生生互评。可问题是，在开放的、缺乏约束机制的情况下，评价者和被评价者不仅学术诚信无法确认，而且他们的专业知识水平和负责任态度也无法保证，所以生生互评的结果难以令人信服。

3. 缺乏学习的协作性和共享性

慕课的建设应该实现相互协作和资源共享，可扩大知识面，有效提高工作效率，提高课程的信息量，保证慕课课程的质量。然而学习是离不开良好的学习环境的。学习是一个系统的过程，是知识的传递、接收、内化的过程。在慕课模式下，参加慕课学习的人各自的知识结构、专业背景不同，身处不同的学校和地区，彼此陌生，所以他们之间很难建立起真正有效的稳定的学习共同体，也很难建立起稳定的学习团队。慕课学习者在线下往往是独立、孤立地学习，缺少同学和老师之间的交流，这些都会影响学习效果。另外，网络环境下干扰学习的因素很多，在线教育需要学生有较强的学习主动性、自主性、自我控制能力，而这对学生提出了更高的要求。

四、思想政治理论课进行慕课建设的哲学思考

在我国的教育学研究中，要坚持以马克思主义为指导，坚持

马克思主义的方法论，但是由于任何理论自身的局限性和对理论的教条性理解，人们的认识往往容易从一个极端跳到另一个极端。一方面，由于慕课的显著优点，有的人将之奉为神明，一拥而上地大力推进慕课建设；另一方面，由于技术手段的滥用，有的人又将之视为异端，十分排斥。看待慕课在思想政治理论课教学中的运用，我们应该坚持客观辩证的思维方法，就是要坚持两分法、重点论，不搞片面性、绝对化，重视一个方面，忽视另一个方面；要一切从实际出发，把过程与效果有机统一起来。我们必须具备对于成绩与缺点、真理与错误这个两分法的马克思主义辩证思想。事物总是作为过程而向前发展的，而任何一个过程，都是由矛盾着的两个侧面互相联系而存在，又因互相斗争而发展。

（一）防止技术异化的倾向

慕课仅仅是辅助教学的一种技术手段，而不是目的。如果将一种手段推崇到极致而忽略了提高教学本身的目的，就是一种技术异化。法兰克福学派的马尔库塞认为："技术理性的概念，也许本身就是意识形态。不仅对技术的运用而且技术本身就是（对自然和人的）统治——就是方法的、科学的、筹划好了的和正在筹划着的控制。统治的特定目标和旨趣不是'后来'的从外部追加给技术的，它们早已渗透在技术设备的设计中。技术总是一种历史-社会的规划：一个社会和其占统治地位的旨趣，打算利用人和物所要做的事，都要用技术加以规划。统治的这种'目的'是实质性的，因此它便属于技术统治的形式本身。"① 显然这对科学技术手段的作用夸大到了极致。这种偏执不仅忽视了人

① 哈贝马斯．作为"意识形态"的技术与科学［M］．李黎，郭官义，译．上海：学林出版社 2002：58．

的理性和本性发展的目的，同时也伤害了科学技术，使技术走向异化。

吴国盛教授在《技术与人文》中指出：人性的核心是自由，技术从根本上是成就和实现自由，使自由成为一种现实的力量。但是，技术在成就自由的同时又可能构成对自由的威胁，这个两面性是基本的，因而维持这种基本的张力也是技术本身的题中应有之义，所谓匠心即是对这种基本张力的维持。但是现代技术打破了这种基本的张力，片面的放大了“成就”的方面，而掩盖了对自由的“威胁”这一方面。“现代技术所代表的一方面是人类‘权力意志’的无限膨胀，另一方面是技术理性的无所不在。权力意志表面看来是人的自由的一种实现，其实是“自由”的一种堕落。自由意志（freewill）变成了权力意志（willtopower），自由就得屈从于权力了，这正是技术时代技术理性一统天下的真相。今天的权力不是由恐惧和威胁来维持，而是由理性和逻辑来支撑。理性和逻辑是一张无缝之网，把一切都纳入自己的瓮中。”①

人的自由而全面的发展永远是目的，作为手段要服从于目的的道理是清楚的。我们要清楚慕课就是现代科学技术在教育教学领域广泛使用的手段，是技术途径。当技术为人的全面发展做出贡献并提高其价值，技术本身也将得到进步。

（二）防止形式主义的倾向

形式与内容是马克思主义的一对哲学范畴。无论自然界或人类社会中的一切事物，都存在着一定的形式与内容，都是形式与内容的辩证统一体。内容与形式是同一事物的两个不同的侧面，二者缺一不可，没有无形式的纯粹的内容，也没有无内容的空洞

---

① 吴国盛. 技术与人文 [J]. 北京社会科学，2001 (2)：95.

的形式。我们工作中需要形式，但是形式不能代替内容，而是应该达到形式与内容的辩证统一，内容决定形式，形式是为内容服务的，是为了更好地表达内容，否则就是本末倒置或适得其反了。在教学过程中，不顾课程特点，一味追求时尚和量化的慕课教学任务，实在是形式主义的突出表现，也显示出了学术的一种浮躁。在进行慕课建设时不能一味地追求外表的花哨、好看，而忽略了教学本身的内容。教学中如果过分注重标准化、规范化，忽视多样性、特殊性，如果技术手段得到过多使用，技术理性就会喧宾夺主，使学生失去价值理性。我们应该积极培养学生的学术个性，追求自由的学术精神。尤其是人文学科，更要注重学生思想和知识的系统性，重视教学内容的科学性实质。吴国盛教授在《技术与人文》一文中指出：人文学科（Humanities）字面上自然首先是一种学术分科，以别于自然科学和社会科学，但人文学科又不只是一种学术分科———如果那样的话，它就可以简单地归入社会科学的行列，就像中国目前的学术管理体制所做的那样———而且首先不是一种学术分科。人文学科首先着眼的是对于“人”的“培养”，是对于“理想的人”“完全的人”“最具人性的人”，一句话，“自由的人”的“培养”，这样的人（性）被称为 Humanitas，对这样的人的培养希腊时代称为 Paedeia（英文教育学中 Pedagog-ics 和 Pedagogy 来源于此）。从 Paedeia 到 Hu-manitas 再到 Humanities，其间贯穿的是理想人性的观念，即人的理念。所以，人文学科的精神实质是树立和培育人的理念，至于通过什么途径，学习什么知识内容，还在其次。或者说，学习什么知识内容、通过什么方式来学习，都取决于有什么样的“人的理念”。信息时代的来临呼唤着教育的信息化。

思想政治理论课教学是一个复杂的过程，任何将这个过程单一化或简单化的倾向都不利于思想政治教育。因此，不管采用什么教学模式都需要遵循思想政治教育教学规律和大学生学习的特点。我们运用慕课这种教学方式对思想政治理论课教学模式进行改革和创新，不能完全照搬国外的慕课建设的模式，而是要结合思想政治理论课自身的课程性质、教学要求和特点，对现有的慕课建设经验坚持马克思主义的辩证否定观，对其进行“扬弃”，即是既批判其中的糟粕，又继承其中的精华，推进教学资源的共建共享，提高优质教学资源的使用效率，并且形成一种既可以满足学生自主学习的需求，又可以发挥教师引导作用的新教学模式。

参考文献：

［1］编写组. 马克思主义基本原理概论（2015 年修订版）［M］. 北京：高等教育出版社，2015.

［2］汤敏. 慕课革命：互联网如何变革教育［M］. 北京：中信出版社，2015.

［3］金辉，汤敏. 慕课是一场中国输不起的教育革命［J］. 决策探索，2015（3）.

［4］吴国盛，技术与人文［J］. 北京社会科学，2001（2）.

［5］卡尔·米切姆. 技术哲学概论［M］般登祥，曹南燕，等，译. 天津：天津科学技术出版社，1999.

［6］强飙，思想政治理论课慕课设计的思路与策略［J］. 思想理论教育导刊，2015（11）.

作者简介：

朱玲，女，1978 年生，硕士，副教授。主要研究方向：马克思主义理论与思想政治教育、科技哲学。